A República dos Editores

Leia também:
Trilogia
As Memórias do Primeiro Tempo

Episódio "A Queda"
Treze Meses Dentro da TV
Uma aventura corporativa exemplar
(Publicado em 2017)

Episódio "O Renascimento"
A Grande Reinvenção
Como troquei o desemprego pelo empreendimento e reinventei minha carreira (e minha vida) construindo um negócio
(A ser publicado)

A República dos Editores

Aventuras trepidantes, sensacionais e verídicas!

AS HISTÓRIAS DE UMA DÉCADA VERTIGINOSA NA EDITORA ABRIL

POR
ADRIANO SILVA

ROCCO

Copyright © 2018 *by* Adriano Silva

Direitos desta edição reservados à
EDITORA ROCCO LTDA.
Av. Presidente Wilson, 231 – 8º andar
20030-021 – Rio de Janeiro, RJ
Tel.: (21) 3525-2000 – Fax: (21) 3525-2001
rocco@rocco.com.br
www.rocco.com.br

Printed in Brazil/Impresso no Brasil

CIP-Brasil. Catalogação na fonte.
Sindicato Nacional dos Editores de Livros, RJ.

S578r

Silva, Adriano
A República dos Editores: as histórias de uma década vertiginosa na Editora Abril / Adriano Silva. – 1ª ed. – Rio de Janeiro: Rocco, 2018.

ISBN 978-85-325-3129-2
ISBN 978-85-8122-757-3 (e-book)

1. Editora Abril – História. 2. Editoras e edição – Brasil – História – Séc. XX. 3. Silva, Adriano – Narrativas pessoais. I. Título.

18-52250

CDD: 050.9
CDU: 050.11

Vanessa Mafra Xavier Salgado – Bibliotecária CRB-7/6644

O texto deste livro obedece às normas do
Acordo Ortográfico da Língua Portuguesa.

Trilogia
As Memórias do Primeiro Tempo

Episódio
A Ascensão

"Editores escolhem
É isso o que eles fazem da vida.
Primeiro pessoas, depois assuntos, depois palavras."

"Essa talvez seja a lição mais importante da minha vida:
Não há nada melhor do que cercar-se
das melhores pessoas que puder encontrar
e escutá-las."

Ben Bradlee,
A good life – Newspapering and Other Adventures

"Eu vi coisas que vocês nunca acreditariam. (...)
Todos esses momentos se perderão no tempo,
como lágrimas na chuva."

Roy Batty
(Replicante líder, Nexus 6),
Blade Runner

Para
Paulo Nogueira (*in memoriam*)
e José Roberto Guzzo

Sumário

Prefácio 13
Como tudo começou.. 15
Na *Exame* – o início 33
Na *Superinteressante* – o auge 105
No Núcleo "Jovem" – o ocaso 242
Posfácio 297
Cronologia... 335
Anexo – Sobre Esquerda e Direita 426

Prefácio

Por que a gente escreve?
Por que perdemos tempo de viver para escrever sobre a vida?
Por que trocamos tantas horas preciosas de existência pela missão – vã, besta, inútil – de tentar retratar meia dúzia de aspectos da existência?
Por que colocamos tanta energia em contar histórias que nem sabemos se as pessoas se interessarão em conhecer – e que logo mais se perderão de qualquer maneira, e evaporarão para sempre, inexoravelmente?
Talvez justamente porque as coisas estejam todas correndo em ritmo vertiginoso, escorrendo em direção ao fim, para o ralo do olvio. Pessoas, épocas, fatos, emoções, feitos e desfeitas, nós mesmos.
Então, diante dessa grande marcha rumo ao desaparecimento, a gente escreve para sublinhar algumas das coisas que consideramos importantes, que nos tocaram e que a gente imagina ter conseguido de alguma maneira captar, entender e sentir.
Então a gente busca traduzir essas impressões, sempre subjetivas, em palavras, imagens e relatos compartilháveis. Tentamos sintetizá-las num material estético que possa alcançar outras pessoas – e tocá-las.

É uma tentativa – não raro desesperada – de comunicar o que nos afeta. De universalizar o que nos é mais particular. Porque carregar a sós, em segredo, tudo *isso*, é fardo pesado demais. Não é humano andar sozinho. Dividimos com os outros aquilo que não cabe dentro de nós.

Escrever é a tentativa de trazer à luz o inefável e de oferecer aos outros a essência das nossas compreensões e sentimentos. Para que alguém, um dia, lá na frente, quem sabe, possa reproduzir em sua tela interior a sensação que nós tivemos ou olhar com os nossos olhos e emular, por um instante que seja, o modo como entendíamos o mundo à nossa volta.

O que é também um modo de continuarmos vivos.

Ou de termos feito algum sentido.

Talvez a esse esforço todo – em forma de crônica, memória ou confissão – possamos dar o nome de Arte.

Ou, ao menos, de Jornalismo.

De um jeito ou de outro, é por isso que a gente escreve.

Como tudo começou

Comecei a decifrar as palavras em casa. Nos livros de infância da minha mãe – deliciosos, ilustrados, continham aquela idílica ideia de mundo dos anos 1950, a *pax americana* em versão de cartilha escolar, com meninos de calças curtas e sapatos lustrosos e meninas com saia plissada e maria-chiquinha, todos brancos e de bochechas rosadas.

Terminei de aprender a ler na escola. (Uma vez, chorei de exaustão diante das circunvoluções impossíveis exigidas pela caligrafia do éfe cursivo.) Mas só me tornei um leitor com a Editora Abril.

A Abril sempre me causou fascínio. Cresci, da infância até o meio da adolescência, na companhia dos gibis. Primeiro, a turma da Disney. Gostava das aventuras históricas de Mickey com Sir Lock Holmes, ou de Pateta como Galileo Galilei. E das sagas de Tio Patinhas, Donald e sobrinhos – na Conchinchina, em Timbuktu, na Patagônia, no Yukon, no Klondike, nos Andes em busca do El Dorado, na floresta com os nibelungos.

Adorava os vilões – Mancha Negra, João Bafo de Onça, Os Irmãos Metralha, Professor Nefárius, Senhor X (personagem criado no Brasil, em 1974, por Oscar Kern e Carlos Edgard Herrero), Professor Gavião, Dr. Estigma. (E gostava ainda mais dos subvilões bissextos, dos cafajestes coadjuvantes: Ted Tampinha, Kid Monius, Fuinha – que às vezes se chamava Escovinha –, Magricela, Boca Mole, Tatu.)

Curtia Superpato e Morcego Vermelho (personagem criado no Brasil, em 1973, por Ivan Seidenberg e Carlos Edgard Herrero), dois heróis. Zé Carioca e a turma da Vila Xurupita – havia futebol, as feijoadas do Pedrão (personagem criado no Brasil, em 1961, por Cláudio de Souza e Jorge Kato), que davam fome de verdade, e um morro romântico (numa ambientação à realidade brasileira desenvolvida pelo desenhista Renato Canini), onde dava vontade de morar.

Tinha gosto pelo nonsense e pela birutice do Peninha. E por alguns personagens menores, em universos paralelos, como Urtigão, João Honesto e Zé Grandão. (Muitas dessas histórias passaram a ser produzidas aqui no Brasil a partir de 1959, no Estúdio Disney, que a Abril manteve até 2000.)

Antes disso, na infância profunda, uma edição de *Recreio* passou pelas minhas mãos, mais ou menos em paralelo a um exemplar de *Batman* – as primeiras revistas da minha vida, experiências que eu jamais esqueci; ambas me faziam sonhar e me estimularam a começar a desenhar. (E eu fui um ótimo desenhista, até abandonar essa carreira promissora aos 12 anos.)

Também havia grande encantamento nos álbuns de figurinhas. *Multicolor*, de 1973. *Super HB*, de 1977. *Animais Pré-históricos* e *A Turma da Mônica*, de 1979. As bancas eram um território mágico, cheio de novidades coloridas.

Como as revistas *Transfer*, que traziam decalques com os quais você populava um determinado cenário, ou *Destaque e Brinque*, que se transformavam em brinquedos. Ou itens ainda mais premium, como os kits de montar da Revell.

Depois, vieram os heróis da Marvel. Lembro bem quando o primeiro *Capitão América* caiu em minhas mãos – o número 7, de dezembro de 1979 – e como o enredo da história principal, literário, com um desfecho surpreendente, me impactou. (Lançado no Brasil pela Editora Bloch em fevereiro de 1975 e descontinuado em janeiro de 1977, *Capitão América* seria relançado pela Abril em junho de 1979 e descontinuado em março de 1997.)

Dali fui para *Heróis da TV* (a partir do número 16, de outubro de 1980), *Superaventuras Marvel*, lançada em julho de 1982 e descontinuada em fevereiro de 1997, e *A espada selvagem de Conan*, lançada em junho de 1984 e descontinuada em novembro de 2001. (A Abril lançara *Heróis da TV* em junho de 1975, com personagens do universo Hanna-Barbera – Mighty Mightor, Homem-Pássaro, Os Herculoides –, e descontinuara o título em janeiro de 1978, para relançá-lo, em julho de 1979, com o universo Marvel. Nessa acepção, *Heróis da TV* seria descontinuado em outubro de 1988.)

A Abril não foi a primeira editora brasileira a publicar histórias de super-heróis, da Marvel e da DC, no país – mas foi a primeira a fazer uma boa curadoria das sagas e a publicá-las completas, na sequência correta, e com capricho visual, em vez de histórias avulsas, impressas muitas vezes fora da cronologia original e com cores alteradas.

Aprendi a escrever – e a ilustrar a anatomia humana em cenas de ação – com o Batman de Neal Adams, com o Capitão América de Sal Buscema, com o Thor de Jack Kirby, com o Surfista Prateado de John Buscema, com o Conan de Barry Windsor-Smith, com o Demolidor de Frank Miller, com os X-Men de John Byrne, com o grande Shang Chi, o Mestre do Kung-Fu, de Paul Gulacy, com o gigantesco Nick Fury de Jim Steranko.

Em seguida, surgiu para mim a Turma da Mônica. *Depois* da Marvel. As histórias eram engraçadas, inteligentes, poéticas. Falavam com um leitor mais sensível do que o dos heróis. E com um leitor mais maduro do que o da turma de Patópolis. As histórias tinham subtexto e uma brasilidade tépida, eram inteligíveis para crianças em idade de alfabetização, mas também continham um humor que funcionava bem com garotos e garotas entrando na puberdade. (Apenas um outro aspecto da genialidade de Mauricio de Sousa, o nosso Walt Disney.)

Para um menino, filho único de pais separados, que ficava sozinho em casa à noite enquanto a mãe lecionava, os gibis eram ótimas companhias. Lia tomando meu lanche, antes de ir para a cama. Muitas daquelas histórias e daqueles personagens ficaram marcados para sempre pelo paladar de café com leite ou de leite gelado com chocolate, acompanhado de pão sovado ou pão de milho, com margarina Doriana ou Delícia barrada por cima.

A Abril estava também no *Manual do Escoteiro Mirim* – que eu guardava numa gaveta junto com alguns materiais que formavam um kit-para-resolver-todas-as-situações (inclusive momentos de solidão): um pedaço de barbante, uma tesoura pequena, um tubo de cola meio vazio, um toco de lápis, uma figurinha de chiclete ou um palito de picolé recolhidos na sarjeta, um pedregulho, uma tampinha de garrafa. (Com frequência, carregava alguns desses itens no bolso, para qualquer eventualidade.)

A Abril estava presente em minha vida ainda com as coleções, como *Novo Conhecer* e *Os Bichos*. Era bacana ir comprando os fascículos, fininhos, e depois vê-los se transformarem em grossos volumes encadernados, com capa dura. Me lembro também da revista *Ciência Ilustrada* (precursora da *Superinteressante*), publicada de dezembro de 1981 a março de 1984.

Havia manhãs de verão, ensolaradas e frescas, naquele início dos anos 1980, quando eu começava a deixar a infância em direção à adolescência, em que meu prazer não era mais descer para brincar com os outros meninos do prédio, nem assistir a desenhos animados avulsos ou séries americanas na televisão – mas *ler*, me encantar com as palavras impressas, com o cheiro bom da tinta em páginas novas, ou com o aroma ainda melhor, mais *misterioso*, escondido entre as folhas de um livro *velho*.

Minha mãe, pertencente à primeira geração de mulheres divorciadas no país, retomava sua vida – e eu morava com ela. Havia muitos livros em casa. Shere Hite, Liv Ullmann, Simone de Beauvoir, Marina Colasanti, Marisa Raja Gabaglia, Rose Marie Muraro, Fernando Gabeira, Henfil, Frei Betto, Eduardo Galeano. A abertura política se consolidava no país e gerava uma oferta abundante de títulos ligados ao feminismo e à esquerda, dois temas que interessavam a ela.

Minha mãe também assinava o *Coojornal*, periódico da Cooperativa dos Jornalistas de Porto Alegre, uma espécie de *Pasquim* gaúcho – só que menos voltado ao humor, com maior teor de análise política e de denúncia –, que circulou entre 1976 e 1983. Eu adorava as charges do Edgar Vasques e do Santiago. Na trilha sonora que emanava do nosso pequeno toca-discos, embalando aquele final de infância: Fagner, Mercedes Sosa, Zé Ramalho, Geraldo Vandré, Chico Buarque, John Lennon, Peter Frampton, Pink Floyd.

O despertar do gosto por escrever surgiu em mim por aquela época, naquele ambiente marcado pelo mergulho de minha mãe na atividade intelectual, por seu enorme apetite pelo conhecimento e pelo debate – um movimento que se radicalizaria nas décadas seguintes e que a conduziria para as terras altas da Filosofia e da Psicologia Social.

Eu também tinha a minha biblioteca. Tudo começou com Maria José Dupré e a série "Cachorrinho Samba", da Editora Ática. Depois, a série "Taquara-Póca", de Francisco Marins, da Editora Melhoramentos. A coleção "Vaga-Lume", também da Ática – Lúcia Machado de Almeida, Marcos Rey, Homero Homem, tantos outros. A coleção "Jovens do Mundo Todo", da Editora Brasiliense – Odette de Barros Mott, Carlos de Marigny e o melhor de todos, *A Vingança do Timão*, de Carlos Moraes.

Na prateleira de baixo, os gibis. Desde pequeno, gostava de ler os expedientes das revistas. Vários daqueles nomes eram míticos para mim. Victor Civita. Roberto Civita. Richard Civita. Edgar de Silvio Faria. Ike Zarmati. Carlos Ziegelmeyer. Waldyr Igayara de Souza. Eduardo Octaviano. Elizabeth de Fiori. Primaggio Mantovi. Silvio Fukumoto.

Até os endereços embutiam certo charme. Bela Cintra (eu achava engraçado porque me remetia ao Coronel Cintra, amigo do Mickey), Otaviano Alves de Lima, Rua do Curtume. Naquelas páginas coloridas, para um menino do interior, São Paulo, com seus números de telefone maiores que os nossos, e com seus CEPs que precediam os nossos, parecia, apesar do tamanho e do protagonismo, um lugar pacato e acolhedor.

As revistinhas me faziam sonhar. Me levavam para um universo paralelo. Devo aos quadrinhos um bocado do meu gosto por imaginar, criar e produzir coisas. E devo à Abril alguns dos melhores momentos que vivi naquela época de formação.

No Brasil, a TV sempre foi considerada o veículo de comunicação dos mais pobres – ninguém pagava para receber o sinal na sua antena encimada por uma palha de aço. E os anos 1970 e 1980 estabeleceram por aqui a hegemonia da TV aberta no consumo de informação e entretenimento. As revistas, por demandar alguma capacidade de leitura, e também algum dinheiro para a compra do exemplar, sempre foram mais associadas à classe média.

No entanto, gibis impressos em papel-jornal, da Abril e de outras editoras, como RGE (a Rio Gráfica Editora, fundada em 1952 por Roberto Marinho, teria seu nome trocado para Editora Globo em 1986), Ebal (a Editora Brasil-América Limitada, fundada em 1945 por Adolfo Aizen, existiu até 1995), Vecchi (fundada por Arturo Vecchi em 1913, existiu até 1983) e Bloch (fundada por Adolfo

Bloch em 1952, foi encerrada em 2000), com outros universos de personagens, como Luluzinha, da Western Publishing Company, Brotoeja, Gasparzinho, Riquinho e Bolota, da Harvey Comics, mais a turma Hanna-Barbera em versão impressa, quebravam essa lógica. Assim como os gibis de caubóis ou com histórias de mistério e terror, e as revistas de fofoca e as fotonovelas, além de publicações com cifras, de editoras menores. Tudo isso sempre pertenceu, de alguma maneira, ao arrabalde. Ou, nas casas de classe média, aos sótãos, porões e fundos de armário.

A conotação desse *pulp fiction* infantojuvenil, que custava alguns trocados nas bancas de jornal, era com frequência mais pobre do que as cores e as promessas da televisão – que chegavam de graça às casas das pessoas, mas remetiam a um mundo muito mais ensolarado e colorido.

A TV levava o sujeito, por meio do sonho e da aspiração, tanto nos programas quanto nos comerciais, a um ambiente mais abastado e confortável. Era ali que estavam as pessoas bonitas e bem-vestidas, onde todos tinham carro e telefone. E as famílias felizes, em cena de comercial de molho de tomate ou de sabão em pó, e o mundo dos bancos e dos restaurantes, das piscinas e das danceterias.

A TV trazia para o ambiente sem glamour do espectador médio os ternos e as gravatas, os vestidos de festa e os saltos altos, bebidas e cosméticos caros, iates e mansões, viagens de avião ou ao exterior – itens inacessíveis à maioria dos brasileiros.

Já a estética das revistas populares, empilhadas num canto do quarto, ou debaixo de um beliche, talvez num subúrbio distante, numa casa da Cohab ou num apartamentinho do BNH, como aquele em que eu morava, era outra. Claro que havia publicações segmentadas, em papel melhor – as *glossies* –, para a classe média, adquiridas por meio de assinaturas, com páginas que emanavam um ideário talvez ainda mais luxuoso do que o da TV, e que circulavam em apartamentos espaçosos e repousavam em mesas de centro em casas bacanas.

Mas o grosso das revistas que conheci àquela época, e que representavam a porta de entrada para a mídia impressa, trazia anúncios de produtos baratos – brinquedos, tênis e roupas infantis, bicicletas, guloseimas e bebidas para crianças. Além, é claro, de cursos por correspondência – para quem queria melhorar de vida adquirindo, pelo Correio, um diploma de Técnico em Eletrônica ou de Corte e Costura.

Boa parte das revistas com que tive contato, ao ficarem numa prateleira, tomando pó e criando mofo, não tiravam o sujeito do seu ambiente pobre – ao contrário, se transformavam em parte integrante da periferia em que estavam inseridas. Mesmo nas TVs mais pobres, em preto e branco, havia um certo glamour no som, na trilha e no movimento. Já nos gibis, mesmo nos mais caros, havia a relativa precariedade das imagens estáticas.

Cresci num Brasil marcado pelo radinho AM colocado sobre a geladeira. E pela TV de 20 polegadas, instalada na sala, sobre uma mesinha coberta com uma toalha de crochê. E pelas revistas baratas. (Em "Deus lhe pague", de 1971, Chico Buarque caracterizava assim, a partir de uma coletânea de objetos e hábitos, a vida de um típico proletário urbano brasileiro: "Pelo domingo que é lindo, novela, missa e gibi"...)

A revolução digital, que irromperia dali a 20 anos, transformou os hábitos de consumo de informação e entretenimento de todos nós. E acelerou a evolução dos formatos de produção e distribuição de conteúdo. Com isso, as revistas, por serem um objeto analógico, se tornaram obsoletas num mundo que parecia decidido a extinguir os suportes físicos. Ao ficar preso ao mundo do papel e das tintas, oferecendo uma "usabilidade" mais limitada do que outros meios, o meio impresso ficou para trás.

Enquanto a experiência de ouvir rádio e de assistir à televisão (ou, se você preferir, de consumir informação em áudio e vídeo, independentemente do meio) *evoluiu* com a revolução digital, as revistas permaneceram afeitas a um mundo que se tornou rapidamente arcaico, feito de rotativas, invólucros plásticos e caminhões a óleo diesel.

O mundo dos negócios, nesses tempos cada vez mais acelerados e de ciclos cada vez mais curtos, pode ser bastante cruel. A Editora Abril, que detinha "a maior gráfica da América Latina", o que ao longo de décadas representou uma grande vantagem competitiva, de repente via esse diferencial se transmutar num enorme elefante branco, ao qual se via amarrada pelo pé, e que começava a afundar no novo ambiente de negócios que surgia no horizonte.

Uma revista velha, que guarda dentro de si o cheiro dos anos, como algumas que tenho estocadas como relíquias, e que já no estilo do design e, na sua paleta de cores e na sua tipologia, carregam o espírito da época em que foram realizadas, se recobrem, para mim, de tanta nostalgia quanto os disquinhos coloridos da minha infância ou as fitas cassete da minha adolescência ou uma máquina de escrever com fita bicolor que meu avô guardava com reverência dentro do móvel da sala de sua casa – um símbolo da intelectualidade que ele não tinha, mas que admirava, a ornar seu universo de trabalhador braçal pouco letrado.

Eu guardo amor – e gratidão – pelas revistas. Uma viagem à praia – evento raro em minha infância – com um gibi como parceiro no banco de trás do Fusca. A prateleira cheia de revistinhas no meu quarto – um campo de sonhos. As trocas de gibis com os amigos – a coleção de outro garoto era como encontrar uma nova jazida, ainda inexplorada, cheia de pepitas reluzentes. Os gibis que ganhei como amostra grátis numa quermesse, na tenra infância, de personagens que eu não conhecia – Brasinha (Harvey Comics), Pimentinha e Recruta Zero (King Features Syndicate), Mortadelo & Salaminho

(Editorial Bruguera) –, com o carimbo "Cortesia do editor" nas capas. Uma visita ao mundo adulto – em versão edulcorada – num exemplar antigo de *Seleções do Reader's Digest*, com seus cartuns, suas "Piadas de Caserna" e seus anúncios ilustrados à mão.

As revistinhas sem capa que meu avô ganhava, como refugo, na banca de jornais de sua cidade (só havia uma; já há muitos anos não existe mais nenhuma) e trazia para mim. Os gibis que ocupavam e davam cheiro a um quartinho que tive no terraço de uma casa onde morei. A revistinha com "histórias fantásticas da quinta dimensão", em preto e branco, que minha avó um dia comprou para mim – e que jamais deixará de me acompanhar como lembrança.

As edições natalinas, que eu adorava, porque me permitiam entrar, por meio daquelas historinhas, no clima mágico do Natal, evento que minha família, no mundo real, nunca privilegiou. Os gibis comigo, sobre a cama, embaixo da coberta, em dias de chuva, de convalescença ou de frio. Companheiros fiéis. Tutores. Amigos queridos.

Foi com boa dose de encantamento pela Editora Abril que, muitos anos depois, recebi o convite para trabalhar lá. Eu estava cursando um MBA (*Master in Business Administration*, ou "Mestrado em Administração de Negócios"), na Universidade de Quioto, no Japão. Tinha conquistado, em 1994, uma das cinco vagas da Monbusho Scholarship, a bolsa de estudos oferecida pelo governo japonês, disponíveis para os estados do Rio Grande do Sul e Santa Catarina. Deixei o Brasil em abril de 1995 para viver três anos do outro lado do mundo.

No final daquele primeiro ano, realizei uma visita acadêmica à planta de Aichi, da Toyota, em Nagoya, o lugar onde os japoneses inventaram o *Just In Time*, a metodologia de gestão de inventário e de logística que viria a influenciar o pensamento gerencial e a administração de processos e de materiais em empresas de quase todos os ramos mundo afora. Escrevi um depoimento sobre ter estado ali, na linha de montagem onde o JIT fora criado, e o enviei a alguns veículos no Brasil – *Zero Hora*, o jornal da minha cidade natal, *Folha de S. Paulo*, o jornal mais admirado pelos jornalistas da minha geração, e a revista *Exame*, por desencargo de consciência.

Meu e-mail foi recebido na redação da *Exame* por Kei Marcos Tanaami, responsável pela seção de Cartas da revista. Todos os endereços de e-mail do Brasil eram da Embratel. Não havia mais do que algumas centenas de endereços de e-mail no Brasil naquele momento. Então a *Exame*, uma das mais prósperas e prestigiosas publicações brasileiras, tinha apenas *um* endereço de e-mail – "exame@embratel.com.br". Kei era o encarregado de receber e responder às mensagens recebidas pela revista e tinha a *única* máquina da redação preparada para lidar com aquela novíssima tecnologia – o correio eletrônico.

Kei fez três coisas fundamentais, sem as quais a minha carreira e a minha vida teriam sido completamente diferentes. Primeiro, ele *abriu* meu e-mail. Depois, ele *leu* meu e-mail. E, por fim, ele *encaminhou* meu e-mail ao diretor de Redação, Paulo Nogueira.

Naquela época, as pessoas, talvez por conta da sua educação *analógica*, levavam mais em consideração que há sempre um ser humano do outro lado da máquina e eram dadas a esse tipo de cortesia – ler, responder, encaminhar as mensagens que recebiam.

De lá para cá, uma nova etiqueta, talvez pautada pela velocidade do mundo *digital* e pela necessidade de priorizar as ações, dado o aumento do volume de demandas, fez, infelizmente, com que perdêssemos alguns bons modos – como o de dar algum tipo de satisfação, ainda que sucinta e negativa, a quem nos procura. (Justiça seja feita a Kei e à *Exame* – *Zero Hora* e *Folha de S. Paulo* não me responderam, já àquela época.)

Talvez eu tenha sido beneficiado também pelo provável espanto causado na redação por um e-mail chegado do Japão – e ainda acompanhado de um artigo. Imagino um grupo de analistas de suporte e de especialistas em segurança da informação, ao redor da máquina de Kei, supervisionando o processo de abertura daquele arquivo anexo.

Paulo Nogueira leu meu texto, gostou e decidiu publicá-lo. A partir daí, passei a me comunicar diretamente com Paulo. Em pouco mais de dois anos, assinei mais de cinquenta artigos e ensaios na maior revista de negócios do Brasil. Até que surgiu o convite para que eu viesse fazer parte da Redação da *Exame*, assim que meu período de estudos terminasse.

Meses depois da publicação daquele primeiro artigo, Nelson Blecher, editor-executivo da *Exame*, em passagem por Quioto, numa visita que fazia à Hitachi, cumpriu uma missão paralela: apurar quem eu era de fato. Era importante checar quem, afinal, estava por trás daqueles textos que chegavam a São Paulo por e-mail – uma tecnologia ainda bastante misteriosa –, enviados do outro lado do mundo.

Eu não estava pensando em voltar ao Brasil. Pertenço à geração que se tornou adulta num dos piores momentos da história brasileira – entre o final do Plano Cruzado, no início de 1987, e a consolidação do Plano Real, em 1994. Foram anos sombrios. Uma década inteira raspando a cara no fundo do poço. (A desesperança, na verdade, havia começado a se instalar no país a partir de 1982, com a segunda Crise do Petróleo, e foi se intensificando, com raros momentos de sol, até o início dos anos 1990, com a falência da Nova República e do governo Collor.)

Tínhamos hiperinflação convivendo com recessão. Nada funcionava no país. Um verso de Caetano Veloso sintetiza bem o espírito daquele tempo – "aqui tudo parece que é ainda construção/E já é ruína". A corrupção nos carcomia, a crise política e econômica nos roubava a capacidade de acreditar – nas instituições, nos políticos, nas empresas, em nós mesmos, no futuro, em qualquer coisa. Não é que não houvesse luz no fim do túnel – não havia o túnel.

O Brasil era um país desconectado do mundo, fechado, ainda recendendo aos odores da ditadura, atrasado sob qualquer indicador de desenvolvimento e de bem-estar que se quisesse analisar. Havia a crença generalizada de que a única saída para o país era o Galeão – ou Guarulhos. E o último a ir embora que apagasse a luz. O Brasil era deprê. O Brasil era cafona. A nossa autoestima, como brasileiros, era baixíssima. Eu vivi nesse alçapão entre os 16 e os 23 – anos constitutivos em que você sedimenta boa parte da imagem que tem de si mesmo e daquilo que pode esperar da vida.

Quem, como eu, conseguia sair do país, naquele momento, saía para não voltar. Minha ideia era aproveitar o diploma internacional, o MBA japonês, para virar um executivo global, um expatriado. Mirava num emprego nos Estados Unidos, que me permitisse começar a trilhar a ladeira corporativa por lá.

Mas aí pintou o convite da *Exame*. E, em maio de 1998, eu desembarcava em São Paulo, para me tornar um executivo da Editora Abril. Deixava para trás o apartamento no Kongo Biru (*Kongo* era o sobrenome do dono do prédio e *Biru*, um ajaponesamento da palavra *building*, que também serve para a palavra *beer*, bastando para isso espichar um pouco mais o som do "i"...), no topo de Kujoyama, uma montanha mágica que se erguia logo depois do fim do Caminho do Filósofo, em Quioto.

Kujoyama tinha casas de famílias japonesas de classe média alta. Mas também abrigava gente, digamos, *diferente*. Éramos vizinhos de uma gueixa – ela tinha um Porsche vermelho, com anos de uso, estacionado diante de sua mansão. Vivia por ali, também, na parte baixa da montanha, um americano que dirigia uma minivan (às vezes parecia morar dentro dela) e colecionava lixo reciclável.

Morávamos no alto da montanha. A rua e a própria cidade acabavam na porta de casa. A partir dali, era floresta. No nosso prédio, viviam dois canadenses – um ex-lenhador de Vancouver, que trabalhava como intérprete e tradutor, e uma mulher de meia-idade, cuja ocupação parecia ser pegar seu carro esporte e ir velejar no lago Biwa, o maior reservatório de água doce do Japão, que ficava relativamente próximo de Quioto.

Tínhamos uma vizinha no Kongo Biru, seguramente com mais de 90 anos. Morava sozinha. Uma vez por semana, um filho aparecia para ver como ela estava. Tinha pouco mais de meio metro de altura, costas arqueadas, pernas cambotas – esse arqueamento, típico das mulheres japonesas, chamado de *O-Kyaku*, é atribuído ao hábito centenário de andar com os pés voltados para dentro, inicialmente por causa do quimono e, depois, simplesmente porque é considerado bonito.

A senhorinha subia a ladeira íngreme – que era puxada para mim, com 25 anos, e que aparentava ser interminável para ela – com seu passinho pequeno e lento, com frequência carregando três ou quatro sacolas de supermercado. Às vezes parecia que não ia chegar. Quando, por fim, aportava lá em cima, colocava as compras no chão, punha uma mão nas cadeiras e com a outra acendia um tremendo king size, que sacava de dentro da bolsa. Então desfrutava o seu crivo em tragadas profundas, rindo da vida – e do nosso olhar aparvalhado – com a boca já sem dentes.

Na volta ao Brasil, ficavam para trás o simpático dormitório de Hinooka, em Yamashina, onde também morei. O trenzinho de Keage – um bonde bucólico que em seguida foi substituído por uma linha subterrânea de metrô. Os *takoyaki* (bolinhos de polvo) assados na hora, que você podia comprar por uma janelinha que dava para a rua. A locadora de vídeos – de nome Tarzan, que cobrava 100 ienes (mais ou menos um dólar) pela diária de uma fita VHS – em Misasagi.

Ficavam para trás os lugares de comida boa, farta e barata, como o rodízio de pizza do Shakey's – uma pequena extravagância que cabia em meu orçamento de estudante universitário. As bebidas geladas nas *jidouhanbaiki* (as máquinas de venda automáticas) para hidratar e refrescar nos dias de intenso calor e mormaço do verão japonês. As prateleiras coloridas da Seven Eleven, da Lawson's, da Family Mart – as lojas de conveniência japonesas. Os restaurantes da Lotteria e do Mos Busger, os fast food japoneses, que não nos atraíam com seus hambúrgueres que podiam levar itens como espaguete à bolonhesa, frutos do mar ou kimchi (o delicioso repolho apimentado coreano). E os pães especiais que os japoneses estavam aprendendo a produzir e apreciar – testemunhamos o boom das *boulangeries* no Japão. Eles não tinham a cultura do pão, e quando decidiram importar essa iguaria e esse hábito, foram aprender com os melhores – os franceses.

Ficavam para trás as noites quentes e encantadas de verão à beira do rio Kamo, regadas com cervejas Sapporo e Asahi, diante das lâmpadas boiando sobre as águas, e com os cheiros de lula e polvo e peixes e crustáceos sendo preparados ao ar livre, com vegetais e macarrão e shoyu e algas e molho tarê, que emanavam das chapas e recendiam pelas ruelas cheias de gente celebrando a vida.

Deixávamos para trás Quioto, a capital milenar do Japão, que se tornou uma cidade natal para mim. A magia dos *shotengai* – galerias e corredorezinhos comerciais, de um tipo que só há no Japão – como os de Teramachi e Shinkyogoku, que existem há séculos e que oferecem brechós, bugigangas, comidinhas típicas e vasta memorabilia pop.

Deixávamos para trás Tóquio, o Japão cosmopolita, que vive alguns anos à frente do resto do planeta. Harajuku, o bairro *street wear* ("moda de rua") e *cosplay* (dos adolescentes que se vestem como personagens de mangá, os quadrinhos japoneses, e de *anime*, as animações produzidas por lá). Shibuya e o formigueiro humano de Hachiko – e o delicioso submundo gastronômico que a circunda. Ginza, com suas lojas de luxo. E a noite internacional de Roppongi.

Deixávamos para trás Hiroshima. E a ilha sagrada de Miyajima – com seu *tori* (portal xintoísta) incrustado no mar, onde ninguém pode nem nascer nem morrer. E o charmoso e colorido porto de Kobe. E as incursões por Osaka, uma imensa cidade de interior. Tanta coisa boa, inefável, que me aconteceu naqueles três anos autoexilado do outro lado do mundo, conhecendo gente de todos os continentes, de todas as religiões e etnias.

Deixava para trás, sobretudo, a pelada que havia organizado e que rolava todo sábado de manhã às margens do rio Kamo – muitas vezes emendando num churrasco a céu aberto, embaixo de uma árvore que chamávamos de *Sacred Tree*, ou "Árvore Sagrada", ao som de salsa e outros ritmos latinos e caribenhos. Mandávamos vir uma enorme peça de carne da Austrália, por Fedex, e o resto era pura alegria de quem estava há muito tempo longe de casa, mas cercado de bons amigos.

Nosso time – *Indios World Soccer Club* – tinha craques de Mali, Camarões e Costa do Marfim, tinha russo, israelense, inglês, irlandês, alemão, francês, tcheco, búlgaro, australiano, canadense, colombiano, peruano, paraguaio, argentino, brasileiro – e, claro, os japoneses que conseguiram entender, e amar, o conceito de pelada: um negócio que você faz por puro prazer, não por obrigação; com uma (des)organização meio casual, sem muito planejamento, mas que ao mesmo tempo se torna um compromisso inadiável, a coisa mais importante que você tem a fazer na semana, baseada numa combinação que ocorre meio de improviso, sem planejamento, e que funciona sem uma liderança formal, nem hierarquia, mas que sempre dá certo.

Nossos últimos dias no Japão foram muito macios. *Dekita!* – uma expressão japonesa que significa algo como *I made it*, ou "Eu consegui". O último ano, para boa parte dos meus colegas, além do sentimento de realização por cumprirem um objetivo de vida importante, e de uma certa melancolia pelo clima de adeus, representava também boa dose de ansiedade por terem de resolver o que fazer no ano seguinte – o primeiro do resto de suas vidas.

Havia gente buscando estender sua bolsa de estudos no Japão, gente procurando emprego mundo afora, gente que não queria de jeito nenhum voltar ao seu país de origem. Para mim, a sensação era de serenidade – havia acertado a ida para São Paulo e o ingresso na Editora Abril, na redação da *Exame*, com quase um ano de antecedência. Então pude desfrutar dos meus últimos dias no Oriente com alma leve.

Encaixotamos as coisas e nos divertimos e nos emocionamos com os amigos em várias festas de despedida – sabíamos que dificilmente voltaríamos a encontrar a maior parte daquelas pessoas. Fomos nos desligando lentamente das coisas e lugares que haviam feito parte da nossa rotina ao longo de três anos. À nossa frente, o Brasil. O reencontro com a família, depois de longos 36 meses. E o recomeço, numa cidade nova, num emprego promissor, num país que havia mudado – para melhor – naquele período em que havíamos ficado fora.

Saí de um Brasil em que você ficava anos na fila para comprar uma linha telefônica da empresa estatal que detinha o monopólio nesse mercado e voltava para um país que já contava com milhões de aparelhos celulares, que podiam ser adquiridos em questão de minutos, de três ou quatro empresas diferentes. Saí de um Brasil em que havia quatro montadoras de automóveis e voltava para um país em que mais de uma dúzia de marcas disputavam a atenção e o bolso de quem quisesse comprar um carro. Voltava para um Brasil que se reconectava ao mundo, que, pela primeira vez, colocava bons computadores à disposição de seus cidadãos e que buscava transformar esses cidadãos em consumidores, por meio da sua inclusão em um mercado mais aberto e competitivo, depois de muitos anos de atraso e de clausura dentro das próprias fronteiras – geográficas e mentais.

O Brasil, por tudo isso, vivia, naqueles anos, no miolo da década de 1990, uma época de otimismo e de redescoberta de si mesmo.

Tínhamos vencido a hiperinflação, um paradigma nacional que por anos pareceu ser um câncer incurável da nossa economia. O descalabro econômico já tinha se transformado numa fraqueza de caráter. Era desagradável para o brasileiro se olhar no espelho. Voltávamos, ali, a ter alguma autoestima e a gozar de alguma respeitabilidade diante do resto do planeta. Deixávamos de ser uma piada – sobretudo, para nós mesmos. Os brasileiros pobres passaram a comer carne – de frango. E a beber iogurte – líquido. O real supervalorizado permitiu aos brasileiros de classe média descobrirem os *outlets* de Miami.

Eu acompanhava essas mudanças de longe – mas as sentia vividamente. As boas energias e o frescor do recomeço, a confiança no futuro e o dinamismo que rebrotaram no Brasil ao longo daqueles anos também me alimentavam, de algum modo, no Japão.

Eis a imagem que melhor define meu sentimento de missão cumprida, no apagar das luzes da nossa vida no outro lado do mundo, com a perspectiva de ter outro ciclo bacana se abrindo à nossa frente: na última viagem que fizemos, minha mulher e eu, torrando os ienes que haviam sobrado no fundo da gaveta, este que vos escreve, deitado sobre as areias macias e tépidas de uma praia, numa ilha da Tailândia, em meio ao topless das turistas europeias, lendo a *The Economist*, fumando um Gitanes Légères em frente ao mar azul-turquesa, se sentindo um cidadão do mundo.

Feliz por ter empreendido aquela longa temporada no Oriente. Feliz por estar voltando para casa.

Na *Exame* – o início

Chegamos no começo de abril de 1998 a Porto Alegre. Fomos recebidos com faixas no aeroporto. Nossas famílias organizaram duas grandes festas de boas-vindas. Reencontramos amigos. É curioso reconectar com gente próxima, depois de muito tempo distante. É como ter a chance de conhecer de novo gente que você já conhece. A intimidade volta rápido, mas há um instante de estranheza em que é possível olhar para aquelas pessoas como se você as estivesse vendo pela primeira vez. Lembro como os cabelos mais brancos de meus pais me chamaram a atenção.

Ficamos um mês em Porto Alegre. Acampados num quarto na casa dos meus sogros. Tempo de eu fazer um curso de direção e obter a minha habilitação de motorista. Ter um carro não era uma perspectiva próxima para mim antes de viajar ao Japão. Nem meu pai nem minha mãe tinham carro naquela dura passagem de sete anos por Porto Alegre, da entrada na faculdade, em 1988, à ida para Quioto, em abril de 1995, três anos depois de formado em Comunicação Social, habilitação em publicidade e propaganda. (Graduado em 1991, também cursei disciplinas da habilitação em jornalismo.)

Agora a vida tinha mudado. Havia um carro esperando por mim em São Paulo. Um item do meu pacote de benefícios como executivo na maior casa editorial da América Latina. Um Vectra, sonho de consumo de todo brasileiro de classe média à época. Era preciso aprender a dirigir para poder tirar o carro da garagem da empresa.

Meu chefe, Paulo Nogueira, brincava que eu deveria pendurar um adesivo no carro – "Carta aos 27 anos". Ele tinha razão. Aprendi a dirigir, literalmente aos trancos, no trânsito de São Paulo, subindo e descendo a Rebouças e a Consolação, de Pinheiros até Higienópolis, onde eu morava num quarto de hotel que consegui negociar, no pacote da minha contratação pela Abril, como uma ajuda de relocação. Não podia sair da rota porque não conhecia a cidade. E também porque o carro era uma besta metálica que eu não dominava – quanto mais óbvios fossem os meus trajetos e quanto menor fosse o número de movimentos que eu precisasse fazer, melhor.

Cheguei careca à *Exame* – *marubouzu*, em japonês. Vestia um traje claro, camisa bicolor, gravata estampada e grandes óculos escuros. (Eram redondos. Não confirmo, mas também não nego, a informação de que fossem um modelo feminino. Admito, no máximo, que tivessem um ar andrógino.) Foi assim que me apresentei a Paulo. Um executivo – mas com um *twist*. Em seguida, eu protagonizaria, junto com a repórter Laura Somoggi, uma "Carta ao Leitor" que Paulo intitulou "Poder Jovem".

Clayton Netz era o redator-chefe. Paulo tinha uma sala fechada, com secretária na frente, e Clayton sentava ao lado, encostado à divisória. Fumava cachimbo. E tinha um jeito irônico de dizer as coisas. Normalmente, baixava o rosto e mirava o interlocutor por cima dos grandes óculos quadrados, sorrindo com os olhos. Às vezes de modo cúmplice, às vezes de modo desafiador. Quase sempre com sarcasmo. O humor, em Clayton, era um amortecedor. E uma linguagem simbólica. Um jeito de dizer, de modo cifrado, as coisas que queria enunciar e as respostas que queria dar. Era também, por vezes, uma piscadela, para quem soubesse ver, que convidava o outro a perceber, por um instante, que tudo aquilo era uma grande coreografia, diante da qual só nos restava rir. (Se possível, mais dos outros do que de nós mesmos.)

Tão logo percebeu que o jovem articulista recém-chegado do outro lado do mundo, que galvanizava páginas da revista e elogios do chefe para os seus textos, não era tão ameaçador assim ao *status quo* da redação, nem tinha chegado ali para conquistar nada além do que a sua justa fatia no quintal da *Exame*, Clayton passou a me chamar de "Gigante Sensível". Entre outras coisas, era um jeito de me acolher e de dizer que eu era amigo dos amigos.

Nelson Blecher, o editor-executivo, tanto quanto Clayton, fumava cachimbo. Na redação. O dia inteiro. Naquela época, podia. Já havia fumódromos, um em cada andar do Novo Edifício Abril, o NEA, prédio de 26 andares, ocupado com exclusividade pela Editora desde o ano anterior, 1997. No andar do Grupo Exame, o 18º, no entanto, como José Roberto Guzzo, o diretor superintendente, chefe de todos, fumava seus Galaxy em sua sala, a turma se sentia tacitamente liberada para fumar em qualquer lugar. Em uma de suas frases famosas, Guzzo dizia, com sua voz rascante, com alguma ironia, *ma non troppo* – "O fumódromo é onde eu estou". E emendava uma de suas gargalhadas guturais, sonoras, enquanto perfurava o interlocutor com seus olhos azuis.

Marco Antonio de Rezende, diretor de Redação da *VIP*, fumava charutos e cigarrilhas. José Fucs, editor da *Exame*, fumava Marlboro. José Ruy Gandra, editor da *VIP* que em seguida sairia para liderar a *Revista da Web!*, também. Bem como Claudio Ferreira, o Claudinho, diretor de Publicidade. Jairo Mendes Leal, diretor de Circulação e Administração, fumava Charm. Bem como Maria Amalia Bernardi, diretora de Redação da recém-lançada *Você S.A.*.

Eu me sentava na Redação da *Exame*. Ganhara uma mesa ao lado do editor de Economia, André Lahoz. A mesa tinha sido ocupada por outro editor, que acabara de deixar a revista. (Um dia – não espalha, tá? –, descobri que havia toda sorte de imundice meticulosamente afixada debaixo do tampo da mesa. Passei uma régua ali, como se fosse uma espátula – ou uma patrola –, limando as cracas e sanitizando minha nova estação de trabalho, com o máximo cuidado para não me contaminar durante a operação. Como se vê, Jornalismo *nunca* foi uma profissão glamourosa. Nem mesmo na redação da maior revista de negócios do país.)

Eu chegava à posição de diretor de Marketing do Grupo Exame – na época formado, além da própria *Exame*, pela *Info*, *VIP* e *Você S.A.*, que estava nascendo por aqueles dias. Paulo me via como um editor, seu convite original era para que eu viesse trabalhar na revista, com jornalismo. Eu havia insistido para trabalhar também com Marketing, como executivo, porque essa era a carreira que eu estava desenvolvendo e que havia me levado a fazer um MBA fora do país.

Então eu representava uma quebra nos ritos estabelecidos. De um lado, eu significava uma ruptura na divisão entre "Igreja" (área editorial, guardiã da independência jornalística) e "Estado" (área de negócios, responsável pela geração de receitas) que imperava na Abril. Um executivo que se sentava na redação – onde já se viu? Eu era um profissional do editorial, que publicava na revista, e que, portanto, pertencia a uma casta diferenciada, acima dos mortais comuns – mas que também se envolvia com assuntos de negócios. Esse hibridismo gerava uma certa estranheza a meu respeito, uma dificuldade de me definir a partir dos rótulos existentes.

De outro lado, era um diretor que tinha 27 anos, não tinha secretária nem sala – e não fumava. Todos os diretores – Guzzo, Paulo, Jairo, Claudinho, Marco, Maria Amalia e Sandra Carvalho, diretora de Redação de *Info* – tinham sala, e, de modo geral, uma secretária. Todos estavam na faixa dos 40 (com a possível exceção de Sandra, um pouco mais nova) ou eram mais velhos, como Clayton,

Marco e Guzzo, na faixa dos 50. E todos fumavam – exceto Paulo e Sandra. Ou seja, eu não era um diretor *de verdade*.

André Lahoz regulava comigo na idade, e era o arquétipo do paulistano boa gente. Sobretudo, me chamava a atenção em André a sua capacidade de se posicionar bem diante de pessoas e situações. Ele era discreto sem ser apagado. Sabia se expressar, não trancafiava coisas dentro de si – sem ser, com isso, impertinente. Conquistava seu espaço de modo natural, sem ser agressivo. Oferecia sua lealdade sem ser subserviente. Demonstrava sua inteligência sem arrogância. Se fazia ouvido sem levantar a voz. Era simpático sem fingir nenhum gesto. Não invadia o espaço de ninguém – e não permitia também que invadissem o seu território.

André é um dos profissionais, entre todos com quem cruzei ao longo da carreira, que melhor vi lidando com o poder. Basicamente, porque permanecia sendo quem ele era diante de qualquer interlocutor. Não se diminuía diante dos mais poderosos, nem crescia para cima de quem ocupasse posição mais frágil. André tinha uma autoconfiança serena, que lhe garantia ser querido e respeitado por todos.

Um dia André e eu discutíamos na redação um determinado tema. Pincei uma informação que surgiu em nossa conversa e a utilizei num artigo que estava escrevendo. André não gostou. E com razão. Eu tinha usado um dado que ele tinha apurado para uma matéria. Eu era um foca (um novato em Jornalismo) e não havia me dado conta de que precisaria pedir licença para usar aquela informação, que ela não era uma propriedade coletiva da *Exame*, apenas porque circulara ali, mas, sim, resultado de um esforço pessoal de André. (E meu artigo saiu *antes* da matéria dele.) André expressou seu desagrado de modo duro e sucinto. Pedi desculpas. Aprendi uma lição. E continuamos amigos.

Nelson Blecher, que tinha estado comigo em Quioto, há um ano e meio, tentando escapar de todas as formas da culinária japonesa, assumiu um pouco a função de me cicloronar. Me apresentou ao pessoal, me mostrou o funcionamento básico da *Exame*, às vezes me dava umas dicas e me chamava a atenção para determinados atalhos e entrelinhas.

Um ano depois da minha chegada, abri mão das funções de diretor de Marketing do Grupo Exame e mergulhei na carreira editorial. Eu brincava que era o foca mais caro do jornalismo brasileiro – e Nelson, zeloso, me chamava de lado e me instruía a não seguir adiante com aquele chiste, talvez porque imaginasse, com boa dose de razão, que aquele autoachincalhe era uma exposição que iria atrair para mim mais coisas ruins do que boas.

Nelson tinha um texto delicioso – escrevia sobre marcas e Marketing. Há profissionais de texto que escrevem bem. E há outros que são *estilistas* – que é quando o texto do sujeito tem uma marca inconfundível. Como um tempero que você só encontra na comida de um determinado chef ou um timbre que só é obtido por determinado guitarrista. Nelson era um estilista.

No desenho dos fluxos de poder na redação, Nelson às vezes assumia o papel do bom aluno que senta na primeira fila, só diz sim e traz uma maçã todo dia para a professora – no caso, Paulo Nogueira. Nessas ocasiões, Clayton, que era o segundo de Paulo, aproveitava para assumir o papel do garoto mais velho, e mais rebelde, que vai para o fundo da sala e, sem faltar ao respeito com a professora, sem se insubordinar frontalmente com o poder instituído, fica atirando bolinhas de papel e zombando do papel submisso assumido pelo colega.

Maria Amalia Bernardi, a Maya, que acabara de trocar a posição de editora na *Exame* pela cadeira de diretora de Redação na recém-lançada *Você S.A.*, também me acolheu muito bem, assumindo um papel de tutora da minha chegada. Às vezes saíamos para almoçar e Maya me falava de tudo – do Grupo Exame, da Abril e de São Paulo, ambientes onde eu estava aprendendo a navegar.

Maya era uma mulher de elegância clássica: alta, bonita, sempre bem-vestida, bem maquiada e perfumada, com cabelos e unhas impecáveis. Era agradável estar com ela. (E como é importante, ao chegar a determinado lugar, ter gente torcendo a favor, facilitando as coisas, agindo como um imunossupressor diante dos anticorpos do ambiente.)

Maya tinha, na *Você S.A.*, Maria Tereza Gomes como redatora--chefe e Luís Colombini como editor. Tetê viera da *Exame*, com Maya, e Colombini, da *Viagem e Turismo*. Ambos tinham trinta e poucos anos. Colombini era um jornalista clássico – bom fechador, sabia pautar e sabia editar. Lembro-me dele fazendo a engenharia reversa dos textos que recebia das repórteres da revista. Marcava os blocos de informação e mostrava às redatoras como reorganizar aquela sequência de ideias numa narrativa mais lógica e fluida, fazendo ver onde havia repetições desnecessárias ou então buracos que era preciso cerzir.

Colombini em seguida deixaria a Abril, para aceitar um dos vários convites que recebera para trabalhar numa "pontocom" – como chamávamos, à época, os empreendimentos online que pipocavam todo dia à nossa frente. Vivíamos o auge da "Bolha da Internet" – que estouraria entre março e abril de 2000, com a quebra da Nasdaq, a bolsa de valores eletrônica americana que listava as empresas de tecnologia. E nos perguntávamos diariamente, com ardente ansiedade, se não estávamos perdendo a oportunidade de nossas vidas ao não participar daquela corrida ao tesouro online.

Gostava de descer para tomar um café e fumar um Marlboro com Colombini. Olhava para ele como a um irmão mais velho. Ele tinha o ceticismo e o rigor – que às vezes resultava num ar triste, ou talvez fatigado – dos bons editores. Era um dos caras que eu observava em busca de aprender um pouco mais sobre como funcionava a cabeça de um jornalista.

A *Você S.A.* surgira no seio da *Exame*, por conta da grande repercussão de algumas matérias voltadas aos interesses pessoais dos executivos, enfocando gestão de carreira e desenvolvimento profissional. Em especial, uma capa que esgotou rapidamente nas bancas: "A marca chamada você", de agosto de 1997, a partir de um artigo do guru americano Tom Peters, que havia saído originalmente, também como capa, no mesmo mês, na revista americana *Fast Company*. (Como se vê, a *Exame* de Guzzo e Paulo praticava a agilidade e o espírito empreendedor que incensava em suas páginas.)

Ficava evidente que havia demanda por uma publicação que se dedicasse exclusivamente a falar do mundo corporativo e do mercado – inclusive o de trabalho –, não sob a ótica das empresas, mas das pessoas que fazem as empresas.

Se a *Exame* espelhava aquele Brasil que se abria ao mundo e que buscava modernizar seu capitalismo, a *Você S.A.* retratava uma nova geração de profissionais que puxava para si a responsabilidade sobre suas carreiras, gente que rompia com o modelo de entregar sua vida profissional no atacado, para uma empresa que a gerisse, trabalhando décadas a fio para um só empregador. Esse era o público da *Você S.A.* – um executivo brasileiro capaz de competir no mercado internacional e que recusava a velha troca de lealdade por estabilidade.

O mercado ficava mais dinâmico e, portanto, instável, tanto para as empresas quanto para os profissionais. Os executivos passavam a administrar a sua capacidade de trabalho com uma lógica empresarial, tratando suas competências como uma oferta de valor que precisava se manter sempre afiada e relevante – e compreendendo que, mais do que ter um emprego, era importante ter *empregabilidade*.

Em abril de 1998, pouco mais de seis meses depois daquela capa vitoriosa da *Exame*, *Você S.A.* chegava às bancas – o lançamento da nova revista coincidiu com a minha chegada à Abril e foi o primeiro grande trabalho em que me envolvi como diretor de Marketing do Grupo Exame.

Eu assumira esse cargo executivo, mas continuava assinando artigos na *Exame*. Era isso que tinha me trazido para a Abril e para o Jornalismo – as minhas pensatas. Helio Gurovitz, editor de Tecnologia da revista, batizou meus ensaios de "adrianossilvadas".

Havia na redação um misto de admiração e de indignação pelo tipo de texto – e pelo tamanho dos textos – que eu escrevia. E isso vinha desde os tempos de colaborador que enviava o material de Quioto, como eu viria a saber. O espaço editorial na *Exame* era muito disputado. E arrazoados de quatro ou seis páginas (às vezes mais, confesso), que não continham nenhuma entrevista, nenhuma apuração direta, nenhuma citação entre aspas, nenhuma declaração de um personagem, ou seja, textos que eram na maioria das vezes autopautados e referenciados apenas pela minha própria visão de mundo, pareciam a alguns colegas mais um *privilégio* do que um *trabalho*. Então o pessoal curtia meus textos – mas só até, digamos, os cinco mil caracteres. A partir daí, pintava um certo desconforto.

Eu só viria a fazer reportagem mais tarde. Guzzo um dia me propôs uma matéria. E me disse que se tratava de fazer basicamente o que eu já fazia – escolher um tema relevante, fazer as perguntas certas, buscar as melhores respostas, analisar as informações e as opiniões apuradas, construir uma compreensão a partir desses elementos e apresentar o resultado disso tudo ao leitor na forma de uma boa história, bem contada, e que fosse útil à vida do sujeito.

Só que eu faria isso entrevistando pessoas. Minha apuração não ficaria à mercê apenas de leituras, de *desk research*, dos meus próprios insights. Eu também iria a campo, ouviria fontes – conversaria com gente interessante, especialistas com outros pontos de vista e referências, e me valeria também das suas visões e teses sobre o tema. Eis a dica de Guzzo: meu texto só ficaria mais rico se eu ampliasse a lista de ingredientes com os quais preparava as "adrianossilvadas".

Esse detalhe, aparentemente pequeno, foi um avanço importante na minha trajetória de deixar de ser somente um *escritor*, um articulista diletante, um ensaísta que conseguia escrever a partir da própria reflexão, para me tornar um *jornalista* – separando informação de opinião, reportagem de artigo, com capacidade de escrever (e de pensar) tanto na primeira quanto na terceira pessoas.

A *Exame* tinha ótimos repórteres. Entre eles, Claudia Vassallo – que, em 2005, se tornaria diretora de Redação da *Exame* e, em 2012, diretora superintendente do Grupo Exame. Lembro de uma "Carta ao Leitor" em que Paulo comentava que, numa reportagem de capa sobre a China, Claudia mergulhara tanto na apuração que passara a comer comida chinesa quase todo dia – inclusive sobre sua mesa, na redação, com o telefone preso entre o ombro e a orelha.

Alfredo Ogawa em breve se juntaria a nós, vindo da *Placar*, onde era repórter especial. Lembro da reportagem de capa que fez sobre a criação da Ambev, com a fusão entre duas empresas concorrentes, a Brahma e a Antarctica, e de como ele conduzia meticulosamente uma apuração complexa, que envolvia disputas de bastidores, informações conflitantes, declarações em off, fontes que não queriam falar e um bocado de incertezas jurídicas sobre a operação. Ogawa, sem perder sua elegância oriental, passava horas ao telefone, saía para reuniões confidenciais e alinhava o passo a passo da construção daquele grande quebra-cabeça com Paulo e Guzzo. Era uma matéria sensível, a primeira grande reportagem dele na *Exame*, e ele parecia estar adorando aquilo tudo.

O combustível dos grandes repórteres é o prazer de desvendar uma história que não existe em outro lugar – e que muitas vezes não está pronta, nem disponível para ser coletada ou descoberta, em lugar algum, mas que, ao contrário, exige um trabalho árduo e meticuloso de montagem de peças avulsas e aparentemente desconexas.

Trata-se de juntar informações dispersas, de cavoucar aquilo que muitas vezes não querem que você descubra, de entender aquilo que você ainda não compreende, de esclarecer fatos obscuros, de confrontar versões dúbias e por vezes antagônicas, de desviar de informações podres que vão sendo jogadas de modo intencional à sua frente e então costurar tudo isso numa narrativa que dê um sentido até então inaudito a todo esse material.

O grande repórter, no fundo, sente que está sendo pago para saciar a sua própria curiosidade. Como prêmio, ele tem a primazia de revelar ao mundo uma história que *só* ele tem. E ver, então, o mundo o admirar – e o *temer*.

Lembro-me de Ogawa comentando especificamente sobre técnicas de entrevista. Como extrair informação de uma fonte. Não é simples: tem gente que não quer falar; tem gente que quer falar, mas não tem nada a dizer; tem gente que fala o que não sabe; tem gente que só revela o que lhe interessa, enquanto esconde o que realmente importa; tem gente que maquia, que omite, que se esconde atrás de meias-verdades ou que simplesmente mente. Enfim: são muitas as armadilhas no caminho de um repórter.

Helio Gurovitz, poucos anos mais velho que eu, tinha uma inteligência arguta. De um lado, era um cara de Exatas. Direto, franco, exigente, de raciocínio lógico e cristalino, de argumentações com encadeamento matemático, difíceis de refutar. (Uma das coisas mais difíceis, no Jornalismo e na vida, é enxergar o óbvio. Helio tinha essa capacidade bem desenvolvida.)

De outro lado, Helio era um pândego. Decerto por isso – a sua capacidade de rir, de enxergar o humor das coisas, e de rir delas – tinha decidido seguir carreira no Jornalismo, lidando com palavras e não com números, com pessoas imprecisas e multifacetadas, e não com sistemas binários infalíveis. Quando Helio cerrava seus olhos pequenos, de azul quase transparente, por trás dos seus óculos de lentes grossas, quase sempre emergiam dali um sorriso ferino e uma observação afiadíssima sobre alguém ou alguma coisa.

Helio, no entanto, só ria quando *queria* rir. Só ria quando achava graça de verdade. Nunca o vi rindo por obrigação. Ele talvez nem fizesse questão de ter amigos sem graça – ou para os quais precisasse fingir um sorriso. (Helio, de modo geral, não se movia em direção às coisas; as coisas é que tinham de se mover na direção dele. Eu, que corria atrás das coisas mundo afora, como um labrador atrás de bolas coloridas, admirava essa espécie de firmeza – de caráter, inclusive –, essa postura fincada na defesa da própria dignidade.)

E Helio tinha uma enorme impaciência com a burrice. Coisa que o incomodava profundamente eram manifestações de parvoíce. (E nessas situações de revolta é que Helio ficava ainda mais engraçado.)

Claudio Gradilone, outro companheiro de redação, era também muito divertido. Economista, Gradi tinha passado pela *Reuters*, pela *Gazeta Mercantil* e chegava do *Estadão* para cuidar da cobertura de investimentos e finanças da *Exame* – enquanto André Lahoz se dedicava à cobertura macroeconômica.

Gradi estava sempre de paletó e gravata – mesmo quando vestia outra coisa. E era mestre em fazer piadas sem rir – o que amplificava muito a sua comicidade. Ele prendia o interlocutor com os olhos bem abertos, um efeito que seus óculos pareciam aumentar, enquanto, sem piscar, enunciava suas frases formalmente perfeitas, e cheias de conteúdo e sentido, nas quais sempre embutia uma ironia (que poderia ou não ser percebida pelo ouvinte) ou uma vírgula aparentemente solta que, se você puxasse, revelava uma tirada irresistível.

Guzzo havia sido um diretor de Redação histórico da *Veja*. Nas palavras de Carlos Maranhão, na biografia *Roberto Civita, o dono da banca* (2016): "Guzzo dirigiu *Veja* entre [fevereiro de] 1976 e [abril de] 1991, tendo Elio Gaspari como seu adjunto entre 1979 e 1988. O período em que trabalharam juntos foi o mais brilhante da história da revista. Na gestão de Guzzo, a circulação paga subiu de 175 mil para 910 mil exemplares por semana."

Paulo Nogueira já se referiu a Guzzo e Elio como a dupla Lennon & McCartney do jornalismo brasileiro. Há vários registros, no entanto, de que havia uma terceira força propulsora na redação da *Veja* em seus anos de ouro: Dorrit Harazim. Guzzo era o diretor de Redação, Elio, o diretor-adjunto e Dorrit, casada com Elio, a redatora-chefe – com papel relevante na formação dos profissionais que fizeram aquela *Veja* ser o que foi e na arquitetura e na carpintaria das grandes reportagens produzidas pela revista.

Talvez seja justo imaginar que Dorrit, reconhecida pelo brilho e temida pela dureza, fosse uma espécie de George Harrison daquela banda – compondo algumas das melhores músicas, dispensando os holofotes para se concentrar em tocar bem seu instrumento, e beneficiando os companheiros, e a sonoridade da banda, nos bastidores, com seus conhecimentos sobre escalas e harmonias.

Em março de 1988, Guzzo assumiu também a direção-geral da *Exame*, acumulando esse cargo com o de diretor de Redação da *Veja*. Guzzo trouxe Antonio Machado, editor de Economia da *Veja*, para ser o diretor de Redação da *Exame*.

Em 1989, Paulo Nogueira chegaria à *Exame*, como editor-executivo, para ser o segundo de Machado. Paulo começara a carreira em 1980 como repórter de Economia de *Veja*. Depois cuidou da seção de livros da revista. Em 1985, fora promovido a editor da *Veja São Paulo*, a "Vejinha".

Em 1991, Guzzo deixaria o comando de *Veja* – sendo substituído por Mario Sergio Conti – e viajaria para um ano sabático. Com a saída de Guzzo, Machado passou a atuar como o diretor-geral da *Exame*, que começava a se transformar em um grupo de revistas, ou com *VIP*, que existia desde julho de 1985 (ainda como *Exame VIP*), e *Info*, que existia desde março de 1986 (ainda como *Exame Informática*). Ambas se revezavam como suplementos da *Exame*, que passou a ser dirigida por Paulo Nogueira – numa quinzena, saía encartada *VIP*, editada por Thales Guaracy, e noutra, *Info*, editada por Carlos Machado. (Machadinho, um poeta baiano que falava pouco, mas enxergava *tudo*, é um dos caras mais boa-praça com quem cruzei em minha carreira.) *Info* se tornaria uma revista independente em agosto de 1993. E a *VIP* seguiria o mesmo caminho em novembro de 1994.

Com o fim do seu ano sabático, em 1992, Guzzo reassumiu seu lugar como diretor-geral da *Exame*. Paulo Nogueira foi efetivado como diretor de Redação da *Exame*. E Machado ficou responsável apenas por *Info*, até março de 1997, quando a revista voltou ao raio de ação de Guzzo, passando a ser editada por Sandra Carvalho, em substituição a Murilo Martino, num movimento que reunificou o Grupo Exame.

Machado, que além de *Info* era responsável também por *Home PC* (que circulou entre 1994 e 1997, editada por Silvia Bassi), desempenharia ainda um papel importante como pioneiro digital na Abril, na criação do Brasil Online (BOL), em abril de 1996, a primeira iniciativa da editora na Internet.

Marco Antonio de Rezende foi contratado como diretor de Redação da *VIP* – por indicação de Guzzo, mas ainda como um ato de Machado, antes do seu afastamento da *Exame* e da *VIP*. Paulo, em breve, além de dirigir a *Exame*, passaria a atuar também como uma espécie de diretor editorial da *VIP* – e mais tarde passaria a supervisionar também *Info*.

No Japão, o MBA na Universidade de Quioto seguia o padrão da escola de negócios de Harvard, com a qual a KyoDai mantinha um intercâmbio, com seminários semanais em que precisávamos apresentar capítulos de livros – e discuti-los com a classe. Só que em *japonês*. Era uma experiência intimidante para mim, que ainda estava tratando de aprender inglês – saí do Brasil, na prática, um monoglota. (Felizmente, a bibliografia de Marketing tinha muitos autores americanos – Michael Porter, Richard Chandler, Philip Kotler, Theodore Levitt – e eu não precisava *ler* em japonês.)

As reuniões de pauta da *Exame*, com Guzzo numa ponta da mesa e Paulo na outra, eram como seminários de um "MBA" em Jornalismo. Para mim, pela primeira vez vivendo o dia a dia de uma Redação, era uma experiência tão desafiadora quanto os *happyou* – as apresentações – que fazia nas classes do *sensei* Fumio Kondo.

Basicamente, todos traziam ideias e as submetiam ao escrutínio de Guzzo e Paulo. Até ali, meu contato mais próximo era com Paulo. Sugeria minhas ideias de artigo por e-mail, desde o outro lado do mundo – não precisava articulá-las ao vivo, com plateia. Guzzo me acessara uma vez só, de modo indireto. Eu estava de férias na Indonésia, numa época em que não era simples enviar e receber e-mails se você estivesse longe do seu computador – um trambolho que pesava 20 quilos e ficava fixo em cima de uma mesa. A Internet, em 1997, era discada e um recurso ainda claudicante se você estivesse em meio às bananeiras de Bali.

Então armei um esquema para receber o pedido de matéria de Guzzo – sobre a máfia japonesa e sua influência nos negócios do país –, pelo fax do hotel em que estava. (Memos como aquele, Guzzo escrevia no computador, imprimia e depois assinava embaixo com sua caneta de tinta preta e ponta grossa. O que dava uma pessoalidade e um peso especiais à mensagem. O bilhete digital ganhava uma roupagem analógica e virava um documento.)

Cada editor trazia as novidades da sua área para a reunião de pauta. Tão importante quanto a notícia, era o enfoque sugerido – o tratamento que daríamos à notícia. Havia reportagens que construíamos com informação exclusiva. No entanto, de modo geral, a *Exame*, uma publicação quinzenal, se dedicava a analisar os fatos, a captar as tendências por trás das novidades e a oferecer análises provocativas e boas sacadas e teses que fizessem pensar. Não perseguíamos necessariamente o furo jornalístico – como acontecia nas revistas semanais e nos jornais diários –, mas muito mais o olhar original e a costura bem cerzida de um pensamento que extraísse sentido do que estava acontecendo de mais relevante no Brasil e no mundo.

Guzzo tinha grande capacidade de síntese. Tempos depois, numa longa reunião de diretoria na Abril, daquelas cheias de meias afirmações e de conversas em zigue-zague, Guzzo impressionou todos ao fazer, para Roberto Civita, que chegara ao final do encontro, um resumo, com alto grau de precisão e utilizando um número mínimo de palavras, do que havia sido discutido até ali (emprestando, inclusive, alguma elegância ao raciocínio um pouco truncado de um ou outro participante).

Guzzo tinha também um olho preciso para identificar nas sugestões de pauta se havia ali um *lead* (uma frase que resume a história) forte ou não, se havia ouro em meio à espuma. Guzzo tinha esse olhar cirúrgico para compreender onde estava a alma da matéria. Que história devíamos contar, por que ângulo, as perguntas essenciais a que devíamos buscar responder, e o que devíamos deixar de fora. Ou então se aquilo simplesmente não interessaria a ninguém, e não tínhamos coisa alguma a reportar ou analisar.

Com seu sistema de pesos e medidas, de enorme clareza e simplicidade, Guzzo definia rapidamente se o que tínhamos era uma matéria de capa, uma matéria de fundo, uma simples nota – ou nada. Uma habilidade fundamental dos grandes editores – não apenas filtrar bem os assuntos, mas hierarquizar corretamente os assuntos que sobrevivem ao filtro.

Guzzo buscava sempre enxergar o esqueleto da ideia, sua lógica essencial. Para adotá-la ou refutá-la. Ele não se deixava impressionar pelos adjetivos – estava sempre prestando atenção aos substantivos que compunham, ou deveriam compor, as sentenças que lhe iam sendo apresentadas.

Guzzo era um misto de conservadorismo de estilo inglês com pragmatismo de estilo americano – não obstante sua metrópole de predileção ser Paris, onde havia morado na juventude e voltaria a ter domicílio depois do encerramento de suas funções executivas na Abril. Guzzo era, sobretudo, um cara prático. Sabia olhar números, respeitava as regras da probabilidade e as leis da estatística, não se movia pela emoção e nem se insurgia contra os moinhos de vento que encontrava pelo caminho. Uma de suas frases clássicas era: "Eu nunca errei uma palavra ao escrever porque nunca escrevi uma palavra que não conhecia. Se fico na dúvida, jogo fora e pego outra." Então, diante da montanha de sugestões de pauta, Guzzo dissipava agilmente a fumaça em busca da existência de algo sólido e aproveitável. A tomada de decisão era célere e objetiva.

Guzzo também não deixava a conversa evoluir para a estratosfera, para um nível filosófico que a tornasse improdutiva. Tínhamos uma revista para fazer. Mas que não se compreenda esse pragmatismo como um elemento redutor da inteligência ou uma falta de paciência com o pensamento elaborado. Ao contrário: a elaboração em Guzzo era *precisamente* a simplicidade. E a simplicidade era a capacidade de organizar o raciocínio com o máximo teor de inteligência e lógica. A sofisticação em Guzzo não era empilhar camadas de significado sobre uma ideia, de modo a torná-la abstrusa, mas, no sentido inverso, alcançar o âmago da ideia e dispensar todo o resto como ruído e distração.

A simplicidade, em Guzzo, não era *simplória*, não era o que está à disposição de qualquer um no começo da régua, mas, ao contrário, a depuração máxima do pensamento, estágio que só se pode alcançar atravessando a régua inteira. O pensamento de Guzzo parecia se pautar pela busca da equação elegante, aquela que torna simples o que poderia ser complicado, e pode ser apresentada de forma enxuta, enfeixando com poucos e bons elementos uma teoria abrangente.

Por conseguinte, a complexidade, para Guzzo, era no mais das vezes falta de competência para compreender e explicar as coisas de forma clara e sucinta. Ou a preguiça mental de quem se permite ficar pelo meio do caminho em uma apuração, em vez de empreender o esforço de compreensão até o seu final.

No fundo, o que estava por trás dessa postura era a ideia de que é função básica do jornalismo apresentar conceitos – especialmente os mais herméticos – de modo que todos consigam entender. Esse é o trabalho essencial do jornalista, a nossa obrigação: traduzir ideias rarefeitas para uma linguagem simples e coloquial. Esse é o serviço sujo e duro que os consumidores de informação pagam para que o jornalista faça por eles.

Paulo César Araújo, o PC, por duas vezes diretor de Publicidade da *Exame*, me disse uma vez: "Ninguém consegue explicar aquilo que não entendeu." (Não sei se PC sabia, mas se tratava de uma paráfrase de Einstein. *Eu* não sabia.) Esse poderia ser tranquilamente um mote de Guzzo e do seu *wit*.

Guzzo também cultivava o cinismo dos grandes editores. Era desconfiado – a antítese do sujeito crédulo. E era cético – o contrário do sujeito romântico, que se deixa levar pelo entusiasmo de uma cor mais vibrante ou que se apaixona facilmente por uma música em seu primeiro acorde. Guzzo já tinha visto e vivido um bocado e sabia dizer "não". Rapidamente – o que, para um editor, é uma virtude extra.

Certa vez, possivelmente numa reunião de pauta em que alguém propunha contarmos a história de um executivo de alguma forma injustiçado em sua indústria, Guzzo disse que nunca tinha encontrado, ao longo de sua carreira, um grande talento que tivesse sido sucessivamente rejeitado pelas empresas, um superprofissional vítima da incompreensão generalizada do mercado.

Para Guzzo, era ilógico que sucessivas corporações se desfizessem, sem uma boa justificativa, do seu principal insumo – o talento. O mais provável é que a injustiça não fosse tão injusta assim. Ou que simplesmente não houvesse injustiça alguma – e que a sina do sujeito não contivesse nada de extraordinário ou injustificável.

Guzzo tratava de esvaziar rapidamente o sedutor mito do herói vilipendiado, antes que aquela ideia tomasse as mentes (e os corações) presentes. Guzzo lançava mão da análise objetiva e do crivo do pensamento racional para barrar o estabelecimento entre nós de uma visão edulcorada da realidade – de algo que, na melhor das hipóteses, gostaríamos que estivesse acontecendo, e não que estivesse acontecendo de verdade; de um olhar emocional que começava a se despegar dos fatos para abraçar uma versão idealizada. Era uma lição.

Esse olhar desprovido de esperanças vãs não representava aridez. Ao contrário, ele se revestia com frequência de fina ironia – com direito a alguma autoironia. E de sarcasmo. Como se, no fundo, só nos restasse achar graça de tudo – inclusive de nós mesmos. O cinismo em Guzzo, e a ausência de frivolidades em seu jeito de ver o mundo, resultavam em grande senso de humor. Como se levar as coisas, e a si mesmo, a sério demais fosse em si uma enorme ingenuidade. Como se a suprema inocência no olhar, no fundo, fosse crer que a gravidade e o cenho franzido pudessem levar a alguma coisa. Guzzo dava muita risada. E fazia rir na mesma medida.

Era atribuída a Guzzo, em alusão a um dos recorrentes inchaços da folha de pagamentos da Abril, que gostava de sair contratando tão logo entrava num período em que a vaca ficava mais rechonchuda, a *boutade* de que Roberto Civita deveria, um dia, se sentar ao lado da catraca, logo de manhã cedo, munido de um saco de lixo de 100 kg, e passar o dia ali, perguntando a cada um que passasse: "o que você faz aqui?" Se a pessoa não soubesse dizer rapidamente o que fazia, seria convidada por RC a deixar seu crachá dentro do saco e a se dirigir ao departamento pessoal. No dia seguinte, a Abril acordaria com um ganho brutal de eficiência e produtividade.

Paulo Nogueira era discípulo de Guzzo. Todos nós ali éramos, mas Paulo era o discípulo mais graduado e mais próximo. Paulo tinha grande habilidade para capturar tendências, assuntos que estavam crescendo no interesse das pessoas – antes mesmo que elas se dessem conta disso. A antena de Paulo era bastante apurada para identificar o *zeitgeist* – palavra alemã que significa "espírito do tempo", e que muitos ali aprenderam com ele.

Se Guzzo era muito bom em identificar o que era assunto, o que tinha importância jornalística, Paulo era muito bom em captar o que as pessoas estavam querendo ler, os assuntos que iam mesmerizar as atenções e vender bem. Com a soma dessas duas competências, já no início dos anos 1990, a *Exame* começava a deixar de ser uma revista dura e fria, uma numeralha impenetrável, lida (ou ao menos comprada) por obrigação profissional, para se tornar uma revista cheia de personagens, que narrava aventuras humanas – e fascinantes, inspiradoras –, no mundo dos negócios, retratando tendências, ancorando discussões, apresentando novidades e, assim, pautando, por meio de uma leitura prazerosa e útil, as conversas dos executivos brasileiros.

Empreendedores como Marcelo Lacerda e Jack London figuraram na capa da *Exame*, como expoentes da revolução digital brasileira – o que contribuiu para que se estabelecessem como referências. A *Exame* se colocava na vanguarda, como um título não apenas relevante, mas aspiracional, e contribuía para a formação de novos ícones, correndo o risco editorial de publicar os eventos *enquanto* eles aconteciam, ou mesmo de retratar tendências *antes* de elas se confirmarem. (O "Bug do Milênio", por exemplo, tema que a *Exame* levantou e que acabou virando uma espécie de minissérie dentro da revista, além de uma preocupação nacional, acabou – felizmente – não se consumando.)

A *Exame* lançou Max Gehringer ao estrelato. E é provável que o reconhecimento de executivos como Carlos Ghosn, da Renault, e o incensamento de estilos de gestão como de Jack Welch, da GE, ou de Jorge Paulo Lemann e da turma do GP Investimentos, não tivesse acontecido da mesma forma no Brasil se as decisões editoriais que a *Exame* tomou naquela época tivessem sido mais conservadoras.

O Brasil vivia um processo de transformação do seu capitalismo, e a vitrine da *Exame* soube não apenas fazer o registro daquelas pequenas e grandes revoluções, como privilegiou as histórias das empresas que apontavam para uma atuação mais moderna e liberal, e para a construção de um mercado mais aberto e competitivo, em detrimento das empresas mais ligadas ao velho modelo cartorial da economia brasileira até o fim dos anos 1980. Essa inflexão no registro e na narrativa do mundo dos negócios no Brasil, abrindo espaço para os novos entrantes, em detrimento dos líderes estabelecidos, em alguma medida, influenciou o próprio ambiente que estava sendo retratado, estimulando empresas e empresários a se tornarem mais ousados em seus processos de modernização.

Não foram muitas as reuniões de pautas de que participei, infelizmente. Porque elas não eram tão frequentes: o processo de construção editorial da revista acontecia de modo muito orgânico – cada editor fazia suas sugestões diretamente a Paulo, que aprovava ou não as pautas, definia os enfoques, e depois validava as decisões com Guzzo.

Era frequente ouvirmos as gargalhadas que ecoavam na sala de Guzzo, com sua voz grave. Elas batiam no teto, com suas dezenas de decibéis, e reverberavam pelo andar inteiro. Além disso, Guzzo protagonizava uma cena clássica. Em dias de fechamento, quando todos ali se preparavam para a excruciante reta final do trabalho, naquele momento em que alguns de nós se isolavam numa bolha pessoal, esmagados pela convicção de que não seria possível entregar o trabalho no prazo, olhos vidrados nas telas daqueles computadores bege, antevendo as horas de martírio e desespero que enfrentariam madrugada adentro, Guzzo, por volta das 19h, saía da sua sala, terminando de vestir o paletó. Ajeitava calmamente a gravata de crochê cor de vinho, e anunciava para a redação, com um sorriso no canto da boca, a caminho da porta de saída: "Não há tempo para mais nada!"

Em outras ocasiões, às vezes no meio de uma tarde qualquer, com repórteres ao telefone e editores repassando textos, Guzzo vinha pelo corredor, debruçava-se sobre a divisória baixa que delimitava as baias, geralmente em frente a alguém que parecesse particularmente enrolado com o trabalho – "rolando na lama", como dizíamos –, coçava a cabeça, lançava um olhar compungido ao léu e se perguntava: "A quem apelar?"

Ao lado das minhas atividades editoriais, tocava a rotina como diretor de Marketing. Recebia as agências que tinham as contas das nossas revistas para deliberar sobre campanhas e ações de Marketing – W/Brasil (e depois a Lew'Lara) atendia a *Exame*, DM9 atendia a *VIP*, F/Nazca ganhara a conta da *Você S.A.*, e FischerAmérica faria o lançamento da *Revista da Web!*.

(Dez anos antes, eu entrava numa faculdade de comunicação, para fazer o curso de publicidade, inspirado pelo trabalho de agências como aquelas. Washington Olivetto, que saíra da DPZ para fundar a icônica W/GGK, em 1986, tornada W/Brasil em 1989, epitomizava o que queríamos ser. Criativos, bem-sucedidos, admirados. Depois, Nizan Guanaes, o *enfant terrible* que viera da DPZ para a W/GGK e que saíra em 1988 para empreender com a DM9. A propaganda mais genial de Washington é a que ele fez da própria propaganda – que, com ele, se tornou uma carreira aspiracional, desejada, glamorosa. O trabalho daquela geração de publicitários extrapolou os limites convencionais dos anúncios e das campanhas, que viraram peças da cultura popular, influenciando jeitos de falar, de vestir e de se comportar.

Em uma das agências, havia um diretor de Atendimento com narinas hirsutas. De seu nariz desciam dois tufos de pelos em formato de estalactite. E o sujeito vivia cofiando aquelas cabeleiras nasais, como um cacoete – ou, talvez, porque comichassem. De tanto alisar as moitas, elas iam ficando afiladas, ganhando um formato cuneiforme, como se houvesse dois caninos de vampiro descendo de suas ventas. (Uma visão terrível, um trauma do qual ainda não consegui me recuperar.)

Noutra agência, havia um diretor, talvez de Planejamento, ou de Novos Negócios, de quem busquei me aproximar. Eu era um jovem executivo ainda desenturmado, buscando me conectar ao mercado. O sujeito talvez tenha percebido isso. E mandou de lá um par de sinais amistosos. Inteligência emocional é uma arma quente – para quem tem. Certa feita, fomos almoçar e mostrei a ele alguns projetos novos que eu estava gestando. Ele, sem tirar o sorriso do rosto, mudou o tom. Disse que aquele não era um almoço de negócios, mas já que eu, como veículo, o estava malhando, como agência – a expressão, "malho de vendas", significa "apresentação comercial" –, ele, como agência, também tomaria a liberdade de me malhar, naquele mesmo almoço, como cliente.

Aquela era uma lição importante sobre etiqueta no mundo dos negócios. E sobre as sutilezas e sinuosidades dos comportamentos no mercado publicitário. Não importa se você é de Marketing e vive de tentar vender algo a alguém. Não importa se você trabalha com Propaganda e passa o dia todo tentando convencer alguém a adquirir um produto, um serviço ou uma ideia. Nem se todos nós, profissionalmente, estejamos sempre comprando ou vendendo alguma coisa em nossa interação com os demais. Qualquer intenção comercial que aparecer de modo desavisado numa conversa, mesmo entre homens e mulheres de negócios, em horário comercial, será considerada uma deselegante quebra de protocolo – e talvez até uma ofensa pessoal.

Um outro executivo do mercado publicitário me impressionou certa vez com seu discurso de vendas. A postura bem ensaiada, os gestos firmes, o tom de voz correto. O encadeamento das ideias, a um só tempo generoso e provocativo em relação ao interlocutor. A sintaxe curtida ao longo de anos apresentando projetos em reuniões a todo tipo de gente. Dizia o que queria dizer – e ao mesmo tempo aquilo que o cliente queria ouvir. Ele se fazia crível, era convincente, reforçava os pontos fortes e omitia os pontos fracos da sua oferta, sem incorrer em nenhuma inverdade. Era claro e direto quando precisava ser, e sabia costurar arabescos e bordados em sua prosa, na medida certa, quando era hora de fazer uma digressão. Oferecia a tranquilidade de que tudo aquilo seria entregue conforme o prometido e esboçava, sem ameaçar nem ofender ninguém, tudo o que perderíamos se não fechássemos o negócio.

Além disso, sabia se mostrar vulnerável o suficiente para não parecer presunçoso – convidava o interlocutor a gostar dele, a apoiá-lo tanto pelos critérios técnicos quanto pela simpatia pessoal. Um mestre. Ou assim me pareceu, à época. (Comentei com outro diretor do Grupo Exame que eu tinha acabado de presenciar uma das melhores performances de vendas da minha carreira até ali. Ao que o colega respondeu, com um sorriso de canto de boca: "Ele é bom. Mas tem melhores.")

Havia ainda outra agência que costumava trazer anúncios, por vezes não solicitados. As meninas bonitas do Atendimento – uma delas falava muito sobre "dindim", parecia obcecada por dinheiro, uma espécie de semideus cujo nome ela não ousava pronunciar diretamente, preferindo usar aquele apelido "fofo" – sempre abriam a reunião dizendo: "O (nome dono da agência, criador supremo, antena da raça, gênio inconteste) adorou essa campanha!" Era uma senha de que não seria possível outra coisa que não concordar com a opinião Dele sobre o Seu próprio trabalho – e aprovar as peças imediatamente.

Eu, inexperiente, com frequência pedia ajustes. E, por vezes (minto: fazia isso *sempre*), incorria num pecadilho que ofendia profundamente os publicitários – copidescava os textos dos anúncios. Pegava uma bic e sugeria alterações diretamente no paste-up. (Seria menos agressivo se eu enfiasse a bic num orifício qualquer do redator.)

Um dia, Guzzo me disse que a agência solicitara uma reunião. E lá fomos nós, Guzzo e eu, no carro dele, para um encontro com a cúpula dos publicitários. Aquela era uma relação curiosa. Nós éramos um péssimo cliente. Não tínhamos dinheiro – a maioria dos anúncios era veiculada em nossas próprias páginas. (Além disso, também éramos redatores e editávamos as palavras e frases cunhadas pela Criação da agência.) Ainda assim, as agências gostavam de ter contas de veículos. Eram contas probono, que talvez interessassem pela relativa visibilidade de terem os anúncios veiculados nas maiores revistas do país. Ou para que treinassem seus funcionários mais juniores. Ou então para que as usassem como um laboratório para exercícios criativos. Uma razão a mais para que eu não tivesse o desplante de tratar aqueles anúncios como se estivesse efetivamente pagando por eles.

Do nosso lado, não entregávamos a conta a uma determinada agência por causa da sua capacidade de planejamento ou do seu brilho criativo, como a maioria dos clientes. Mas pelo seu potencial de trazer mais anúncios para a revista, a partir da sua carteira de clientes. O critério não era técnico – era uma escolha comercial estratégica. Tanto que o nosso diretor de Publicidade é que dirigia o processo de escolha das nossas agências e depois lhes fazia o convite. Tratava-se de uma carta de relacionamento colocada no bolso do seu paletó. Como aconteceria outras vezes em minha carreira, eu jogava o jogo pelas instruções contidas no manual, enquanto o jogo rolava pelas regras não ditas nem escritas, apenas sugeridas nas entrelinhas.

Na reunião, fui confrontado pelos donos da agência. Caras cenicamente fechadas. Para sublinhar a importância da reunião, eles não apenas desligaram seus Motorola StarTACs, como, curiosamente, retiraram as baterias dos celulares e os emborcaram desmontados sobre a mesa. (Desconfio de que um deles, talvez o mais graduado, procedeu assim, por ignorância tecnológica – afinal, celulares eram itens relativamente novos em nossas vidas – e os demais o imitaram, de modo reverente, sem pensar muito.) Eles se vestiam de modo parecido. Eu estava cercado, sobretudo, por um forte sentimento de grupo.

O discurso era que o relacionamento não estava bom, que eu não estava colaborando. Ao lado de reclamarem da minha postura, incensavam Guzzo, construindo uma oposição entre mim e meu chefe. Um falava, todos corroboravam. Ouvi tudo. Em determinado momento, perguntei se poderia falar ou se tinha vindo ali apenas para ouvir. E expus, de modo respeitoso, mas firme, meus pontos. Comentei um a um os argumentos do meu principal interlocutor, o que o deixou irritado – ele não estava acostumado a ouvir, e muito menos a ser contestado.

À saída, me desculpei com Guzzo pelo inconveniente de ter lhe causado, de algum modo, tamanha perda de tempo. Guzzo disse que reuniões como aquela faziam parte das suas atribuições. E que eu tinha ido bem. Em nenhum momento, Guzzo se colocou à minha frente, para me proteger das balas. Mas, em nenhum momento também, se perfilou ao lado dos atiradores.

Na viagem de volta, Guzzo me disse: "Podemos dizer qualquer coisa a qualquer pessoa. Desde que o digamos do jeito *certo*." Era o que eu tinha feito. Fiquei satisfeito. Era uma situação fácil de ter descarrilado para um outro desfecho. E eu havia sido, para minha própria surpresa, o adulto da sala. Começava ali, provavelmente, a amadurecer a ideia de mergulhar na área editorial, deixando para trás as funções de diretor de Marketing. Ter de interagir com as agências, naquela coreografia de interesses meramente comerciais e de intenções difusas, ia se constituindo no pior momento do meu dia.

(E havia um tipo curioso de publicitário, presente em algumas grandes agências, geralmente com cargo de diretor ou VP – na época, *todas* essas cadeiras eram ocupadas por homens. Era um sujeito que fazia, com olhos desapaixonados, o mapeamento de poder nos lugares em que estava, só sorria para as pessoas certas, em situações em que o retorno sobre esse investimento de mostrar os dentes parecesse promissor. E atuava sempre à boca pequena, em segundo plano. Você não sabia muito bem o que esses caras faziam, eles estavam vagamente ligados a "novos negócios". Seu habitat eram mesas de canto em restaurantes caros e happy hours à meia-luz. Sempre muito bem-vestidos, dirigindo carrões, eles pareciam estar sempre costurando um *deal*, daqueles cujos detalhes não cabem na descrição de uma nota fiscal. Essas figuras me davam calafrios.)

Já dava para perceber, à época, que aqueles caras eram os reis de um tempo que estava acabando, ou que já tinha acabado. O que não sabíamos é que não éramos a nova geração que iria assumir as rédeas daquele mundo e renová-lo, inclusive em termos de pujança – mas, sim, a última geração a viver aquele modelo de negócios, a turma que iria testemunhar o fim da indústria da mídia naquele formato, lutando bravamente para não morrer profissionalmente junto com ele.

Um de meus primeiros trabalhos, logo ao chegar, foi editar um livreto que compilava os dados de uma pesquisa que a *Exame* havia feito – um material de Marketing publicitário, com a função de vender a revista para anunciantes e agências, contendo várias informações sobre o público leitor, o alcance e a qualificação da revista.

O processo de produção do material estava parado e eu recebi a encomenda de desencalacrá-lo. Revisitei o material bruto da pesquisa, reescrevi pessoalmente os textos e fechei o livreto na Arte da *Exame*, com Fábio Campos, diagramador, e Osmar Vieira, ilustrador, bons companheiros de trincheira.

Outro bom parceiro na Arte era um ilustrador uruguaio, Joaquín Tomás. De vez em quando, eu fumava um cigarro com Joaquín, gente boníssima, um velho marinheiro das Redações, que falava um portunhol incompreensível – o que não fazia muita diferença porque ele dificilmente abria a boca. Um dia, eu lhe falava sobre os isqueiros Zippo, sobre aquele inconfundível clique metálico, ao abrir da tampa, e do som do disco riscando a pedra, e do charme inigualável de acender um cigarro daquele jeito. Confessei que às vezes sentia vontade de fumar só por causa do Zippo.

Joaquín me disse (tanto quanto eu consegui entender), com o maior número de palavras que já o vira pronunciar de uma só vez até então, que o Zippo tinha se consagrado na Segunda Guerra porque os soldados americanos podiam acender seus cigarros debaixo de qualquer tempo, com vento, chuva ou neve, coisa que não era possível com fósforos, nem qualquer outro método disponível, aos outros exércitos. (Quanto o diferencial competitivo do Zippo contribuiu para que a guerra tenha se decidido a favor dos Aliados? É preciso que alguém estude isso a sério!)

Por fim, Joaquín pontuou aquilo que mais lhe encantava no Zippo, um elemento fundamental que tinha escapado à minha análise: "U gero du fludo." Pedi que ele repetisse e, depois de duas ou três tentativas frustradas de compreensão, *cambiamos* para o espanhol. Aí eu entendi sua frase, e a tremenda sensibilidade poética com a qual ele seguia, de perto, de dentro do seu enorme silêncio, toda aquela nossa conversa. Ele se referia a "El olor del fluido". E eu concordei completamente. O cheiro do Zippo aceso é inigualável. Uma delícia.

(Reflita um minuto sobre isso, do ponto de vista do design de experiência do consumidor – um isqueiro de chama invencível, agradabilíssimo ao tato, com sons encantadores e um cheiro inebriante. Que produto!)

Joaquín pertencia ao time de Píndaro Camarinha Sobrinho, diretor de Arte da *Exame*. Píndaro e Paulo Cardoso, o Paulinho, seu segundo, me receberam muito bem. Cultivavam o bom humor – e com ele azeitavam as inevitáveis fricções que sempre havia entre os times de texto e de arte numa Redação. Paulinho guardava alguma admiração pelos meus textos, desde Quioto, e, quando se deparou com meus 1,94m, passou a me chamar de "o maior japonês do mundo".

Píndaro era bem próximo de Paulo Nogueira – ambos haviam trabalhado juntos na *Veja* nos anos 1980. Píndaro falava alto, em monossílabos, e tinha um humor frontal. Em seguida, Píndaro e Paulinho deixariam a *Exame*. Píndaro empreendeu na área gráfica. Paulinho migrou para a *Você S. A.*, como diretor de Arte.

No lugar de Píndaro, assumiu Aline Leme, até então chefe de Arte de *Quatro Rodas*. A mudança foi emblemática, em termos geracionais e, sobretudo, de estilo: Píndaro era um dos últimos dos diretores de Arte da Abril formados mais na prática do ofício do que em cursos superiores de design; forjados mais na proximidade com a gráfica e com as rotativas, em tempos de fotocomposição e de fotolito, do que nas páginas de revistas como a *Graphis* ou a *Communication Arts*.

Aline, formada pela Escola de Comunicação e Artes (ECA) da USP e pela Escola Panamericana de Artes, era uma legítima representante da nova geração de designers gráficos revelados pelo Curso Abril de Jornalismo – o programa de atração de talentos da Editora. Essa turma, formada ao longo dos anos 1990, com um mouse na mão, íntima dos computadores Apple e dos softwares gráficos da Adobe, daria o tom da Arte na Abril dali em diante.

(Criado em 1984, por Alberto Dines, o Curso Abril reunia os formandos mais promissores, das melhores universidades brasileiras, em Texto, Design, Fotografia, Ilustração e, mais tarde, Vídeo e Mídias Digitais, para um treinamento intensivo de quatro semanas em São Paulo, com o objetivo de produzir uma revista laboratório – a *Plug*. A grande maioria desses jovens talentos acabava absorvida pelas várias redações da editora. O Curso Abril foi coordenado por Marilia Scalzo entre 1992 e 2004, depois por Hamilton dos Santos, até 2008, e, a partir daí, por Edward Pimenta, até ser descontinuado, em sua 33ª edição, em 2016.)

Sérgio Berezovsky, editor de Fotografia da *Exame*, também era muito próximo de Paulo. (E um dos caras mais afáveis com quem cruzei na vida.) Berê, como o chamávamos, revelou o fotógrafo Kiko Ferrite. Juntos, e com Raul Júnior, Daniela Picoral e Bia Parreiras, renovaram a linguagem fotográfica da *Exame*, em especial no que se referia aos *portraits* – retratos de personagens –, aportando ângulos, intenções, fundos, filtros e tonalidades que trancafiaram a sisudez e a obviedade *fora* das páginas da revista.

Berê era um mestre da síntese. Falava pouco. E era um observador inspirado do que acontecia ao redor. Ouvia atentamente as conversas e, quando entrava no papo, em geral cunhava uma tirada que condensava com humor, e de modo inexcedível, o que estava sendo dito ali. Era como se Berê estivesse sempre pronto a legendar a foto – uma passagem, uma declaração, um gesto, uma situação – com o menor número de palavras possível. Era o clique verbal que Berê dava à realidade em volta. O silêncio em Berê talvez fosse a concentração do fotógrafo à espera do instante preciso para acionar o obturador. Ou do pescador que espera pacientemente, sem dizer palavra, com todos os sentidos em alerta, pela hora exata de fisgar o coração do momento quando ele passa à sua frente.

A despedida de Píndaro aconteceu num jantar, num restaurante uruguaio que ficava atrás da Abril. Com as presenças bissextas de Guzzo e Paulo. Foi um bota-fora animado, com muitas risadas – e algumas lágrimas – aflorando entre ótimas provoletas e garrafas geladas de Norteña. Findo o repasto, surgiu a ideia, entre alguns companheiros, de esticarmos numa famosa cafeteria noturna de São Paulo. Foi a primeira vez em que estive num desses lugares a que os homens vão para ser assediados pelas meninas.

À entrada, numa conta que eu não entendi bem, você comprava o ingresso, relativamente caro, e ganhava em troca uma dose de uísque. Píndaro, não obstante os protestos de todos, comprou sozinho uma garrafa inteira. Ou seja – pagou as entradas de muitos de nós, entre as quais a minha. (Outros convivas não precisavam disso: pareciam ter a sua própria garrafa por lá, além de uma espécie de cartão de "passageiro frequente".)

O ambiente era de poucas luzes, algo esfumaçado – era uma época em que se podia fumar dentro dos estabelecimentos. Achamos uma mesa num canto, perto da pista, depois de atravessarmos um entrevero de patoladas e propostas indecentes sussurradas com hálito quente ao pé do ouvido. Naquele exato momento, numa prova de que você pode tropeçar em clichês não apenas num texto, mas também na vida, a banda atacava "Garçom", de Reginaldo Rossi – acredite se quiser.

Quando me dei conta, estava perdendo o tempo de uma menina que tinha se sentado ao meu lado, perguntando a ela como tinha vindo parar ali, talvez tentando convencê-la a fazer outra coisa da vida. Tempo, para ela, era dinheiro. E a minha conversa, uma coisa mole e dormente na qual ela não estava interessada. Como eu não ia comprar o que ela estava vendendo, a despeito do grande poder de atração da mercadoria, em seguida me despedi e fui embora.

* * *

Eu também era responsável pelo Atendimento ao Leitor da *Exame* – e, por conseguinte, supervisionava a edição da seção de Cartas – porque fazia sentido que o diretor de Marketing estivesse de ouvido colado no que o leitor dizia. Organizava minhas prioridades, naquela dobradinha entre diretor de Marketing e colaborador da revista, imprimia o *to do list*, minha programação mensal de atividades, e ia aprovar com Guzzo. Num desses despachos, revisando o livreto da pesquisa, Guzzo disse que eu não precisava ser tão formal para combinarmos o trabalho. Uma boa conversa já resolveria. E me deu um feedback: "você vai dar certo aqui, fazendo isso", referindo-se ao trabalho na Editora Abril, que ali incluía tanto as funções editoriais quanto as de negócio. "Já vi muita gente passar por aqui e sei dizer quando o cara não vai dar certo. Não é o seu caso."

Um incentivo desses, na forma de acolhimento e reafirmação de confiança, é um gesto muito importante quando você está chegando a um lugar novo e começando numa profissão nova. Muito chefe tem medo de dar um feedback positivo, como se isso fosse amolecer o colaborador – que, assim, infelizmente, fica sem saber o que está fazendo *certo*, de modo a seguir por aquele caminho, uma referência fundamental para não enveredar por outros caminhos que não vão dar em lugar algum.

Em seguida, eu reescreveria as cartas para os assinantes da *Exame*. Guzzo havia me contado a história de um americano que, havia muitos anos, fizera um acordo com uma determinada editora – reescreveria a bateria de mensagens enviadas aos assinantes, sem cobrar nada, e seria remunerado por uma porcentagem das vendas a mais que conseguisse trazer. Com isso, enriquecera. Não aconteceu assim comigo, mas foi um belo exercício criativo e de Marketing: a revisão dos nossos argumentos de venda numa conversa direta com nossos leitores mais fiéis. Mais adiante, eu faria o mesmo, com boa taxa de sucesso, na *Superinteressante*.

Quando cheguei, Fernando Schiavo, alguns anos mais velho que eu, era o gerente de Marketing do Grupo Exame. O cargo de diretor de Marketing havia sido congelado desde a saída de Marcos Simões, em 1996, e fora reativado para me acolher. Com a minha chegada, Fernando, havia quase uma década na editora, deixava de ser o *head* de Marketing, na estrutura de Jairo Mendes Leal, diretor de Circulação e Administração – com quem já trabalhava por anos, tendo atuado como gerente de Circulação antes que Marcos Simões deixasse vazia a torre de Marketing.

Fernando passava a se reportar a mim, um neófito na Abril e na indústria da mídia. Mais: eu era um executivo cujas credenciais haviam sido construídas no campo editorial, e não exatamente, até aquele momento, na área de negócios. A vida corporativa segue uma liturgia. Eu, ali, representava uma ruptura a uma série de expectativas vigentes.

Jairo também perdia um naco da sua área – o Marketing, que absorvera com a saída de Marcos Simões e que, inclusive, estava localizado fisicamente dentro da sua estrutura. Fernando, e sua assistente, Claudia Cavalcante, se sentavam junto ao pessoal de Circulação, liderado pelo jovem talento Marcello Hummel, a Eventos, área liderada por Antônia Costa, e ao Departamento Administrativo/Financeiro, liderado por José Paulo Rando.

Fernando também trabalhava muito próximo ao diretor de Publicidade, Claudio Ferreira. Eu entrava no meio de relações estabelecidas. A conversa entre eles tinha tom e trejeito publicitário – Fernando era do ramo, falava a língua das agências. Comigo, era diferente. Eu pensava como jornalista. Não compartilhava da lógica do mercado – mais tarde, faria questão de me manter externo a ela; na época, eu mal a compreendia.

Fernando e eu trabalhamos juntos por um ano. Aí, um dia, num despacho comigo, na redação da *Exame*, nos desentendemos. Ele se levantou e saiu, com algum estardalhaço, sob os olhares e silêncios constrangidos dos jornalistas que estavam por ali. Para, por assim dizer, nunca mais voltar. Pediu demissão.

Aquela situação com Fernando me ensinou uma lição que eu usaria depois na *Superinteressante*. Quando você chega a determinado ambiente, é preciso pactuar as bases da sua relação com seus diretos. Trazer às claras as eventuais tensões e frustrações, e encontrar um consenso possível que permita à relação ir adiante – cada um no seu lugar, desempenhando o seu papel, em paz com sua alçada. Sem esse acordo, a relação não irá a lugar algum. As zonas cinzentas se tornarão territórios de guerra e transformarão o dia a dia de ambos, chefe e subordinado, num inferno.

Fernando se casaria com Claudia Cavalcante, que passou a se reportar diretamente a mim. Retomaríamos um relacionamento cordial alguns anos depois. Ambos lamentando a situação que havíamos enfrentado e a saída – literalmente – que encontramos para resolvê-la.

Claudio Ferreira, o Claudinho, diretor de Publicidade do Grupo Exame, é um dos caras mais engraçados com quem já trabalhei. Via tudo com humor e gostava de rir e de fazer rir. A direção comercial de qualquer negócio é uma posição que envolve muita pressão por resultados – mesmo naquela época em que havia anunciantes em lista de espera para colocar um anúncio na quarta capa da *Exame*. A capacidade de achar graça, e de fazer graça, em Claudinho, era, entre outras coisas, um elemento de descompressão.

O humor franco, e autoirônico, fazia de Claudinho um sujeito "querido pelo mercado", como se dizia, com toda razão. Era importante ter essa relação de simpatia pessoal, e essa proximidade quase íntima, com as agências de publicidade, se você trabalhasse em veículo. Paulo Cesar de Araújo, o PC, profissional que havia formado Claudinho, e que o substituiria dentro de alguns meses, dizia que o "mercado não é harvardiano – ele é cardíaco", colocando a mão no lado esquerdo do peito.

Claudinho parecia oferecer essa cumplicidade ao interlocutor. Ele deixava as pessoas à vontade. Era como se nada do que você pudesse dizer fosse lhe chocar – exceto, talvez, o cancelamento de uma PI (Pedido de Inserção – que, sei lá por que, na abreviação ganha um artigo feminino). Claudinho dava a impressão de que jamais tiraria do bolso do paletó bem cortado um julgamento ou uma condenação diante do que você lhe apresentasse – talvez, no máximo, um sorriso maroto, solidário, e uma boa tirada. (Aliás, encontrei poucos caras na vida executiva que vestissem um traje, uma gravata e um sapato social tão bem quanto Claudinho. O alinhamento, para ele, não era a imposição de um uniforme corporativo – era um gosto pessoal que ele cultivava com naturalidade e que resultava em elegância.)

O mote de PC indicava também uma época em que a venda era menos técnica. Os negócios em mídia eram balizados pelo relacionamento. O mercado era menos dinâmico, as grandes cartas já estavam mais ou menos marcadas para as grandes empresas de Comunicação, no painel de controle das agências e dos anunciantes, e era sobre esse chassi mais previsível – e bastante favorável para a Abril à época – que os negócios aconteciam, azeitados muito mais pelas simpatias e amizades do que pelo ROI (*Return on investment*, ou "Retorno sobre o investimento") frio deste ou daquele projeto.

Almoçava-se muito – no "circuito Gero-Parigi", como dizia Claudinho, ironizando em tom falsamente esnobe a pose que deveras fazia. Essa era uma persona muito divertida de Claudinho: a do novo-rico que fazia piada com a própria ascensão social – da qual efetivamente se orgulhava. Ele gostava de declarar que crescera na Vila Carrão, em São Paulo (que ele chamava de *"Big Car Ville"*) e deixava claro que comer bem, vestir-se bem e viajar bem eram conquistas dignas de alegria, e não de pudor. E que estava tão de bem com a vida, que ria disso tudo – tanto do passado pobretão quanto do presente abastado – sem problema algum.

Naquela época, bebia-se muito também. Em dias de fechamento, quando a *Exame* batia recordes de venda de anúncios, tomava-se uísque no próprio escritório, da tardinha em diante. Bom uísque. Foi com Claudinho que descobri o Johnny Walker Black Label, o preferido dele, e que viraria o meu predileto também.

Parte da noção que Claudinho tinha de elegância era não expor os momentos difíceis – e não *se* expor quando eles aconteciam. Nunca se perdia do sorriso malandro. Quando ficava abaixo de uma meta, o que era raro, dizia: "A gente vendeu. Eles é que não compraram." E, diante de um dia ruim, sacava a frase: "Como é dura a vida da bailarina..." – em tom especialmente irônico, talvez com um leve pedido de solidariedade no fundo do olho.

Jairo Mendes Leal cuidava da operação do Grupo Exame. Paulo era o responsável pelo conteúdo e Claudinho, pelas receitas publicitárias. O resto era com Jairo – da gestão da Circulação (carteira de Assinantes e Vendas Avulsas) à Controladoria, da Tecnologia aos Serviços Gerais. (Péricles Gonçalves, o líder dos boys que circulavam pelo andar, time composto por seus irmãos e amigos, que realizava serviços diversos para todas as áreas do Grupo, é um dos melhores profissionais que já vi à frente dessas funções. Levava a sério o que fazia, embora estivesse sempre sorrindo e brincando. Quebrava o galho de todo mundo, sempre da melhor maneira e no prazo certo. Logo que cheguei, impressionado com a eficiência de Péricles, sugeri a Jairo que o premiássemos, e a seu time, de algum modo. Jairo abriu um sorriso largo por trás da barba, como a dizer: "Deixa que isso é comigo.")

Jairo resolvia bem, para Guzzo, todas as demandas administrativas e financeiras. Operava nos bastidores, não estava na linha de frente dos negócios, nem tinha muita visibilidade externa – mas tinha poder e era um dos responsáveis por o Grupo Exame ser um dos mais rentáveis da Abril. Não por acaso, em seguida Jairo assumiria a direção comercial da *Veja* e galgaria postos na

Abril até virar vice-presidente e, por fim, presidente executivo da editora.

Numa de nossas conversas, logo que cheguei, Jairo me falava que a vida de Roberto Civita era aquela empresa. Roberto, segundo Jairo, não tinha uma ilha nem um avião – ele dedicava 100% do seu tempo e da sua energia à Abril. Era uma frase que poderia, em certa medida, e guardadas as proporções, ser aplicada ao próprio Jairo, que havia entrado na Editora aos 15 anos, como estafeta, e fizera uma carreira exemplar ali dentro. Jairo era um sujeito simples, prático e um estrategista determinado. Em pouco mais de uma década, como principal executivo da Abril, lideraria a editora na construção dos melhores resultados da sua história.

Uma das perguntas que fiz a Paulo, ao negociar minha vinda para a Abril, era se havia por ali uma pelada da qual eu pudesse participar. Algo que pudesse compensar a ausência do *Indios World Soccer Club* em minha vida. Paulo me convidou para jogar no seu próprio grupo, que batia uma bola toda quarta-feira, sob o sol do meio-dia, na quadra society da Acerga, a Associação Cultural, Esportiva e Recreativa do Grupo Abril, na Lapa.

Um dia, resolvi organizar um campeonato de futebol entre as áreas do Grupo Exame. Havia um time da Redação, um time do Administrativo-Financeiro e um time da Publicidade. Um triangular, num sábado à tarde, que, sem querer, espelhava a estrutura de poder do Grupo, o que gerava alguma tensão, dentro do campo e também fora dele. Paulo chegou a jogar pelo time Editorial. Claudinho apareceu para levantar a taça junto com o time da Publicidade, que venceu o torneio. Disse aos seus executivos (com seu sotaque que, por alguma razão, tinha timbres cariocas): "Parabéns. Vocês são uns leões jogando bola. E uns cordeirinhos vendendo páginas. Se vendessem publicidade como jogam futebol, nós estaríamos feitos!" Jairo não apareceu.

Paulo era boleiro e gostava de dizer que, jovenzinho, chegara a ser federado e só não seguira carreira profissional porque se machucara – lesão que o fazia puxar levemente uma perna ao caminhar. De outra feita, organizamos um time da *Exame* para disputar o campeonato interno da Abril – cujas equipes da gráfica (de nomes ameaçadores, como "Rotativas II" ou "Aparas") – eram sempre as favoritas.

Eram times formados por meninos na casa dos 20 anos, trabalhadores braçais, sem nenhuma gordura no corpo, acostumados a jogar cinco vezes por semana, disputando campeonatos de várzea nos terrões da cidade. Nós, de modo geral, éramos roliços executivos que passavam o dia todo sentados à frente de um computador. A disputa era desigual. Ainda assim, chegamos às quartas de final. Havia alguns garotos talentosos em nosso andar – Leandro Fonseca e Carlos Pedretti, do CTI (Centro de Tratamento de Imagens), e Erick Scabbia, que trabalhava sob a minha supervisão no Atendimento ao Leitor.

Nosso técnico era Clayton Netz – que afirmava ter catapultado a carreira de Valdomiro, o ponta-direita do Inter que seria titular da Seleção Brasileira na Copa de 1974, com lançamentos de 50 metros, perfeitos, quando jogava ao seu lado, nos anos 1960, como centro- -médio, nos juniores do Criciúma, em Santa Catarina. Para nosso lamento, Clayton àquela altura já tinha encerrado seus desfiles pelos gramados do mundo e jamais demonstrou a um de nós os dotes que afirmava ter – e que nós jamais duvidamos de que ele tivesse.

O jogo que poderia nos levar a uma improvável semifinal estava terminando e perdíamos por um gol de diferença. O empate, no entanto, era nosso. No último minuto da partida, o juiz marcou um pênalti a nosso favor. Era a bola do jogo e da classificação. Enquanto confabulávamos para decidir qual dos nossos garotos cobraria o pênalti, eis que vimos, pelo canto do olho, Paulo pegar a bola, colocá-la embaixo do braço e se dirigir, inabalável, para a marca do pênalti. Arrumou a gorducha na cal e voltou até o meio-

-campo, onde estávamos reunidos, mudos e boquiabertos. "Eu bato", fez questão de nos dizer.

O juiz autorizou, Paulo correu, um pouco claudicante, em direção à bola, chutou fraco, o goleiro pegou e nós perdemos a partida e a vaga na semifinal. No vestiário, todo mundo cabisbaixo, em silêncio, Paulo, sentado a um canto, de repente declarou, em tom de confidência: "A verdade é que eu tomei tanta distância para bater que cheguei à bola cansado."

Marco Antonio de Rezende, diretor de Redação da *VIP*, era um lorde inglês que havia nascido em Minas e morado muitos anos em Roma. Marco usava invariavelmente calças e camisas em tom cáqui e um colete cheio de bolsos, daqueles que os fotojornalistas, e correspondentes internacionais gostam de envergar. Se Jornalismo fosse uma profissão que exigisse um uniforme, esse modelo de colete seria o nosso jaleco.

Marco era um *bon vivant*: apreciava bons vinhos, bons charutos, boa comida – pedia sempre um pão para acompanhar o prato, qualquer que fosse ele, ao melhor estilo mediterrâneo. Vivera a fase do Jornalismo romântico e boêmio – guardava um pouco os ares daquelas redações cheias de literatos, políticos e artistas, além de dândis e bebuns, muitos daqueles personagens mineiros como ele, que davam vida aos grandes jornais do Rio e de São Paulo, e também aos bares e restaurantes correlatos, nos anos 1960 e 1970.

A *VIP* surgira, em 1985, como um suplemento da *Exame* focado em matérias de estilo de vida e de consumo sofisticado para executivos. Ao se tornar uma revista independente, em 1994, manteve a mesma linha editorial. Em 1997, aquele projeto já dava sinais de exaustão. Marcas de luxo, paradoxalmente, nunca foram grandes anunciantes. E a revista, com homens bem-sucedidos na capa, era pequena em termos de leitorado.

Paulo então decidiu tornar a *VIP*, de uma revista para "almofadinhas" (ou o que mais tarde viria a se denominar "coxinhas"), em uma revista de comportamento para jovens adultos, com muita testosterona e conteúdo pop, no modelo das *lad magazines* inglesas, que inventaram esse formato – a *Loaded*, de 1994 (descontinuada em março de 2015, voltou apenas no ambiente digital em novembro do mesmo ano), a *Maxim*, de 1995, a *Stuff*, de 1996 e a *FHM (For Him Magazine)*, fundada em 1985 (deixou de ser publicada em papel em dezembro de 2015) –, faziam muito sucesso e ameaçavam as revistas masculinas tradicionais, que já não falavam tão de perto às novas gerações, como a *Playboy*, de 1953, ou a *GQ (Gentlemen's Quarterly)*, de 1957.

A *VIP* abandonou sua condição de publicação dedicada às "boas coisas da vida", deixou de lado as preocupações com sofisticação e se tornou uma revista irreverente, cheia de hormônios e risadas. A *VIP* passou a publicar fotos de mulheres seminuas, em ensaios provocantes que *não* mostravam tudo. A capa com Suzana Alves, a Tiazinha, de 1998, consolidou essa virada. A estrela do programa *H*, de Luciano Huck, na TV Bandeirantes, ainda não era *mainstream*. Não era de "bom gosto", nem tinha a classe da velha *VIP Exame* – mas falava ao coração e às gônadas da moçada.

Houve uma preocupação no mercado, e também internamente, na Abril, de que a nova linha editorial, epitomizada naquela capa – "Sem chicote, sem máscara, sem calcinha!" –, fosse destruir a *VIP* e afastar os anunciantes da revista, na linha carros e relógios e roupas e perfumes de luxo. O que de fato aconteceu. A *VIP* antiga foi descontinuada, com sua concepção grã-fina do que seriam os interesses de um homem adulto de classe média alta, e um novo tom de voz surgiu, direcionado aos homens que estavam decididos a não envelhecer jamais – os eternos adolescentes. Alguns anunciantes, é verdade, foram embora – abrindo caminho para muitos outros entrarem.

O case da transformação editorial da *VIP* é Paulo Nogueira em estado puro. O exercício constante de *benchmarking* (Paulo e Guzzo comungavam da convicção de que não há demérito algum em aprender com os melhores), a antena conectada ao sistema límbico do leitor, a ousadia de empreender, a confiança no próprio taco, a decisão unilateral e a celeridade das ações, atropelando uns e outros pelo caminho. (Paulo dava a impressão de que tanto mais gostava de reinventar as coisas, e de pesar a mão nesses processos de transformação, quanto mais houvesse escândalo, indignação e resistências à sua frente.)

A *VIP* é um caso clássico também na relação de Paulo com a Abril. Ele resolvia, com aquela mexida radical – ao seu estilo –, um problema para a empresa, ressuscitando um ativo moribundo. Em contrapartida, atraiu para si mais desconfiança e críticas do que aplauso e agradecimentos.

Se Guzzo era a voz da *razão*, Paulo era a voz da *intuição*. O faro de Guzzo parecia advir da análise *exata* das coisas, o faro de Paulo parecia advir do *instinto*. (Ao contrário de Guzzo, Paulo se movia um bocado pela emoção e adorava se insurgir contra os moinhos de vento que encontrava pelo caminho.) Em termos atitudinais, Paulo era *gauche*, nutria uma rebeldia *rock and roll* diante da vida. Já Guzzo estava confortavelmente instalado no establishment, era um homem à vontade com sua idade, com suas conquistas e com os privilégios da torre de comando.

Paulo também era um cara *lean*, que nutria grande apreço pela simplicidade. Nada em sua vida era *fancy* – nem a decoração da casa em que morava, nem o carro que dirigia, nem os restaurantes que frequentava. Paulo viveria bem com um par de tênis, três camisas e duas calças jeans – desde que fossem confortáveis e viessem acompanhados por algumas centenas de bons livros.

Quando assumiu como diretor superintendente da UN "Turismo & Tecnologia", em 2001, e passou a ter que despachar diretamente com a alta direção da Abril, Paulo ganhou da empresa algumas sessões de *coaching* com um *headhunter* do primeiro time. Como resultado, abriu espaço em sua vida para um paletó e uma gravata. *Um* exemplar de cada. Paulo deixava *o* paletó e *a* gravata pendurados num canto de sua sala. Quando chamado a subir para reuniões em uma das naves espaciais transformadas em escritórios, do 25º andar para cima, Paulo sacava o casaco e ajeitava a gravata (que já ficava com o nó semipronto), independentemente da roupa que estivesse usando – normalmente uma camisa xadrez, uma calça jeans desbotada (sem cinto) e o tênis, não raro meio sujo de saibro, com o qual entraria em quadra mais tarde, empunhando uma raquete (essa, sim, de boa cepa).

Paulo empreendia ao seu redor uma silenciosa campanha antiafetação – costumava achar o uso de gel no cabelo uma frivolidade e qualquer intenção fashionista uma dissimulação indesejável. Era como se ele levasse a lógica do texto enxuto para a vida – e retirasse do seu dia a dia os itens que considerava acessórios, da mesma maneira que cortava palavras que via como supérfluas.

Em Paulo, a ideia de decência implicava frugalidade. E impunha tratar as coisas pela sua essência. Na ponta oposta, o foco na imagem, o embevecimento com a aparência, a ostentação e os excessos ganhavam imediatamente a sua desconfiança e a sua desaprovação.

Paulo agia, na vida corporativa, como um repórter em busca da verdade. Retirava do caminho todo tipo de obstáculo (inclusive pessoas) que pudesse lhe afastar dela – ou maquiá-la. Essa ética jornalística, do papo reto, do olho no olho, de tratar as coisas como elas são, e não pelo discurso construído ao redor delas, é um elemento altamente inflamável – e indesejável – nos corredores de qualquer grande empresa. Porque é um elemento que corrói a coreografia em curso e expõe todo mundo ao redor. E panos quentes fazem parte de uma etiqueta que Paulo tinha grande dificuldade de utilizar. Para ele, só havia um jeito de ser correto – sendo transparente.

A *VIP* só voltaria a dar um homem na capa, abandonando por completo o projeto de *lad magazine*, vinte anos depois, em 2017, incorporando um pouco o projeto editorial da *Revista Alfa*, outro título masculino da Abril, que existiu entre 2010 e 2013.

Paulo não tinha medo de realizar. Nem, muito menos, de desagradar quem quer que fosse. A desconfiança dos outros, de fato, parecia lhe servir de combustível, aumentando sua fé em si mesmo. E, com esse chapéu de *enfant terrible*, e de inovador brilhante, que apostava todas as fichas no resultado e não tinha paciência para a costura política ou para o azeitamento das relações interpessoais, realizou muita coisa, construiu uma obra imensa – e irritou muita gente no processo.

Talvez essa tenha sido minha principal conexão com Paulo, e a razão de termos trabalhado juntos tão bem e por tanto tempo – a fome de realização, o senso de urgência na construção de uma obra e o estilo vertical, focado muito mais nos fins do que nos meios. Eu também nunca fui de ficar dando passes laterais, sempre joguei procurando o arremate a gol. Apesar do meu apetite muitíssimo mais acanhado para o confronto, também sempre tive pressa de fazer e pouco estômago para os embaços, a lentidão e os ritos do mundo corporativo.

O que parecia mais incomodar em Paulo, entre as pessoas que se incomodavam com ele, era a sua alta taxa de acerto. Apesar dos rompantes, da energia criadora que aflorava muitas vezes de modo caótico em sua sala, e das vítimas colaterais que eram jogadas para fora da carroceria do caminhão numa curva qualquer do caminho – ou talvez *também* por tudo isso –, Paulo acertava nove em cada dez tacadas. Para seus desafetos, que existiam em número nunca inferior ao de seus admiradores, isso era insuportável.

Ao criar, com a *VIP*, uma *lad magazine* na Abril, Paulo acabava, indiretamente, desafiando a *Playboy*, a grande revista masculina da casa, projeto dileto de Roberto Civita. Tiazinha, cuja presença na

VIP fora objeto de críticas pela "vulgaridade" (só a *Playboy*, na Abril, publicava ensaios sensuais com mulheres, e havia nisso toda uma liturgia, uma exclusividade e uma *classe* com as quais a *VIP* estava disposta a romper, em nome de uma abordagem mais divertida e sardônica), se tornaria a segunda capa mais vendida da história da própria *Playboy* no ano seguinte, com 1,2 milhão de exemplares.

Quando pousou para a *Playboy*, Tiazinha já havia se tornado *mainstream*, e bem-aceita como uma figura nacional, um bocado pela capa precursora – e corajosa e desestabilizadora – da *VIP*. (Aliás, a capa mais vendida da *Playboy* brasileira, em todos os tempos, também é de 1999 e também vinha do universo Tiazinha trazido aos holofotes pela *VIP* – Joana Prado, a Feiticeira, companheira de Suzana Alves no palco do *H*, vendeu 1,4 milhão de exemplares.

Paulo estava certo. Enxergara antes de todo mundo. Tanto que receberia a *Playboy* para cuidar em janeiro de 2000 – a tempo de emplacar, naquele ano, a sétima e a oitava capas mais vendidas da história da revista: Tiazinha, com 828 mil exemplares, e Feiticeira, com 804 mil.

Sob sua gestão editorial, Paulo injetaria informalidade, irreverência e coloquialidade na *Playboy*. A ponto de perder a ingerência sobre o título, e também sobre a *VIP*, em fevereiro de 2002, numa das várias reorganizações da Abril. Paulo voltaria a dirigir a *VIP* em abril de 2004 e a *Playboy*, em janeiro de 2005 – até deixar a empresa em dezembro daquele ano.

Essa gangorra entre ser reconhecido e rechaçado, entre ser o melhor recurso disponível e o último com quem se deveria contar, entre ser admirado pelo talento e temido pelo estilo indômito, marcou a relação de Paulo com a Editora Abril ao longo de todos os anos em que a testemunhei.

O projeto editorial da *Playboy*, histórico no mercado de revistas brasileiro, vencedor ao longo de décadas, foi urdido principalmente por Mario Escobar de Andrade, que esteve envolvido com a revista desde o seu lançamento no país, em 1975, ainda com o título *Homem*. Mario se tornou diretor de Redação da revista em 1978, quando a censura liberou o uso do nome *Playboy*, e a liderou, com grande competência, até sua morte, em 1991. Ricardo A. Setti, que dirigiu a *Playboy* entre 1994 e 1999, emplacou naquele período várias das capas mais vendidas na história da revista.

Talvez o espírito original de *Playboy* possa ser traduzido numa frase de um de seus maiores incentivadores, Thomaz Souto Corrêa, diretor editorial da Abril e vice-presidente do Conselho Editorial da Editora por muitos anos: "A vida é curta demais [não apenas para beber vinhos ruins e fumar maus charutos, mas] também para aguentar gente chata, conversa desinteressante, almoços maçantes, jantares intermináveis, comida sem graça, leitura aborrecida, trabalho estressante, reunião sem sentido, roupa apertada, estresse desnecessário, burrice evitável, falta de imaginação, lembranças inúteis, viagem cansativa, noites sem dormir, dias sem emoção, incompetência alheia, arrogância desmedida, ambição infundada." Esse era, trocando em miúdos, o ideal de *la dolce vita* daquela grande *Playboy*.

Edson Aran chegara à *VIP* de Marco Antonio de Rezende em maio de 1998. Aran foi um dos grandes construtores da nova voz da revista – bem-humorada, provocativa, politicamente incorreta. Aran deixaria a *VIP*, e a empresa, em julho de 2003 – num momento em que a Abril tentou enquadrar a revista. Aran assumiria em janeiro de 2004 a direção da revista *Sexy*, na Editora Rickdan, e por dois anos tornaria esse título, antes essencialmente uma publicação rasa, produzida a partir de fotos de mulheres nuas (do terceiro e do quarto times), numa das revistas mais divertidas e bem editadas do mercado, formando uma dupla inspirada com o redator-chefe Jeferson de Sousa.

Ambos voltaram à Abril em fevereiro de 2006 para assumir a *Playboy* – e operar no principal título masculino da casa a linha editorial que a Abril havia indeferido na *VIP*. (Como acontece com frequência no mundo corporativo, Aran foi recontratado para fazer exatamente aquilo que o tinha levado a deixar a empresa anos antes.) Aran e Jef, uma espécie de "Casal 20" do jornalismo de revistas masculino, que tinham o raro talento de proporcionar ao leitor uma gargalhada por parágrafo, ficaram sete anos à frente da *Playboy*.

Marco também deixaria a *VIP* e a empresa em 2003, naquela constrição da revista. Ele tinha um belo time: José Ruy Gandra (que me deu de presente, assim que cheguei a São Paulo, num gesto de acolhimento, uma linda *mixtape*), Mariella Lazaretti (que fundaria a Editora 4 Capas, com a qual lançaria a revista e o evento *Prazeres da Mesa*), Ailin Aleixo (que passaria pela *Época São Paulo* e depois lançaria o portal *Gastrolândia*) e Alexandra Forbes (que fez carreira como colunista de comes e bebes).

Dagomir Marquezi também era editor da *VIP*. Cuidava de mundo digital e outras tendências tecnológicas, sempre com um viés de comportamento e estilo de vida. Dagô vivia em seu próprio mundo, que parecia acontecer alguns anos à frente, ou em uma dimensão ligeiramente melhor, e mais divertida, do que a nossa. Já quarentão naquela virada de século, Dagô tinha a curiosidade e a *joie de vivre* de um garoto – o que lhe garantia antena e senso crítico aguçados. Dagô era um artista, um escritor, um espírito livre, fizera televisão, trabalhava por projetos e não ligava muito para empregos. Tratava a vida com a melhor das armas – a capacidade de rir muito, inclusive de si mesmo.

Eu havia trazido do Japão um MD, o MiniDisc da Sony, que havia sido criado no meio dos anos 1990 para substituir as fitas cassetes. Dagô já conhecia e era fã daquela tecnologia. Saímos do esquadro para produzir uma série na *VIP*, em formato HQ, ambientada numa São Paulo futurista, com um personagem que batizamos de Notorius. (Nosso futuro não era distópico, nem para São Paulo, nem para o jornalismo – imaginamos o NEA flutuando às margens de um rio Pinheiros limpo.)

Anos mais tarde, Dagô seria um *early adopter* do Kindle Direct Publishing, o sistema de autopublicação da Amazon, tornando-se um prolífico autor de livros digitais. E eu absorveria dele o gosto por trabalhar com a fonte Georgia – que outro cara teria o denodo e o apuro de pesquisar e escolher a melhor fonte serifada disponível no Word para tornar menos árdua a rotina de escrever?

Dagô, que deixaria a Abril em 2007, depois de passar também pela *Playboy*, ajudou ainda a conceber o projeto da revista *Mono*, abreviatura de *Monoácido*, desenvolvido ao longo de 2004, sob a direção de Cynthia de Almeida. Era a tentativa de fazer uma *Capricho* para os garotos – uma revista com muita atitude e testosterona, nos moldes da *Zoo* (lançada em janeiro daquele ano e descontinuada em novembro de 2015) ou da *Nuts* (que existiu de janeiro de 2004 a abril de 2014), duas revistas semanais inglesas que estouravam nas bancas com sua profusão de hormônios púberes.

(O projeto da *Mono*, que contava ainda com Felipe Becker e Emiliano Urbim no Texto e Robinson Friede na Arte, era guerrilheiro e me seria oferecido em janeiro de 2005, quando assumi a direção do Núcleo "Jovem" da Editora. Mas eu já tinha muitas bolas para manter no ar, num período de muita restrição na Abril, e a *Mono* acabou não sendo publicada.)

Um dia, o pessoal da *VIP* me convidou para protagonizar uma matéria sobre Pilates. Escolhido provavelmente pela minha postura um pouco fora de esquadro, que, combinada com uma certa flacidez abdominal, me fazia marcar a pança por trás das camisas sociais, eles me propuseram fazer Pilates por um mês, e aí relatar a experiência numa matéria estilo "antes e depois". No primeiro dia, me fotografaram de perfil, só de cueca. Como eu não sabia que desceríamos a esse nível de intimidade, estava trajando uma Zorba slip azul-marinho um tanto rodada – numa época em que as cuecas cavadas já não eram exatamente o que um cara que lia a *VIP* deveria vestir.

Depois de um mês nas polias, pendurado de cabeça para baixo, puxando correias, agarrado em argolas, esticando a perna para um lado, enquanto movia o pescoço na direção oposta, a imersão estava terminada. Na última sessão, me pediram, também de modo desavisado, para fazer outra foto. Mesmo ângulo. E, suprema coincidência, mesma cueca.

Na matéria, as duas fotos, lado a lado na página da revista, passavam duas informações. Uma: o Pilates funciona. Minha barriga estava mais reta, graças a uma postura mais aprumada e a uma melhora do tônus muscular na região da cintura. Outra: eu não trocava a cueca. Ou então só tinha uma – aquela boa e velha Zorba azul cavada que causava urticária nos editores de Moda da revista.

De outra feita, munido do mais autêntico espírito de borracharia, enviei um e-mail para alguns homens do andar, propondo que elegêssemos, entre nós, as mulheres mais bonitas do Grupo Exame. (A culpa por essa molecagem, evidentemente, não é minha, mas do Nick Hornby, cujos livros estavam no auge naquela época e espalhavam pelo mundo a mania de produzir listas.) Por algum motivo, aquela eleição se sofisticou em categorias como "Profissional de RH do Ano", pela melhor contratação no período, e "Prêmio Especial pelo Conjunto da Obra", para gestores de times em que houvesse muita mulher bonita. Havia se instalado, naquele grupo de e-mail, o Clube do Bolinha. Uma bobagem pueril – e machista.

Até que um dia, como talvez já fosse de se esperar, aquela informação vazou. Soubemos disso quando recebemos um e-mail de uma das meninas, copiando todo o andar, e nos passando uma justa carraspana, com o título "Nós não estamos gostando".

Respondi, também copiando todo mundo, assumindo a responsabilidade pela iniciativa, me desculpando pelo mal-estar e tentando explicar que não havia ali nenhuma intenção de ofender ninguém – era apenas uma tola brincadeira de meninos. (Talvez a única forma de ter feito aquilo de modo não sexista fosse ter aberto a votação para o andar inteiro, numa lista que elegesse tanto as mulheres quanto os homens mais bonitos, e que premiasse os gestores, tanto os homens quanto as mulheres, por aquelas contratações. Ou talvez nem isso.)

Esse foi o segundo evento mais constrangedor, envolvendo e--mails, que vivenciei em minha carreira. O primeiro aconteceria ali mesmo, no Grupo Exame, algumas semanas depois. Provavelmente inspirada pelo poder de atingir todo mundo com uma única mensagem, revelado pelo evento da votação chauvinista e pelo protesto público que se seguiu a ele, uma secretária enviou, para todos os computadores do andar, uma mensagem, por assim dizer, curta e grossa, reclamando, com riqueza de detalhes, da maneira pouco asseada com que as moças estavam utilizando o banheiro feminino. Fosse uma matéria, aquele texto estaria definitivamente filiado ao "jornalismo marrom".

Aquela exposição de informações privadas foi um marco em nossas vidas. (Para mim, especificamente, representou a perda da ilusão de que as meninas fossem ao banheiro apenas para se refrescar ou retocar a maquiagem.)

Em breve, eu emplacaria possivelmente a minha melhor contribuição aos negócios da *Exame*. Gostava de ler anúncios de emprego. Para sonhar (e me amedrontar) com a carreira, para balizar um pouco minha condição diante do que estava acontecendo no mercado. Acompanhava o caderno de empregos na edição dominical do *Zero Hora*, quando morava em Porto Alegre. Depois passei a fazer o mesmo na *Folha de S. Paulo*.

Nos anos de Japão, me chamavam a atenção os anúncios de vagas para cargos executivos globais que apareciam logo nas primeiras páginas da *The Economist*. Dali veio o estalo – por que a *Exame* não publicava os melhores anúncios de emprego do país? Ao não contarem com esse espaço nobre, esses reclames tinham que sair, com as marcas de prestígio que os assinavam, impressos em preto e branco, em papel jornal. Nós tínhamos um ambiente editorial melhor a oferecer. Havia aí uma oportunidade.

Surgia assim a seção "Painel Executivo". Guzzo gostou da ideia e lembrou de um espaço semelhante, prenhe de anúncios, na revista francesa *L'Express*. Montei o projeto, planejei um conteúdo para acompanhar a seção – uma entrevista com um *headhunter* e notas sobre movimentações de executivos no mercado, que batizei de "Trapézio" –, fiz o estudo de P&L (*Profits & Losses*, ou "Lucros & Perdas"), detalhando os custos daquelas páginas, definindo os preços e projetando a rentabilidade.

Fui ao mercado apresentar a seção às principais empresas de Recrutamento e Seleção que anunciavam vagas executivas. Claudinho foi em algumas reuniões comigo: "Vou aproveitar e levar o meu currículo. A gente nunca sabe o dia de amanhã", dizia, e dávamos risada. Depois fiz algumas reuniões acompanhado por Mauricio Arbex, um dos diretos de Claudinho. E ainda fiz algumas reuniões sozinho – porque aqueles anúncios não pagavam o tempo deles, que faturavam muito mais para a revista vendendo páginas cheias para grandes anunciantes. Até que decidimos contratar um executivo especialista nesse tipo de venda. Claudinho trouxe para o seu time Marcio Mendonça, vindo da equipe comercial da *Folha de S. Paulo*.

Em seguida, desenvolveríamos também "Educação Executiva", uma seção correlata, destinada somente a anúncios de eventos, cursos e treinamentos para executivos – uma ideia de Marcio, que em seguida passaria a tocar esses dois produtos sozinho. Eles se tornariam bem relevantes em termos de resultados.

Em paralelo, Alexandre Caldini, que chegara junto comigo à Abril, em 1998, desenvolvia com sucesso a área de "Informes Publicitários Especiais" da *Exame* – um modelo inaugural do que viria, anos mais tarde, a se chamar "Brand Content". Era uma experiência de compra de mídia, pelos anunciantes, em que a entrega não era um anúncio, produzido pela agência de publicidade, mas um conteúdo – uma matéria, um infográfico, uma tabela – produzido diretamente pelo veículo.

Paulo percebera o tanto de "Informes" que havia em revistas como a *Time* e a *Fortune* e resolvera desenvolver essa oferta na *Exame*. Caldini, executivo sênior, contratado a uma multinacional, trabalhava dentro da estrutura de Claudinho, mas se reportava diretamente a Guzzo e a Paulo. Caldini era um *Business Developer*, *BD* (ou "Desenvolvedor de Negócios"), muito mais do que um vendedor. Tinha uma pequena equipe que lhe ajudava a produzir os "Informes", mas funcionava como um exército de um homem só no planejamento e no fechamento dos negócios nessa área.

Caldini deixaria a Abril por sete meses, em 2000, para assumir a presidência no Brasil da Puntocom, uma empresa de mídia, com sede em Miami, lançada na "Bolha da Internet". De volta à Abril e tendo empreendido bastante à frente das marcas *Info* e *Você S.A.*, Caldini voltaria a sair em março de 2012, dessa vez para assumir a presidência do jornal *Valor Econômico*. Retornaria outra vez à Abril, como presidente, em julho de 2014.

(Se você, em 1998, afirmasse às pessoas que trabalhavam no Grupo Exame que havia entre nós dois futuros presidentes da Abril, e lhes pedisse para fazerem suas apostas, é provável que Guzzo fosse o grande favorito, e que Paulo viesse num distante segundo lugar – Paulo só viria a se provar como executivo à frente de uma unidade de negócios a partir de 2000, já fora da *Exame*. É provável que os nomes de Jairo e de Caldini não aparecessem nem nas suas próprias listas.)

Caldini e eu éramos novatos naquele ambiente. E tínhamos perfis que destoavam um pouco da média – o meu, pela idade e pelo MBA no exterior; o de Caldini, pela experiência de ter sido cliente, cuidando de grandes marcas, e um profissional acostumado à venda técnica, bem embasada, e não às vendas "cardíacas" do mercado publicitário. Isso nos dava algum crédito e nos blindava um pouco. Mas essa mesma distinção tinha o poder de nos isolar como elementos estranhos – e possíveis ameaças – ao sistema que rodava ali. Às vezes conversávamos a partir dessa condição em comum. Trocávamos impressões e falávamos sobre como superar os obstáculos. Caldini era quase dez anos mais velho e muito mais experiente no jogo corporativo.

Eu tinha acabado de sugerir internamente um novo produto, que batizara de "CEO Summit" – um evento da *Exame* somente para CEOs – e que precisaria do apoio de várias áreas para acontecer. Eu não conseguiria botá-lo de pé na raça, como fizera com "Painel Executivo" e "Educação Executiva".

O projeto – eu me inspirara num evento similar da *Fortune* – não andou, principalmente porque não precisávamos, em 1999, assumir o desgaste de gerar uma nova oferta ao mercado, fora da nossa zona de conforto, para atingir os objetivos ou superar as metas do Grupo. O feijão com arroz nos fartava. Então por que correr riscos e aumentar nossa carga de esforço, em terreno desconhecido?

Ao lado disso, houve um estranhamento diante da palavra "Summit", que ninguém ali sabia o que significava – mesmo "CEO" era um termo que recém-começava a ser compreendido por todos. (É curioso como decisões importantes são muitas vezes influenciadas por detalhes aparentemente irrisórios. Situações que olhadas pelo retrovisor soam inacreditáveis.) Quase uma década depois, em abril de 2008, a Abril lançaria a *Exame CEO*, edição especial tirada três vezes ao ano.

Ricardo Packness às vezes se juntava a nós para um desses cafés em que refletíamos sobre a melhor maneira de navegarmos ali dentro. Packness, um executivo comercial com atuação em empresas de tecnologia, chegara à Abril em junho de 1998, contratado por Guzzo e Paulo, para desenvolver negócios a partir do recém-lançado site da *Exame*. Packness também enfrentou resistência interna ao seu trabalho, porque desafiava o modelo de negócios tradicional e a estrutura existente – e isso bulia um pouco com o desenho de poder estabelecido.

Packness tinha grande inteligência emocional e uma agenda sempre positiva. Driblava os conflitos com habilidade, em nome de seguir em frente e fechar negócios. Mais tarde, ele seria responsável pela amarração comercial do mais bem-sucedido projeto transversal da história da Abril – o *Planeta Sustentável*, lançado em 2007, e descontinuado em 2016, que publicou conteúdos ligados à sustentabilidade nas principais revistas da Editora, com o patrocínio de uma penca de anunciantes. Caldini e Packness trabalhariam juntos por muitos anos, na Abril e fora dela.

Como a relação com as grandes agências que nos atendiam era mais simbólica do que prática, e como havia em nosso dia a dia no Marketing uma série de demandas que aquelas agências eram grandes demais para absorver – calhaus (anúncios da própria empresa, veiculados nos espaços publicitários que não haviam sido vendidos), pequenas artes, folheteria etc. –, acabei desenvolvendo um fornecedor que pudesse estar mais próximo e disponível, gerando entregas com preços menores e em prazos mais curtos.

Surgia em nosso radar a Integrada, de Marcos e Telma Rosa. Um de nossos primeiros trabalhos foi a criação de selos para os vários prêmios que a *Info* outorgava. O Prêmio Info, o principal deles, lançado em 1999, era realizado com o voto dos leitores da revista, em várias categorias. O mercado valorizava essa curadoria da *Info* – mas a revista não ofertava selos que os vencedores pudessem reproduzir em seus próprios anúncios e materiais institucionais, divulgando a distinção. A partir daí, a Integrada fez muita coisa bacana e útil, com agilidade e custo baixo.

Info era uma espécie de entidade à parte dentro da estrutura do Grupo Exame. Ficava a um canto do andar. E, talvez por lidar com tecnologia, um interesse bastante específico, e à época abstruso para a maioria das pessoas, ou talvez por ter um laboratório de testes ultracontrolado anexo à Redação – o mítico Infolab –, *Info* acabava tendo uma dinâmica própria. Vários de seus jornalistas pareciam cultivar em silêncio o sagrado direito nerd à reclusão e ao estranhamento e não se misturavam muito.

Reza a lenda que Guzzo só entrou *uma* vez na Redação da *Info*, para dar as boas-vindas aos profissionais, quando a revista voltou a integrar o Grupo Exame, em março de 1997. Guzzo havia puxado a *Você S.A.* para a sua supervisão direta. Paulo dirigia a *Exame* e se divertia com a *VIP*. E a *Info* como que voava solo, sob a batuta de Sandra Carvalho. Ou, ao menos, numa dimensão paralela, só sua. Por isso, fiquei especialmente feliz por ter podido contribuir com a marca.

Guzzo havia me dito, num uísque que saímos para tomar uma vez, que as resistências e desconfianças que pudessem surgir em relação à minha chegada seriam mais rapidamente dissipadas na medida em que as pessoas fossem percebendo que eu estava ali para ajudá-las a cumprir seus objetivos, e não para roubar-lhes espaço ou visibilidade.

Essa é uma regra de ouro para qualquer um que precise entrar num ambiente profissional em que as senhas já estejam distribuídas – você tem que se integrar logo ao sistema, sem desbalançar o equilíbrio existente, e precisa negociar sua entrada de modo a se fazer querido e necessário, no menor tempo possível. Coisas fáceis de falar e difíceis de fazer.

As conversas com Guzzo funcionavam para mim como uma mentoria informal. Aquele happy hour – Guzzo gostava de White

Horse, e acompanhamos as doses *on the rocks* com fartas porções de amendoim salgado e de batatas chips – não foi diferente. Falamos sobre a *Exame*, o mercado, a carreira em *publishing*, a história de *Veja*, da Abril, e sobre "o mal que se esconde no coração dos homens". (A frase de Guzzo, dita com o sarcasmo de sempre, fazia menção ao Sombra, personagem de histórias em quadrinhos americano, adaptado com grande sucesso aqui no Brasil por Saint-Clair Lopes para a Rádio Nacional, nos anos 1940. Não sei se Guzzo estava a par dessa etimologia – *eu* não estava.)

Guzzo me encaminhou também para almoços com Gabriel Rico, então o principal executivo da Editora, e com José Wilson Armani Paschoal, diretor de recursos humanos do Grupo Abril. Eu fui provavelmente o último integrante de uma leva de profissionais com MBA, ou com algum tipo de pós-gradução no exterior, que a Abril contratou ao longo dos anos 1990 – entre eles, Mauro Calliari (trazido em 1993), César Ferrari (contratado em 1991, obteria seu MBA em 1997), Flávia Faugeres (1998) e Gib de Medeiros (que tinha um PhD ao entrar na Abril, em 1996).

Nos anos 1990, avaliando que alguns de seus profissionais, na área de negócios, não tinham a mesma estatura que alguns de seus jornalistas, na área editorial, a Abril investiu na contratação de executivos com atuação em multinacionais. Assim vieram, por exemplo, Gilberto Fischel, em setembro de 1991, com passagem pelo Citi e pela Pepsi; João Damato, em julho de 1995, com atuação pela Unilever; e Nicolino Spina, em janeiro de 1997, que tinha no currículo Colgate, Pepsi e Johnson & Johnson.

Os planos de cargos e salários e os pacotes de benefícios da Editora foram melhorados para a absorção desses executivos. O que, por tabela, em nome da isonomia, melhorou também a remuneração dos jornalistas da casa, em especial aqueles com funções executivas.

Havia, portanto, a geração dos MBAs, que não chegavam a formar uma turma com coesão interna. (Ao contrário, acho que mais competíamos uns com os outros, a partir dos quintais em que estávamos fincados, do que buscávamos tratar de possíveis interesses em comum.) Havia a turma dos egressos do Curso Abril de Jornalismo. Assim como havia a patota que entrara na Editora pelo Programa Trainee Abril – peneira destinada a atrair para a empresa os melhores talentos das melhores universidades nas áreas administrativa, financeira, comercial e de Marketing. Criado em 1997, o Programa Trainee Abril – que também teve o nome de Programa de Novos Talentos Abril – seria descontinuado em 2014.

Havia a turma dos estagiários, que começavam bem de baixo. Havia a turma da Arte – os designers, a galera que operava em Macintoshes classudos e não em PCs bege, como nós, deselegantes profissionais de texto. Havia o bloco das secretárias. E dos PCOs – os profissionais de Planejamento e Controle Operacional –, que operavam nossos orçamentos, os donos do Excel (e, de certo modo, dos nossos bolsos e das nossas ações).

Havia grupos que habitavam regiões distantes do planeta Abril, e quase não apareciam na foto, como o pessoal de RH ou do Jurídico ou do Apoio Editorial ou de Assinaturas. Havia gente que habitava literalmente outros planetas – a Gráfica, a Dinap, a MTV. E havia seres de outra galáxia, que trabalhavam nos andares baixos, do 1º ao 12º, usavam outros elevadores e, portanto, eram praticamente invisíveis aos nossos olhos: o pessoal da Contabilidade, de TI, da Tesouraria. Essas eram as patotas. E quem não pertencia à patota alguma, bem, acabava ficando perigosamente desenturmado.

Talvez por conta do MBA, que no final dos anos 1990 ainda funcionava como um *pedigree* – ou talvez por não ter ainda cacife suficiente para declinar da missão –, fui enviado a apresentar o case da *Você S.A.*, em nome da Editora Abril, no Folio Show, o maior evento do mundo para revisteiros, em Nova York, em 1999. (Felix Dennis, criador de revistas como a *Maxim* e a *PC World*, então no auge da forma, roubou a cena com sua afiada irreverência britânica.) Esse foi provavelmente meu último trabalho como executivo de Marketing. Ou, talvez, meu primeiro trabalho com as cores da área editorial.

Um dia, fui comer uma pizza com Roberto Dimberio, diretor superintendente da Unidade Operacional (UO) "Casa & Família", responsável à época pelas revistas *Casa Claudia, Arquitetura & Construção, Bons Fluidos* e *Saúde*, par de Guzzo. Contei a Dimberio sobre a decisão de me dedicar à carreira editorial, abrindo mão das competências em negócios que estava construindo desde que saíra da faculdade – e que haviam me levado a um mestrado no Japão.

Era uma torção brutal de carreira. Ao me formar em Comunicação, eu havia decidido exatamente o contrário: abrir mão da carreira editorial. Em menos de um ano em São Paulo, à beira dos 30, percebia que eu *não* era um publicitário. Gostava de negócios e me considerava um bom executivo. Mas queria me tornar um jornalista. Não era, portanto, uma decisão fácil.

Paulo me apoiou nesse movimento – no fundo, esse era o convite original que ele me fizera: atuar como jornalista. E Guzzo não se opôs. Dimberio me disse naquele jantar que mudanças importantes na vida, que representam algum grau de ruptura, nunca vêm sozinhas. Uma morte pode levar a uma mudança de carreira. O fim de um casamento pode levar a uma troca de país. Quando um item fundante da sua vida, que servia de base a várias outras coisas, é alterado, e você vê que sua vida não acaba; e quando algo que você considerava imutável muda, e você percebe que isso pode até ser *bom*, todo o resto se torna passível de também ser repensado – e alterado. Uma bela constatação.

De fato, ao longo de 1999, à medida que fui me aproximando da carreira editorial, uma energia diferente foi tomando conta de mim. Um entusiasmo constante com o trabalho e com a vida, uma certa satisfação comigo mesmo e com o que eu fazia. Abandonei o paletó e a gravata – inclusive um traje de linho bordô que causava sensação. Eu estava mais leve, mais alegre, mais confiante. Acho que se pode chamar isso de *felicidade*. Um momento em que os elementos que dão sentido à sua existência se alinham de modo harmônico. (Na segunda década do século 21, o pessoal passaria a chamar isso, creio eu, de "flow".)

De fato, tudo passa a *fluir* melhor. Você rompe com as velhas expectativas que havia a seu próprio respeito (poucas coisas escravizam tanto quanto buscar ser aquilo que você imagina que os outros esperam que você seja). Surge o bem-estar de (re)encontrar seu lugar no mundo, fazendo aquilo que você deveria estar fazendo com a sua vida naquele momento, e de sentir que você *merece* aquele lugar e as sensações boas que ele traz. A recompensa suprema é se ver reconhecido no olhar dos outros, da forma como você sempre quis, só que sendo você mesmo, em sua nova versão, conectado aos seus desejos.

Com esse espírito, um dia botei o pé na estrada com o Jota Quest, como repórter especial da *VIP*, acompanhado do fotógrafo Kiko Ferrite, para um exercício de jornalismo gonzo (relato em que o narrador se mistura à ação que está sendo descrita). Cobrimos os bastidores de dois shows e de alguns dias da banda na estrada – uma reportagem *on the road*, sobre hotéis, ginásios, ônibus e fãs. (Aliás, a trilha que marcou para mim esse tempo em que rejuvenesci continha "Encontrar Alguém", do Jota Quest; "Proibida pra mim", do Charlie Brown Jr.; e "Mulher de Fases", dos Raimundos.)

Eu me aproximava da minha essência, do que gostava de fazer e do que julgava fazer bem. Não havia estado muitas vezes antes nesse lugar que os japoneses chamam de *"Ikigai"* (uma soma do que você *quer* fazer, com o que você faz *bem*, com o que as pessoas *querem* que você faça, com aquilo que você consegue transformar em atividade *remunerada*). Esse sempre foi, para mim, um território fugidio.

O arranjo dos elementos em nossa vida é sempre provisório. Com frequência, para realizar um encaixe, você precisa abrir mão de outro. Vivemos na incompletude, em constante negociação com a gente mesmo e com o mundo acerca dos elementos que vamos privilegiar e construir, daqueles que nos faltam e temos que buscar, e de outros dos quais precisaremos abrir mão. E muitas vezes será necessário se afastar da sua essência, ou atuar à margem do seu propósito, ainda que momentaneamente, em nome de atender a outras necessidades e de realizar outras conquistas com as quais a vida lhe acena. (Isso, na verdade, acontece com certa frequência. Esse equilíbrio é fragilíssimo.)

David Cohen, editor-sênior da *Exame* – mesmo cargo que assumi ao deixar a cadeira de diretor de Marketing para mergulhar na carreira jornalística –, desenvolveu um belo projeto editorial a pedido de Paulo: apurar em profundidade as principais tendências de negócios e apresentar ao leitor o que os esperava no mundo corporativo do século XXI. O projeto virou uma série – "A Empresa do Novo Milênio" – publicada em sete capítulos na *Exame*.

O projeto previa a venda de cotas de patrocínio. Paulo julgou que David não era o melhor nome para defendê-lo diante de anunciantes – Paulo brincava que os únicos judeus do Brasil que não sabiam fazer negócios estavam reunidos justamente na redação da maior revista de negócios do Brasil. Paulo achava, por outro lado, que nosso time de executivos não saberia explicar o projeto ao mercado, numa venda conceitual, envolvente, que combinasse profundidade editorial e poder de persuasão comercial. Então lá fui eu vender.

Essa é uma competência que nunca consegui deixar para trás. Um talento que muitas vezes me pareceu mais um carma do que uma dádiva. (Aqui preciso dizer que, provavelmente, estou sendo bem injusto com a sorte.)

O Réveillon do Milênio, que eu passaria com amigos na casa de praia da família de minha mulher, em Florianópolis, se aproximava. E eu me sentia livre. Com desejo de vida. Brisa fresca batendo no rosto. Leveza de alma. Com vontade de trocar o corte de cabelo e de renovar o guarda-roupa. Estava feliz com a nova vida. Dionísio despertava dentro de mim. Eu era um pedaço de terra subitamente renovado em frescor, por uma chuva boa, pronto para germinar algo novo. (O que é, evidentemente, um tremendo perigo àquilo que já está plantado.)

Eu vivia também aquele momento muito especial da vida – que, como todos, passa muito rápido – em que você já não é um garoto, começa a ocupar seu espaço e a ser reconhecido nos lugares que frequenta, mas ainda não se deixou imobilizar pela própria reputação. Você já se tornou adulto, conquistou a independência em relação a seus pais, mas ainda não tem filhos, não adquiriu responsabilidades que reduzam a sensação de que pode fazer qualquer coisa que quiser, e de que o mundo cabe na palma da sua mão.

Nada que tenha me permitido sentir menos estrangeiro na primeira confraternização de fim de ano da empresa, em dezembro de 1998. Uma balada para bem mais de mil pessoas. Em que não era possível levar namorada nem marido. Um mar de gente à meia-luz, comemorando o fechamento de mais um ano, com bebida por conta da firma. Talvez, para muitos ali, uma pequena janela no tempo-espaço, uma espécie de breve alvará para o acerto discreto de algumas contas contraídas pela libido ao longo do ano, no escritório. (A Abril voltava a oferecer aquela megafesta, que havia sido suspensa um par de anos antes, dizia-se, por excessos etílico--afetivos, alguns envolvendo a alta direção. A balada aconteceria ainda em 1999 – e seria descontinuada, provavelmente por uma questão de custos. E de decoro.)

Felizmente eu não era o único rejuvenescido por aqueles ventos de virada de século, ou infectado por aquele clima de "o amor está no ar". Uma colega de redação voltou de uma viagem de férias à Europa com um europeu a tiracolo – o sujeito se apaixonara de tal forma que largara tudo em seu país e simplesmente tomara o avião junto com ela para o Brasil. Ao longo de uma semana, o Romeu, com cabelos louros desgrenhados e olhos azuis cativos, vinha trabalhar com ela. E passava o dia inteiro sentadinho ao seu lado, no meio da Redação da *Exame*. Um dos boys da equipe de Péricles conseguiu inclusive uma cadeira melhor para que o convidado pudesse se entregar com mais conforto à sua rotina de enlevo e adoração.

Ao redor daquela baia, mais uma edição da maior revista de negócios do Brasil ia sendo fechada. Absorvemos aquele evento, aquela presença e aquele quadro de profundo romantismo com a maior naturalidade. Se o gringo ficasse mais uns dias, seria chamado para a nossa pelada. Mas nossa amiga, ao cabo de uma semana, conseguiu convencer o mancebo a voltar para casa – e aguardar pelas próximas férias.

Quando comecei a preparar meu salto para a área editorial, no início de 1999, pedi a contratação de um novo gerente de Marketing, para a vaga de Fernando Schiavo. A profissional escolhida foi Lucianne Ferreira, que vinha da Dinap, empresa da Abril responsável por colocar os milhões de exemplares das revistas que produzíamos nas milhares de bancas espalhadas pelo Brasil. O primeiro trabalho de Lucianne foi o lançamento da *Revista da Web!*, que estrearia em outubro de 1999.

A *Revista da Web!* se inspirava na *Yahoo! Internet Life*, título lançado pela editora americana Ziff Davis em 1995, que chegou a vender mais de um milhão de exemplares, e que seria descontinuada em agosto de 2002. A *Revista da Web!* seria fechada antes, em outubro de 2001. O projeto editorial previa ensinar os internautas a navegar, fazendo uma curadoria dos melhores sites e oferecendo tutoriais das ferramentas online. Tudo isso com uma periodicidade mensal. Isso parecia fazer sentido num mundo em que a rastreabilidade instantânea de toda informação do planeta, promovida pelo sistema de buscas do Google, ainda não era hegemônica. E soava também como uma resposta eficaz de uma editora ao avanço da Internet. Tanto aqui quanto lá fora, a ideia era aproveitar a oportunidade trazida pela revolução digital para... lançar uma revista!

Mesmo já desprovido das minhas funções executivas, às vezes eu ia almoçar com a turma da Circulação e do Marketing, em caravanas que incluíam também algumas pessoas da Publicidade, do Administrativo/Financeiro e de Eventos. Íamos a feijoadas, cantinas e outros bufês fartos, normalmente às sextas.

Meio ano depois da chegada de Lu, um dia, num desses almoços, alguma coisa diferente aconteceu. Uma possibilidade inusitada se apresentou – do nada – para nós. E cresceu, de modo arrebatador. Em mais alguns meses, estávamos morando juntos. Eu saía de um casamento de sete anos. Dimberio tinha razão.

Ao deixar em definitivo minhas funções de diretor de Marketing do Grupo Exame e assumir como editor-sênior da revista, passei a editar "Em Primeiro Lugar", a seção de notas que abria a *Exame*, e a última página, dedicada à opinião. Além disso, continuava escrevendo meus próprios artigos. Uma boa rotina.

Para mim, aquela decisão significava me dedicar em tempo integral ao Jornalismo. Significava também admitir, finalmente, para mim mesmo, a viabilidade do projeto de "viver de escrever", que eu jamais imaginara possível. Para grande parte das pessoas na Abril, no entanto, meu salto significava a transformação de um executivo em jornalista, a infiltração de alguém da área de negócios na área editorial – uma espécie de heresia, a quebra de um dos principais tabus estabelecidos na empresa, ou, em suma, uma tremenda audácia da pilombeta.

Esse mal-entendido gerou reserva e antipatia em relação a mim entre alguns jornalistas da Abril – felizmente, não (que eu tenha ficado sabendo) na redação da *Exame*, onde eu já era de casa. Demorou muito tempo para que eu fosse considerado um "jornalista". Muita gente insistia em me ver como um "marqueteiro". E foi precisamente esse rótulo que transformou meu salto numa nova jurisprudência na tradicional divisão entre "Igreja" e "Estado" da empresa.

Houve outras tentativas, mais adiante, de transposição de um profissional da área de negócios para a área editorial, inspiradas na minha experiência. (Ignorando que, no fundo, eu era um *escritor* que havia feito um MBA. Um produtor de *conteúdo* que havia se tornado um executivo, e que aprendera a olhar o mercado em busca de demandas que pudéssemos atender com novos produtos. Um *jornalista* com pendor para a Gestão, o Marketing e a Administração – e não o contrário.)

Mais ou menos por essa época, pedi a Guzzo uma lista dos seus livros prediletos, das suas leituras fundamentais. (Que veio comentada – e assinada – com sua caneta preta de ponta grossa.) Contei a André Lahoz e ele me disse que tinha feito o mesmo pedido a Paulo. Trocamos as listas. E abasteci minha prateleira com várias obras e autores que ainda não tinha lido. Thomas Mann, Eça de Queiroz, Graham Greene, Lewis Carroll, John Cheever, Louis-Ferdinand Céline, André Malraux, entre outros quitutes.

Em 1998, lancei *Homem sem nome*, pela Negócio Editora, de Marcelo Candido de Melo, que havia me acessado ainda no Japão, por conta dos meus artigos na *Exame*. Eu lhe disse que não tinha nenhum livro de negócios inédito a oferecer naquele momento – e ele achava que uma compilação das minhas contribuições à revista não era uma boa ideia porque tradicionalmente coletâneas de textos avulsos já publicados não vendiam bem no Brasil. Então eu lhe disse que o que tinha pronto na gaveta era um romance. Ele nunca tinha publicado um texto de ficção. Mas topou a parada. E criou para isso o selo Alegro.

(Marcelo ainda publicaria outros dois livros meus, *E agora, o que é que eu faço?*, em 2003, e *Tudo o que aprendi sobre o mundo dos negócios*, em 2004, antes de vender a Negócio Editora para a Campus, líder do setor, que por sua vez viraria Elsevier.) Convidei Paulo Nogueira a escrever a orelha do livro. Seu texto enfatizou a expectativa pelo meu *próximo* livro, e pela continuidade da minha carreira literária – e nem tanto o romance que estava sendo lançado. Guzzo respondeu ao e-mail que lhe enviei convidando para o lançamento com uma mensagem sucinta que dizia mais ou menos o seguinte: "Novo escritor na praça. *Run for cover!*"

Para além da ultrassinceridade de um e da mordacidade de outro, a noite de autógrafos foi ótima. Teve até fila. Aquele também era um acolhimento importante. No final da noite, alguns colegas ainda por ali, Helio Gurovitz, talvez escudado por André Lahoz e David Cohen, me olhou e disse, em tom confessional, genuinamente feliz por mim: "Você sabe que está realizando o sonho de muitos de nós, né?"

Guzzo era um cara de direita. Um conservador assumido. E assim permaneceu, como deixam claro as colunas que mais tarde passaria a assinar na *Exame* e na *Veja*. Certa vez, numa reunião de pauta, pedi para que alguém "socializasse" determinada informação, no sentido de que a "compartilhasse" com todos ali. Guzzo me interpelou, de modo jocoso: "Eu não socializo nada!"

Paulo comungava da visão liberal sobre a economia – a *Exame*, dirigida com brilhantismo por ele, defendia o capitalismo e o mercado aberto como o melhor sistema já criado pelo homem para a geração de prosperidade, e apoiava o choque liberal que FHC operou no Brasil, especialmente em seu primeiro mandato.

A *Exame* era o bastião e a voz daquele Brasil reconectado ao mundo, que se abria e se modernizava. Paulo, como quase todo brasileiro na década de 1990, buscava se atualizar e se manter competitivo – lia *Fortune, Forbes, Fast Company, The Economist* e as demais publicações de economia e negócios americanas e inglesas.

Um dia, fiz uma menção negativa, num artigo, ao direitismo da Era Reagan, nos Estados Unidos, e da Era Tatcher, na Inglaterra. Paulo me questionou, argumentando que havia um legado muito positivo em muitas das medidas e das políticas impopulares levadas a cabo por ambos os governos em seus países. Rebati com afirmações de Eric Hosbsbawm – eu acabara de ler *A breve história do século XX*, best-seller de sua autoria, lançado à época – e Paulo me contrapôs perguntando se eu sabia que Hobsbawm era um intelectual de esquerda.

O movimento que traz aquele Paulo Nogueira da *Exame* ao Paulo Nogueira do *Diário Centro do Mundo*, o *DCM*, site de análise e de opinião, principalmente políticas, que ele lançou em 2008, ao deixar a Editora Globo, descreve um considerável arco ideológico.

O Paulo da *Exame*, fã dos estilos de gestão de Marcel Telles, Jack Welch e Andy Grove, e da agressividade capitalista de empresas como a Ambev, se tornou fã das políticas de inclusão das administrações de esquerda no Brasil, e do modelo de justiça social à base de um Estado grande dos países escandinavos.

É fato que Paulo dizia sempre que não tinha problema algum em mudar de opinião, porque não tinha qualquer compromisso com o erro. Mas se há um fio condutor entre essas duas personas de Paulo, uma costura possível entre essas posturas aparentemente contraditórias, é a sua veemência, seu jeito apaixonado de mergulhar em suas convicções – e de defendê-las com ardor.

Na *Exame*, Paulo era um liberal *intenso*. Depois, como diretor superintendente na Abril e como diretor editorial na Editora Globo, tendo reformado e lançado vários títulos com fome de realização, Paulo foi um intraempreendedor *intenso*, um grande estrategista editorial e um incansável gerador de novos negócios. No *DCM*, em sua carreira pós-corporativa, Paulo se tornaria um crítico *intenso* da direita brasileira, em cuja conta debitava, com boa dose de razão, o que considerava a principal chaga do país: a desigualdade social, a manutenção dos privilégios dos mais ricos à custa da miséria dos mais pobres.

Paulo havia morado em Londres ao sair da Editora Globo. Era a primeira vez em que passava um tempo consistente fora do país. Olhar o Brasil de fora – eu sei bem – é uma experiência que costuma mudar o modo como entendemos o país e como enxergamos a nós mesmos como brasileiros. É provável que Paulo, em sua incursão europeia, vivendo a rotina de outros países e experimentando os jeitos de pensar e de fazer as coisas de outros povos, tenha mudado – ou agudizado – a sua compreensão do que são as nossas virtudes e os nossos vícios nacionais.

Certamente também contribuiu para a inflexão ideológica de Paulo o seu estilo austero, de hábitos de consumo modestos. É grande a chance de ele ter se identificado com o modelo frugal (e igualitário) dos países nórdicos – se distanciando ainda mais do ideal de extravagâncias (e de disparidades) dos Estados Unidos, seguido pela classe média brasileira. Paulo sempre foi avesso à ostentação, sempre foi um cara simples que julgava o culto às aparências coisa de gente oca ou cabotina.

Seja como for, à frente do *DCM*, Paulo passou a considerar que havia no Brasil, pela primeira vez no poder, uma força política que buscava atacar as desigualdades. E que havia forte reação da elite em relação a essa iniciativa de revisão dos privilégios históricos estabelecidos no país. Paulo se posicionou a favor dessa suposta mudança de ares. E contra aqueles que, na sua visão, desejavam a manutenção da velha e injusta engrenagem social brasileira.

A crítica de Paulo à elite brasileira, e ao modelo político e econômico sustentado por ela, tinha um capítulo à parte: a acidez com que ele se dirigia às empresas de mídia, em especial às Organizações Globo e à Editora Abril, onde trabalhou. Havia um travo de ressentimento no discurso anticorporativo de Paulo. Ele considerava a Globo uma empresa hipócrita e a Abril, um baluarte do neoconservadorismo nacional. (O aspecto quixotesco dessa posição só deve ter atiçado nele o apetite para o embate.) Havia nisso tudo, ainda, a antena do grande editor a capturar um certo *zeitgeist* – o tanto de brasileiros órfãos de um veículo de comunicação para chamarem de seu, com a guinada à direita da *Veja* a partir da ascensão de Lula ao poder. Essa classe média com pensamento mais à esquerda deixou de ter sua visão de mundo e seu projeto de país representados na grande mídia. Paulo captou essa demanda e se dedicou a atendê-la com o *DCM*.

Bem, para falarmos com alguma propriedade de "esquerda" e "direita", ou de "conservadorismo" e "liberalismo", é fundamental consensarmos o que isso significa. Faço um pequeno arrazoado sobre o sentido desses termos no anexo "Sobre Esquerda e Direita", à página 425.

Em março de 2000, aos 56 anos, Guzzo deixou a vida executiva. Em seus oito anos de gestão, entre 1992 e 2000, o Grupo Exame se consolidou como o segundo maior negócio da Abril em faturamento, logo depois do Grupo Veja, com uma rentabilidade que superava a casa dos 30% – enquanto que a da editora ficava em geral abaixo de 10%. Guzzo permaneceria conectado à Abril na função de consultor editorial, dividindo seu tempo entre São Paulo, Paris e o litoral norte paulista. Depois assumiria uma cadeira no Conselho Editorial. E assinaria colunas na *Exame* e na *Veja*.

Sidnei Basile assumiu como diretor superintendente do Grupo Exame, em substituição a Guzzo, em abril de 2000. Sidnei havia dirigido o jornal *Gazeta Mercantil*, tinha atuado como executivo no Citibank e trabalhado na agência de comunicação Burson-Marsteller.

Na virada de 1999 para 2000, Paulo saiu em licença médica. E não voltou para a *Exame* – ao retornar à Abril, algumas semanas depois, assumiu como diretor editorial da Unidade Operacional

(UO) "Masculinas". Clayton Netz assumiria o timão da *Exame* e seria efetivado como diretor de Redação em outubro de 2000.

A Abril finalmente encampava o Grupo Exame, que, sob a gestão de Guzzo, era a única unidade relativamente blindada aos modos, meandros e protocolos da editora – e também em relação à influência direta de Roberto Civita. Foi a primeira vez em que percebi que a gente nunca trabalha para uma *empresa* – a gente sempre trabalha para *alguém*. Não é a *organização* que faz o seu dia a dia ser bom ou ruim, mas o seu *chefe* direto. Importa menos a *cultura* do lugar do que o modo como pensa e age a *pessoa* a quem você se reporta na linha de comando.

O meu estilo, que não era o de um jornalista clássico, nem de um repórter puro-sangue, mas de um redator que, na condição de editor, buscava lançar um olhar criativo sobre o dia a dia dos negócios no Brasil, perdeu espaço rapidamente. Eu ainda buscava me adaptar aos novos tempos quando Paulo me convidou a assumir a direção de Redação da *Superinteressante*, uma das revistas sob a sua gestão, em "Masculinas". Em conversa com Sidnei Basile, ele sugeriu que eu aceitasse o convite. Reconheceu que a *Exame* mudaria, que eu corria o risco de ficar à margem da nova linha editorial da revista e me desejou sorte.

Desde que assumira, Clayton endurecera um pouquinho o jogo comigo. Sua *Exame*, supervisionada por Sidnei Basile, seguia o estilo que ele já praticava em "Sua Excelência", a seção que editava com o auxílio de José Roberto Caetano. A *Exame* estaria, a partir dali, mais interessada nas notícias do que nas análises, traria mais fatos do que insights, privilegiaria o olhar objetivo em detrimento da reflexão. O novo direcionamento editorial tinha limites bem--postos – a *Exame* não era mais um território aberto para a inovação em pautas, abordagens e estilos de texto. Clayton ainda me encomendaria alguns artigos, depois da minha saída. Mas a era das "adrianossilvadas" na *Exame* estava encerrada.

Quando me despedi de Clayton, lhe agradeci pelas oportunidades. Ele me olhou de volta e disse. "Se eu lhe ofereci algumas oportunidades, não sei. Mas sei que poderia ter lhe oferecido muito mais." E sorriu por trás dos óculos e do cachimbo. Sorri também.

O aperto de mãos com Clayton – que, quero crer, valeu por um abraço sincero – foi meu último lance como integrante do plantel da *Exame*, quatro anos depois da primeira colaboração com a revista e dois anos depois de ganhar uma mesa e um ramal na Abril. Pus minhas coisas numa caixa de papelão fornecida por Péricles e tomei o elevador. Destino: 14º andar.

Paulo me disse, na conversa em que me fez o convite para assumir a direção de Redação da *Superinteressante*: "Se você conseguir fazer a revista parar de perder dinheiro, vai ganhar uma estátua de bronze ao lado do busto de Victor Civita, na entrada do prédio." A *Super*, que estreara em 1987, tinha uma circulação portentosa, em especial uma carteira com mais de 200 mil assinantes, mas era ignorada pelo mercado publicitário – era vista como um "livro" ou um "fascículo", um ambiente editorial pouco atraente para marcas, e não conseguia atrair anúncios.

Numa "Comunicação Interna" de 11 de setembro de 1989, endereçada a Almyr Gajardoni, o primeiro diretor de Redação da *Super*, Roberto Civita elogiava a edição daquele mês – "a revista está ótima: bonita, variada, inteligente, bem escrita e, realmente, *Superinteressante!*". E completava: "Parabéns, finalmente, pelo segundo aniversário e a circulação de praticamente 400 mil exemplares, já conquistada. Se continuarem assim, passaremos o meio milhão em 1990 e – quem sabe – a barreira do milhão em mais cinco anos. (Antes disso, espero que os anunciantes comecem a acordar!)"

No mundo da mídia impressa, os custos estão em produzir, imprimir e distribuir as publicações. Então as receitas de circulação não são muito escaláveis – elas vêm sempre acompanhadas de despesas muito altas. Já o dinheiro de Publicidade tem muito menos custos diretos atrelados e é, portanto, muito mais rentável. Se o modelo da *Exame* – circulação relativamente pequena com fartura de anúncios – era virtuoso, a equação da *Super* – grande circulação com parcos anunciantes – era cruel do ponto de vista financeiro.

Certa vez, na *Exame*, Jairo me dissera que a fórmula ideal para uma revista era cobrir todos os seus custos com circulação, de modo que o dinheiro da publicidade entrasse direto na margem de lucro. Era, em grande medida, a receita de sucesso da própria *Exame*.

Embora não perdesse muito dinheiro, a *Super* era bastante regular em ficar no vermelho. Em seus melhores anos, empatava. A revista já tinha se posicionado no painel de controle corporativo não apenas como um negócio que não contribuía com o resultado da empresa, mas como um negócio que colaborava para a erosão daquele resultado. A *Super* era um título querido internamente, mas começava a ser vista como um "caso perdido" em termos negociais. Era, assim, uma séria candidata à degola em um momento de aperto. Uma das "*sick children*" da casa – termo usado certa vez pelo presidente executivo Ophir Toledo para definir os negócios da Abril que não retornavam nada aos acionistas.

Guzzo chegou, a pedido de Paulo, a fazer uma análise editorial da *Super*. Como sempre, digitada no computador, impressa e assinada com sua caneta preta de ponta grossa. Um diagnóstico com algumas recomendações, num texto sucinto e direto, organizado em tópicos precisos e bem arrazoados. Num de nossos últimos encontros, Guzzo disse que minha obra seria julgada pela comparação entre a *Superinteressante* que eu estava pegando com a *Superinteressante* que eu largaria lá na frente.

Gosto de pensar num fio condutor. Guzzo havia aberto espaço para Paulo realizar – e ganhou com isso. Paulo estava abrindo espaço para eu realizar – e ganharia com isso. Eu abriria espaço para a realização de outros editores – e também ganharia com isso. Vários de meus diretos abriram depois, da mesma forma, espaço para a realização de novos talentos – e também seriam beneficiados por isso. É notável como em tantas corporações, inclusive na própria Abril, o dominó acontecia ao contrário: você é ceifado em suas possibilidades de criar e de produzir, e então ceifa as possibilidades de criação e produção das pessoas à sua volta. Na eterna batalha entre o conservadorismo e a ousadia, entre a repetição e a inovação, o freio costuma se sobrepor ao acelerador. Talvez porque o *controle* nos permita permanecer acomodados em nossas conchas, enquanto o *risco* exige que, de alguma forma, nos exponhamos mais, colaboremos mais – e que desenterremos do fundo do peito a criatividade há muito esquecida lá dentro.

Algumas lições de gestão que aprendi com Guzzo e Paulo: deixar o subordinado acontecer e brilhar é sempre melhor do que competir com ele e jogá-lo para baixo; soltar as amarras empreendedoras é sempre melhor do que travar tudo burocraticamente; perseguir o novo, desbravar novos territórios é sempre melhor do que defender o passado e se pautar pela eterna reprodução dos velhos passos em caminhos já palmilhados.

Paulo deixou a *Exame* seis meses antes de mim. Guzzo, três meses antes. Marco Antonio Rezende, diretor de Redação da *VIP*, ofereceu um jantar em sua casa para celebrarmos a despedida de Guzzo. Em determinado momento, entre taças de bom vinho, Guzzo me perguntou como o novo diretor de Redação da *Superinteressante* trataria a clonagem, questão que havia vindo à tona naquela semana. Enquanto eu elaborava minha réplica, Helio sorriu maroto, apertando os olhos, e soprou: a questão básica era mostrar ao leitor como aquilo afetaria a vida *dele*. Resposta certa.

Eu havia acabado de me separar – estava acampado na casa de um amigo até achar um novo lugar para morar. Saí de casa apenas com as minhas roupas e uma pilha de revistas. (Só quando estivesse reinstalado em definitivo pegaria meus livros e a metade que me coubesse dos CDs.) Entre um uísque e uma pizza de micro-ondas, me dediquei a analisar os *benchmarks* da *Super*: a *Muy Interessante*, edição espanhola, carro-chefe da Gruner-Jahr, a G+J, editora alemã dona da marca e do formato do qual nós éramos subsidiários no Brasil, a *Scientific American* e a *Discover* inglesa.

(Se um dia você se separar e pedir pouso na casa de um companheiro, não se esqueça de levar seu próprio sabonete. De preferência, líquido. Meu amigo um dia me deixou saber que já tinha perdido várias lâminas de barbear na faina diária de escalpelar o sabonete, que havia se tornado invencivelmente cabeludo depois da minha chegada.)

Aos 29 anos, eu me tornava um dos mais jovens diretores de Redação a assumir uma revista na Abril. Mas não o mais jovem. Luis Carta lançou *Claudia* em 1961, aos 24 anos. Fatima Ali também tinha 24 ao assumir a *Manequim*, em 1968. Bárbara Soalheiro dirigiria a *Capricho* em 2007, aos 26. E Mino Carta, irmão de Luis, assumiu a *Quatro Rodas* em 1960, aos 27. De todo modo, eu era uma aposta ousada de Paulo – que havia sugerido que Claudia Vassallo o substituísse na *Exame*, ainda em 2000, quando ela tinha 31 anos. Claudia só assumiria a *Exame* cinco anos mais tarde.

Às vezes as empresas sabem o que têm de fazer, mas escolhem tomar o caminho mais longo e demoram mais tempo para chegar lá. Às vezes elas esquecem o que têm de fazer. E às vezes elas simplesmente decidem não fazer o que têm de fazer. Por isso, o mundo corporativo precisa tanto de gente que vá lá e faça. Mesmo que as organizações não admitam isso e, secretamente, amem odiar (e odeiem amar) executivos realizadores que escancaram as janelas e fazem a roda girar – em geral, para frente.

Na *Superinteressante* – o auge

Cheguei à Redação da *Superinteressante* e havia uma sala envidraçada à minha disposição. *Corner office*. Com uma vista incrível, de 270°, que começava na USP, passava pela Marginal Pinheiros, cobria o Alto de Pinheiros, a Vila Madalena e chegava quase a alcançar os Jardins e a Avenida Paulista. Me deparei com duas secretárias – uma para mim, outra para a Redação. (Agora, com sala e secretária – duas! –, eu finalmente me tornava um diretor de *verdade*.) Havia muita curiosidade a meu respeito. Um pouco de apreensão. E um bocado de desconfiança.

Reuni todo mundo na sala de reuniões do andar e me apresentei. Meu coração batia forte. Expressei, em rápidas palavras, de modo um pouco ofegante, a visão que tinha para a revista. Tinha já discutido com Paulo alguns caminhos para a mudança – o que precisávamos mexer, e como isso deveria ser feito. Mas a verdade é que ainda havia muita coisa em aberto. Quase tudo, para ser mais preciso. Eu tinha diretrizes, não um plano tático.

Lembro de ter sido firme em minhas colocações – quando você está inseguro e quer passar uma imagem de segurança, é comum enrijecer a postura e revestir as palavras com metal. Ao lado de me posicionar daquele modo mais duro, lembro também de ter colocado, já ali, o convite a que fizéssemos *juntos* uma nova *Superinteressante*.

De um lado, eu dizia que precisávamos mudar – "e fazer uma revista *de fato* superinteressante". Alguns talvez tenham se ofendido com a colocação. Outros talvez tenham vislumbrado uma oportunidade. De outro lado, eu dizia – "quero que façamos uma *Super* à semelhança de vocês, uma revista mais parecida com aquilo que vocês sonham para ela". Então escancarava a porta para a colaboração. O que é um excelente jeito de você lidar com o fato – muito comum na vida e na carreira, em especial quando se é sincero consigo mesmo – de que você *não* tem todas as respostas. Convidar as pessoas a construir o caminho junto, em vez de apenas liderá--las pelo caminho que você já escolheu, torna tudo mais bacana – embora o mito do *cavaleiro solitário* nos convide a acreditar que o executivo tem de saber tudo, e precisa resolver tudo sozinho, e que contar com os outros é um sinal de fraqueza.

Também é usual no mundo corporativo, quando um forasteiro chega ao novo ambiente de trabalho e enfrenta o espírito de corpo do grupo instalado – ali eram 25 pessoas, com um passado em comum e, sobretudo, com um *interesse* em comum: a autopreservação –, que você chegue colocando gente sua, de confiança, nos postos--chave. É normal que o grupo se feche para melhor se defender das ameaças que o novo entrante – naquele caso, eu – representa. Assim como é comum que o novo chefe tente quebrar essa resistência o mais rapidamente possível, às vezes a golpes de tacape. Eu tinha carta branca para fazê-lo. E não fiz.

Mais por intuição e por estilo pessoal do que por uma estratégia bem pensada ou por anos de experiência pregressa, optei por outro caminho. Entre uma chegada brusca, com pé na porta (o que de certa maneira encenei naquela primeira reunião com o grupo, talvez como uma demonstração de que *poderia* ser daquele jeito), e uma chegada tíbia que me mantivesse de fora da cabine do capitão em meu próprio barco (e à mercê das pessoas que deveriam compor o *meu* time), improvisei uma terceira via.

Uma das minhas primeiras providências foi pedir ao diretor de Arte, Alceu Nunes, que refizesse o projeto gráfico da revista. Que me propusesse a *Superinteressante* que *ele* gostaria de fazer. Coloquei alguns pontos para que ele levasse em consideração e o deixei trabalhar.

Em seguida, uma nova *Super* começou a surgir. Mais arejada, menos dura, mais pop. O que Al tirava do forno ali, junto com seu time à época – a chefe de Arte Joana Figueiredo, os designers Rodrigo Maroja, Alessandra Kalko, Celina Carvalho e Maurício de Lara Galvão, e o infografista Luiz Iria – era o alicerce visual sobre o qual o grande design da *Super* evoluiria nos anos seguintes.

Hoje, em retrospectiva, vejo que estávamos erigindo um *template*, restabelecendo os princípios e os códigos da Arte da *Super*. Bem combinado esse arcabouço, iríamos soltar a mão, agregar outras visões, abrir a porta a outros estilos, atrair novos talentos, e deixar que a revista evoluísse de modo orgânico, em um processo genuinamente artístico, como num *happening* ou numa *jam session*. O projeto gráfico da *Super* só seria revisto novamente em 2005, quando Al e eu deixamos de atuar diretamente na revista.

Al é um dos caras que melhor vi exercendo o *soft power*. Ele liderava pelo convencimento, pelo consenso. De modo afetuoso. Tinha magnetismo pessoal, charme, era um grande sedutor. Falava baixo, sorria muito, inclusive com os olhos – e era ouvido por todos. (Só aumentava o tom de voz para rir, extravasando um momento de alegria.) Al não jactava a si mesmo – ainda assim (ou exatamente por isso) era muito respeitado, tinha uma ascendência natural, de amplo alcance, conquistada de modo macio e duradouro.

Criado no Rio, convivendo com todo tipo de gente, em tudo quanto é região da cidade, Al era também safo. Sabia ser pragmático, tinha boa dose de inteligência emocional e de jogo de cintura para tourear adversidades, para dar a volta em obstáculos e negociar possibilidades, sem bater de frente com ninguém, de modo a atingir seus objetivos. Espero ter lhe oferecido, ao longo dos nossos seis anos de parceria profissional, a mesma convivência agradável e produtiva com que ele sempre me brindou.

Um ano mais velho que eu, com 30 em 2000, Al se tornaria um grande revelador de talentos. Muitos deles advindos do Curso Abril de Jornalismo – por onde ele próprio havia passado. Al tinha o seu time de colaboradores de confiança, mas mantinha as portas da *Super* abertas a novos talentos. Quase todo dia recebia artistas na redação para conhecer seus portfólios. E testava gente nova em quase toda edição – o que oxigenava a *Super*, mantendo-a sempre renovada visualmente e atualizada com novos estilos e visões.

Essa porosidade empreendida por Al transformou a *Super*, ao longo dos anos, numa meca para artistas gráficos. Todo mundo queria publicar na revista. A *Super* se tornou uma espécie de mostra permanente dos melhores designers do Brasil – para deleite dos leitores, e de todos nós.

Ilustradores como Mauro Souza, Kako D'Angelo, Pedro de Kastro, Rogério Nunes, Éber Evangelista, Diego Sanches, Carlo Giovani, Fernanda Guedes, Sam Hart, Newton Verlangieri, Arthur Lopes, Samuel Casal, Rogério Borges, Otávio Silveira e Stefan Pastorek – um timaço – passaram por lá e fizeram história.

Bem como infografistas de primeiríssima linha, como Alexandre Jubran, Sattu Rodrigues, Gabriel Gianordoli e Erika Onodera – todos trabalhando em parceria com Luiz Iria, editor de Infografia, que havia estabelecido essa linguagem na *Super*, a partir de uma diretriz estabelecida na gestão de Eugênio Bucci à frente da revista. Iria virou referência dentro da Abril e um dos profissionais mais premiados no Brasil e no mundo nessa área.

Iria tinha uma linguagem hiper-realista, renascentista, 3D, de proporções, volumes e sombras perfeitos e de acabamento irretocável. Seu estilo de reinvenção artística da realidade teria feito dele um excelente profissional de efeitos especiais construídos em computação gráfica para o cinema, estivesse ele trabalhando em Los Angeles. Seria convidado para café da manhã com o pessoal da Lucasfilm, no Rancho Skywalker – com direito a sentar na cabeceira. Sujeito simples, boa-praça, meticuloso, dedicado à sua arte e à família, morava em Santos e era chamado por muitos de nós de *mestre* Iria, com toda razão.

A *Super* em breve se tornaria uma plataforma aberta. Com um amplo (e, ao mesmo tempo, selecionadíssimo) leque de grandes colaboradores – no texto e na arte. Inaugurávamos uma espécie de trabalho em rede, um canvas para a colaboração e a cocriação, anos antes que a Nova Economia trouxesse à voga esse tipo de conceito e de valor ao mercado.

Nunca fui patoteiro. Talvez porque algumas vezes na vida tenha sido excluído previamente de grupos dos quais gostaria de ter tido a chance de participar. Também nunca exerci a exclusão como uma ferramenta de poder em ambientes em que estava na posição de permitir ou barrar a entrada dessa ou daquela pessoa.

Na *Super*, pude exercer esse estilo de portas abertas, ou de inexistência de portas, colocando como único critério para estar dentro do barco, trabalhando conosco, a competência do candidato. A *Super* era, acima de tudo, meritocrática. Não cultivávamos turminhas, numa indústria – o jornalismo – feita de turminhas.

Essa decisão de tornar a *Super* permeável às melhores ideias e aos melhores talentos, de onde quer que eles viessem, que Al executou com brilhantismo na Arte, também seria empreendida por Denis Russo Burgierman no texto da revista. Quase todo mundo tinha direito ao que chamávamos de *"test drive"*. E com a mesma agilidade com que alguns entravam e se estabeleciam em nosso ambiente, tracionados por essa regra de "honra ao mérito", que abolia a necessidade de indicação ou de outro tipo de compadrio ou conchavo, outros saíam rapidinho do nosso radar.

Em seguida, comecei a exercitar, com os editores, uma revisão das pautas e dos enfoques. E também de redefinição das seções da revista. Descendo até detalhes de microedição, como o estilo do texto nas legendas e nos intertítulos. E entrando na alma da revista: seu tom de voz, seu olhar sobre as coisas – o que implicava também uma revisão do modo como nos víamos como produtores daquele conteúdo. Uma reforma editorial como a que fizemos na *Super* muda o lugar da revista no mundo – e também, necessariamente, o lugar no mundo de quem *faz* a revista.

Foi nesse processo, provavelmente, que a redação começou a perceber que eu não era um "cara de Marketing" que tinha assumido a *Super* – mas um jornalista. (A verdade, ainda bem que nem todos perceberam, é que eu também não era "jornalista". Sempre fui apenas um *escritor* que aprendeu a fazer jornalismo, da mesma forma com que aprendeu a fazer negócios, para sobreviver. Quer dizer: eu era mesmo um bastardo, um intruso – mas num nível muito mais profundo do que a turma imaginava.)

Como em quase toda jornada de (re)construção, houve alguns equívocos e excessos – *todos*, responsabilidade minha. Lembro em especial de uma pauta – um repórter e um fotógrafo acompanharam uma cirurgia espiritual – que publicamos de forma meio sanguinolenta (em inglês se diz *graphic violence*), por orientação minha. (Um exagero visual, que só tirou força da matéria – uma edição mais sutil e madura teria fortalecido aquela narrativa.) Felizmente, quero crer, fomos todos aprendendo rapidamente, a começar por mim, a partir dos escorregões, o que dava mais certo e menos certo, os caminhos que deveríamos trilhar e aqueles em que não nos interessava investir.

Foi nesse processo também que perdi alguns colaboradores. Claudio Angelo, editor de Ciência, foi o primeiro a sair. Talvez tenha tomado essa decisão ainda na reunião em que me apresentei. Não tivemos tempo de nos conhecer e, portanto, não consegui desfazer com Claudio aquela primeira impressão possivelmente ruim.

Antes de assumir a *Super*, tive um almoço com André Singer, a quem eu substituiria. André havia assumido a direção de Redação da *Super* em novembro de 1998 – com a ida de Eugênio Bucci, que a dirigia desde 1994, para a direção de Redação da *Quatro Rodas*. Com a chegada de Paulo Nogueira, como diretor editorial, na UO "Masculinas", houve uma dissonância entre as visões que ambos tinham para a revsista, e André acabou saindo. Em nosso almoço, André foi cortês e generoso. Fez um mapeamento da Redação e mencionou alguns talentos, como os editores Denis Russo Burgierman e Claudio Angelo, e o infografista Luiz Iria.

De fato, como eu havia antecipado naquela conversa inaugural, a *Super* deixaria de se pautar apenas pela ciência canônica – passamos muito mais a fazer as perguntas fundamentais do que a nos ater às respostas oficiais. E ampliamos o leque das perguntas cabíveis. Estávamos ali para abrir grandes questões, não para encerrá-las. Nos dedicamos a questionar tudo que nos parecesse questionável, inclusive o próprio dogma científico. (O que, no fundo, expressava uma postura de permanente *curiosidade intelectual*, muito afeita ao que a ciência tem de mais revolucionário em seu método.)

Você pode tomar a ciência como um território de verdades inquestionáveis – "está provado cientificamente, ponto final". Ou, ao contrário, como o terreno do eterno questionamento. Optei por essa segunda visão. Com isso, tiramos a ciência do altar. E tiramos também a própria *Super* do púlpito. (Em consequência, nós próprios tivemos que descer de lá.) Ao alargar o cardápio de pautas e de enfoques, ampliamos também o leque de fontes ouvidas pela revista – não nos ativemos apenas às vozes científicas hegemônicas e tradicionais.

De certo modo, tiramos a *Super* da sisudez da sala de aula, e da frieza da biblioteca, e a levamos para a informalidade do pátio, para a descontração da mesa de bar. Tiramos da *Super* uma certa postura enciclopédica e um certo tom livresco, ou professoral, de quem tem acesso à *Verdade*. Passamos a questionar essa "verdade" no singular, em itálico (ou negrito), com V maiúsculo. Havia mais de uma verdade disputando as consciências mundo afora em (quase) todo tipo de questão, e eu estava interessado em ouvir (quase) todas elas. Nosso trabalho era apurar as melhores explicações disponíveis para as interrogações que decidíssemos abraçar, e relatar os melhores resultados dessa busca, ao leitor, numa linguagem coloquial, horizontal, de amigos conversando de modo bem informado, entusiasmado, ao fim de um jantar, sobre um tema *superinteressante*.

Essa talvez tenha sido a minha maior contribuição à *Super*: termos ampliado o foco da revista de "ciência" para "conhecimento". Não estávamos mais no ramo da mera divulgação científica – mas no de apresentar ao leitor a fantástica e infindável marcha humana "para saber mais" (termo que passou a batizar o rodapé que colocávamos ao fim das reportagens, com sugestões complementares de leitura sobre o tema em destaque). Eu queria retratar a diversidade da aventura intelectual humana, com todas as suas idas e vindas, dúvidas e debates, teses e contrateses, certezas e mistérios, maravilhas e tiros n'água. A *Super* ficou mais plural. Passou a ter menos convicções pétreas. A revista passou a dar mais risada das coisas – e de si mesma.

Nos dedicamos a buscar, no campo das descobertas, das invenções e das novas teorias e concepções, aquilo que fosse mais inusitado e provocativo – o nome da revista era um compromisso que precisávamos honrar. Era preciso, sempre que possível, derrubar o queixo de quem nos lia. Passamos a entender dessa forma o "interesse presumido do nosso leitor" – nossa única bússola, regra de ouro que aprendi com Thomaz Souto Corrêa, diretor editorial da Abril. Passamos a ver como nosso papel conectar gente curiosa, de mente aberta, com o que houvesse de mais contraintuitivo e instigante estava sendo discutido no mundo. A *Super* era a revista das pessoas interessadas em ampliar constantemente os horizontes da sua compreensão e em ser surpreendidas – e desafiadas – em suas certezas e expectativas.

Ciência como *logos*, num *sensu* mais *lato* do que *stricto*, era uma proposição editorial muito mais saborosa e multifacetada do que limitarmos nosso olhar ao que saía *pronto* e *resolvido* dos grandes laboratórios e das grandes instituições de pesquisa – uma produção altamente influenciada, diga-se, pelos interesses econômicos e políticos de governos e empresas. No campo do conhecimento humano, as certezas são quase sempre provisórias. Então não precisávamos ser tão reverentes ao jaleco e à pipeta. Tornávamos a *Super* um pouco mais *humana* e *social*, um pouco menos *exata* e *biológica*. A revista deixava de ser nerd para ser *geek*, se é que você me entende. (Caso você não seja do ramo: *geeks* são nerds que apreciam beijo na boca e sentem mais prazer do que repulsa diante da ideia de trocar fluidos e bactérias com outro ser humano.)

Ao deixarmos de ser os arautos do establishment científico, também trouxemos a *Super* mais para a esfera da análise e da discussão, saindo um pouco do nível da notícia – um movimento salutar para uma publicação impressa num momento em que a Internet já começava a despontar como um lugar muito mais afeito ao consumo diário de notícias, em tempo real, do que uma revista mensal.

Nossas matérias ficaram mais "frias" – e mais profundas. Nos dedicávamos a "contar bem boas histórias", outro mantra que norteava nosso trabalho, dividindo com o leitor os encantos e espantos com que topávamos pelo caminho, em "textos com padrão literário e design com padrão artístico", como escrevi mais de uma vez na "Carta ao Leitor" da revista.

Outra contribuição da qual me orgulho é ter influenciado a *Super* com a minha enorme ignorância sobre quase tudo. "Quanto mais sei, mais sei que nada sei" – o mantra socrático, além de emprestar algum charme à minha inextinguível desinformação, colaborou para que aos poucos a *Super* fosse deixando de ter opinião própria sobre os temas que cobria. A posição da revista, em pouco tempo, passou a ser não ter posição sobre os assuntos que investigava. Tínhamos *pontos de vista*, mas não elegíamos *axiomas*.

Minha única posição sobre os assuntos que cobríamos era que todas as posições relevantes sobre aqueles assuntos deveriam ser ouvidas e levadas ao conhecimento do leitor. Nosso trabalho era confrontar as várias visões, em especial as mais contraditórias, que tivessem algo a revelar sobre a pauta, para que o leitor pudesse formar a *sua* própria opinião.

Partíamos do pressuposto de que não interessava ao leitor a opinião da revista – que, na maioria dos casos, é apenas a crença pessoal, travestida e contrabandeada de "voz da razão", do diretor de Redação ou dos editores ou do publisher. A gente não editorializava nada. E sempre que possível abria para o leitor o raciocínio que tinha levado a uma determinada assertiva ou conclusão. Eu dizia, em nossas reuniões de avaliação da revista, que, se alguém pudesse perceber nas entrelinhas do texto o engajamento do repórter ou a simpatia do editor por essa ou por aquela tese, tínhamos feito mal o nosso trabalho. Porque estaríamos abandonando a equidistância e a parcimônia recomendadas pelo bom Jornalismo, em nome do proselitismo e da tentativa de convencimento, próprias do panfleto.

Nós podíamos ter nossas convicções pessoais sobre qualquer assunto. Como editores da *Super*, no entanto, não podíamos deixar essas convicções serem decisivas em nossas escolhas editoriais. Nem sobrepujar a nossa obrigação de permanecermos plurais, abertos, atentos e curiosos – para além das nossas crenças individuais. A transparência era o nosso antídoto contra a tentação de direcionar o pensamento do leitor de acordo com o *nosso* modo de pensar. Esse era o nosso pacto com os leitores da *Super*.

A razão disso era a proposição, que alicerçava minha ética editorial, de que não éramos especialistas suficientes em nada – os especialistas eram as fontes que ouvíamos. Se nossa opinião fosse de fato importante, não precisaríamos ouvir ninguém para escrever nossas matérias. Bastaria apurarmos as informações uns com os outros. Ou então entrevistarmos a nós mesmos, sozinhos, diante do espelho.

Tudo dando certo, seríamos especialistas suficientes apenas em *Jornalismo* – cujo cerne estava justamente na *apuração* ampla e horizontal dos melhores jeitos de pensar e não na determinação estreita e vertical do que o leitor deveria concluir. "O jornalista não tem que saber das coisas, ele tem que saber quem são as pessoas que sabem das coisas" – um outro mote que passou a nos guiar.

Essa ideia de que não estávamos no ramo de indicar o caminho da virtude e da luz a ninguém é, possivelmente, a terceira boa contribuição que prestei à *Super*. (Duro dizer isso a um jornalista especializado, seja ele ou ela da área que for: esportiva, econômica, cultural, política, científica, tecnológica, de negócios etc.)

A revista, por conseguinte, deixava de *endossar* aquilo que publicava. A *Super* se tornava maior do que a média ou a soma das visões com as quais nós, seus editores, simpatizávamos. A revista se tornava uma arena para que as melhores ideias e teses disponíveis fossem apresentadas e defendidas, criticadas e contracriticadas, pelos seus respectivos correligionários e detratores. Éramos os organizadores de um debate que tinha de ser o mais justo, diverso e equilibrado possível. Mesmo tendo, para isso, que levar a cabo todo dia o incômodo exercício de humildade de mitigar nossas próprias paixões.

Muitos leitores partiam do pressuposto de que nossa decisão de publicar alguma ideia embutia uma concordância nossa com aquela ideia. Como se fôssemos partidários das vozes que figuravam nas páginas da revista somente pelo fato de termos decidido ouvi-las e publicá-las. Talvez isso fosse verdade em muitos outros veículos. Mas não era no caso da *Super*. Essa foi uma das catequeses que me dediquei a desfiar em meus anos à frente da revista.

A partir de determinado momento, em nossas decisões de pauta, passamos a ser atraídos muito mais pelas ideias *esquisitas*, pelas propostas contraintuitivas, por nossa curiosidade acerca daquilo que desconhecíamos, do que propriamente pelas teses que nos fossem mais próximas e *convenientes*. Nós éramos os primeiros a buscar o desconforto intelectual de testar nossas intuições.

(Pessoalmente, eu tanto mais gostava das pautas quanto mais elas produzissem debate, quanto mais suscitassem dúvidas, quanto mais argumentos bons houvesse dos dois ou mais lados da discussão, quanto mais difícil fosse tomar partido diante delas. Eu procurava privilegiar as questões mais embricadas do ponto de vista ético, e que mais desafiassem, com nós filosóficos, as nossas breves e vãs compreensões do mundo.)

A partir desse meu libelo contra a tutela da inteligência do leitor, deixamos de protegê-lo desta ou daquela linha de pensamento. De um lado, não estávamos ali para utilizar nosso filtro editorial como um instrumento de censura prévia. De outro, tínhamos que evitar outra armadilha: nem mesmo a opinião média do nosso leitorado, ou o que imaginávamos que ela pudesse ser, deveria barrar nossa missão de publicar o que considerássemos *relevante*. Tínhamos que estar preparados para confrontar, muitas vezes, a expectativa dos próprios leitores em relação à *Super* – justamente para podermos entregar bem o trabalho que eles nos pagavam para fazer.

Essa postura favorável à livre circulação de ideias desagradava a alguns leitores – há pessoas que preferem não ter suas crenças postas à prova. Mas nosso compromisso era tomá-los pela mão e viajar com eles pela fascinante aventura do conhecimento humano.

O que passava necessariamente por encarar os tabus e paradigmas com que íamos cruzando pelo caminho. E nós não trairíamos esse compromisso. Mesmo contra a vontade de alguns deles, que, em alguns momentos do percurso, preferiam ver veiculadas somente visões de mundo semelhantes às suas, que não desafiassem as suas certezas.

Escrevi, em março de 2001, na "Carta ao Leitor", antes de completar um ano à frente da *Super*:

"Recebi algumas críticas às capas que temos publicado. De um lado, fomos acusados de criar polêmicas para vender mais revistas. De outro, fomos tachados de irresponsáveis por veicular certos fatos e certas ideias. Quero reafirmar o óbvio: nós não criamos polêmicas. Simplesmente admitimos que elas existem, independentemente da opinião que possamos ter a seu respeito, e as reportamos da forma mais equilibrada e franca possível aos nossos leitores.

"A segunda crítica, a de que há certas coisas que não deveríamos tornar públicas, eu gostaria de responder reproduzindo um trecho da primeira 'Carta do Editor' da *Super*, [assinada] por ninguém menos que Victor Civita, fundador da Editora Abril: 'Numa tarde qualquer de junho de 1860, consternada ao ouvir dizer que pelas novas teorias postas a circular por Charles Darwin o homem era um simples descendente do macaco, a mulher do bispo anglicano de Worcester, Inglaterra, exclamou: *Barbaridade! Esperemos que não seja verdade, mas, se for, rezemos para que isso não se torne amplamente conhecido.* Nós, da Editora Abril, não partilhamos dessa opinião.' Victor Civita concluía dizendo que a *Super* nascia com a missão de divulgar as descobertas científicas – conhecimento novo, portanto –, de maneira desassombrada, para o maior número de pessoas."

(Roberto Civita me enviou um bilhetinho agradecendo pela menção a VC – como Victor Civita era chamado por quem não o chamava de *seu Victor*. Não era um evento comum, ao menos para mim, receber uma mensagem direta de Roberto.)

Outro movimento editorial importante foi termos aproximado mais a *Super* da vida das pessoas – não era o leitor que tinha que entrar no rol de interesses da revista, nós é que tínhamos que entrar no rol de interesses do leitor. A *Super* tinha que falar a linguagem de quem a lia – não estávamos ali para impor o nosso jargão. Ao abandonar a liturgia de uma revista "científica", a *Super* ficou mais divertida.

Essa talvez tenha sido a quarta boa contribuição que dei à *Super*, a partir do meu hedonismo aspiracional. Ainda que eu sempre tenha sido um fauno mais teórico do que prático, um bacante no mais das vezes enleado em conflitos e culpas, o fato é que consegui abrandar o "superego" da revista e liberá-la para ficar mais leve, mais bem-humorada, mais irreverente, mais ousada e, por que não?, mais sexy.

Uma boa revista tinha que oferecer, por um lado, o conforto da previsibilidade – o leitor tinha que saber o que esperar. Por outro lado, ela tinha que sacudir o leitor – a leitura tinha que surpreendê-lo. Uma boa revista tinha que tratar bem o leitor, recebê-lo num ambiente macio, bonito, agradável, em que ele pudesse se instruir com prazer. Mas tinha também que tirá-lo da zona de conforto, provocá-lo com novas ideias e novos jeitos de ver.

As reformas editorial e gráfica em seguida começaram a gerar resultados. O recorde histórico de vendas avulsas (os exemplares vendidos nas bancas) da *Super* era de 105.200 exemplares e havia sido registrado em agosto de 1995 com a capa "Maconha – Um remédio proibido?", escrita por Flávio Dieguez. Com a reforma editorial, vendas avulsas na casa dos seis dígitos, eventos raríssimos na vida da revista, passaram a ser o novo parâmetro. Enfiamos a mão (na verdade, o braço inteiro) em muitas cumbucas superinteressantes: Transgênicos, Jesus, Pena de Morte, Eutanásia, Nazismo, Drogas,

Espiritismo, Vegetarianismo. Com o tempo, a circulação paga da *Super* (soma das vendas avulsas com as assinaturas) se aproximaria dos 500 mil exemplares mensais, e nos firmaríamos como a segunda maior publicação da casa, depois da *Veja* e ultrapassando a *Claudia*. Em duas de nossas capas mais ousadas e questionadoras, perguntamos, em dezembro de 2000, "Vacinas: a cura ou a doença? – A vacinação, ferramenta básica de saúde pública, enfrenta uma onda crescente de críticas e desconfianças. A questão: será que as vacinas fazem mais mal do que bem?", reportagem assinada por Jomar Morais, e, em fevereiro de 2001, "Aids: o HIV é inocente? – De um lado, a tese oficial: a Aids é causada pelo vírus. De outro, pesquisadores afirmam que ela nem sequer é contagiosa. Com você, uma das polêmicas mais inflamadas do mundo científico", reportagem assinada por Flávio Dieguez, com a colaboração de Fábio Peixoto.

Foram duas matérias, entre outras que fizemos, que estressaram ao limite as premissas editoriais da nova *Super*. Essas pautas eram calorosamente debatidas na redação. Os enfoques iam sendo discutidos e redesenhados pelo time na minha sala, a cada nova rodada de apuração. As palavras que iriam compor o título e a linha fina, tanto na capa quanto no interior da revista, eram escolhidas uma a uma. E revisadas e checadas *muitas* vezes. Não sem frio na barriga. E não sem divergências internas – não apenas entre nós, na redação, mas também *dentro* de cada um de nós. (Denis, muitos anos depois, me contou que, num dos períodos em que dirigiu a revista, pediu desculpas aos leitores pela matéria "Vacinas".)

A nova concepção da *Super* me impôs outra perda: Fábio Peixoto. Para ele, é provável, o frio na barriga com a minha chegada havia se transformado em náusea. Xoxoto (como fica evidente, um dos melhores apelidos que já cunhei na vida) tinha 22 anos e me parecia o mais proeminente dos jovens repórteres da *Super*.

Era curioso, bem informado, tinha um entusiasmo contagiante e um bom humor puxado no mais nobre dos ingredientes: a autoironia. Escrevia muito bem – embora esse seja um elogio meio platitudinário, uma vez que a excelência do texto era um quesito de entrada na *Super*.

Peixoto era um craque em suas funções e fazia bem ao grupo. Era bom tê-lo no time. Em determinado momento, no entanto, depois de ter trabalhado na capa "HIV" – que Flávio Dieguez, destacado para editá-la, acabou assinando –, Peixoto optou por recusar o meu projeto para a revista. Em seguida, me procurou, tendo refletido sobre os rumos da *Super* (que a ele talvez representassem a conspurcação da revista que ele admirava e gostava de fazer), e decidiu sair. Lamentei muito a sua defecção.

(Flávio Dieguez, um dos melhores jornalistas de ciência do Brasil, era, entre nós, segundo me diria o próprio Peixoto, anos mais tarde, o mais entusiasmado com aquela pauta sobre o HIV – porque acompanhava com interesse aquele debate nos bastidores do mundo científico. Essa abertura de Dieguez, nosso decano, às ousadias da nova *Super* – o que dizia muito do seu frescor e da sua amplitude intelectual –, provavelmente contribuiu um bocado, sem que eu o tenha percebido à época, para a diminuição das resistências internas ao novo projeto.)

Peixoto era o primeiro repórter que eu promoveria a editor. Tenho certeza de que ele teria brilhado – e de que teria sido muito feliz – com as várias oportunidades editoriais que surgiriam no âmbito da *Super* nos anos seguintes. Creio que hoje podemos considerar como fato (e não como mera promessa ou impressão) que a *Super* estava ficando mais parecida com aquele garoto inteligente, cheio de referências pop, que vivia rindo e fazendo rir na redação – ainda que, por alguma razão, ele se filiasse, naquele momento, à tradição com a qual eu estava rompendo, exatamente em nome daqueles elementos tão afeitos a ele.

Peixoto me deu um livro ao sair – *Ciência e política*, do sociólogo alemão Max Weber –, com uma dedicatória muito gentil, e enviou um e-mail de despedida a todos na Redação, em que citava os versos de "In My Life", dos Beatles: *"There are places I'll remember/ All my life/Though some have changed/Some forever not for better/ Some have gone and some remain"* (algo como "Há lugares de que lembrarei/Por toda minha vida/Embora alguns tenham mudado/ Alguns para sempre e não para melhor/Alguns se foram e outros permanecerão").

Os repórteres Rafael Kenski e Mafê Vomero passaram a dividir nossas principais matérias. Rafa era um *data cruncher*, um devorador de informações. Era curioso, descia fundo em suas investigações, tinha um prazer diletante por se instruir. E não tinha medo do pensamento complexo – ao contrário: gostava de identificar tendências inauditas, juntar A com B para chegar a F.

Mafê tinha uma formação católica e de esquerda. Talvez por isso, dispunha de um ascetismo que lhe permitia ser uma repórter incansável, uma quebradora de pedras na construção de uma matéria. Mafê gostava de gente e de ideias. Talvez ainda estivesse, ali, estudando a si mesma, entendendo seu talento, mapeando as competências que queria construir e suas possibilidades no mundo, como pessoa e como profissional. E, embora não ficasse exatamente à vontade numa grande corporação, contribuiu um bocado, com seu trabalho e com seu sorriso sempre aberto, para a expansão do "Grupo Super" – como passaríamos a chamar o conjunto de operações editoriais que floresceriam ao redor da *Super*.

Em fevereiro de 2002, dediquei uma "Carta ao Leitor" a ela:

"Maria Fernanda Vomero sempre me lembrou uma daquelas moças retratadas a óleo no início da Renascença. Mais precisamente, uma italiana do Sul, camponesa ou cortesã, cheia de viço, de força telúrica, de picardia no olhar.

"Com o tempo e o convívio, reparei que Mafê é também sósia da [atriz inglesa] Kate Winslet. E que ambas, Mafê e Kate, têm mesmo o jeito daquelas moças renascentistas. As bochechas coradas, uma energia vulcânica correndo por dentro, a curiosidade juvenil, o sorriso aberto, sincero, napolitano. Está tudo lá.

"Mafê é, sobretudo, uma tremenda repórter. Aos 26 anos, está entre os melhores talentos da sua geração. Suas armas são o tino investigativo, o instinto farejador, a capacidade de encontrar e abrir as mais pesadas trancas que obstaculizam o acesso à informação, a ausência total de preguiça na apuração de um tema, seja ele qual for. Enfim, Mafê traz em si o rol de competências essenciais a todo grande repórter. É ótimo tê-la na *Super*. (...)

"[Mafê] tem – e lustra a cada nova edição – a fundamental capacidade jornalística de oferecer a você informação de primeira linha, conhecimento novo e relevante. Tudo envolto em experiências literárias inesquecíveis."

No mês seguinte, março de 2002, dediquei uma "Carta ao Leitor" a Rafa:

"Adoro folhear a revista assim que ela sai da gráfica, o exemplar ainda quentinho do forno. Viajo por ele quase como se ele fosse inédito para mim. A primeira lida na revista pronta é mágica. (...) Todo o longo processo de confecção é ensaio. O palco – a revista como ela vai para a banca – é outra coisa. Aí é para valer, é ao vivo.

"Folheando a última edição percebi a ubiquidade do repórter Rafael Kenski nas páginas da revista. Rafa assinava notas em 'Supernovas', perguntas em 'Superintrigante', resenhas em 'Supercult'. De quebra, tinha realizado uma reportagem, a entrevista de 'Superpapo' e todo o 'Superzoom'. Uau. Rafa é um craque que doa seu talento ao time de modo discreto e constante. Tipo de jogador com que qualquer técnico adora contar.

"Mas o fundamental, que ainda não revelei aqui, é que Rafa acaba de ser aclamado (...) o homem mais bonito do Brasil. De fato, aos 24 anos, feitos agora em março, Rafa impõe um silêncio respeitoso sempre que adentra a redação. A princípio, não entendia o motivo. Só com o tempo compreendi que se tratava da sua opressiva proporção helênica calando os menos favorecidos. (Rafa é um daqueles caras que, como dizia Nelson Rodrigues, chegam em casa, desabotoam o peito cabeludo em frente ao espelho e bradam para o próprio reflexo: 'Vai ser bonito assim no inferno!')

"Apesar dessa singular capacidade de atrair corações despedaçados e invejas rancorosas com seu queixo duro de galã dos anos 1950, Rafa, que se formou em Jornalismo pela PUC-SP em 1999 e entrou na *Super* assim que saiu do Curso Abril de Jornalismo, no início de 2000, jamais aceitou vencer na vida ou subir na carreira apenas por sua estarrecedora beleza. (Não que eu saiba, ao menos.) Em consequência, tratou desde cedo de solidificar sua instrução. De um lado, conhece as esquinas mais bizarras da Internet. (Ele é o nome por trás da divertida coluna 'Ciência Maluca', de 'Supernovas'.) De outro lado, vai vencendo os russos – Tolstói, Gogol, Dostoievsky. E assim, combinando erudição com veia pop, trilha com passo próprio o caminho eclético e ilustrado dos grandes jornalistas.

"Você, leitor, por favor, não se sinta humilhado com a foto colocada ali em cima. Ele não tem culpa de ter nascido assim."

O estilo de portas escancaradas aos talentos externos tinha, é claro, que funcionar internamente também. Eu costumava chamar todo mundo para as conversas editoriais em minha sala. As reuniões de pauta e de avaliação eram abertas e todos tinham direito à vez e à voz.

Essa espécie de democracia direta – embora a decisão final e as responsabilidades dela decorrentes fossem sempre minhas – acabou achatando a estrutura hierárquica. A *Super* tinha um redator-chefe quando cheguei – Ricardo Arnt. Uns quinze anos mais velho que eu, Arnt sempre foi um cavalheiro no trato comigo. Em menos de um ano, chegamos juntos à conclusão de que seu cargo e a função que ele desempenhava – uma ponte e, ao mesmo tempo, um anteparo, entre o corpo da revista e o diretor de Redação – não faziam mais sentido.

Entrava em vigor a "República dos Editores". Passei a delegar o trabalho de produção jornalística a uma dupla apenas – um repórter e um editor. Sem a necessidade de mais instâncias de leitura, de edição e de aprovação de uma matéria. (A passagem do texto por um labirinto de aprovações, gerando retrabalho – e retalhando, muitas vezes, a alma de uma reportagem – era uma constante em várias Redações, e uma fonte de grande insatisfação entre os jornalistas.)

Na *Super*, por influência do que eu aprendera com Paulo na *Exame*, passamos a entender que esse processo se tornava mais eficiente quando era mais curto e escorreito. Era preciso confiar nos profissionais. Se o seu trabalho não estivesse à altura, era o caso de mandá-los embora, e não de torturá-los em intermináveis sessões de ordens e contraordens.

Na Arte, dei total liberdade a Al para que resolvesse com seus designers os caminhos visuais de cada matéria. O que eu esperava deles era beleza e impacto, inteligência e elegância, força e originalidade na escolha e na disposição dos elementos na página. Queria ser surpreendido. Queria bater palmas. E isso aconteceu muitas vezes.

Em seguida, com a ascensão dos designers, com o reconhecimento da tremenda importância da Arte para a confecção de bom conteúdo em mídia impressa, as matérias passaram a ser tocadas do início ao fim por um repórter e um designer, em igualdade de condições, supervisionados por seus respectivos editores.

Com isso, fomos mudando um pouco o perfil dos profissionais que buscávamos na *Super*. Entre os jornalistas, era preciso pensar, apurar, escrever e editar muito bem. E havia as mesmas liberdades e as mesmas responsabilidades distribuídas entre os designers.

Assim fomos trazendo paulatinamente gente que pudesse atuar nessa lógica de tocar um trabalho mais autoral, mais autônomo, com menos supervisão – tanto no texto quanto na arte. O curioso é que você escreve, ou desenha, muito melhor quando sabe que o que está produzindo é o texto final, ou o layout definitivo. Qual é o estímulo para a ourivesaria e para o burilamento quando você sabe que o que está produzindo não é aquilo que leitor receberá – mercê das intermináveis rodadas de edição e refação que o trabalho sofrerá pelo caminho?

Passei a editar a revista a priori. Tínhamos dois encontros, apenas, para definir uma matéria. No primeiro, discutíamos longamente a reportagem *antes* da apuração, já na companhia dos designers que participariam da sua edição. Apuração feita, nos reuníamos pela segunda e última vez e esqueletávamos juntos a narrativa. Ao contrário do que acontecia em vários outros veículos, isso não significava que o repórter tinha que ir a campo confirmar as teses que havíamos concebido internamente. Muitas vezes, no caso da *Super*, a apuração *matava* a pauta originalmente pensada. E levava a matéria para caminhos que sequer tínhamos como inferir antes de o repórter começar seu trabalho. A primeira reunião era fundamental para organizarmos nossas *perguntas*. E a segunda era igualmente importante – para organizarmos as *respostas* obtidas e combinarmos a melhor maneira de contar aquela história.

Um outro recurso de edição que desenvolvemos foi o que batizei de "exoesqueleto". Aprendi isso nos livros de negócios e de divulgação científica (ou, se você preferir, "*pop science*") americanos. De um lado, eles tinham um olhar muito inovador para definir as pautas, encontravam enfoques inusitados para abordar os assuntos, escreviam de modo enxuto e saboroso, com clareza e simplicidade, embalando o conteúdo numa conversa descontraída e envolvente. A persona editorial naqueles livros – muitas vezes escritos por PhDs – nunca era de alguém falando com você por detrás de um microscópio ou de um telescópio, mas de alguém contando uma história fantástica de um jeito encantador, por trás de uma xícara de café ou, quem sabe, de um milk shake.

De outro lado, aqueles livros vendiam suas histórias aos leitores de um jeito matador. O modo como editavam as informações, como estruturavam a narrativa, tornava a transmissão de informações a mais lógica e agradável para o leitor. Não raro, essa estrutura era tornada explícita. A definição dos capítulos expressava já a sequência do raciocínio do autor. E funcionava como uma divisão taxonômica perfeita do conteúdo.

As quebras de texto dentro dos capítulos, por meio de subtítulos, também contribuíam a um propósito muito claro – apresentar ao leitor o esqueleto da história, o que já funcionava como um primeiro nível de leitura do texto. A simples experiência de passar os olhos pelo sumário, ou de folhear o livro, permitia ao leitor começar a entender o que estava sendo dito ali. Ao contemplar o esqueleto, era possível antecipar o corpo inteiro, o que no mais das vezes potencializava o interesse pela leitura. Ao mesmo tempo, esses elementos funcionavam como lanternas que iam sinalizando, para quem já estivesse imerso na história, em que ponto do caminho se estava, o quanto já se tinha percorrido e para onde seguiria aquela jornada.

Aquela depuração da formatação do conteúdo em uma publicação era reflexo de anos e anos de trabalho e de competição na indústria editorial americana, tendo como pano de fundo a obsessão daquele país em tornar a experiência do consumidor – no caso, o leitor – a mais lúdica, gostosa e divertida possível. Na cultura de negócios americana, que costuma colocar o consumidor no centro da equação, era trabalho dos editores limar do caminho dos leitores todo tipo de fricção.

Na ponta oposta dessa régua, você encontra o hermetismo que afasta, o jargão que impõe uma relação de poder ao leitor e cobra dele uma atitude reverencial, o pedantismo que busca demarcar um território e dificultar o acesso à informação, entre tantos outros elementos de aspereza editorial que vicejam em ambientes em que a regra é tratar o consumidor – o leitor – a botinadas. Eis como a lógica de mercado pode contribuir para tornar o conhecimento mais acessível e horizontal, na medida em que ele precisa ser *vendido* como uma mercadoria. E eis como a lógica acadêmica muitas vezes contribui para tornar o conteúdo mais abstruso e inatingível, como uma defesa de terreno, precisamente ao tratar o conhecimento não como um produto que possa ser *comprado* democraticamente por qualquer um, mas como um privilégio a ser mantido entre poucos.

Tanto quanto as melhores revistas do mundo, que tomávamos como *benchmark*, a nova *Super* que veio à luz em julho de 2000 deve boa parte da sua consolidação e do seu sucesso à indústria livreira americana. Entre as publicações internacionais do nosso segmento, a de que eu mais gostava, por também se pautar fortemente pela contraintuição – em especial na sua seção de livros, onde encontrávamos muitas das obras contendo teses que depois iríamos investigar e transformar em matérias na *Super* – era a *Science News*, pouco mais do que uma *newsletter* quinzenal publicada pela Society for Science & The Public, organização sem fins lucrativos sediada em Washington, D.C., nos Estados Unidos.

Um bom esqueleto de matéria, explícito na página, também facilitava imensamente ao próprio redator organizar seu raciocínio, decidir que informações entrariam ou ficariam de fora da matéria, e então escrever o texto sem tanto zigue-zague, em blocos melhor definidos e organizados, com um fio da meada mais bem-posto.

Em pouco tempo, deixei de ler a *Super antes* que ela descesse para a gráfica. Tudo consensado, eu esperava a revista ser impressa para conferir o resultado final do trabalho. Abri mão de assinar as *prints* com a última versão das matérias. Num primeiro momento, lia só a matéria de capa. Depois, nem isso. Fechava só o que me competia diretamente – a própria capa e a "Carta ao Leitor". O que me permitia ler a *Super* depois, no sofá de casa, emulando a experiência que o leitor tinha com a revista, fazendo anotações. Mais tarde, comentava esses pontos em nossa reunião de avaliação, que também acontecia em minha sala, com a porta aberta e todo mundo dentro.

Assim, ficávamos todos, sempre, por assim dizer, na mesma página. E acelerávamos a curva de aprendizagem. Todo mundo tinha acesso aos meus comentários e orientações. Que podiam ser contrapostos e discutidos. A cada reunião de avaliação, saíamos com uma visão mais depurada, refletida, compartilhada, da revista que queríamos fazer. (E, tão importante quanto, da revista que *não* queríamos fazer.)

Essa política de todos saberem o que todos estavam fazendo, e de todos terem acesso aos meus pedidos, elogios e críticas, eliminou da "República dos Editores" a rádio-corredor. As informações eram todas transmitidas diretamente por mim, então não havia espaço para intrigas, fofocas e conchavos.

Isso, por sua vez, fazia com que as pessoas gastassem menos tempo com a politicagem, ou cuidando das próprias costas, e pudessem colocar o melhor da sua energia em atividades criativas e produtivas. Quando não há ameaça, não há ansiedade nem medo. Quando não há zonas cinzentas, não há disputa velada nem rasteira. Quando tudo é dito, não restam dúvidas nem surgem falsas versões. Quando todos têm acesso à informação oficial, acaba-se com a circulação de moeda podre no ambiente de trabalho.

A cultura da *Super* tinha um outro aspecto, também decorrente do fato de que quase todos sabiam de quase tudo: havia um sentimento de que todo mundo ali era "sócio" daquela empreitada. Havia, quero crer, a sensação de que o projeto em curso era maior do que nós todos, que construíamos uma obra coletiva à qual cada um de nós tinha uma contribuição importante a dar. Quando você reúne as pessoas certas e dá a elas a chance de fazer história, elas geralmente agarram a oportunidade.

A inexistência de informação privilegiada reforçava a certeza de que não havia feudos nem amigos do rei. As regras valiam para todos, sem tratamento especial a este ou àquele. Portanto, também não havia párias. Eu era o primeiro a cumprir à risca os combinados. Qualquer um tinha voz e voto e enxergava com nitidez seu papel na cadeia de valor.

Com esse *senso de justiça* distribuído pelo ambiente, criaram-se *laços de confiança*. A *transparência* reforçava no dia a dia a sensação de que tudo ali acontecia às claras, de que não havia nenhuma surpresa guardada na gaveta. Com isso era possível *delegar* mais, distribuir mais liberdades e responsabilidades. E essa *autonomia* permitia enxergar rapidamente as performances como elas aconteciam de fato – para o bem e para o mal. O que, por sua vez, permitia o pleno exercício da *meritocracia*: havia a certeza, disseminada pelo ambiente, de que as coisas ali aconteciam por merecimento e não por favorecimento, e de que tudo estava ao alcance de todos – desde que se fizesse por onde.

Na construção da cultura da *Super*, que atraiu ao longo de vários anos talentos de todo lugar querendo trabalhar conosco, o primeiro estágio foi a *constatação*, para a surpresa de muitos, de que aquelas conversas não eram só conversa, e de que aquelas propostas de trabalho faziam sentido e davam certo. Então veio o *engajamento* – quando as pessoas realmente compraram o novo jeito de fazer as coisas. Depois, com os primeiros resultados aparecendo, veio o *entusiasmo*. Na sequência, o *orgulho do pertencimento*. E a sensação boa de estar no lugar certo, fazendo a coisa certa, ao lado das pessoas certas. Que é basicamente o melhor sentimento que alguém pode ter na vida profissional.

* * *

O estilo de trabalho na *Super* resultava ainda da ideia de que aquele era um espaço para o profissional *empreender* a sua carreira. Mais do que um emprego, oferecíamos um espaço para a realização. Queríamos voos e ousadias. As oportunidades para quem tivesse consistência eram tão evidentes quanto a nossa intolerância com quem não tivesse nada de superinteressante a aportar aos nossos leitores.

O ritmo era intenso, as expectativas eram altas, e a nota de corte também. A grande maioria dos profissionais que viveram aqueles anos conosco estavam ali construindo uma *obra*. Não era um simples emprego, nem era um trabalho genérico. Era uma oportunidade – que muitos aproveitaram com brilhantismo – de fazer algo diferente, grande, capaz de marcar suas carreiras, de os definir profissionalmente e de serem lembrados no futuro.

No entanto, quero crer que nos acompanhou ao longo de todo o tempo, atrelada à altura do sarrafo, a ideia de que estávamos ali em igual medida para fazermos trabalhos marcantes, dos quais tivéssemos orgulho – e para sermos felizes.

Não havia espaço para a obtenção de prazer na dor. Nem a partir do próprio sofrimento – não cultuávamos atitudes camicaze nem estilos de trabalho caóticos que fossem terminar em *burnout*. Nem a partir do sofrimento alheio – não admitíamos que uns impusessem a outros regimes de infelicidade, um exercício de poder (e de secreto prazer) que é relativamente comum no ambiente de trabalho. (Embora fosse ingênuo, e talvez cínico, de minha parte, afirmar aqui que nenhuma dessas situações tenha ocorrido em algum momento com alguém em nossas cercanias – posso asseverar apenas que não eram essas as regras do jogo que eu propunha.)

Não acreditávamos que para realizar bem o seu trabalho o sujeito precisasse terminar o percurso exangue. Nem que para fazer um trabalho sério fosse preciso deixar de sorrir. A gente ria muito na *Super*. Em especial, de nós mesmos. Havia, é claro, a diretriz de que fizéssemos sempre mais e melhor a partir dos recursos que tínhamos à nossa disposição. Mas jamais usei a pressão como ferramenta de gestão. E nem prensávamos as pessoas contra a parede para extrair delas o que elas tivessem a dar. Nem seria producente. Quem trabalha bem nessas condições? (Alguém que só trabalhasse bem dessa forma não seria um profissional para estar ali conosco.) Sempre acreditei que conforto e produtividade, e que satisfação e desempenho, podem – e *devem* – conviver tranquilamente. E que não é preciso deixar a saúde e a alegria pelo caminho para entregar bons resultados.

(Embora, diga-se, uma profissional que ajudou muito a construir aquela história tenha me dito, num almoço, tempos depois: "Eu nunca trabalhei tanto em minha vida quanto naqueles anos com você, na *Super*. A gente fez muita coisa incrível. Mas a gente trabalhava *muito*." É possível que o encontro da minha sanha realizadora com o estilo de trabalho e de organização do tempo de alguns talentos, em determinados momentos, tenha gerado resultados menos harmônicos do que aquilo que eu gostaria de imaginar.)

Há um último aspecto no êxito da *Super*. Nós poderíamos ter tido sucesso financeiro, mas o processo ser caótico. Poderíamos ter tido o trabalho bem organizado, mas nos odiarmos. A gente poderia se adorar, mas perder dinheiro. Felizmente, nós conseguimos equilibrar bem, e por bastante tempo, as três pernas desse tripé: o negócio ia bem, o jeito de trabalhar era eficiente e as pessoas curtiam trabalhar umas com as outras. Quando esse triplo A é atingido – e não é fácil atingi-lo, nem muito menos mantê-lo –, o trabalho vira diversão.

À medida que eu ia saindo de campo, e indo para a casamata, para passar instruções do lado de fora do gramado a um time que jogava de modo cada vez mais entrosado, era importante definir quem seria meu capitão dentro das quatro linhas. Denis Russo Burgierman era a escolha óbvia.

Denis era a cara da *Super*. Editor havia mais tempo na redação, à exceção de Flávio Dieguez, Denis publicara seu primeiro texto na *Super* em 1995 – e funcionava como uma espécie de "buraco de minhoca" (no bom sentido, é claro), fazendo a conexão no tempo-espaço entre a antiga e a nova *Super*.

Denis era estudioso, bem informado, um jornalista que sabia o que estava falando – e que ao mesmo tempo flertava com as antíteses. Era "especializado" em ciência, mas não se colocava num pedestal, brandindo o cânone. Seu olho buscava as idiossincrasias, a contraintuição, a contestação dos paradigmas estabelecidos. (Eu mesmo, como um "paradigma" que se estabeleceu em sua vida, experimentei tanto sua curiosidade diante do novo quanto sua atitude de contestação ao establishment.)

Denis tinha ascendência sobre a redação, gozava do respeito dos colegas. Tanto pela solidez quanto pela rebeldia. Era um líder do tipo que gosta de se sentar no fundão, com a galera. Cultivava um comportamento irreverente, meio anárquico, meio *gauche*. E um visual meio hippie, que materializava seu ideário de contracultura.

Enquanto eu significava *ruptura* para uma parte do time, ainda receosa em relação ao futuro naqueles primeiros tempos, Denis talvez sinalizasse, para os demais, com a sua postura, que aquele movimento também podia significar *oportunidade*. Enquanto eu trazia uma nova *estratégia*, que representava *perigo*, Denis, no dia a dia, talvez oferecesse ao time a comprovação *tática*, embalada em ares de *tranquilidade*, de que aquela nova visão não era apenas viável, mas de que ela poderia ser *boa* para a revista e para quem trabalhava ali.

Denis era um *geek* infiltrado entre os nerds. A nova *Super* caminhou na sua direção e lhe favoreceu. Para a minha sorte, e a dos leitores, Denis também caminhou em direção à nova *Super*, contribuindo muito com a revista. Denis havia nascido profissionalmente na *Super*. Havia nascido *para* a *Super*. Enquanto, para mim, a *Super* era uma menina linda que conheci ao acaso, e que namorei apaixonadamente, é possível que a *Super* fosse a mulher da vida de Denis, o grande amor da sua carreira.

Durante bom tempo, Denis ocupou diante de mim uma posição de resistência. Diante da redação, no entanto, passava a expressar confiança, quando não entusiasmo, com os novos tempos. Anos depois, Denis me diria que de fato, durante certo período, se dedicou a me antagonizar, oferecendo um anteparo à minha chegada e à minha influência. E que às vezes se sentia traindo a memória da *Super*, ao se aproximar de mim e do direcionamento que eu trazia para a revista. Denis me disse: "existia entre nós uma tensão produtiva, que fez bem à *Super*". Concordo. Nunca exigi que Denis se tornasse um *yesman*. E nem ele, ainda bem, na ponta oposta, se encapsulou numa atitude insurgente.

Precipitei esse armistício. Em determinado momento, desgostoso com as distâncias em nossa relação, chamei Denis para um café. Lembrei do que havia vivido com Fernando Schiavo e busquei outro caminho – o de falarmos abertamente sobre a situação em que nos encontrávamos. Disse que aquele era o meu termo à frente da *Super*, que eu tinha um projeto para a revista, e que eu contava com ele e com suas contribuições para levá-lo adiante, até o fim do meu mandato. Disse que gostaria de oficializá-lo como meu sucessor, tanto para o time quanto para a empresa – desde que ele não se sentisse incomodado por não ter sucedido o meu antecessor e aceitasse minha presença em sua vida.

Assim negociamos um equilíbrio mutuamente proveitoso e criamos uma relação de confiança na torre de comando da *Super*, suficiente para que aquela *pax* se mantivesse ao longo de anos. O que foi fundamental para que trabalhássemos num clima de harmonia e camaradagem. Se não tivéssemos estabelecido essa frequência entre nós, ela não teria se espalhado pelo resto do time, como felizmente aconteceu. E se Denis tivesse saído, a *Super* certamente não teria sido tudo o que foi.

Com Denis oficializado como meu segundo, a *Super* voltava a ter um redator-chefe – com funções renovadas. A *Super* começava a crescer para o que chamamos a princípio de "Família Super" – e que depois veio a se consolidar como "Grupo Super". A *Super* não era mais uma publicação com uma redação – mas uma marca ao redor da qual uma constelação de novos talentos e novos negócios começava a se formar, incluindo outras marcas nascidas do ventre da "nave mãe", como a chamávamos.

Denis passou a cuidar mais especificamente da *Super* – a revista, nosso negócio principal –, enquanto eu passei a gerir a expansão do "Grupo Super". A *Super* não era oficialmente uma unidade de negócios – mas nós passamos a nos comportar como uma. Eu ainda não era um publisher – mas passei a agir como se fosse. Denis ainda não era um diretor de Redação – mas passou a atuar como um.

Alguns dos casos mais bacanas de promoção que conheci na vida aconteceram assim – o sujeito *se* promove, começa a atuar e a gerar resultados num outro patamar, sem esperar solicitação nem permissão para fazê-lo, até que a empresa não tem alternativa senão reconhecer o seu crescimento profissional e oficializar na carteira de trabalho e no holerite aquilo que ele já faz. Trata-se de coletar os louros por um salto realizado – e não de obter uma autorização para saltar.

(Nem sempre essa estratégia dá certo. Há muita empresa que prefere a previsibilidade morna de um profissional mediano a ter de lidar com o empuxo quântico trazido por um profissional de ponta. Mas é a típica situação em que, mesmo quando a coisa dá errado, ela dá certo – porque você fez aquilo que tinha de fazer. Aí ou a empresa comemora aquela irrupção de talento – ou a trata como *insubordinação*. Nesse caso, fica claro que aquele não era mesmo o lugar para aquele profissional estar. E ele antecipa uma bem-vinda troca de ares.)

Ter que demitir alguém é o momento mais duro na vida de um executivo. Essa é uma frase que ouvi de Paulo algumas vezes e cuja veracidade pude comprovar na prática. É ruim, evidentemente, quando é você quem perde o emprego. Mas é péssimo também quando é você que tem de mandar embora.

Flávio Dieguez tinha 50 anos em 2001 e estava na *Super* desde o início da revista – na verdade, fizera parte da equipe da *Ciência Ilustrada*, uma espécie de antecessora da *Super*. Um dos maiores jornalistas científicos do Brasil, Dieguez era o autor da nossa primeira capa, "A Revolução dos Supercondutores", de outubro de 1987. (Um jovem repórter contava que a primeira coisa que fizera ao ser contratado pela *Super* tinha sido trazer o seu exemplar daquela edição histórica para Dieguez, seu ídolo, autografar.) Como você demite um cara assim – que além de tudo é um tremendo boa-praça?

(Dieguez era um cara tão querido pelo time, que, ao acender um de seus cigarros na redação, um hábito já proscrito naqueles primeiros anos do século XXI, a turma, em vez de enxotá-lo, limitava-se a posicionar um ventilador em sua baia, na esperança de que a fumaça fosse empurrada para fora do ambiente. Dieguez quase sempre sugeria pautas que alertavam para os males causados pelo cigarro, o que me levou a registrá-lo certa vez, numa "Carta ao Leitor", como o "único fumante antitabagista do mundo".)

As matérias de *hard science* perdiam espaço na revista. Dieguez tinha nessa especialidade a sua maior força – e, ao mesmo tempo, naquele momento da revista, sua maior fragilidade. (Embora tivesse, entre nós, um dos espíritos mais jovens e uma das mentes mais abertas ao novo, ao benefício da dúvida e ao exercício da curiosidade intelectual.) Já havíamos descontinuado algumas seções nessa linha, como "Mapa do Céu", dedicada à Astronomia, e a coluna "2 + 2", dedicada à Matemática, assinada pelo professor Luiz Barco (que um dia veio à redação, entrou em minha sala e expressou de modo, digamos, pouco sutil seu desagrado pelo fim da coluna).

Dieguez tinha um ritmo próprio, que destoava um pouco da velocidade que estávamos imprimindo à revista. Ao mesmo tempo, começávamos a viver uma fase de forte contenção de despesas, capitaneada pelo novo presidente da Editora Abril, Maurizio Mauro, em decorrência do endividamento da empresa. Cortes de custo eram necessários. Então tive que dar essa péssima notícia a Dieguez – um profissional que talvez pudesse ter ficado e contribuído muito conosco. (O desligamento de Dieguez é possivelmente o meu maior arrependimento, entre tudo que fiz à frente da *Super*.)

Descemos para um café num fim de tarde. Dieguez já tinha entendido o que eu estava ali para lhe dizer. E eu simplesmente não conseguia expressar aquilo de modo direto. Demorei um pouco até lhe revelar a dureza das palavras que havia trazido na boca. Um vento frio de outono castigava a praça interna da Abril onde estávamos sentados. O sol ia embora, as pessoas também. Restávamos nós e as sombras. Ambos tremíamos um pouco. Não era só a noite que caía gélida. Era também respeito, remorso, embaraço. E medo, choque, raiva.

Na "República dos Editores", o processo ia ficando cada vez mais horizontal, descentralizado e efervescente do ponto de vista criativo. Ninguém perdeu autonomia com a oficialização de Denis como o capitão do time – eu é que subi um andar, abrindo mais espaço para a atuação de todos.

Passaram por aquela távola redonda cavaleiros e damas de garbo como José Augusto Lemos, Rodrigo Vergara, Leandro Sarmatz, Ivan Finotti, Celso de Miranda, Rafael Kenski, Mafê Vomero, Marcos Nogueira e Rodrigo Cavalcante – um alagoano arretado, "homem de letras que também é autor dos vitupérios mais engraçados que ecoam pela redação (xingamentos em sotaque nordestino ficam tão mais divertidos!)", como escrevi numa "Carta ao Leitor".

Cavalca chegou à *Super* em agosto de 2000, tendo feito o Curso Abril de Jornalismo e passado pela *Veja* e pela *Você S.A*. Ele se vestia e se comportava de modo mais "sério" do que os demais editores, o que lhe fazia parecer mais velho do que realmente era. Imagem que ele virava pelo avesso quando, numa discussão, depois de ouvir com pompa e circunstância o arrazoado do interlocutor, fazia emergir uma tirada curta, politicamente incorreta, vinda direto do Brasil profundo. Com essas referências retiradas dos anais dos sertões, em geral lacrava a conversa, causando incontinências de riso ao redor. Cavalca estudava Administração Pública (talvez sonhasse em ajudar a consertar o país, por meio da gestão) e nos deixou em setembro de 2003 – voltou a Maceió, para dirigir um jornal.

Marcos Nogueira era um cara afiado. Às vezes, parava no meio de uma frase, congelava o sorriso e fincava os olhos verdes e vivazes no interlocutor, à espera de que o outro compreendesse o resto da piada e caísse na gargalhada. Marcão tinha um espírito subversivo – que subvertia, acima de tudo, o sentido das coisas, de modo a melhor rir delas. Em paralelo, era um cara respeitoso. Tinha um olhar (auto)irônico – de efeito ácido – sobre tudo. Mas era um falso cínico. Marcão se importava. Às vezes até demais, a ponto de precisar fazer força para manter a própria ansiedade num patamar aceitável, diante de uma determinada expectativa a seu respeito, e não "panicar", expressão que ele de vez em quando usava, jocosamente, em relação a si mesmo. O senso crítico de Marcão estava sempre ligado no máximo, tanto para contestar, coisa que ele sabia fazer bem, quanto para se proteger de ser engrupido – uma preocupação com o risco de estar sendo ingênuo que só gente boa tem. Marcão era dono de um texto elegante, elaborado, sonoro, com andamento envolvente e palavras tão bem colocadas quanto os cacos, os *easter eggs*, que ele ia espalhando pelos parágrafos, para que fossem capturados pelos bons entendedores. Com suas mãos grandes, de dedos largos, Marcão era também um falso bruto – porque se tratava de um cara sensível, de fino trato, que aprendera a esconder a própria delicadeza, aqui e ali, com a pele mais grossa que a vida às vezes fornece para a gente.

Apresentei Marcão assim, numa "Carta ao Leitor" de 2003, quando ele foi contratado: "Dono de uma voz de tom baixo profundo que faz balançar o teto da redação, [Marcão] vai colocar todo seu humor e seu rigor a serviço da *Super*." Marcão fez exatamente isso até 2008, quando se mudou para a *VIP*. (Da mesma forma como fiz com Barbara Soalheiro, Celso de Miranda e Alexandre Oltramari, então repórter investigativo, de política, do escritório da *Veja* em Brasília, apresentei Marcão à TV Globo e tentei levá-lo para o *Fantástico* em minha passagem como chefe de Redação do programa, em 2007. Não deu certo, como tantos outros planos, naquela curta temporada carioca – conforme relato em *Treze meses dentro da TV – Uma aventura corporativa exemplar*, de 2017, outro episódio dessa Trilogia.) Marcão deixou a Abril em 2013. Tornou-se um escritor especializado em gastronomia e empreendeu com a plataforma *Cozinha Bruta*.

Em seguida, chegariam Barbara Soalheiro e Sergio Gwercman, pinçados por Denis do Curso Abril de Jornalismo de 2003 – onde se conheceram e se apaixonaram. Sergio foi efetivado na *Super* em fevereiro de 2004. Em 2007, Denis, então diretor de Redação da revista, promoveu Sergio a redator-chefe. Em agosto de 2007, quando Denis deixou a Abril para estudar um ano na Universidade de Stanford, na Califórnia, Sergio assumiu interinamente a *Super*.

No fim de 2008, Brenda Fucuta, então diretora do Núcleo "Jovem", efetivou Sergio como diretor de Redação da revista. Em dezembro de 2012, Sergio assumiu a direção de Redação da revista *Alfa* – sendo substituído na *Super* por Denis, de volta à Abril. A *Alfa* foi fechada em agosto de 2013. Sergio então assumiu a direção de Redação da *Quatro Rodas*. Em março de 2016, virou diretor editorial da Unidade "Estilo de Vida", ficando responsável pelas marcas *Saúde, Quatro Rodas, Super, Mundo Estranho, Viagem e Turismo, VIP, National Geographic* e *Guia do Estudante*. Em outubro de 2016, Sergio ganhou a *Placar* – e, em novembro, perdeu a *National Geographic*, título que saiu da Abril. Em dezembro de 2017, Sergio assumiu a direção do Estúdio ABC (Abril Brand Content), até deixar a empresa em abril de 2018.

Um dia, numa das poucas vezes em que fui à Abril depois de ter deixado a empresa, cruzei com Sergio à saída de um elevador. Ele já tinha uma porção de responsabilidades e me disse, ao passar por mim, que, com frequência, diante de alguns impasses, se perguntava: *"What would Adriano do?"* ("O que Adriano faria?") Além de um brutal exagero e de uma autoirônica desconsideração de Sergio com a sua própria potência, esse foi um dos maiores elogios que recebi na carreira.

A *Super* foi lançada em 1987 por Almyr Gajardoni, que a dirigiu até 1994. Entre 1994 e 1998, foi dirigida por Eugênio Bucci. André Singer a dirigiu entre 1998 e 2000. Eu a dirigi entre 2000 e 2004. Denis Russo Burgierman, entre 2005 e 2007. Sergio Gwercman, entre 2007 e 2012. Denis a reassumiu entre 2012 e 2016. E Alexandre Versignassi conduz a *Super* desde 2016.

Quando assumi a *Super*, ela não tinha um slogan. Na primeira edição sob minha responsabilidade, em agosto de 2000, com a capa "Memória – Como funciona. Como melhorar. O que as novas pes-

quisas revelam. E mais: ...er, esquecemos!", adotamos "Quem lê, é".
(Pier Luigi Cabra, nosso revisor, precocemente morto em maio de 2003, me explicou que, a rigor, não se poderia colocar uma vírgula entre o sujeito e o verbo. Mas que, nesse caso, a vírgula demarcaria uma ênfase, na referência à *Superinteressante*, o elemento que não estava na frase, o que nos permitiria usá-la.) E assim fomos até junho de 2003.

De julho a dezembro de 2003, demos vazão à euforia e saímos com um novo slogan – "A melhor revista do Brasil" – que quase não cabia na capa, muito menos em nossa cultivada modéstia. Refeitos do surto de amor-próprio (era a mais pura verdade, mas não precisávamos esfregar isso na cara dos outros), entre janeiro e maio de 2004, voltamos ao "Quem lê, é". De junho de 2004 a maio de 2005, adotamos "Saber é Super". De junho de 2005 a setembro de 2007, a *Super* saiu com "Essencial" pincelado abaixo do logo. E desde então a *Super* não precisou mais de um slogan que a definisse.

Quando cheguei à *Super*, em julho de 2000, a equipe tinha 24 pessoas. E sofria com retrabalho, idas e vindas nas tomadas de decisão e, por consequência, fechamentos exasperantes e madrugadas em claro. Entramos 2002 com quatorze profissionais fixos. E, incrivelmente, trabalhando *menos*. Ou, quem sabe, *melhor*, com uma rotina de trabalho mais saudável, a reboque de um processo mais racional e escorreito. A revista *VIP*, um *benchmark* interno que Paulo fazia questão de lembrar sempre, fechava todo mês um número de páginas semelhante ao nosso com apenas treze profissionais na redação.

(O detalhe, sempre bem lembrado pela redação da *Super*, é que boa parte do conteúdo da *VIP* era subjetivo, costurado internamente, enquanto a maior parte do conteúdo da *Super* requeria apuração intensiva, demandava centenas de páginas de leitura e várias horas de entrevista. Ou seja: o nosso caminho para a eficiência era um pouco mais espinhoso.)

Os fechamentos excruciantes tinham a ver com ineficácias no processo. Mas havia outros fatores. Uns cultivavam uma ideia de resistência proletária ao flagelo imposto pelo ritmo industrial que os oprimia. Outros, uma visão romântica do martírio do artista diante da necessidade de finalizar sua obra. Outros, ainda, capitulavam faceiramente à mística do jornalismo boêmio e seu panteão de excessos. Sem falar em cacoetes individuais como leniência e procrastinação.

Dizia-se que, nos tempos áureos da *Veja*, nos anos 1970 e 1980, Guzzo e Elio Gaspari (que teria, certa feita, precisamente numa madrugada de fechamento, escrito uma matéria de capa, parágrafo a parágrafo, de trás para frente, do fim do texto até o seu começo), revista baixada à gráfica e máquinas de escrever silenciadas, saíam para cear com seus diretos já na manhã do dia seguinte – e não raro traçavam uma galinha à cabidela, ou um leitão à pururuca, às 7 da manhã, refeição naturalmente antecedida, e acompanhada, por alguns drinques, porque, afinal, ninguém é de ferro.

Esse tipo de maratona nunca me seduziu. Então acabei contribuindo, ao preservar a *minha* qualidade de vida, com a qualidade de vida das pessoas que trabalhavam comigo. De um lado, ficamos mais produtivos. De outro, jamais exigi ou estimulei demonstrações de autoflagelo – um tipo de oferenda comumente demandado nas redações. Sobretudo, creio ter feito a coisa mais importante para que o festim macabro não se estabelecesse entre nós: nunca participei dele. Eu fazia questão de terminar meu trabalho e ir embora. E fazia questão de que as pessoas fizessem o mesmo – respeitando, claro, o estilo e as manias de cada um.

Eu disse que, quando cheguei à *Super,* havia duas secretárias. Trata-se de uma imprecisão. Giselda Gala, embora assessorasse o diretor de Redação, era coordenadora administrativa – e gostava de sublinhar isso, com toda razão. Gi cuidava do fluxo de pagamentos da redação. Quem tinha o cargo de secretária era Zizi Damasco, que trabalhava como uma espécie de auxiliar de Gi. Em seguida, Zizi nos deixaria. E Gi unificaria as funções, sendo mais tarde escudada por um estagiário, quando passamos a ter mais de uma redação para ela coordenar.

O "Grupo Super" se expandiria para mais de 150 colaboradores, em 2004, organizados em mais de uma dezena de Redações ou unidades desenvolvendo projetos em paralelo. Se 2000 foi o ano da chegada, das reformas editorial e gráfica, e da adaptação às novas diretrizes, 2001 foi o ano da consolidação das mudanças e dos ajustes no time, nos processos e em nossas premissas. (Já em 2001, a *Super* ganhou o Prêmio Abril de Jornalismo, como a "Revista do Ano", dividindo o troféu com a *Boa Forma*.)

Assim, construímos as condições para que, entre 2002 e 2004, vivêssemos um triênio mágico, uma época de ouro, em que tudo dava certo. São raros os momentos ao longo da carreira em que os planetas se alinham daquele jeito – os talentos certos, lidando com as marcas certas, com as condições de trabalho certas. A maioria das pessoas passa a carreira inteira sem experimentar essa sensação de felicidade.

Paulo um dia me disse que eu aproveitasse bem aquele momento de realização profissional, porque não duraria para sempre. Ele tinha vivido poucas situações como aquela na carreira. O suficiente para constatar que, de repente, a magia se desfaz. É curioso como não temos controle sobre quando o clique acontece – podemos apenas criar as melhores condições possíveis para que ele ocorra. E também não controlamos o momento em que ele desaparece – como aquelas nuvens no céu que formam imagens encantadoras que, no segundo seguinte, já não estão lá.

No caso da *Super*, o encanto durou bastante – 36 meses ininterruptos de alegria. Tudo começou na própria *Super*, com as capas que começaram a mudar a percepção dos leitores e do mercado publicitário a respeito da revista. Depois fomos expandindo aquele jeito de fazer as coisas para outros produtos. Cada êxito construía as condições para que buscássemos o próximo. Fizemos tudo de modo bastante guerrilheiro. Não tivemos nem dinheiro nem apoio da corporação. Nossos lançamentos aconteciam à francesa, não entrávamos num novo negócio alavancados, devendo dinheiro aos acionistas e tendo de correr loucamente para atingir o *break-even* da operação (momento em que você passa, finalmente, a ganhar mais do que gasta). Agíamos com espírito de *startup* (anos antes de esse termo entrar em voga) e não como uma unidade de grande empresa.

(A Abril organizaria, na gestão de Jairo Mendes Leal, o Capex – abreviatura de *"Capital Expenditure"*, ou "Gastos de Capital" – um comitê para centralizar e organizar os investimentos da editora, priorizando projetos de modo a concentrar os escassos recursos disponíveis em frentes estratégicas para a empresa. O Capex operou na Abril entre 2007 e 2013, mas já funcionava antes disso, na direção-geral de Jairo, entre 2004 e 2006, como uma resposta ao pedido do então presidente, Maurizio Mauro, de enxergar separadamente, nas reuniões de aprovação de orçamento, o que eram os projetos em curso – o Opex, abreviatura de *"Operational Expenditure"*, ou "Gastos Operacionais" – e o que eram as novas ações propostas. O "Grupo Super" sempre operou abaixo desse radar, fazendo novos negócios brotarem ao rés do chão, na unha, para só depois apresentá-los à corporação.)

Como vivíamos dos próprios resultados, nossos produtos tinham que se provar rapidamente. Não tínhamos fôlego. Nem financeiro nem político. Na verdade, fizemos a maioria das coisas *contra* o desejo da empresa (ou sem ela saber). A Abril nos oferecia como ajuda apenas alguma tolerância com nosso ímpeto empreendedor, nem que fosse virando o rosto para o outro lado e fingindo não ver o que estávamos fazendo. (Não éramos *samurai*, capitães que se sentavam à mesa com o *shogun*. Éramos *ronin*, guerreiros desgarrados, com quem o senhor feudal sabia que podia contar, mas que viviam no mato e gostavam dessa independência.)

Paulo Nogueira foi fundamental na construção desse jeito de pensar e de fazer as coisas. Ele estava imbuído, desde janeiro de 2000, como diretor editorial da UO "Masculinas" e, depois, ainda mais, a partir de maio de 2001, como diretor superintendente da UN "Turismo & Tecnologia", de mostrar tudo o que sabia fazer, tanto na frente editorial quanto na frente de negócios, e de imprimir uma marca que pudesse levá-lo a ser considerado pela Editora Abril para voos ainda mais altos.

Paulo tivera seu nome indicado por José Roberto Guzzo e apoiado por Thomaz Souto Corrêa para suceder Mario Sergio Conti na direção de Redação da *Veja*, na virada de 1997 para 1998 – e tinha sido preterido por Roberto Civita, que escolheu Tales Alvarenga para o cargo. Paulo trabalhara na *Veja* de 1980 a 1985. Depois, até 1989, editara a "Vejinha". E nutria o desejo de um dia dirigir a maior revista do país – a sua *alma mater*.

Ao lado desse sonho, Paulo começou a se preparar para competir pela sucessão de Maurizio Mauro, que assumiu a Presidência da Abril em outubro de 2001. Maurizio era consultor, tinha um mandato com foco específico em tornar a Abril mais eficiente e rentável e em tirá-la do lodaçal financeiro em que se metera, e parecia lógico que, em algum momento essa fase dedicada ao saneamento e ao incremento da produtividade, fosse se encerrar, abrindo espaço para a volta ao comando da editora de uma liderança oriunda da indústria da mídia, que pudesse fazer a empresa voltar a crescer. Tanto melhor, se esse novo líder tivesse genes de revisteiro. Ainda melhor, se fosse oriundo da própria Abril. E muito melhor se viesse, por que não?, do lado editorial. (Vivíamos ali o momento em que os jornalistas começavam a assumir funções negociais na empresa.)

A aposta de Paulo é que Roberto Civita não desejasse voltar a presidir a empresa e tocar o dia a dia do negócio, depois da saída de Maurizio, preferindo permanecer à frente do Conselho Editorial da Editora e do Conselho de Administração do Grupo Abril. E que Roberto desistisse de tentar trazer executivos de fora da indústria, em geral com dificuldade para compreender as nuanças do mercado editorial e estranhos à "arte de fazer revistas". E também que Roberto desistisse de transformar seus filhos, Giancarlo Civita, o Gianca, e Victor Civita Neto, o Titti, em executivos capazes de liderar a empresa. A aposta de Paulo, portanto, dependia de vários fatores sobre os quais ele não tinha controle.

Paulo buscava provar que não era apenas um grande editor – mas que tinha condições de se tornar também um grande executivo. Por isso, seus resultados como diretor superintendente, à frente da UN "Turismo & Tecnologia", a primeira cadeira em que ele ficava diretamente responsável pelo negócio, eram tão importantes. Foi nesse momento que Paulo começou a fazer *coaching*, aconselhado pelo vice-presidente de Recursos Humanos, José Wilson Armani Paschoal, de modo a mitigar sua imagem de executivo de difícil trato. Paulo queria provar que era tão bom em gerar bons resultados financeiros quanto em gerar bom conteúdo e que estava maduro, em termos comportamentais, para assumir o posto de principal executivo da casa, reportando-se diretamente ao patrão e liderando seus pares. O próprio Maurizio Mauro teria, em algum momento, apoiado esse plano de voo de Paulo.

O estilo de gestão de Paulo, de fazer mais com menos, de ser agressivo na expansão dos negócios e frugal com as despesas, iniciado ainda antes da gestão de Maurizio, acabou se tornando a concretização mais bem-sucedida daquilo que o novo presidente pregava para a empresa. O sucesso editorial e de negócios dos títulos sob a direção de Paulo – *Superinteressante*, *Quatro Rodas*, *VIP*, *Viagem e Turismo*, entre outros – mostrava, na prática, para quem quisesse ver, que era possível crescer e ganhar dinheiro, fazendo bom conteúdo, mesmo naqueles anos de aperto. O que tornava cada vez mais concebível a ideia, ao menos aos olhos do próprio Paulo, de que ele estivesse se credenciando, ao seu modo, por meio da geração de resultados (e com o bônus extra – e raro, no seu caso – de estar alinhado com a visão de negócios do presidente), para disputar lá na frente a cadeira de principal executivo da empresa.

Paulo e Maurizio eram muito diferentes entre si e, até onde sei, jamais formalizaram um pacto. Ainda assim, para Maurizio, inevitavelmente um estrangeiro na Abril, Paulo representou uma conexão com a mais arisca e influente das espécies ao redor – os jornalistas. E, para Paulo, que nunca deixou de ser, aos olhos da corporação, um estranho no ninho, Maurizio talvez representasse uma conexão com aquela que lhe era a mais distante e gélida de todas regiões do Planeta Abril – a Alta Direção.

Os Anos Maurizio Mauro, entre 2001 e 2006, ao mesmo tempo que salvaram a Abril da bancarrota, incomodaram muita gente. O rigor na gestão de custos nunca fez parte do DNA da empresa. Nem a cobrança direta e frontal por resultados. Maurizio representava uma dieta indigesta à qual a empresa precisava se submeter, sob risco de morte. Paulo, ao comprovar, na prática, com suas realizações, as teses de Maurizio, de que aquele era o caminho, e ao mostrar que aquele regime não era incompatível com bons produtos editoriais, e que aquela reeducação alimentar deveria durar não por certo período, mas se transformar num novo estilo de vida para a Editora, causava urticária na alma da empresa.

Eis o tabuleiro sobre o qual passamos a atuar. Daí o enorme espaço que Paulo abriu para o empreendedorismo em sua unidade de negócios. Ele vinha de uma cultura realizadora, forjada no Grupo Exame sob a direção de Guzzo, e agora estava disposto a acelerar em seu voo solo. Paulo queria ocupar espaço nas bancas.

Nos instou a sermos mais agressivos em preço. A sermos severos na gestão dos gastos. E encontrou na *Super* talvez a melhor ressonância, entre todos os outros títulos e times que geria, para que aquela sua exortação ao crescimento dos negócios, à expansão dos portfólios, à criatividade, à ousadia editorial e à agressividade comercial – linhas de ação que ele amarrava sob o conceito de "expansão de marca" – virasse realidade.

Era também a hora de Paulo se provar sem Guzzo. Sobretudo, sem a proteção que Guzzo oferecia ao trabalho de seus executivos no Grupo Exame. Paulo tinha agora que enfrentar a Editora Abril sem nenhum anteparo. E prover, ele próprio, guarida a seus diretos. (Ele conseguiu nos oferecer uma blindagem eficaz, que permitiu que andássemos numa velocidade muito maior do que aquela permitida oficialmente pela empresa.)

Na sequência da virada editorial da *Super*, e dos resultados que a revista passou a apresentar, começamos a apostar em edições especiais. A Editora OnLine, fundada por Paulo Houch em 1995, tinha poucos títulos de linha, não tinha nenhuma marca forte, mas inundava as bancas todos os meses com lançamentos que podiam variar de um guia de culinária a um caderno de passatempos a uma revista de artes marciais – muitos deles no formato DVD.

Esse dinamismo empreendedor e essa agressividade comercial agradavam a Paulo. Quando um argumento mais conservador se apresentava, ponderando, por exemplo, que já havia, naquele momento, mais de dois mil itens à venda, em média, numa banca de jornal, e que, portanto, não havia espaço para expansão, Paulo perguntava se devíamos então deixar as prateleiras à disposição do crescimento da concorrência. O olhar arguto de Paulo para os *benchmarks* (fossem eles oriundos da Time Inc., em Nova York, ou da Editora OnLine, em Barueri), e seu destemor para agir diante dos movimentos e das oportunidades de mercado, nos indicavam o caminho a seguir.

Na *Super*, começamos planejando seis edições especiais ao ano. Cada uma enfocando um grande tema, como se fosse uma matéria de capa trabalhada em 64 páginas. Em seguida, tive a ideia de tomar "Superintrigante", nossa seção de "perguntas instigantes e respostas surpreendentes", e produzir uma revista inteira a partir daquele conteúdo rápido e divertido, cheia de curiosidades e em formato de *quiz*.

Foi um sucesso. E um sucesso escalável, que podia ser reproduzido todo mês – a oferta de dúvidas a serem respondidas em tom de "você sabia?" era interminável. A *Super* era uma pizza com vários sabores. A ideia era pegar um dos sabores mais apreciados pelos leitores e construir uma pizza inteirinha só com ele.

Nascia assim a *Mundo Estranho*, lançada como especial da *Super* – "O Melhor de Superintrigante" – em agosto de 2001. A chamada de capa prometia: "Mistérios históricos, revoluções tecnológicas, assombros científicos, maravilhas da natureza. As perguntas mais curiosas – e as respostas mais surpreendentes – em quatorze anos de *Super*."

(Ah, o gostoso exercício de escrever linhas finas, encadeando substantivos e adjetivos numa frase forte, destinada a enganchar o maior número de interesses possível, a um só tempo explicando o conteúdo contido ali dentro e gerando o máximo de curiosidade e de desejo no leitor, num texto sucinto, cheio de ritmo e sonoridade... José Augusto Lemos, justamente o primeiro editor da *Mundo Estranho*, era um mestre nessa arte.)

Aquele formato, com textos curtos e certeiros, cravados em páginas multicoloridas, com um apelo visual mais pop e mais *teen* do que a *Super*, já nasceu com identidade própria. O nome *Mundo Estranho* veio de uma seção de notas divertidas e bizarras que Maria Luisa Mendes, editora da *Exame*, produziu em determinado momento para a *VIP*, a partir de uma seção da *Maxim, lad maga-*

zine inglesa, chamada "Strange World". A seção não durou muito na *VIP* – mas eu achava aquele nome suficientemente *estranho*, e bem sacado, para apresentar uma revista que, afinal, se propunha a dichavar todas as falsas obviedades que se colocam diante do nosso nariz e que não conseguimos entender, muito menos explicar, facilmente: "Qual é o peso da Terra?", "Por que a luz elétrica atrai insetos voadores?", "Como funciona o controle remoto?", "Por que sentimos cócegas?", "Quais foram os piores atletas da história dos Jogos Olímpicos?" – algumas das 131 perguntas reunidas na primeira edição da *Mundo Estranho*.

Em dezembro de 2001, lançamos "Mundo Estranho 2 – O melhor de Superintrigante". E, em abril de 2002, em sua terceira edição, a *Mundo Estranho* já aparecia como um logotipo à testa da capa (e não mais escrito em texto, como uma chamada), com direito a um slogan como complemento de marca – "Mil e uma curiosidades", um trocadilho que fiz com a famosa assinatura de Bombril. A *Mundo Estranho* ganhava cara de revista de linha. Começávamos ali também a produzir conteúdo original para o título, deixando de publicar "o melhor de Superintrigante" – seção da *Super* que continuou sendo produzida normalmente.

A Abril não sabia disso – embora eu o tenha anunciado na "Carta ao Leitor" da *Super* –, mas, a partir daquela terceira edição, mensalizamos a *Mundo Estranho*. Só que ainda como uma edição especial da *Super*: havia um selo "Superinteressante Especial" na capa – para não termos que nos explicar muito à corporação naquele estágio ainda inicial do projeto. Queríamos primeiro construir um case de sucesso, para só depois oficializá-lo junto à empresa.

A estratégia deu certo – em setembro de 2002, na edição de aniversário de 15 anos da *Super*, Roberto Civita assinou a "Carta ao Leitor" posando, nas palavras do próprio RC, com "a *Super*, adolescente, e seu bem-sucedido rebento: a *Mundo Estranho*". (Na foto, inclusive, Roberto colocou a *Mundo Estranho* à frente da *Super*, deixando entrever da revista-mãe apenas o logotipo. É que ele tinha em mãos a última edição das duas revistas, e a da *Super* trazia a capa "Maconha", com uma imensa folha de cannabis estouradona sobre a linha fina: "Por que é proibida? O que aconteceria se fosse legalizada? Faz mal à saúde?" Não dava para ver nada disso – a *Mundo Estranho* cobria toda aquela informação e salvava Roberto de ser clicado empunhando aquela tremenda ganja.) Para a *Mundo Estranho*, aquela foto no colo do patrão foi como um carimbo no passaporte – a revista ganhava o direito de existir.

O selo "Superinteressante Especial" foi substituído na capa da *Mundo Estranho*, na edição 13, de março de 2003, pelo selo "Superinteressante apresenta" – dando mais autonomia ao título em relação à revista-mãe. Esse selo foi aposentado no número 20, em outubro de 2003, sacramentando a *Mundo Estranho* como uma revista independente.

Em seguida, a *Mundo Estranho* passaria a vender assinaturas. Pronto. Fincávamos a bandeira da nova revista na outra margem do rio. Ponto de não retorno. Filhote bem-nascido – e devidamente registrado em cartório. O primeiro *spin-off* da *Super*. Barquinho estabelecido, agora era remar.

A capa da *Mundo Estranho* nasceu como um mosaico, estampando as perguntas mais instigantes da edição. A partir da edição 39, de maio de 2005, a revista passou a ter uma matéria de capa mais taluda, com um número de páginas maior do que os demais conteúdos da edição – geralmente uma reportagem transversal sobre um tema curioso, ou uma grande lista dissecando um determinado assunto –, e passou a privilegiar essa matéria como item principal da capa, seguida de algumas chamadas auxiliares.

Na edição seguinte, a *Mundo Estranho* estreou novo projeto gráfico – declarando de vez sua independência da *Super*, inclusive em termos visuais – e trocou o slogan "Mil e uma curiosidades", por uma nova *tagline* – "Para quem é louco por curiosidades" – que perdurou até a edição 135, de janeiro de 2013. A partir daí, a revista deixou de ter slogan.

O primeiro time da *Mundo Estranho* tinha José Augusto Lemos como editor e Nika Santos e Henrique Möller na Arte. Em seguida, Fabio Volpe chegaria para ser editor-assistente, e Alessandra Kalko assumiria a Arte, com Juliana Vidigal. Luiz Iria, nosso editor de Infografia, também passaria a atuar muito próximo da *Mundo Estranho*.

No início de 2003, Zé Augusto deixou a Abril. Mudou-se para o Acre, para seguir, na Amazônia, sua busca espiritual. Zé havia dirigido a mítica *Bizz* no fim dos anos 1980, além da revista *Set*, sobre cinema. Zé, naqueles anos da *Super*, não gostava muito de ser chamado de "Scott", apelido que trouxera dos anos em que havia morado na Escócia, na adolescência, e que o marcou como um dos mais proeminentes jornalistas de música brasileiros e também como um personagem daquele circuito de rock paulistano oitentista que começava no Rose Bombom e no Madame Satã, e ia até o Aeroanta e o Radar Tantã, passando pelo Dama Xoc e pelo Napalm.

Ali, no início dos anos 2000, Zé estava em outra. Aquele passado de glórias era uma roupa que não lhe servia mais. Aliás, vestia-se de modo espartano. Estava mais interessado em *ser* do que em ter ou parecer. Continuava sendo um editor afiado, com senso de humor ferino, sempre com uma gargalhada contagiante pronta para eclodir no ambiente. Escrevi, em março de 2003, uma "Carta ao Leitor" intitulada "Volte sempre, Zé":

"Nos anos 1970, adolescente, ele estava na Grã-Bretanha assistindo aos primeiros shows de David Bowie e Roxy Music. Nos 1980, de volta ao Brasil, dirigiu a lendária revista *Bizz*, de música e cultura pop, que marcou uma geração inteira. Frequentava de terça a domingo a frenética noite de São Paulo. Atraía gente para os lugares com a sua simples presença. E, mais do que testemunha ocular, ele foi partícipe da explosão do rock nacional – era o líder da banda Chance, que atacava no underground paulistano.

"Se você está impressionado com esse currículo, espere até saber de todas as celebridades que ele namorou. Não vou citar os nomes para não parecer que elas são troféus em sua parede. Não são. Estamos falando de um fauno sensível, de um príapo delicado, de um Don Juan cheio de escrúpulos. Estamos, enfim, falando de Scott. Ou José Augusto Lemos. Ou, simplesmente, Zé.

"Aos 44 anos, há três como editor especial da *Super*, Zé é um ídolo para muitos colegas na redação. E não só pelo seu admirável e irritante cartel de lutas e vitórias. Zé é uma espécie de lenda-viva do Jornalismo e da cena pop brasileira. Na *Super*, ele editou tão bem a seção 'Superintrigante' (...) que só nos restou dar-lhe a missão de trazer à luz a *Mundo Estranho*, o primeiro filhote da *Super*, a revista mensal das mil e uma curiosidades.

"Zé está nos deixando. (...) Fiz tudo que pude para impedi-lo. Mas não deu jeito. (O consolo é que ele continuará escrevendo matérias para a *Super*, notas para a *Mundo Estranho* e livros para a coleção "Para Saber Mais".) De todo modo, sentiremos muita falta do seu excepcional talento para a edição. Aprendemos muito com seus títulos inspirados, com as legendas bem urdidas, com os textos enxutos e altamente informativos. Pelas mãos artesanais do Zé, a *Mundo Estranho* se tornou a revista com a maior taxa de conhecimento por centímetro quadrado da imprensa mundial. Por todas as alegrias que você deu aos nossos leitores, Zé, receba a minha eterna gratidão. E volte sempre!"

Fabio Volpe sucedeu José Augusto Lemos à frente da *Mundo Estranho*. Volpe sabia rir das coisas – mas era muito sério à frente do trabalho. Volpe tinha grande senso de responsabilidade, era um daqueles caras a quem você podia delegar o que quer que fosse e ir para casa tranquilo: ele resolveria, e bem, a parada. Era objetivo, tinha clareza mental, pensamento lógico e optava pelos caminhos mais curtos, o que simplificava as coisas.

Volpe era um grande resolvedor de problemas – e da melhor estirpe: aqueles caras que solucionam os impasses *antes* que eles aconteçam ou se tornem por demais complexos. Volpe aliava sua capacidade editorial a um enorme sentido de organização, num estilo de liderança a um só tempo firme e suave. Assim, ele azeitou o processo de trabalho, amalgamou o time e preparou a infraestrutura – e a alma – da *Mundo Estranho* para o forte crescimento que a marca experimentaria nos anos seguintes.

Volpe conta os detalhes dessa jornada: "Vim da *Placar*, em julho, logo depois da Copa de 2002. Alessandra Kalko e Juliana Vidigal formavam o time de arte, vindas da *Super*. Cheguei para ser o editor-assistente do Zé Augusto durante a produção da edição 6, de agosto de 2002, a quarta da *Mundo Estranho* como revista de linha.

"Quando Zé Augusto saiu, assumi como editor e chamei Rodrigo Ratier para ser meu editor-assistente. Ratier já era colaborador da revista desde o início de 2002. Nessa época, tínhamos também o Alexandre Versignassi – que chegaria a diretor de Redação da *Super* – no grupo dos colaboradores regulares da revista. Anos depois, brincaríamos dizendo que a *Mundo Estranho* funcionava como uma espécie de 'categoria de base' para a *Super* e outras revistas da Abril, já que formamos jovens talentosos que depois fariam sucesso em vários títulos da casa.

"Em 2003, ganhamos uma vaga a mais na Arte e contratamos a designer Daniele Doneda. No segundo semestre daquele ano, Dani iria para a *Aventuras na História* – e Ju Vidigal deixaria a Abril. Contratamos as designers Renata Steffen e Bianca Grassetti – que ficaria cerca de um ano no time, até a volta de Dani Doneda, no segundo semestre de 2004. Essa formação na Arte – Alê Kalko, Rê Steffen e Dani Doneda se manteve até 2007.

"Em 2004, fui promovido a redator-chefe – juntamente com Denis, na *Super*. Em 2005, ganhamos uma vaga no Texto e contratamos Artur Louback Lopes como editor-assistente. Essa formação, com

Ratier e Artur, também se manteve até 2007, ano em que Ratier, Dani e Rê partiram para outros voos.

"Em 2006, teve início o trabalho do trio Fred Di Giacomo (repórter), Marco Moreira (webdesigner) e Bruno Xavier (webmaster) na construção de um novo site para a *Mundo Estranho*. Os três trabalhavam dentro da redação, dedicados exclusivamente ao site da marca."

Esse modelo de operação digital sofreria retrocessos na Abril nos anos seguintes, com a criação de "*pools* de Internet": equipes separadas das redações cuidando dos sites de várias marcas da Abril ao mesmo tempo.

Segue Volpe: "Com equipe dedicada, o site da *Mundo Estranho* se abriu para inúmeras experiências editoriais, coisas muito inovadoras para a época – desde um podcast semanal (sobre games, quadrinhos e cinema) até a 'TV ME', que criou uma grade diária de vídeos curtos para o site com cinco programas semanais: testes de conhecimentos gerais, pílulas de curiosidades, bastidores da Redação, listas e rankings curiosos, uma seleta de vídeos estranhos e bizarros encontrados na Internet e imagens inusitadas enviadas pelos leitores."

A *Mundo Estranho*, antes de todas as outras revistas da Abril, da *Veja* à *Super*, investia em conteúdo audiovisual online, num momento em que a Internet ainda era feita de textos e imagens estáticas. O YouTube ainda não tinha um ano de vida, sequer havia sido comprado pelo Google e, portanto, ainda estava longe de se tornar o que se tornou. A *Mundo Estranho* se posicionava como "a Capricho dos meninos" – outra marca pioneira, no portfólio da Abril, em se posicionar de modo vitorioso no ambiente digital.

Volpe continua: "O resultado de todas essas iniciativas foi um grande salto de audiência no site da *Mundo Estranho*. Em janeiro de 2006, tínhamos 26 mil *unique visitors* por mês. Em novembro, esse número já era de 282 mil. Uma audiência muito expressiva para a época – um crescimento de mais de 1 000% em dez meses. Um de nossos programas fez tanto sucesso na Internet que, durante alguns meses de 2007, o SBT fechou um acordo conosco para transmiti-lo como um quadro no... *Programa do Gugu!*"

Em 2006, sete anos antes da luz vermelha se acender no painel de controle da empresa, a *Mundo Estranho*, com apenas quatro anos de vida, mostrava como um veículo impresso podia transpor com sucesso seu conteúdo e sua relevância para o meio digital.

A *Mundo Estranho* havia trilhado, sozinha, metade do caminho que sempre assombrou a Abril – deixar de ser uma empresa que faz revistas para ser uma empresa produtora de conteúdo, independentemente do meio. Em menos de um ano, a *Mundo Estranho* aumentara em mais de dez vezes a sua audiência digital. A outra metade do caminho passava por transformar aquele êxito na digitalização dos *conteúdos* num êxito de igual monta na digitalização dos *negócios*.

Portanto, um dos *benchmarks* possíveis, para a Abril, no desafio de migrar suas marcas para a Internet, estava dentro de casa, num cantinho do 14º andar. Os melhores estrategistas digitais que a Abril podia querer para decifrar o enigma da esfinge digital, que terminaria por ameaçar a sua sobrevivência, estavam bem debaixo dos galhos da arvorezinha verde.

Impossível dizer o que teria acontecido se a Abril tivesse estudado a fundo a fórmula vitoriosa da *Mundo Estranho* e a adaptado para seus outros títulos. E, se a Editora tivesse, ao longo de 2007, multiplicado por dez suas audiências na Internet, num momento ainda anterior à emergência das redes sociais e à revolução mobile que seria trazida logo na sequência pelos smartphones? A empresa teria digitalizado seus negócios a tempo de se adaptar, com chances maiores de sucesso, aos novos tempos que já se anunciavam no horizonte?

O que é possível dizer é que a Abril não apenas ignorou o case da *Mundo Estranho*, como se dedicou, ao longo de 2007, a *desmontar* a operação digital da marca. Sob o argumento de que a explosão de audiência, especialmente porque baseada na transmissão de arquivos de áudio e vídeo, aumentava muito os custos de hospedagem e de transmissão de dados, a Editora implodiu o site da *Mundo Estranho*. Os contratos da Abril com as operadoras tinham foco em serviços telefônicos, de linhas de voz, e eram caríssimos no que se referia a itens como conexão, banda e veiculação de conteúdo online.

Em abril de 2009, Fabio Volpe deixou a *Mundo Estranho* para dirigir o *Guia do Estudante* – que surgira em 1984 como uma edição especial do *Almanaque Abril*, lançado em 1974 e descontinuado em 2015 –, onde ficou até deixar a Abril, em 2018. Em seu lugar, assumiu Patricia Hargreaves, até ali editora de *Aventuras na História*. Patricia Hargreaves ficou à frente da *Mundo Estranho* até julho de 2014, quando a revista voltou ao ninho da *Super*, sendo editada cumulativamente por Denis Russo Burgierman, até ele sair da empresa em setembro de 2016, e, depois disso, por Alexandre Versignassi.

Muita gente boa passou pela *Mundo Estranho*. Entre os infografistas e ilustradores que ajudaram a transformar a revista num dos maiores veículos do mundo no gênero, estão Alexandre Jubran, Carlo Giovani, Sattu Rodrigues, Erika Onodera, Sam Hart, Stefan Pastorek e Luciano Veronezi – além do *hors concours* Luiz Iria.

Entre os colaboradores de texto, Marcel Nadale, Fabiano Onça, Yuri Vasconcelos, Sidney Gusman, Gabriel Pillar Grossi, Tarso Araújo, André Santoro, Karina Yamamoto e Andrés Nigoul.

(Gabriel Pillar Grossi passou a colaborar bastante com o "Grupo Super" a partir de 2003. Naquele ano, Gaba havia ganho o Prêmio Abril de Jornalismo – a *Nova Escola*, revista da Fundação Victor Civita, que ele dirigia desde novembro de 1999, fora eleita a "Revista do Ano" de 2002, junto com a *Recreio*. Meses depois, nem bem tinha encontrado lugar na prateleira para o troféu, numa daquelas contradições que o mundo corporativo sabe produzir tão bem,

Gaba foi demitido. Em janeiro de 2006, ele voltaria a dirigir a *Nova Escola*, posição que ocupou até dezembro de 2011.)

A *Mundo Estranho* também ganhou um bocado de prêmios ao longo de sua história, em especial por conta do seu design e da sua Infografia. E foi eleita duas vezes "Revista do Ano" no Prêmio Abril de Jornalismo, em 2011 e em 2015 (pelo voto popular). Se alguém me perguntar um dia o que faltou fazer na Abril, talvez eu diga que adoraria ter podido entregar esse troféu à *Mundo Estranho*, em 2011. Teria sido um reconhecimento da empresa ao estilo *lean and mean* – "magro e mau" – do bom e velho "Grupo Super".

Em agosto de 2018, chegava às bancas a edição 212, a última da *Mundo Estranho*. Exatos 17 anos depois da sua estreia, numa operação guerrilheira que levamos a cabo um bocado *contra* a Abril, com planos de pagar as contas da edição seguinte com as receitas obtidas na edição anterior, como a Editora jamais tinha feito e nem achava que era o jeito certo de se fazer as coisas, a *Mundo Estranho* chegou ao fim. Ironicamente, a última chamada de capa foi: "Como ser imortal?"

O mundo ficou menos estranho – e mais chato. Mas o fato de aquele filhote ter sobrevivido ao passamento de tantas outras marcas fortes da Editora deve emprestar a todos os que se envolveram com ele uma sensação boa, de termos feito – ao longo de quase duas décadas – a coisa certa.

Se o "Grupo Super" se especializou em criar marcas de culto, como a *Vida Simples*, *Aventuras na História*, *Revista das Religiões* e *Flashback*, e em produzir conteúdos venerados pelas suas comunidades de fãs, para além da própria *Super*, tudo isso se deve, em boa medida, ao caminho desbravado pela *Mundo Estranho*.

A entrada no novo milênio implicou, para Paulo Nogueira, uma enorme inflexão em seu estilo de vida. Entre a sua saída da *Exame*, no fim de 1999, e sua chegada às revistas masculinas, no começo de 2000, Paulo havia descoberto e tratado um tumor no rim.

Paulo refletia naquele momento sobre seu comportamento, sobre seus hábitos e escolhas de vida, sobre sua relação com o trabalho, com a comida e com as pessoas. Aos 43 anos, com uma história de sucesso profissional atrás de si, ele fora despertado de modo abrupto por aquele diagnóstico que ninguém quer receber.

Paulo nos instava a perceber o "espírito do tempo" – um dos seus mantras e uma de suas fortalezas como editor. Paulo tinha uma capacidade excepcional para captar as tendências um minuto antes de elas se tornarem evidentes para os demais. Aprendi um bocado com ele – se é que é possível *aprender* a calibrar as próprias antenas desse modo quase premonitório.

Uma parte importante do *zeitgeist*, para Paulo, naquele início de década, advinha das descobertas que ele vinha fazendo, e a partir das quais ia aos poucos operando mudanças em sua vida, a partir da sua leitura da filosofia grega e da sabedoria milenar oriental – de Confúcio a Buda, passando por Sêneca e Marco Aurélio. Paulo estava sedento por saber mais sobre crudivorismo, higienismo, medicina aiurvédica.

Das revistas em seu portfólio, a *Super* era a mais afeita a carregar esse tipo de pauta. A primeira matéria que fizemos, por sugestão dele, e que me valeu boas discussões conceituais com Denis, que a editou, e principalmente com Rafael Kenski, o repórter escalado para apurá-la e escrevê-la, foi sobre os Manuscritos do Mar Morto – escrituras hebraicas apócrifas. (Foi ótimo porque, ao perguntarmos na matéria se Jesus Cristo teria sido um essênio, percebemos que podíamos perguntar *qualquer* coisa – o que é muito libertador em termos jornalísticos. Aquela pauta deu trabalho – mas a *Super* se beneficiou com ela. Mais tarde, também perguntaríamos, na capa, se Abraão realmente existiu e se São Paulo teria traído Jesus.

Havíamos perdido o medo. Não havia mais tema proibido. Mais: nos tornamos caçadores de tabus.)

Com o aumento dos pedidos de Paulo para reportagens com temas, digamos, "alternativos", o que ameaçava desequilibrar a *Super* para o lado daquilo que se convencionou chamar, em determinado momento, em tom algo pejorativo, de *New Age*, tive uma ideia: criar uma revista nova para onde pudéssemos canalizar essas demandas. Sim, havia interesse de um número considerável de pessoas por esses temas. Sim, esse era o *zeitgeist*. Tanto era assim, que a *Super*, sozinha, não poderia abarcar toda essa demanda. *Touché*. Surgia a *Vida Simples*. E preservávamos na revista-mãe o equilíbrio de sabores que estávamos construindo a muitas mãos desde a reforma editorial.

Havia poucos *benchmarks* para a *Vida Simples*. Nos inspiramos na *Organic Style*, revista independente americana, lançada em 2000 e encerrada em 2005, e, sobretudo, na *Real Simple*, que havia sido lançada em abril de 2000 pela Time Inc. Em especial, no seu projeto gráfico limpo, sem penduricalhos, espécie de *bauhaus* em que a dureza, a secura e a objetividade ganhavam um tratamento de delicadeza, graça e elegância.

No projeto editorial, diferíamos da *Real Simple*, que tinha foco no consumo consciente, no *smart shopping* – tendência que se agudizou no título com os anos. A *Vida Simples* previa uma cobertura mais ampla sobre as escolhas de vida que fazemos e uma discussão mais profunda sobre conceitos, caminhos, valores, conhecimentos, atitudes e ferramentas que pudessem orientar o crescente número de pessoas dispostas a romper com a louca cavalgada do capitalismo dos anos 1990, de corte yuppie, em nome de uma rotina mais equilibrada, mais saudável e com mais significado – em todos os campos da existência. (Ainda não se falava em *propósito* naquela época. Mas era disso que se tratava.)

Havia na casa a *Bons Fluidos*, lançada como especial em 1997 e mensalizada em maio de 2000. Enquanto a *Bons Fluidos*, nascida no âmbito de *Casa Claudia*, tinha um conteúdo baseado numa visão de mundo esotérica e espiritual, a *Vida Simples* buscava enfocar temas ligados ao bem-estar e ao estilo de vida, sem perder o crivo da *Super*, que era o olhar laico e o distanciamento jornalístico em relação aos assuntos que cobria.

A *Vida Simples* sabia que falava com interessados, simpatizantes e praticantes dos temas que cobria. Então produzia, para esse leitor, diferentemente da *Super*, matérias com muito mais serviço e depoimentos do que investigações verticais – o que não significava adesismo da revista aos assuntos abordados nem submissão às crenças do leitor.

Em relação à *Bons Fluidos*, a principal diferença é que a *Vida Simples* não tomava como verdade visões imateriais da vida, que necessitassem de fé para existir, como a existência de energias sobrenaturais advindas, por exemplo, da posição dos astros no céu ou dos móveis dentro de casa. Se a *Super* era avessa ao pensamento mágico, a *Vida Simples* admitia a dúvida, com parcimônia, e a *Bons Fluidos* o abraçava. A partir de uma mesma pauta – Acupuntura, por exemplo –, a abordagem da *Super* seria ateia. A da *Vida Simples*, agnóstica. E a da *Bons Fluidos*, devota.

Apesar dessas diferenças, houve alguma confusão entre a *Vida Simples* e a *Bons Fluidos*. E um incômodo entre quem geria a *Bons Fluidos* (expresso, em ao menos um episódio, de maneira bastante dramática) em relação ao lançamento da *Vida Simples*. A experiência mostrou que as duas revistas tinham propostas suficientemente distintas para conviver no planeta – bastando para isso que nossos fluidos continuassem bons e que seguíssemos levando a vida com simplicidade.

A *Vida Simples* surgiu como edição especial em julho de 2002, já com seu slogan: "Para quem quer viver mais e melhor." Apresentei a *Vida Simples* na "Carta ao Leitor" da *Super* como a revista "para quem já percebeu que menos é mais. Que há mais coisas na vida do que ganhar dinheiro. Que nos impomos todo dia dezenas de falsas necessidades que só trazem sofrimento. Enfim: para quem não abre mão de viver mais e melhor uma vida mais centrada, mais feliz e mais... simples".

Chamei Otávio Rodrigues para editar a *Vida Simples*. Otávio era um jornalista experiente, com passagem pelas redações da *Bizz*, *Fluir* e *Trip* – e já conhecido à época como o DJ "Dr. Reggae". Otávio era, sobretudo, um praticante da visão de mundo que buscávamos enfeixar na revista: a reinvenção sem medo da vida, à margem dos padrões estabelecidos; a manutenção da mente e do coração abertos às tentativas de construção de um novo equilíbrio existencial; um estilo de vida mais zen, que recusava os aspectos insalubres do padrão de vida ocidental, com consciência da *impermanência* de todas as coisas e da importância da prática do *desapego* – para citar dois tópicos bastante presentes em nossas conversas à época.

O projeto gráfico da *Vida Simples* é um capítulo à parte – porque ele se manteve, ao longo do tempo, praticamente inalterado. Coisa raríssima. Sinal de que nasceu como uma obra clássica. A *Vida Simples* surgiu, visualmente, do conceito de beleza que advém da concisão e da força obtida na simplicidade.

A revista trazia páginas claras, limpas, em que não havia a ansiedade de pintar o branco, nem de preencher os espaços vazios. Não havia permissão para *embellishments* – apreciávamos as ausências, os respiros, como a sinalizar que, não apenas uma página de revista, mas a própria vida, funciona melhor com mais oxigênio ao redor. Não havia a ansiedade de nos atulharmos de elementos, a grande maioria deles supérfluos, para nos sentirmos completos. Menos é mais, um dos conceitos centrais da revista, não poderia ter sido mais bem traduzido em termos visuais.

Henrique Möller, um gaúcho de riso fácil e de alma nômade, precursor também da *Mundo Estranho*, foi quem primeiro botou a *Vida Simples* no papel. Henrique logo voltaria para o Sul. E, mais tarde, abandonaria o design para abrir uma pousada no mato. Depois, o projeto teria pequenas alterações operadas pelo designer Rodney Lobo.

Alceu Nunes, que coordenou todo o trabalho, comenta: "O projeto gráfico da *Vida Simples* captou a essência da revista, que por sua vez capturou um estilo de vida, a aspiração de uma comunidade de pessoas de ter esses elementos em suas vidas. A revista formou sua identidade visual, que se tornou inconfundível, com as melhorias quase invisíveis, mas fundamentais, trazidas em seguida pelo editor de Arte Fernando Naigeborin e pelo designer Hugo Timm. Eles é que botaram aquele projeto gráfico vitorioso para rodar, no dia a dia, montando capas e fechando matérias, e consolidaram ao longo dos anos o enorme carisma gráfico da *Vida Simples*."

Fernando Naigeborin, que Al trouxe do mercado publicitário, e Hugo Timm, que Al pinçou no Curso Abril de Jornalismo, conduziram a Arte da revista a partir da edição 3, de abril de 2003, quando ela foi mensalizada. Até essa edição, a *Vida Simples* havia saído com o selo "Superinteressante especial" na capa. Já na edição 4, de maio de 2003, saímos com o selo "Superinteressante apresenta" – sublinhando nossa intenção de torná-la independente.

A capa minimalista, com uma pequena imagem, icônica, realizando uma síntese visual do tema proposto, quase como se o design fizesse um trocadilho com o texto a ser destacado, acompanhada de um fundo com grande impacto cromático, é outra obra de Fernando e Hugo – uma solução matadora que não estava no projeto original nem nas primeiras edições da revista, e que fez a *Vida Simples* se tornar sinônimo de um estilo de design.

Fernando lembra que essa virada da capa se deu mais de meio ano depois de sua chegada. "O tema da capa era 'Orgânicos'. A gente colocou uns rabanetes contra um fundo de madeira." Para a minha desolação, Fernando afirma que "a gente tentou aprovar esse conceito com você por alguns meses, até que, nessa edição, você topou". Só posso agradecer a ele pela insistência, constatando, assombrado, o enorme risco que é um cara de texto ter a última palavra em questões de design.

Hugo Timm deixou a revista em 2005, sendo substituído pela designer Camila Lisboa, e abriria um estúdio em Londres. Fernando Naigeborin deixaria a *Vida Simples* em 2006, para empreender uma viagem de volta ao mundo.

No Texto, Marcia Bindo, que me foi apresentada por Caco de Paula, à época diretor de Redação do *Guia Quatro Rodas* e que havia escrito com ele o livro *Yoga*, o primeiro título da coleção "Para Saber Mais", da *Super*, publicado em dezembro de 2002, se transformou na editora assistente de Otávio Rodrigues. Marcinha, uma espécie de musa iogue, de diva vegana do "Grupo Super", deixaria a *Vida Simples* em 2010.

Otávio deixou a revista em fevereiro de 2004. Em seu lugar, assumiu Rodrigo Vergara, até então editor da *Super*. Em abril de 2004, a *Vida Simples* saiu da minha jurisdição – deixou o âmbito da *Super*, na UN "Turismo e Tecnologia", dirigida por Paulo Nogueira, e foi para a UN "Casa & Bem-Estar", dirigida por Elda Müller, para integrar o que viria a se tornar em janeiro de 2005 o Núcleo "Bem--Estar", liderado por Alda Palma, ao lado da *Bons Fluidos* e da *Saúde*.

Verg, como eu gosto de chamá-lo, editou a *Vida Simples* até novembro de 2005. Ele havia chegado à *Super* ainda em 2000, vindo do *hard news*, com passagens pela *Veja* e *Folha de S. Paulo*. Na *Super*, tirou a gravata, deixou a barba e o cabelo crescerem, rejuvenesceu. Um dos papos mais agradáveis que conheço, com grande talento para contar histórias com o verniz do humor, Verg começou ali uma longa jornada pessoal em busca de si mesmo. Convidei-o a assumir a *Vida Simples* exatamente por essa capacidade que desenvolveu de refletir acerca de si mesmo, por esse interesse no autoconhecimento, em questionar as máscaras que a vida vai oferecendo e que a gente vai assumindo como se elas fossem as nossas verdadeiras feições.

(Até o ponto de esquecermos como é de fato o rosto que temos.) "Se tem uma coisa que fiz bem à frente [da *Vida Simples*] foi conviver abertamente com minhas fraquezas e vulnerabilidades", diz Verg. Durante muito tempo, me senti culpado por ter feito esse convite a ele – porque Verg, antes de completar dois anos à frente da *Vida Simples*, lidando com as perguntas à queima-roupa que pautava para a revista (e que seguramente dirigia também a si mesmo), abandonou o Jornalismo e, ao longo de mais de uma década, atuou em muitas frentes, testando vários caminhos. Foi executivo, consultor, produtor de conteúdo – até se transformar num especialista em improvisação e psicodrama. (Outra vez, Verg: perdão pelo desencaminhamento.)

Em janeiro de 2006, Leandro Sarmatz assumiu como editor da *Vida Simples*. Leandro havia chegado à *Super* em julho de 2001. E nos deixara em julho de 2003, para editar livros na Ática. Ele vinha do mundo da Literatura e das Artes – havia sido repórter de Cultura na *Zero Hora* e tinha um mestrado em Teoria Literária. Numa "Carta ao Leitor", disse que "Leandro Sarmatz é gaúcho, mas parece mineiro. É tímido e simpático, quieto sem ser introspectivo, culto sem ser arrogante. Chega aos ambientes devagar e os conquista aos poucos. Porto Alegre, onde nasceu, não tem praia – tem frio. Em consequência, a turma lá costuma usar o tempo livre para ler e torcer para o Inter – para ficar apenas no terreno dos hábitos recomendáveis. Como Leandro não gosta de futebol, acabou decidindo, de um lado, torcer para o Grêmio e, de outro, dedicar-se com notável afinco à leitura, (...) acumula(ndo) uma invejável erudição. (Embora imagine que Baltazar ainda seja o centroavante tricolor.)"

Leandro tinha um talento incomum para o jogo de palavras. Certa feita, confessei aos leitores: "Já tive que reverter alguns pedidos de demissão de [colegas exasperados] com a tempestade de trocadilhos que seu humor obsessivo faz chover [de modo ininterrupto] sobre a redação."

Trocadilhar significa colocar as coisas em seus (in)devidos lugares, vislumbrar o todo, organizá-lo, para então tirar uma peça do lugar, por meio de uma mexida sutil e ao mesmo tempo tonitruante, fazendo borbulhar novos significados, até ali insuspeitos. Trocadilhar é fazer saltar diante dos olhos do outro, por meio da ironia, da ênfase no contrário do que se quer dizer, o ridículo de uma situação ou afirmação. É também chamar a atenção para a presença gritante de uma ausência, de um sentido oculto, de algo que alguém está tentando esconder. Trocadilhar é ainda encantar por meio de uma síntese que revela uma nova compreensão da realidade, condensada num jogo de palavras desconcertante – que funciona como uma piscadela à inteligência do interlocutor. O trocadilho encerra, por fim, uma despreocupação libertadora em relação a soar inconveniente ou infame. Leandro era um mestre nessa arte – junto com Rafael Kenski e Marcos Nogueira.

Leandro ficou à frente da *Vida Simples* até março de 2011, quando voltou a editar livros – primeiro na Companhia das Letras, e depois como sócio da editora Todavia.

Muita gente boa ajudou a construir a *Vida Simples*. Priscila Santos, Rafael Tonon, Jeanne Callegari, Liane Alves, Tatiana Achcar. E Adriana Wolff, Karen Sayuri, André Spinola, Marcelo Zochio.

Em janeiro de 2012, a *Vida Simples* deixou o Núcleo "Bem--Estar" e migrou para o recém-criado Núcleo "Infantojuvenil", dirigido por Dimas Mietto, que abarcava *Superinteressante*, *Mundo Estranho*, *Aventuras na História*, a marca *Bizz*, *Almanaque Abril*, *Guia do Estudante*, *Recreio*, *Quadrinhos* e *Especiais*, e que ficava na estrutura da UN "Segmentada II", dirigida por Claudia Giudice.

Sergio Gwercman, então diretor de Redação da *Super*, acumulou a edição da *Vida Simples*, até sair para dirigir a revista *Alfa*, em dezembro de 2012, e ser substituído em ambas as funções por Denis Russo Burgierman.

Entre a saída de Leandro Sarmatz, em março de 2011, e a volta ao âmbito da *Super*, em janeiro de 2012, a *Vida Simples* foi editada por Ana Holanda, que havia sido editora da *Bons Fluidos*. Em julho de 2014, a Abril transferiria a *Vida Simples*, junto com outros dez títulos, para a Editora Caras – e a revista voltaria a ser editada por Ana Holanda.

Em abril de 2018, a *Vida Simples* seria comprada à Editora Caras pelos consultores Luciana e Eugenio Mussak – este, colunista da revista desde o seu primeiro número.

Em determinado momento, ficou claro que os grandes temas históricos rendiam as capas mais vendidas da *Super*. Era uma indicação clara de que havia uma comunidade de leitores ávida por esse tipo de conteúdo. E que, a exemplo do nascimento da *Você S.A.* no seio da *Exame*, talvez pudéssemos fazer nascer de dentro da *Super* uma revista só para esse interesse – pautas de história trabalhadas de modo jornalístico, narradas em linguagem literária, com ilustrações e infográficos que fizessem sonhar.

Assim, em julho de 2003, um ano depois da *Vida Simples*, nascia a *Aventuras na História*, com Gêngis Khan na capa e o slogan "Para viajar no tempo". A *Aventuras na História* já nasceu mensalizada e com o selo "Superinteressante apresenta", deixando claro que se tratava de um novo título. Encurtávamos o caminho que já tínhamos trilhado duas vezes. Estávamos ficando experientes em lançar revistas.

Havia no Brasil um veio de livros de história com esse tom pop, sem ranço acadêmico, cheios de encantamento e diversão. Parecia fazer sentido que houvesse uma revista nesses mesmos moldes. Eduardo Bueno, o Peninha, fora um precursor daquele gênero literário – e seria um dos colaboradores da nova revista. Em seguida, dois outros autores best-sellers desse segmento sairiam de dentro da Abril: Laurentino Gomes, em 2007, e Leandro

Narloch, em 2009 – este tendo começado a carreira precisamente em *Aventuras na História*.

Apresentei assim a nova revista na "Carta ao Leitor" da *Super*: na *Aventuras na História* "vai levá-lo a viajar pelo tempo, conhecer outras eras e viver outras vidas. De Gêngis Khan aos olmecas, de Napoleão a Pompeia, de Tutancâmon à Peste Negra. Está tudo lá. Uma máquina do tempo saborosíssima esperando por você para decolar".

Chamei Celso de Miranda para editar a *Aventuras na História*. Celsão estava conosco desde julho de 2002, quando publicou pela primeira vez na *Super*, como colaborador, uma nota em "Superintrigante" – não por acaso, com tema histórico.

"Zagueiro clássico e homem de vasta cultura geral", como o apresentei numa "Carta ao Leitor", Celsão relembra o começo da *Aventuras na História*: "Nossa primeira equipe fixa tinha Débora Bianchi como editora de Arte, Daniela Doneda como designer, vinda da *Mundo Estranho*, e Bernardo Borges, estagiário. No Texto, eu tinha o Leandro Narloch, como editor.

"Desde o início, contamos com colunistas e colaboradores de peso. Tínhamos Decio Freitas na última página. Eduardo Bueno, Lira Neto e Xico Sá escreviam matérias para a gente. Assim como João Barone, d'Os Paralamas do Sucesso, um colecionador de jipes e apaixonado pela Segunda Guerra. Entre os ilustradores, os irmãos Bruno e Kako D'Angelo eram presenças constantes, desde as primeiras edições, e nos acompanharam durante toda a agressiva expansão da marca *Aventuras na História*, que em seguida passou a lançar edições especiais, livros, DVDs e até um *spin-off*: a revista *Grandes Guerras*."

Grandes Guerras começou como uma série de edições temáticas, em setembro de 2004. Em março de 2006, passou a ser uma publicação bimestral, com conteúdo multitemático e slogan próprio – "Tudo de novo no front". Foi encerrada em dezembro de 2010, depois de 36 edições.

A *Aventuras na História* saiu do Núcleo "Jovem" em janeiro de 2005, quando migrou para o recém-criado Núcleo "Cultura", dirigido por Helena Bagnoli, que contava também com *Bravo!*, *Revista das Religiões*, *Almanaque Abril* e *Guia do Estudante*, nossos pares na estrutura da UN "Cultura/Jovem", liderada por Luiz Felipe d'Avila.

Celsão ficou 42 edições à frente da *Aventuras na História*, até fevereiro de 2007, quando foi para o Núcleo "Homem", dirigido por Felipe Zobaran, na estrutura da UN "Segmentada II", liderada por Laurentino Gomes. "Primeiro, fiquei responsável por novos projetos. Em agosto, assumi a *VIP*, que dirigi até fevereiro de 2009. Aí fui para a *Placar*, até deixar a Abril, em maio daquele ano", diz.

Celsão foi editor do núcleo de revistas do jornal *Lance*, no Rio e também trabalhou no *Lancenet*, o portal do Grupo. Ainda manteve o blog *FastFUT* no UOL Esporte.

Em março de 2007, em paralelo à saída de Celsão, a *Aventuras na História* voltou a integrar o Núcleo "Jovem", então dirigido por Brenda Fucuta (que me substituiu quando deixei a Abril, no fim de 2006), e agora alocado na estrutura da UN "Segmentada I", liderada por Elda Müller.

Patricia Hargreaves assumiu a *Aventuras na História* no lugar de Celsão. E a editou até julho de 2014. Em abril de 2009, Patricia assumiu também a edição da *Mundo Estranho*. Em janeiro de 2012, a *Aventuras na História* passou a integrar o Núcleo "Infantojuvenil", dirigido por Dimas Mietto, na estrutura da UN "Segmentada II", comandada por Claudia Giudice.

Em julho de 2014, a Abril transferiria a *Aventuras na História*, junto com outros dez títulos, para a Editora Caras. Entre junho de 2011 e maio de 2015 – ou seja, nos últimos três anos do título na Abril e no primeiro ano do título na Caras –, a *Aventuras na História* teve sua produção terceirizada à CBGB Comunicação, de Wagner Barreira. Depois, a revista passou a ser editada por Fabio Marton.

* * *

Celso de Miranda é um dos caras mais pândegos que conheci na vida. Monopolizava rodinhas e mesas de bar com seu humor escancarado. Era um showman, um homem que entrava nas piadas que contava, desenhando esquetes curtas, grossas e irresistíveis à frente da plateia. Celso era o cara das tiradas ferinas. Produzia sempre as melhores frases – e as mais desconcertantes. *Boutades* que entraram para a história (sem trocadilho). Celso era o nosso *enfant terrible*, nosso anjo pornográfico, o cara que chegava inspirado, crescia com a própria euforia, até produzir uma pletora de saraivadas sensacionais, lambuzadas em graxa de trator.

Celso conquistava pela gargalhada – que se tornava tão mais divertida quanto mais nos esforçássemos para não rir das coisas, às vezes agressivas, que ele dizia. Era assim que Celso roubava a cena e se tornava o centro das atenções. Esse era o papel que ele adorava desempenhar – e que talvez nós reservássemos a ele, como se o humor incorreto fosse nossa única expectativa a seu respeito. (Não era.) Talvez esse fosse seu modo de se sentir querido e incluído – vestindo as roupas de um arlequim afiado e infalível.

Celso sabia, como poucos, ser agradável, seduzir a audiência, se tornar rapidamente amado pelo grupo, entrar no coração do interlocutor. Sabia também abrir mão de tudo isso. Celso era um doce Dr. Jekyll – que carregava consigo um Mr. Hyde.

Débora Bianchi, a Debs, deixou a *Aventuras na História* em março de 2011, quando a revista foi terceirizada. Antes, em 2004, no segundo ano de vida da revista, emplacou o Prêmio Esso de Jornalismo em Criação Gráfica.

Leandro Narloch fez o Curso Abril em 2002 e colaborou com a *Super* até integrar o time de *Aventuras na História* em 2003. Ficou até 2005, "quando levei um pé da namorada, pedi demissão e saí para viajar por aí", diz. Em 2006, Narloch reingressou na *Super*, depois passou um ano na *Veja*. Até que, em 2009, virou best-seller com o livro *Guia politicamente incorreto da História do Brasil* – que virou uma série e, depois, uma franquia. (Inevitável imaginar que tudo isso começou para Narloch com sua passagem pela *Aventuras na História*.)

Outros talentos ajudaram a construir a *Aventuras na História*: Reinaldo José Lopes, Isabelle Somma, Mariana Sgarioni, Barbara Soalheiro, Cláudia de Castro Lima, Tiago Cordeiro, Karla Monteiro, Fabiano Onça, Roberto Navarro e Carla Aranha. E Sattu, Sam Hart e Rogério Nunes.

Os temas ligados à religião também faziam muito sucesso na capa da *Super*. Dalai Lama, Alcorão, Espiritismo. Além disso, vivíamos num dos países mais religiosos – e sincréticos – do mundo. Em que outro lugar o sujeito casa com a bênção de um padre, usando uma pulseira budista, tendo ido no dia anterior ao centro espírita tomar um passe para se purificar e com a certeza de que o casamento dará certo porque o seu orixá combina com o da noiva? Em que outro país poderíamos fazer uma revista que falasse de religiosidade de modo holístico e respeitoso, trazendo para um só lugar, tendo como premissa a celebração do diálogo e da tolerância, as várias visões e doutrinas à disposição do leitor interessado em desenvolver ou aprofundar sua espiritualidade?

Em maio de 2003, dois meses antes da *Aventuras na História*, nascia a *Revista das Religiões*, com a capa "Você acredita em milagres?" – estampando o slogan "O mundo da fé" e o selo "Superinteressante apresenta". (Na verdade, em alguns meses publicamos o selo "Família Super", do qual logo me arrependi, talvez por soar um pouco piegas. E, por alguns meses, publicamos o selo "Superinteressante", uma adaptação simples do logo da *Super*, também estampado em algumas edições da *Aventuras na História*. Em seguida, as duas revistas passaram a sair sem selo algum.)

Apresentei a *Revista da Religiões* assim na "Carta ao Leitor" da *Super*: "O mundo da fé como você nunca viu. A primeira revista ecumênica de religiosidade e teologia do Brasil. Do Islã ao Candomblé, do Papa a Buda, dos judeus aos xintoístas, tudo sobre a eterna busca do sagrado e do divino, que nos torna humanos."

Chamei Maria Fernanda Vomero, a Mafê, para editar a *Revista das Religiões*.

O time de Mafê tinha Lauro Henriques Jr. no Texto, Maria Eugênia Ribeiro, a Gê, como editora de Arte, e Sílvia Janaudis como designer.

A *Revista das Religiões* saiu da minha alçada em janeiro de 2005, quando migrou junto com a *Aventuras na História* para o recém-criado Núcleo "Cultura", nossos vizinhos na UN "Cultura/Jovem".

Seis meses depois, em julho de 2005, apartada do "Grupo Super", ambiente em que era compreendida e valorizada, a *Revista das Religiões* foi sacada da lista de prioridades e, infelizmente, em sua 23ª edição, desencarnou.

Mafê, que havia começado na *Super* como repórter do especial *Emoção & Inteligência*, seguiu sua carreira como editora da *Bravo!*, colaboradora da *Vida Simples* e da *Época São Paulo*. Depois trocou o jornalismo pela carreira de atriz e documentarista.

Passaram pela *Revista das Religiões* nomes com Michelle Veronese, Cristiana Felippe, Alexandra Gonsalez, Reinaldo José Lopes, Raquel Ribeiro, Débora Didonê, Duda Teixeira e Tito Montenegro. E André Tietzmann e Pedro Baraldi.

Na *Super*, além dos *spin-offs*, a estratégia de expansão de marca na própria revista-mãe continuava firme. Todo esse movimento abria oportunidades para os talentos internos serem promovidos, e, em consequência, para novos talentos chegarem. A demanda por gente boa era intensa e isso nos permitiu, de 24 pessoas em julho de 2000, chegarmos a ter mais de 150 profissionais conectados a nós no final de 2004.

Sempre senti orgulho de ter liderado a transformação da *Super* numa usina de oportunidades para jovens talentos. Numa "Carta ao Leitor", em julho de 2003, grafei que somente na revista-mãe, ao redor dos quatorze profissionais que compunham a redação fixa, havia mais de setenta talentos, nos quais investíamos mais de um milhão de reais por ano. (Por volta de 2,3 milhões em 2018.)

Numa festa, anos mais tarde, em uma rodinha com dois ou três daqueles profissionais, já com carreiras bem desenvolvidas, ouvi uma reclamação tardia, envolta em sorrisos etílicos, de que pagávamos mal. Fiquei surpreso. E sorri amarelo. Usávamos o plano de cargos e salários da Abril – que não estava abaixo dos valores praticados pelo mercado. Mas é possível que nossa política de fazer mais com menos, de modo a podermos colocar o maior número de projetos no ar, abrindo novas posições para meninos e meninas em começo de carreira, não seja lembrada com a mesma alegria por todos aqueles que nos orbitavam e que conseguimos puxar para dentro do barco.

As edições especiais da *Super* foram o primeiro passo em nossa estratégia de expansão de marca. Elas não apenas funcionavam como plataforma de lançamento de novas revistas como também serviam para que a própria revista-mãe ocupasse mais espaço nas prateleiras e na disputa pelo tempo e pelo bolso dos leitores. Em 2004, chegamos a oferecer um pacote de assinaturas somente com as edições especiais da *Super* – oito no ano. Em 2012, sob o comando de Sergio Gwercman, a *Super* passaria a lançar doze edições de linha e doze edições especiais – os "Dossiê Super" –, o que na prática dobrava o alcance e a presença da marca na vida do leitor.

Além disso, os filhotes da *Super* começaram a produzir seus próprios filhotes. Em março de 2004, por exemplo, lançamos "Biografias", a primeira edição especial da *Aventuras na História*, que ainda não tinha completado um ano de vida. Em maio, lançamos "Os Mistérios da Fé", a primeira edição especial da *Revista das Religiões* – que comemorava seu primeiro aniversário. A *Super* se tornava, por assim dizer, avó.

Em setembro de 2002, no aniversário de quinze anos da *Super*, inventamos uma edição extra – naquele mês, chegaram duas revistas às bancas – "Espiritismo" e "Diabete". Estávamos no meio de uma espiral ascendente de vendas em banca. O que nos deixava confiantes e permitia esse tipo de ousadia. A edição extra da *Super* voltaria com a décima terceira edição de 2004 – em dezembro daquele ano sairíamos com "Confúcio" e "Jesus Proibido". (Por que não fizemos uma edição extra em 2003? Quem diabos estava no comando?) Em dezembro de 2005, saímos com "Quando a vida termina?" e "Deus existe?". Em 2006, de novo. E assim por diante, até hoje. A partir de 2013, sob o comando de Denis Russo Burgierman, a *Super* passou a lançar uma *décima quarta* edição, no meio do ano.

Além dos especiais temáticos avulsos, lançamos outros títulos com intenção de transformá-los em novas revistas: *Emoção & Inteligência*, edição especial lançada em 1999, na gestão de André Singer, e tocada pelo editor Igor Fuser, seguiu aparecendo de modo intermitente na vida da *Super*, até 2006. Era uma revista destinada a temas do mundo da psicologia, que falava sobre mente e comportamento humano. Passaram pela revista editores como Maria Luisa Mendes e Mariana Sgarioni. E designers como Mônica Ribeiro, Clayton Carneiro, Augusto Lins Soares e Marcos Keith Takahashi.

Volume 01, revista de música eletrônica, editada por Clau Assef e Sérgio Teixeira Jr., que ainda era editor da *Exame*, com design de Ana Starling, teve dois números lançados em outubro e dezembro de 2003.

Contos Bizarros, revista de HQ para adultos, com texto e arte de *graphic novel*, saiu em novembro de 2003 contando o perfil dos maiores *serial killers* da História – os contos iam sendo costurados numa mesma narrativa por Átila, um personagem-narrador que criamos em homenagem ao clássico Cain, o zelador da *House of Mystery*, título de terror publicado pela DC Comics na virada nos anos 1960 para os 1970. Editada por Edson Aran, com design de Marcello Berriel, *Contos Bizarros* teve entre os roteiristas, além do próprio Aran, Jeferson de Sousa, Cintia Cristina, Dario Chaves e Dagomir Marquezi. E entre os artistas, Sam Hart, Samuel Casal, Kipper, Renato Guedes, Rogério Nunes, Bruno D'Angelo e os irmãos Gabriel Bá e Fábio Moon. Com esse timaço, *Contos Bizarros* ganhou o Prêmio HQ MIX 2004 de "Melhor Publicação de Terror".

Superbiografias, revista dedicada inteiramente à publicação de perfis de gente superinteressante, teve duas edições lançadas em maio e agosto de 2004 – era uma migração do especial "Biografias", tirado pela *Aventuras na História* em março, para o âmbito da *Super*. O especial foi editado por Ernesto Yoshida, com design de Rodolpho Vasconcellos.

Universo Animal, com o slogan "Para gente que é louca por bicho", teve três edições publicadas entre agosto e outubro de 2004. O especial foi editado por Marcos Nogueira, com Claudia de Castro Lima, e design de Maila Blöss.

Sapiens, com o slogan "100% Ciência", foi uma tentativa de fazer uma revista só com *hard science*, basicamente para o público que tinha ficado um pouco órfão com a perda de espaço desse conteúdo na *Super*. Denis tocou *Sapiens* muito de perto – a revista era editada por Rafael Kenski, com Alexandre Versignassi, e contava no design com Joana Amador e Raphael Erichsen. *Sapiens* surgiu no segundo semestre de 2004 e foi descontinuada na edição 5, em novembro de 2006.

Rafael Kenski, depois de *Sapiens*, cuidou de uma área de projetos especiais que organizamos no Núcleo "Jovem" e que produziu o primeiro ARG (*Alternate Reality Game*, algo como "Jogo de Realidade Alternativa") comercial do Brasil, que foi ao ar entre dezembro de 2006 e maio de 2007, além de Webseries e Newsgames – formato que transmite informação e constrói conhecimento a partir da experiência de um jogo, usando recursos de vídeo e Infografia.

O ARG "Zona Incerta", patrocinado pelo Guaraná Antarctica – Sergio Esteves, pela Ambev, e Otávio Martins, pela agência Duda, foram muito corajosos em topar aquela disrupção conosco –, contava a história do sequestro do cientista Miro Bittencourt pela Arkhos Biotech, empresa que pregava a privatização da Amazônia, para forçá-lo a, entre outras barbaridades inomináveis, revelar a fórmula secreta do Guaraná Antarctica.

Os jogadores, mantidos sempre no limiar entre a realidade e a fantasia, e cada vez mais dispostos a tratar aquele enredo como verdade, imergindo com o coração e a mente naquela narrativa, tinham a missão de impedir que os planos da Arkhos se concretizassem. A realidade alternativa criada pelo jogo, um enorme quebra-cabeça *transmedia* que acontecia no mundo real e na Internet, com pistas espalhadas em várias cidades do país, chegou longe – o senador amazonense Arthur Virgílio, em 2007, denunciou as intenções da Arkhos em um discurso inflamado no Congresso. O ARG repercutiu em jornais no exterior. Ao todo, 7,6 milhões de pessoas foram impactadas em várias mídias, o site do jogo teve 360 mil visitantes únicos, com mais de 70 mil jogadores registrados gerando mais de 50 milhões de *pageviews* – números imensos para a época.

Rafa relembra o time que colocou o ARG de pé. "Eu coordenei o projeto e respondia para o Denis, editorialmente, e para o Renato Cagno, que era o nosso gerente de Marketing. Na minha equipe, trabalhavam em tempo integral os designers Fabricio Miranda, depois diretor de Arte da *Super*, e o Gabriel Gianordolli, depois editor de Infográficos do *Wall Street Journal*. Também tínhamos o André Sirangelo, que escreveu o roteiro todo praticamente sozinho, e o Daniel Schneider, que passou quase um ano escrevendo puzzles. Tínhamos ainda duas produtoras, Claudia Campos e Renata Artigas, o desenvolvedor Denis V. Russo, e um profissional de Marketing – primeiro, o Marcelo Rondino; depois a Renata Pavan. Fora um pequeno exército de mais de 120 freelancers."

Rafa deixou a Abril em julho de 2009, como editor do Núcleo "Jovem" Digital, cuidando dos sites de *Super*, *Mundo Estranho*, *Aventuras na História* e *Guia do Estudante*, na estrutura dirigida por Brenda Fucuta. Ele voltaria à Abril para tocar uma operação digital com dezessete títulos, em outubro de 2013, na UN "Segmentadas", dirigida por Helena Bagnoli. E em outubro de 2014, deixaria outra vez a Abril para ocupar posição similar na Editora Globo.

A *Super* transbordou também para o formato livro. Tudo começou em dezembro de 2002, quando lançamos a coleção "Para Saber Mais", com "Linux", de Helio Gurovitz, e "Yoga", de Caco de Paula e Marcia Bindo – livros com cem páginas, em formato bolso. Ao longo de 2003, lançamos dezesseis títulos. A partir de 2004 lançaríamos um livro por mês, até descontinuarmos a coleção, em abril de 2005, em seu 34º título.

"Para Saber Mais", inspirada na coleção "Primeiros Passos", que Caio Graco criou na Brasiliense, em 1979, e que iniciou o pensamento de muita gente em muitos assuntos ao longo dos anos 1980, foi editada por Leandro Sarmatz até sua saída da *Super* para a Ática, em agosto de 2003. Depois, até maio de 2004, "Para Saber Mais" foi conduzida por Jerônimo Teixeira – que na sequência se tornaria editor de livros e, mais tarde, editor-sênior de Cultura, na *Veja*. E, por fim, por Ernesto Yoshida, que depois se tornaria editor-sênior da *Exame*.

Ainda em 2003, lançamos *Piratas do fim do mundo – O diário de uma viagem à Antártida para afundar baleeiros*, de Denis Russo

Burgierman. Descrevi assim o livro de Denis na "Carta ao Leitor": "[Trata-se] de uma aventura jornalística maluca na qual ele se meteu por vontade própria, com a ousadia que só os melhores repórteres têm. Denis foi o único jornalista do Hemisfério Sul a viajar no navio da ONG Sea Shepherd, no final do ano passado, para cobrir a singela ação desses ambientalistas radicais: impedir a caça de baleias na Antártida, nem que fosse por meio do afundamento dos baleeiros japoneses que estavam predando na região. (O Sea Shepherd clama já ter posto dez navios a pique.)

"A grande reportagem de Denis está retratada [num] livro delicioso, um relato emocionante. Já as belíssimas imagens captadas pelo fotógrafo Ignácio Aronovich, que acompanhou Denis nessa aventura, compõem um segundo livro, *Antártida – Em busca do perigo*. Trata-se de um livro de arte, uma coleção de 103 fotos fenomenais."

Em 2004, lançamos a coleção "Superclássicos", com obras de Literatura que fossem de domínio público e que estivessem carecendo de uma boa reedição em português. Foram quatro títulos, entre eles *Este lado do paraíso*, de F. Scott Fitzgerald, e *Código dos homens honestos*, de Honoré de Balzac.

Nossa promissora incursão livreira foi abortada em 2005, junto com a freada geral que a Editora promoveu em nossa estratégia de expansão de marca. Desde 2002, a *Super* tinha se transformado numa pequena editora dentro da Editora Abril – o "Grupo Super". Quando a Abril se reorganizou em Núcleos, em janeiro de 2005, e eu fui promovido a diretor do Núcleo "Jovem", na prática já atuávamos dessa forma – eu já não era, há muito tempo, um diretor de Redação, embora esse ainda fosse o meu cargo; atuava como um chefe de diretores de Redação, embora aqueles editores e redatores-chefes também ainda não tivessem esse cargo.

Aquela nova estrutura organizacional nos tirava da UN de Paulo Nogueira, nos subtraía o escudo que ele nos oferecia. Na prática, a Abril enquadrava o "Grupo Super", cuja agressividade empreendedora havia causado barulho internamente e influenciado várias outras unidades da Editora a buscar também a expansão de suas marcas, com diferentes graus de sucesso.

Houve uma exposição, realizada no primeiro semestre de 2005, num dos andares altos da Abril, em que todos os *ancillary products* tirados nos últimos doze meses por todas as marcas foram oferecidos à visitação obrigatória dos executivos da casa. Cada produto tinha pendurada nele uma plaquinha com sua receita, seu custo e sua margem de contribuição. Muitos daqueles produtos – inclusive alguns dos nossos – exibiam resultados negativos, impressos em vermelho. Tomados isoladamente, não dava para saber se a contribuição final da estratégia de expansão de marca tinha sido boa ou ruim para essa ou aquela publicação. No caso da *Super*, a conta consolidada era bastante positiva.

Era um jeito nada sutil de a direção da Abril nos dizer "parem com isso". Assim, nosso voo ascendente, que tinha muito mais acertos do que erros, e cuja taxa de tiros n'água era condição inerente para que os bons resultados tivessem acontecido, foi abortado.

De todo modo, antes disso, aprendemos a lançar livros em bancas – e, principalmente, nos supermercados, que chamávamos de "Varejo". Ao lado dos livros da *Super*, passamos a lançar também livros da *Mundo Estranho* – coleção "100 Respostas" (*Star Wars, Harry Potter, Hanna-Barbera* etc.). Da *Aventuras na História*, a coleção "Os 10 Maiores" (Ditadores, Piratas, Terroristas etc.). E da *Revista das Religiões*, as coleções "Os Grandes Heróis Bíblicos" (Apóstolos, Mulheres, Patriarcas etc.) e "Divindades" (Gregas, Egípcias, Indianas etc.).

A operação de livros seria retomada em 2011. E, a partir de 2017, sob o comando de Alexandre Versignassi, a *Super* aprenderia também a vender *assinaturas* de livros, publicando sete títulos por ano. Versi, ele próprio autor best-seller *Crash: Uma breve história da economia – da Grécia Antiga ao século XXI*, dá os detalhes:

"Em 2011, montamos uma editora [de livros] aqui dentro. Nosso primeiro lançamento, *Mitologia – deuses, heróis e lendas*, um catatau de quase quatrocentas páginas sobre a cultura da Grécia Antiga, vendeu 70 mil exemplares. Era um livro com três autores: Salvador Nogueira, Maurício Horta e José Francisco Botelho. Cada um deles passaria a escrever livros para a *Super*.

"Passamos a lançar praticamente um livro a cada dois meses – às vezes, mais do que isso. E sempre tendo como autores [colaboradores da *Super*]: Reinaldo José Lopes, Marcia Kedouk, Alexandre de Santi, Silvia Lisboa, Luiza Sahd, Otavio Cohen, Carol Castro, Eduardo Szklarz. Produzimos 32 livros [entre 2011 e 2017], colocando mais de 600 mil exemplares no mercado."

Antes dos livros, ingressamos com a *Super* no território da mídia digital. Ainda em setembro de 2002, no aniversário de quinze anos da revista, lançamos a "Coleção Completa" da *Super*, "uma fabulosa caixa com seis CDs que contêm tudo, mas tudo mesmo, que já foi publicado na revista. São 178 edições digitalizadas de capa a capa – incluindo as raríssimas edições número zero e número 1. São mais de 15 mil páginas em formato original, oito mil reportagens, mais de 10 mil imagens e 350 infográficos", conforme escrevi na "Carta ao Leitor".

A embalagem vermelha parecia uma caixa de bombons. E o apelo de ter tudo que a *Super* já tinha publicado na tela do computador, com "um ótimo programa de busca e um editor de texto que permit[ia] copiar e imprimir" o conteúdo, era irresistível para o fã da revista. A caixa foi ao mercado custando 39,90 reais – mais de seis vezes o preço de capa da *Super* à época, que já praticava agressivos 6,50 reais, rompendo a barreira psicológica da nota de 5 reais. (É como se a caixa custasse algo em torno de 105 reais em 2018.) Um valor que desafiava o tíquete médio das bancas. Roberto Civita teria dito a Paulo Nogueira, ao saber do preço da caixa: "Muito caro. Não vai vender nada." A "Coleção Completa" vendeu mais de 100 mil exemplares.

Embalados pelo sucesso, no final do ano seguinte, lançamos a "Coleção Completa 2004" da *Super*, "em duas versões. Uma caixa com oito CDs, para quem não comprou a [edição anterior]. (...) E outra caixa com 2 CDs, o 'Kit de Atualização', para quem já tem a 'Coleção' e quer apenas atualizá-la: são cinco mil páginas e mil reportagens a mais". Repetiríamos isso no ano seguinte. E também no próximo, com a "Coleção Completa" de dezoito anos da *Super*, com dez CDs. (A 59,95 reais.)

Também em 2005, e sempre em parceria com a *01 Digital*, de Guilherme Coelho e Roberto Maia, lançaríamos a "Coleção Completa" da *Mundo Estranho*, "com 36 edições na íntegra, o maior arquivo de curiosidades do planeta, a maior enciclopédia pop do mundo, com mais de 1.100 perguntas superintrigantes", conforme constava em sua linda embalagem laranja. (Nos anos anteriores já tínhamos lançado a *Mundo Estranho Ano 1* e a *Mundo Estranho Ano 2*, com as doze edições físicas da revista montadas numa luva de papelão.)

As iniciativas da *Super* na mídia digital desnudaram uma nova plataforma para a marca – os DVDs. Nosso primeiro lançamento foi a coleção "Corpo Humano", em abril de 2003, "uma superprodução fabulosa da BBC que [trouxemos] com exclusividade ao Brasil. Trata-se do documentário de maior sucesso dos últimos anos. São oito filmes de aproximadamente 50 minutos cada, organizados em quatro DVDs. (...) [É o] mais estupendo documentário já produzido sobre o corpo humano", conforme grafei na "Carta ao Leitor".

Em maio de 2004, fizemos outro megalançamento – a coleção *"Blue Planet"*, "uma superprodução da BBC, em versão integral, inédita no Brasil. São quatro fascículos, com dois episódios cada um. (...) Ao todo, são mais de quinhentos minutos com as mais espetaculares imagens já captadas pelo homem no fundo do mar".

E, a partir daí, foi uma avalanche. Na *Super*, lançamos "Os dias que abalaram o mundo", "Planeta Terra", *"Space Odissey"*, "Cosmos" etc. Na *Aventuras na História*, lançamos "Rei Arthur", "Pompeia", "Alexandre, O Grande" etc. (Os DVDs seguiriam sendo um produto muito importante em *Aventuras na História*, mesmo depois de sua saída do âmbito da *Super*, em janeiro de 2005.) Na *Revista das Religiões*, lançamos "Grandes Heróis Bíblicos". Na *Mundo Estranho*, *"Mythbusters"* – antes do estouro dos *Caçadores de Mitos* na TV.

Em determinado momento, contratamos Paulo Alves para tocar a operação de DVDs – até ali capitaneada por Gabriela Yamaguchi. Edu Lima e Carolina Salles editavam os DVDs e Rogério Zagallo, da OKA, fazia a autoração. Paulão tinha passado pela Escola de Comunicação e Artes (ECA) da USP, como vários dos editores da *Super*, mas não exercia o Jornalismo. Acabou se tornando um ótimo gestor para nossa área de DVDs. Negociava os contratos internacionais e navegava bem dentro das redações.

Dizia-se que Paulão também fazia sucesso *fora* das redações, depois do expediente, com seus olhos verdes e suas sobrancelhas cerradas. Era visto com frequência ocupando lugares estratégicos na noite paulistana, segurando uma *long neck* com um misto de firmeza e ternura – quase como uma promessa. Paulão, que mais tarde faria carreira na Disney, tinha um sorriso simpático – e nunca teve medo de usá-lo.

De todos os *spin-offs* da *Super*, o que mais me encantou foi *Flashback*. De tudo o que fiz na Abril, talvez esse tenha sido meu projeto mais pessoal. A ideia de *Flashback* era apresentar novidades sobre totens da cultura pop e contar histórias pouco conhecidas sobre as memórias afetivas dos brasileiros nascidos na virada dos 1960 para os 1970. Pertencentes à Geração X, filha dos *Baby Boomers* (a geração nascida logo após a Segunda Guerra – embora os brasileiros, diferentemente dos americanos, jamais tenham parado de ter filhos por causa da guerra), essas pessoas foram as primeiras no país a ser educadas sob a égide da cultura pop, com farta oferta de rock e música popular, televisão aberta e enlatados eletrônicos, blockbusters e quadrinhos, entre outras mitologias. Essa turma, à qual pertenço, não estava – e não está – disposta a envelhecer. Tinha o projeto de permanecer adolescente para sempre, ou, quem sabe, se tornar cada vez mais jovem à medida que envelhecia, nem que fosse por meio do culto à memória dos seus anos de formação.

A *Flashback* nasceu em agosto de 2004, com o slogan "Clássicos, retrôs, vintages, nostalgias e outras saudades". O primeiro time tinha Ivan Finotti como editor, com a assistência de Alexandre Versignassi, e Alessandro Meiguins na Arte. Ivan, em sua "Carta Retrô", intitulada "Sobre 20 ou 30 anos atrás", na primeira edição, com a capa "Os 30 melhores momentos dos Trapalhões!", explicava a missão da revista: "Contar coisas que você nunca soube sobre aquilo que você achou que tinha esquecido. (...) Onde foi parar Magda Cotrofe? Como foi criado o Telejogo? Quem ganhou mais provas na *Corrida Maluca*?"

Na edição 4, de dezembro de 2004, com a capa "Jerry Lewis – O rei da Sessão da Tarde", a *Flashback* ganhou lombada quadrada – e o preço foi de 7,95 para 14,95 reais. A aposta era fazermos uma revista premium, um item de colecionador, que vivesse das receitas de vendas avulsas, e não dependesse de publicidade.

Na edição 5, com a capa "Silvio Santos – Os 30 melhores momentos", tirada em maio/junho de 2005, a última editada por Ivan, que deixou a Abril, a revista dispensava o logo da *Super* na capa e se anunciava como título bimestral. Felipe Becker e Jorge Oliveira assumiram a Arte.

Na edição 6, tirada em setembro de 2005, com a capa "Os maiores games de todos os tempos", a primeira sob o comando de Alexandre Versignassi, auxiliado por Katia Calsavara, o slogan mudou para "Os melhores anos da sua vida estão aqui". A revista seguiria mensal até a edição "X" (assim mesmo, com algarismo romano), em janeiro de 2006, quando foi descontinuada. Dez edições tão inesquecíveis quanto os conteúdos que trouxe à tona nas quase oitocentas páginas que produziu.

A *Flashback* ainda lançou o DVD *As maiores propagandas de todos os tempos*, além de um CD com *Os 30 maiores jingles de todos os tempos*. Foi uma alegria. E é uma honra até hoje encontrar gente que diz guardar no cofre a coleção completa da *Flashback* – ela própria tornada com o tempo um item de memorabilia.

Um de nossos lançamentos mais marcantes foram os três filmes da coleção de DVDs *Os Trapalhões Forévis – 45 anos de Didi Mocó*, que tiramos em 2005, numa coedição da *Super* e da *Flashback*: *O Mundo Mágico dos Trapalhões*, de 1981, *Os saltimbancos Trapalhões*, também de 1981, e a pérola *O Trapalhão nas minas do rei Salomão*, de 1977.

Paulo Alves fez contato com a Renato Aragão Produções Artísticas e um dia recebemos na redação da *Super* Paulo Aragão – irmão mais velho de Renato, responsável pelos negócios da empresa. Renato estava com 70 anos – Paulão, como era conhecido no meio artístico, tinha 74. Ele viera conhecer aqueles garotos que queriam lançar, nas bancas de todo o Brasil, os filmes clássicos do seu irmão, que ele tinha ajudado a produzir.

Paulão foi de uma gentileza e de uma humildade exemplares – características que em seguida eu teria a chance de ver impressas também no comportamento de Renato. Ao que parece, Paulão gostou da gente, porque alguns dias depois peguei um avião, com o nosso Paulão, para irmos ao Rio, aos escritórios da Renato Aragão Produções Artísticas, conhecer Renato. Era um encontro de negócios. Mas, sobretudo, um acordo entre cavalheiros. E uma conversa intergeracional, de fã com ídolo, que se tornou bastante familiar quando Lílian Aragão, mulher de Renato, que regulava conosco em idade, entrou no circuito. Chegamos ao escritório da empresa, na Barra da Tijuca, e em seguida Renato entrou, todo de branco, com Lílian. (Eu, provavelmente incorrendo numa gafe, estava todo de preto.) Se Paulão era a voz de Renato para os negócios, Lílian era a anfitriã, a voz e o sorriso de Renato – que era um sujeito tímido – em compromissos sociais. Lílian, talvez identificando em nós a devoção genuína que tínhamos por Renato e sua obra, a mesma que ela também nutria pelo marido, nos puxou em definitivo para dentro do círculo de confiança.

Selamos o acordo – que, muito mais do que um negócio, era um tributo –, tiramos umas fotos com Renato, por sugestão da própria Lílian, e em breve retornamos a São Paulo, trazendo conosco a chance de prestar uma homenagem a um dos maiores ícones pop brasileiros de todos os tempos. Trabalhar com a marca Didi Mocó Sonrisépio Colesterol Novalgino Mufumbo, e com o conteúdo d'Os Trapalhões, era uma honra.

Combinamos de gravar uma entrevista com Renato para os extras dos DVDs. Algumas semanas mais tarde, voltei ao Rio para conduzir essa conversa – dessa vez, acompanhado de Rodrigo Vergara, que estava deixando a *Vida Simples* e a Abril naquele final de 2005. Verg talvez fosse o companheiro da *Super* que mais nutria pelo trabalho de Renato um culto semelhante ao meu. Acertei na escolha, inclusive porque, uma década depois, Verg, que sempre fora um grande contador de piadas, se tornaria uma espécie de terapeuta do riso, conduzindo vivências em que as pessoas crescem na medida em que vão aprendendo a rir de si mesmas.

Conversamos longamente com Renato, em sua casa. (Ele foi muito paciente com nosso extenso questionário, o que acabou lhe atrasando para o próximo compromisso do dia.) Outra característica de Renato é como ele vivia o presente, e olhava para frente, para os próximos projetos – ele aceitava as homenagens ao passado, mas parecia levemente incomodado de ser visto como um monstro sagrado que já tinha realizado a sua obra, e não como alguém que ainda tinha muito a fazer.

Naquela manhã, fomos de novo muitíssimo bem recebidos por Lílian, que registrou tudo em fotos, além de também tecer algumas perguntas a Renato. Antes que fôssemos embora, ela nos convidou a figurar no filme que Renato estava começando a produzir. Como resultado, acredite, Verg e eu fizemos uma ponta em *Didi, o caçador de tesouros*, o 44º longa-metragem de Renato Aragão, lançado em 2006.

A participação não nos catapultou à carreira artística – tampouco, quero crer, comprometeu o filme –, mas ambos consideramos aquela aparição de três segundos como o ápice de nossas carreiras. E não poderia ser diferente. Verg ainda teve a chance de dançar com a mocinha – a emergente Grazi Massafera – e tomar uma garrafada de Didi. (Eu era o garçom de quem Didi pegava a garrafa para a divina cacetada.) Pronto. Acabou. Lacrou. Nada maior ou melhor do que isso poderia nos acontecer. Já podíamos nos aposentar ou morrer felizes e realizados.

Ivan Finotti ficou pouco mais de um ano conosco. Havia já escrito livro e dirigido filme, mas gostava mesmo era de jornal – onde fez carreira nas editorias de Cultura. Ivan era um cara naturalmente engraçado, fazia rir com seu jeito de ser e de dizer as coisas. E também com seu jeito de pensá-las. Era anárquico, um rebelde em permanente oposição ao poder instalado. Em Ivan, a ironia dava sempre dois passos em direção ao sarcasmo. Mas sua atitude não resultava agressiva – suas tiradas, por mais à queima-roupa que fossem, vinham sempre envoltas numa espécie de delicadeza. Era como se Ivan não risse de ninguém – sempre convidasse a pessoa a rir dela mesma. Ou então como se aparentasse estar rindo de si mesmo, ou da situação, e não do outro – o que oferecia um contrapeso perfeito à sua verve. A irreverência em Ivan, na maioria das vezes deliberada e frontal, não soava ofensiva, era de algum modo macia – e só fazia aumentar a potência do seu humor.

Ivan gostava também de cultivar uma aura underground, emulando a rascância dos subterrâneos do rock dos anos 1960, dos *heroin heroes* dos anos 1970, dos porões dark dos anos 1980. Tanto era assim que desenvolveria uma carreira paralela, como empresário da noite, fundando casas noturnas como Alberta #3, Ramona e o Clube Velvet Underground, todas nas sombras descoladas do Centro de São Paulo.

Por que um projeto editorial dá certo, enquanto outro, tão bom quanto, às vezes até melhor, não vai adiante? A fórmula do sucesso é tão impenetrável quanto a receita do fracasso. Há projetos que criamos para nós mesmos. E há projetos que a gente faz para os outros. Se você só pensar em si mesmo, poderá criar uma oferta hermética. No entanto, se só ouvir os outros, acabará deixando seu coração de fora do produto. Aí vai gerar, mesmo que não queira, uma oferta no piloto automático, sem a paixão genuína do empreendedor – que no fim das contas é o que coloca alma e brilho, dois dos mais importantes diferenciais competitivos, num bem ou serviço.

Como em qualquer empreendimento, e sublinhadamente no mercado editorial, o equilíbrio entre aquilo que você deseja fazer e aquilo que as pessoas desejam comprar – a justa negociação entre essas duas forças –, é o fator que carrega mais chances de definir se você vai subsistir ou morrer. É preciso arrumar um problema real das pessoas para resolver. Mas isso tem que falar com a sua essência.

Ou talvez as melhores chances de fazer coisas que os outros queiram comprar estejam justamente na invenção de coisas que *você* gostaria de ter. (Ou de ler ou de assistir ou de ouvir.) Talvez, no fundo, a gente sempre crie produtos para nós mesmos. Algumas dessas coisas dão certo. Outras, não. Ponto.

Um dos altos executivos da Abril, vindo de fora da indústria da mídia, e que não compreendia bem o que fazíamos ali, uma vez questionou, exasperado, com seu pensamento cartesiano: "Se vocês publicam uma capa que vende muito num determinado mês, como pode não serem capazes de reproduzir o mesmo sucesso no mês seguinte?"

É curioso como vários executivos simplesmente não conseguiam entender a Abril – qual era o nosso negócio, como ele rodava, quais eram os fatores críticos de sucesso no ramo editorial. Havia um componente artístico em nosso metiê, e isso desnorteava alguns homens e mulheres de negócios que não tinham esse talento específico – por mais competentes que fossem em outras áreas e por mais que se esforçassem em decupar o nosso gingado.

Do lado dos "artistas", esse descompasso de estilos e de expertises era muitas vezes utilizado como oportunidade para se colocarem numa bolha, e como argumento para não terem de prestar contas do que faziam, ou de como faziam, a quem ficava do lado de fora daquela redoma.

Sempre que algum executivo rodava, por não conseguir se mover entre as armadilhas espalhadas pelas várias veredas da Editora, um diretor comercial dizia, parafraseando Tom Jobim: "A Abril não é para amadores." Ele tinha razão. Não era simples mapear como as relações se davam ali dentro, os fluxos de poder entre áreas e pessoas, as vastas entrelinhas nas quais se escrevia com tinta invisível – e em dialeto ítalo-americano. Eu dava risada quando ele dizia isso. (Anos depois, na TV Globo, experimentando a arapuca pelo lado de dentro, eu acharia menos graça nesse tipo de situação.)

* * *

Alexandre Versignassi havia feito Jornalismo com um único objetivo – trabalhar na *Super*. Começou trabalhando na cozinha da nossa operação editorial. Não poderia ter havido um lugar melhor para ele começar. Melhor para a *Super*, quero dizer. Versi é um dínamo. Titânio para toda obra. Quanto mais o tivéssemos perto do motor, no coração do organismo, melhor. Versi esteve presente no nascimento de vários filhotes, como *Mundo Estranho*, *Sapiens* e *Flashback*. Mais tarde, se envolveria também com a *Aventuras na História*. Dali, do fundo da redação, ele contribuiu muito, sempre pianinho e consistente, para a renovação e o fortalecimento do DNA do "Grupo Super".

A *Super* era um lugar de orgulho nerd. Mas não como um gueto que oferecesse aos nerds proteção em relação ao mundo lá fora. Ao contrário – a *Super* colocava os nerds na posição de influenciar de verdade o mundo exterior. Não importava o quão distante você estivesse do *mainstream* comportamental, ou de ter os trejeitos de um líder carismático – se você pudesse pensar e escrever bem, estava tudo certo. Não precisava nem falar bonito nem ter gestual charmoso nem usar roupa bacana. Na *Super*, na verdade, o ângulo desviante do sujeito em relação ao senso comum e aos movimentos da manada era uma vantagem. Entre nós, a esquisitice era um ativo.

Versi, entre suas virtudes, tinha um talento único – a capacidade de navegar com a mesma graça e com o mesmo conhecimento tanto pela física quântica quanto pelo British Pop ou pelos filmes de John Hughes. Se a *Super* era *pop* e era *science*, então *Versi* era a *Super*.

"Eu tinha 24 anos, em 2002, quando mandei um e-mail para você, pedindo uma oportunidade na *Super*", diz Versi. "Me autoqualifiquei como um jornalista capaz de escrever sobre ciência e como um leitor apaixonado da revista. Você me respondeu: 'Apresente suas armas aos editores especiais Denis Russo Burgierman e José

Augusto Lemos.' Zé respondeu dizendo que tinha uma oportunidade para mim. Foi o bastante para eu chorar no meio da rua. A *Super* parecia algo tão distante quanto um diploma de Stanford ou uma vaga de guitarrista nos Rolling Stones.

"Zé estava trabalhando numa revista nova – a *Mundo Estranho*. Comecei escrevendo sobre ciência. Continuei colaborando com a chegada de Fabio Volpe. Em 2004, passei a editar especiais na *Mundo Estranho*. Poderia fazer isso de casa, mas liguei para a Administração Predial e, sem pedir autorização de ninguém, encomendei um computador para mim dentro da redação, com a ideia de me aproximar do pessoal da *Super*, já que ir para a revista-mãe era o meu objetivo desde o começo. Não era um sinal de desorganização interna, nem de insubordinação minha. Era simplesmente uma possibilidade que estava aberta dentro daquele ambiente tão fervilhante e aberto a iniciativas. A *Super* era um Vale do Silício editorial.

"Comecei a contribuir com a *Super*. Quando Ivan Finotti foi tocar outro *spin-off* da revista-mãe, a *Flashback*, ele me levou como editor-assistente. Entre uma *Flashback* e outra, me aproximei de Denis e Rafa Kenski, na *Super*, que estavam cuidando de outro *spin-off*, *Sapiens*. A partir da segunda edição, virei também editor-assistente da *Sapiens*. Ninguém mais estranhava o fato de eu estar todos os dias na redação. Eu trabalhava de segunda a segunda, mas era como se estivesse em férias permanentes. Nunca tinha sentido tanto prazer com o trabalho. E jamais voltei a sentir algo parecido depois. *It was the time of my life*, no sentido profissional do termo – e não muito menos no sentido pessoal também.

"Quando Ivan saiu da Abril, no meio de 2005, assumi as últimas cinco edições da *Flashback* – metade das dez que a revista tirou. Lá, toquei a parte editorial da parceria com a Volkswagen que viabilizou a revista – uma das primeiras experiências de Brand Content do mercado brasileiro.

"Com o fim da *Flashback*, em janeiro de 2006, finalmente aterrissei na *Super*. Haviam se passado quatro anos desde aquele primeiro e-mail. Como um dos editores da revista, eu assumiria, em 2010, a responsabilidade pelas edições especiais. Em 2012, depois de ter escrito um livro bem-sucedido sobre economia, criei a versão moderna da operação de livros da *Super*, lançando um título de não ficção com a marca da revista a cada trimestre; depois a cada dois meses.

"Em 2016, com a saída de Denis, assumi a direção de Redação da *Super* – e também da *Mundo Estranho*. Em 2017, produzimos mais de cinquenta edições de revista e lançamos dez livros. Entre *Super* e *Mundo Estranho*, mantivemos também uma operação digital voltada para a produção de vídeos, com mais de 10 milhões de unique visitors mensais."

Em 2015, já à frente do *Projeto Draft*, plataforma editorial dedicada a cobrir a expansão dos negócios pós-industriais no Brasil, que nasceu em 2014, convidei Versi para um debate num evento sobre Nova Economia que eu estava organizando. No palco conosco, a editora brasileira do *Buzzfeed*, site global de conteúdo para jovens. Eu era o mediador e os apresentei ao público. A primeira coisa que a moça fez ao pegar o microfone, em tom emocionado, foi se confessar fã da *Super*. Disse que estava muito honrada de dividir o palco com o cara responsável pela revista que ela adorava ler. Eu olhei para ela todo pimpão. Mas ela, embevecida, estava olhando para Versi. E com toda razão. Versi era, mais do que nunca, e muito mais do que eu, a *Super*.

(Me dei conta de que fazia exatos dez anos que eu havia deixado de ser diretor de Redação da revista. Tempo suficiente para que os novos leitores não tivessem a menor ideia de quem eu era. Tempo curto demais para eu deixar de me sentir parte da *Super*.)

O crescimento do "Grupo Super" criou em nós a sensação, ali por 2004, no auge da expansão, de que tudo daria certo. E de que sempre conseguiríamos abrir espaço para um projeto novo ou para promover ou abarcar quem tivesse talento. Era uma sensação boa. De velocidade, de ascensão, de vento fresco batendo no rosto.

Um dos grandes indicadores de que as coisas vão bem no escritório é quando o chefe passa a ser desnecessário. Não há melhor elogio para um gestor do que o time prescindir dele para fazer as coisas acontecerem. Nos dias de fechamento – que eram quase todos –, eu anunciava, ao sair da redação, no finzinho da tarde: "Dada a minha mais absoluta irrelevância, estou indo embora." Era a mais absoluta verdade.

Eis um fato da vida executiva: quando você só contrata gente melhor do que você, e quando você deixa esses profissionais trabalharem, não fica tentando competir com eles, você trabalha *menos*. E eles, com mais responsabilidade e autonomia sobre o próprio trabalho, tendem a trabalham *melhor*.

Aprendi a descentralizar na *Super*. A confiar mais no time, a delegar. Eu trazia da passagem pela *Exame* uma autoimagem de chefe controlador – que é um outro jeito de dizer "chefe inseguro". No "Grupo Super", aos 30 e poucos anos, exorcizei esse fantasma. E reinventei meu jeito de trabalhar. Era preciso entregar mandatos. E cobrar resultados. Se eles não viessem, aí sim, seria o momento de baixar à operação e discutir o que fazer – desde uma mexida no processo até uma troca de cadeiras ou de pessoas.

Foi na *Super* que percebi que minha obra não era mais assinar grandes produtos editoriais – minha obra era gerir um time brilhante capaz de assinar grandes produtos editoriais. Meu relativo distanciamento do dia a dia, de caso pensado, era também o cuidado de um artista para não estragar a própria obra ao bulir com ela em demasia. A presença excessiva de um chefe com frequência atravanca o fluxo do trabalho e prejudica os resultados.

Em 2002, eu havia passado uma semana na Stanford University, em Palo Alto, na Califórnia, participando do Stanford Professional

Publishing Course, o SPPC, e uma das frases marcantes que trouxera de lá era justamente: "Ao ser promovido, deixe imediatamente de fazer o trabalho que fazia antes. Deixe as pessoas que trabalham para você fazerem o trabalho delas." (O SPPC seria descontinuado por Stanford em 2009, depois de 33 anos, evidenciando os tempos duríssimos para publishers do mundo todo.)

Uma vez, Denis fez um elogio ao meu estilo não workaholic. Disse que até me conhecer tinha medo de ser promovido. E que só passou a considerar que ser diretor de Redação poderia ser uma coisa boa ao me ver atuando naquela posição. Fiquei feliz.

A resposta que obtive do time a esse estilo de gestão foi a melhor possível. A "República dos Editores", na *Super*, liderada por Denis, e as equipes que produziam os vários filhotes da marca, e que espelhavam esse jeito de trabalhar, assumiram o manche com autoridade e categoria. O "Grupo Super" jogava bonito. Inclusive no "Civitão", um estádio incrustado do 14º andar.

Em determinado momento, num redesenho qualquer de layout, uma redação vizinha mudou de lugar. Por algumas semanas, aquele lote ficou vazio. Algumas dezenas de metros quadrados, perfeitamente acarpetados, em formato retangular. Olhando bem, parecia mesmo um campinho. Como se tivéssemos um terreno baldio à nossa disposição num dos espaços corporativos mais nobres de São Paulo.

Numa noite qualquer de fechamento, alguém teve a ideia de pular o muro (no caso, uma divisória bege) e rolar uma bola no campinho (no caso, um bolo de papéis tirados do lixo e presos com fita adesiva). Estava inaugurado o "Civitão", nosso estádio particular. Em dez ou quinze minutos de caneladas, chutes tortos, faltas escandalosas, discussões acaloradas e gols comemorados como se aquilo fosse uma final de Copa do Mundo, a turma desopilava a tensão. (Segundo me contam, porque nunca cheguei a participar de um desses prélios, talvez pelo reconhecimento do meu futebol de categoria superior.) Aí era beber um pouco d'água e voltar à redação, com os cabelos e as roupas encharcados, para finalizar páginas – algumas das quais iriam ganhar prêmios mundo afora – a tempo de mandá-las para a Gráfica.

(Às vezes a partida era interrompida pela súbita aproximação de um segurança, em ronda noturna. Aí cada um dava seu jeito de pular outra vez a divisória bege, como se fossem um bando de Chicos Bentos prestes a tomarem um tiro de sal do Nhô Lau, alguns já sem fôlego, outros mancando, com estiramento muscular e canela roxa, para assumirem de volta seus lugares na redação, com ar circunspecto e olhar concentrado, como se nada daquilo tivesse acontecido.)

Um dia, começamos a usar bermudas. (Sugeri também, em determinado momento, que todos deixássemos crescer o bigode, como uma marca da "República dos Editores" – deixando esse ponto facultativo apenas para as meninas –, mas a turma não comprou a ideia.) Para nós, todo dia era *casual day*. Sempre fora assim. A turma nem saberia apontar a diferença entre estar bem-vestido e vestido "casualmente". O que buscávamos instituir ali é que qualquer dia seria bom também para expormos as canelas cabeludas. (Deixando também esse ponto opcional para as meninas.)

Tratava-se de uma disrupção considerável no *dress code* da Abril, especialmente no nível executivo – Roberto Civita, que, como todo presidente, dava o tom para a empresa nesse tipo de coisa, só era visto sem gravata e paletó por alguns minutos, em dias esparsos, ao sair do carro blindado com seu comentado roupão amarelo-ovo, no estacionamento, e andar alguns metros, cercado pelos seguranças, até a academia que ficava no subsolo do prédio, para as suas aulas de natação.

Enquanto o designer Marcelo Martins, que começava a ficar conhecido como DJ Nego Moçambique, às vezes aparecia na redação radicalizando no look, com camiseta regata cavadíssima e calção de náilon mínimo, como se fosse um dançarino do Studio 54, na Nova York dos anos 1970 (ou, sei lá, uma garçonete do Hooters), eu me perguntava o que aconteceria se um dia eu estivesse de bermuda e fosse chamado para uma reunião com a alta direção.

Não muito depois, tive a chance de obter uma resposta franca e definitiva a esse respeito. Cheguei para trabalhar de manhã – de bermuda – e entrei no elevador do estacionamento, no subsolo. Quando as portas iam se fechando, uma mão interrompeu o movimento. Era um segurança. Perguntei se ele queria que eu saísse. Ele disse que não. Pediu apenas que eu esperasse um segundo. Travou as portas abertas. Até que Roberto entrou, lendo uma revista. Me cumprimentou. E fez sua pergunta clássica: "Como vai a batalha?" Ouviu minha resposta curta e sorridente. E seguiu lendo sua revista. Silêncio. Desci no 14º, desejei-lhe "bom dia" e perdi a chance de conhecer a opinião de Roberto sobre o uso de bermudas no prédio da Abril, em horário de trabalho, por um de seus diretores. Ele simplesmente não olhou para baixo. (Ou, se o fez, fingiu que não estava vendo aquela barbaridade.) Melhor assim.

Um dia, recebemos na *Super* a carta de um leitor perguntando se ele poderia usar o papel sedoso da revista para enrolar seus baseados – provavelmente inspirado por uma das nossas capas sobre maconha. Não está claro se ele nos enviou aquela mensagem num momento de alteração momentânea da consciência, mas o fato é que *eu* estava no domínio pleno das minhas faculdades mentais quando pedi que respondêssemos àquele questionamento do jeito certo – com uma resposta objetiva e bem apurada.

Então ligamos para a Gráfica Abril e entrevistamos Eduardo Costa, à época gerente de Acabamento, e que sabia tudo sobre papéis, a respeito da fumabilidade do couché 75 gramas brihante da *Super*. Eduardo, que anos mais tarde viria a se tornar diretor superintendente da Gráfica, confrontado com aquela sardonice, deve ter revirado os olhos e considerado se atirar embaixo de uma bobina. Ainda assim, nos deu uma resposta minimamente técnica para aquela pergunta que, a rigor, era tecnicamente irrespondível. Publicamos a resposta em "Superleitor", nossa seção de cartas. Em poucas semanas, fomos intimados a depor numa delegacia próxima à Abril: alguém havia registrado contra nós uma denúncia de "apologia ao uso de drogas". E lá fomos eu, Eduardo e um advogado da Editora encarar um delegado que gritou conosco, deu soco na mesa, nos ameaçou e, ao final, me fez prometer, num tom de sermão no jardim de infância, que eu não ia mais publicar aquele tipo de coisa. Não consegui, e acho que jamais conseguirei, me desculpar suficientemente com Eduardo Costa – inclusive porque ele nunca mais atendeu a uma ligação vinda da redação da Super.

O "Grupo Super" inscreveu seu nome na história da empresa não só por seus registros policiais, mas também por suas participações semivândalas no Prêmio Abril de Jornalismo – evento criado em 1977 para premiar o melhor da produção editorial da editora no ano.

Lembro da noite de gala, em 2005, na classuda Sala São Paulo, ambiente acostumado a receber orquestras sinfônicas e recitais de música clássica, em que a turma da Super, sentada no fundão, para comemorar a vitória dupla de Mundo Estranho na categoria "Infografia", com as matérias "Por que é difícil fazer xixi quando o pênis está duro?" (pauta de utilidade pública, e privada, sugerida por mim) e "Como se forma o cocô?", improvisou um longo e lânguido canto de torcida – "Xixiii, cocôôô.... Xixiii, cocôôô... Xixiii, cocôôô..." – enquanto Renata Steffen, Rodrigo Ratier, Artur Louback Lopes e Daniele Doneda subiam ao palco para receber o troféu. Eu tinha um lugar reservado nas primeiras fileiras do auditório, mas estava lá atrás com a galera. Evidentemente, não entoei, não participei, nem apoiei aquela sandice.

(O Prêmio Abril de Jornalismo teve algumas edições realizadas no Teatro Abril – antigo Teatro Paramount, localizado na Bela

Vista –, casa de eventos que levou o nome da Editora entre 2001 e 2012. Outra intervenção urbana da Abril foi a recuperação de um terreno degradado, em Pinheiros, vizinho ao Novo Edifício Abril, o NEA. A área foi transformada num espaço cultural e de convivência, a praça Victor Civita, em homenagem ao centenário do nascimento de VC. Inagurada em 2008, a praça seria mantida pela Abril, em parceria com a Prefeitura de São Paulo e outras empresas, até 2015.)

Paulo Nogueira dizia que gostava de cruzar todo dia com a efervescência da *Super* – ele caminhava lateralmente por toda a extensão da área que ocupávamos no andar, do hall dos elevadores até a sua sala. Se dizia impactado pela energia boa que emanava dali.

Mas não eram só boas energias que transbordavam do nosso cafofo. Com frequência, fazíamos mais barulho do que seria razoável. Lembro do entardecer de uma sexta, véspera do recesso de fim de ano, em que estávamos com tudo resolvido, com o coração tranquilo em relação ao que tínhamos realizado, e cheio de grandes expectativas em relação ao futuro, quando Celso subiu o som na redação da *Aventuras na História*. Sambão. Tirou um chapéu de malandro da gaveta e puxou Debs, a editora de Arte da revista, para dançar. A trilha evoluiu para sambas-enredo e, de repente, estava todo mundo cantando junto, batucando nas mesas, num doce balanço coletivo a caminho do feriado.

O "Grupo Super" já ocupava metade do andar. O que nos isolava um pouco, inclusive acusticamente, dos demais – e os protegia de nós. Mas a Redação de *Info Corporate*, liderada por Katia Militello, ainda ficava grudadinha na gente, vizinha de divisória, perto de *Aventuras na História*. Antes de ir embora, fui até lá e me desculpei com Katia, que tentava, exasperada, fechar a última edição do ano – com a Marquês de Sapucaí bombando ao lado.

Por essa época, Edu Vieira era editor de *Info Corporate* e trabalhava com Katia naquela pequena redação colada à nossa parede.

Edu era discreto, se vestia com cores sóbrias e estava sempre de paletó. O que contrastava um pouco com o nosso quintal, onde a regra era jeans e camiseta – além de gargalhadas, gritos e eventuais baticuns. Cruzava com Edu no corredor e às vezes nos encontrávamos no banheiro. (Mas não precisamos expor aqui essas minudências.) Seu ar circunspecto talvez já tivesse ali dificuldade para represar o empresário ousado e criativo em que ele se transformaria a partir de setembro de 2007, com a fundação da Agência Ideal.

Junto com Ricardo Cesar, Edu transformaria a Ideal numa das agências de Relações Públicas mais admiradas do país. Em 2015, eles venderiam o negócio para o WPP, um dos maiores grupos de empresas de comunicação do mundo. Antes disso, em 2011, Edu e Ricardo me contratariam como consultor em sua empresa, e fundaríamos juntos, em seguida, a The Factory, com a qual lançaríamos, em agosto de 2014, o *Projeto Draft*. Enfim: trate bem o cara de camisa social e mocassim marrom que urina ao seu lado – sem exageros, é claro – porque você nunca sabe se ainda trabalhará para ele ou se ele ainda será seu sócio.

A celebração das nossas idiossincrasias, das geekices, nerdices, modernices, estranhezas e ousadias do "Grupo Super" teve, talvez, um ponto máximo – as bodas de Fernando Naigeborin, editor de Arte da *Vida Simples*, num hotel-fazenda no interior de São Paulo.

Todo mundo junto, com roupas, cabelos e perfumes de festa, se encontrando fora do dia a dia, num ambiente onírico, no meio do mato, com namoradas e namorados, era uma fotografia viva que expressava a alegria de estarmos juntos e fazia o registro de um momento histórico em nossas vidas e carreiras.

Éramos *indies* mostrando ao *mainstream* como é que as coisas deveriam ser feitas. Éramos uma nova receita que dava certo, um novo arranjo que se estabeleceu sorridente, irreverente e eficiente no coração da Abril. Quase tudo o que fazíamos rendia bons frutos, tínhamos a agradável sensação de dever cumprido, a tranquilidade de estarmos com a autoestima bem resolvida. O que aumentava nossa química, nosso charme, nossa felicidade pessoal e nosso orgulho coletivo.

Eu olhava para aquilo tudo acontecendo à minha frente, à minha volta, dentro de mim – os sorrisos, os olhares, os gestos, os abraços, os convites, os desejos – e sentia orgulho de ter propiciado as condições para que aquelas conexões se dessem.

Me lembrarei para sempre da turma em êxtase, dançando "Hey Ya", do Outkast, na pista apertadinha do hotel, logo depois da cerimônia e do banquete de casamento, sem a menor intenção de evitar o roça-roça, em sintonia anímica e, por que não?, orgásmica, noite adentro. Era evidente que tanta gente interessante junta – sendo que algumas até que não eram de se jogar fora – gerava um circuito de energia sexual que operava nos subterrâneos do "Grupo Super". Havia momentos em que isso aflorava e se tornava mais evidente. (Sem esse *mojo*, sem essa eletricidade vital, desconfio de que não teríamos feito tanta coisa bacana. Eis aí uma boa dica de gestão: não expulse Eros do escritório. Ele é um aliado.)

Em janeiro de 2004, dei uma festa de aniversário junto com Marcia Bindo. Aquela noite também epitomizou o espírito daquela época e daquele grupo. E, quero crer, como que anunciou que a nossa última dança já estava em curso. Depois do auge vem o descenso. "All things must pass" – no conceito-canção de George Harrison, que podemos transmutar em português para a síntese cancioneira de Nelson Ned: "Tudo passa, tudo passará." Ou, se você preferir, para o verso de Los Hermanos: "Todo Carnaval tem seu fim". Ou, ainda, na frase de Paulo Nogueira: "Aproveita bem, está dando tudo certo, é um momento mágico, que não vai durar para sempre."

Sem que soubéssemos, o fim de 2004, talvez o melhor ano de nossas carreiras até ali, decretaria também o fim daquela experiência. Antes disso, felizmente, fizemos outras festas memoráveis. Um par delas no sítio de Fabio Volpe, redator-chefe da *Mundo Estranho*, em Atibaia. Volpe era o elo perdido entre o "Grupo Super" e a *Placar*, de onde viera, capitaneada por Sérgio Xavier Filho, onde também havia uma cultura interna forte e muita camaradagem. Juntávamos todo mundo nas festas de fim de ano.

O time da *Placar*, que contava então com craques como Arnaldo Ribeiro, Maurício Barros, Gian Oddi, Crystian Cruz e Rogério Andrade (além de Joanna de Assis, ainda estagiária, que entrava em campo com fardamento completo do seu time do coração, das chuteiras à medalinha), nos batia fácil nas peladas que antecediam o churrasco. (Rafa Kenski certa vez aparecera para jogar com um bermudão florido acompanhado de botinas de camurça e meias sociais pretas. Rodrigo Cavalcante era famoso por não conseguir projetar a bola a mais de um metro nas cobranças de lateral. Enfim: já entrávamos derrotados.)

Em minha derradeira festa no sítio do Volpe, já de saída da Abril, ganhei um videoclipe, editado por Barbara Soalheiro e Celso de Miranda, com "Don't Go Away", do Oasis, coberto com imagens minhas com o time, colhidas ao longo dos anos. Engoli o choro. Mas não deixei de causar – mercê da sunga branca com a qual me apresentei para o tchibum na piscina. Eu planejava um mergulho acrobático, o que não foi possível. Em determinado momento, a festa toda se transferiu para *dentro* da piscina, gerando uma das fotos mais icônicas e impressionantes daqueles tempos – quase cem pessoas superlotando a piscina de Volpe, que, com o pragmatismo de sempre, safo, preferiu ficar do lado de fora. Lembra daquela conversa sobre roça-roça, sintonia anímica e eletricidade vital? Pois é. Imagina isso debaixo d'água...

(Na volta de uma dessas raves etílicas em Atibaia, um de nossos editores, ainda trançando as pernas, rogou ao motorista que parasse num posto, porque precisava ir urgentemente ao banheiro.

Quando finalmente conseguimos parar, ele desceu correndo e achou um vaso. Aliviou-se longamente. Até que alguém lhe avisou que ali não era o banheiro. O vaso que ele encontrara para esvaziar a bexiga continha plantas e estava posicionado diante da parede de vidro de um enorme restaurante de beira de estrada, lotado com dezenas de famílias boquiabertas com a cena.)

Também tivemos algumas noitadas memoráveis no Astor, bar boêmio da Vila Madalena. Uma vez, chegamos a *quebrar* uma mesa – mas a juntamos ali mesmo, no meio do salão lotado, a viramos de cabeça para baixo e consertamos o, digamos, acidente, atarrachando de volta os parafusos com uma moeda de dez centavos –, operação que atraiu a atenção e a torcida do bar inteiro e, ao cabo, mereceu uma vasta salva de palmas. O maître nos circundava, entre polido e desesperado, pedindo para que, por favor, deixássemos que ele tirasse a mesa de cena. Imagina se faríamos uma coisa dessas.

Penso que houve na *Super*, desde a reforma que realizamos em 2000, três grandes eras, ou estilos, que podem ser definidos pelas "duplas de criação" que os conduziram. Primeiro, Al e eu, de 2000 a 2004 – com o auxílio luxuoso de Rodrigo Maroja. Depois, Denis e Adriano Sambugaro, entre 2005 e 2007, e Sergio Gwercman e Sambuga, entre 2007 e 2010. E, por fim, Versi e Fabricio Miranda, de 2012 até agosto de 2018 – quando Fabricio deixou a Abril.

Adriano Sambugaro chegou à *Super* em dezembro de 2000. Era designer na *Nova* e Al achou que poderia lhe oferecer um caminho mais curto a posições em que ele pudesse fazer desabrochar seu talento. Sambuga assumiu como chefe de Arte com a saída de Maroja, em 2003. E ficou na *Super* até janeiro de 2011, quando saiu da Abril – e abandonou o design – para trabalhar com marketing. Foi substituído por Alessandra Kalko. E, ano seguinte, por Fabricio Miranda.

O marketing provavelmente ganhou um bom executivo, mas o design perdeu um tremendo artista. (E o mundo perdeu um fashionista exemplar. Ao passar para o mundo dos negócios, Sambuga precisou abrandar a exuberância do seu guarda-roupa. Em todos os nossos anos de convivência, nunca o vi repetir uma peça de roupa. Nem errar uma (des)combinação de cores. Também nunca o vi, uma vez sequer, pentear o cabelo – sua juba estava sempre cuidadosamente desgrenhada, cada fio meticulosamente colocado fora do lugar. E jamais conheci alguém que usasse tantos acessórios – e tão bem, de modo tão marcante e *cool*. Correntes, pulseiras, anéis, gargantilhas – e talvez até piercings e plugues não disponíveis à exposição pública.)

Com Sambuga à frente da *Super*, a partir de 2005, as capas evoluíram da linguagem fotográfica para uma linguagem de imagens alteradas e, às vezes, (re)construídas no computador. A *Super* manteve sua concisão de texto e imagem, mas ampliou a contundência, especialmente visual, de suas capas, operando com imagens icônicas trabalhadas à perfeição, em uma infinidade de *layers*, transformadas em pôsteres com profundidade 3D, em verdadeiras instalações desenvolvidas exclusivamente para aquele fim. Não era mais apenas a sacada combinada com o fotógrafo ou com o ilustrador – era também o apuro e o esmero da pós-produção e do acabamento digital.

Rodrigo Maroja, outro grande designer trazido por Al, foi fundamental na consolidação da linguagem visual inaugurada na *Super* em 2000. Maroja era meticuloso, extraía grande beleza das minúcias, do cuidado incansável que tinha pelos detalhes, em especial na construção de simetria e de proporção. E, embora fosse um cavalheiro de fino trato na relação com outros seres humanos, Maroja era também um artista autossuficiente, do tipo que só precisava de um bom computador, com os softwares certos, para resolver qualquer parada a partir do seu talento. Maroja era famoso pelo perfeccionismo – era um mestre artesão –, pela enorme capacidade de trabalho e também por uma inacreditável imitação que fazia, no meio da redação, de um tatuzinho de jardim ao ser tocado. "Comecei na *Super*, como freelancer, em 2000. E fui contratado como chefe de Arte em fevereiro de 2001. A *Super* foi minha grande escola – formado em Desenho Industrial, eu já tinha trabalhado com design editorial, mas foi na revista que aprendi sobre Infografia e projeto gráfico", diz Maroja, que deixou a *Super* em 2003, para ser diretor de Arte da *Info*. Dirigiu também *Placar*, *Quatro Rodas* e *Runner's World* até sair da editora, em janeiro de 2012, e se tornar um dos mais prestigiados capistas de livros do país.

Fabricio Miranda fez o Curso Abril de Jornalismo em 2002 e, em seguida, foi contratado por Al como designer. Ficou na *Super* até 2008, quando foi convidado por Fabio Volpe para assumir a Arte da *Mundo Estranho*, com a saída de Alessandra Kalko. "Refizemos o projeto gráfico, e também o projeto editorial, e transformamos a *Mundo Estranho* numa revista inteiramente feita com infográficos", diz Fabricio, que retornou à *Super* em 2012, como diretor de Arte, outra vez substituindo Alê Kalko.

Uma vez, expus Fabricio publicamente. Ainda em começo de carreira, ele propôs um layout de matéria do qual eu não gostei. Em tom de brincadeira, diante de outras pessoas, me referi àquela solução como uma "fabriciada" – talvez numa referência inconsciente às "adrianossilvadas" da *Exame*. A diferença é que as "adrianossilvadas" brincavam com um êxito. A "fabriciada" zombava de um insucesso. E mais: propunha um adjetivo que transformava o próprio Fabricio em referência de algo que não tinha dado certo. Enfim: uma coisa horrível.

Meu único possível consolo diante dessa rudeza que cometi é que ela talvez tenha servido como uma espécie de aditivo no combustível de Fabricio para que ele voasse alto e me desdissesse com seus feitos no design de revistas, invertendo completamente a polaridade do que poderia significar um termo como "fabriciada": em seus anos à frente da *Super*, a revista ganhou mais de trinta prêmios de design e Infografia.

Se eu mergulhar um pouquinho mais fundo na análise da carraspana que impus a Fabricio, talvez perceba que algo além do layout havia me incomodado. Fabricio era o representante mais próximo a mim de uma nova geração que eu não conseguia compreender nem acessar como gostaria. Enquanto Al e Denis continuavam, aparentemente, dialogando com aqueles novos talentos, e sendo *admirados* e *reconhecidos* por eles, eu tinha cada vez mais a impressão de que era *respeitado* apenas hierarquicamente, e de que não exercia sobre eles uma *influência* autêntica – a única moeda que me interessava.

Via cada vez mais a redação ser tomada por aquela turma blasé, que levava a irrevência ao limite da indiferença, numa apatia cênica que me desafiava. Talvez houvesse ali um embate silencioso entre os estilos da Geração X, a minha, mais racional e objetiva, e da Geração Y, os chamados *Millenials*, a geração nascida nas décadas de 1980 e 1990, formada sob a égide da Internet, mais sensorial e subjetiva, que não precisava ter tudo tão explicadinho para entender as coisas, e para quem a palavra não era a única (e provavelmente nem a melhor) ferramenta de comunicação humana. Essa era a geração de Fabricio – e de alguns outros profissionais que mantiveram comigo relações frias até o final, o que eu lia como um permanente voto de desconfiança.

Aquela nova turma chegava à Abril, com seus códigos próprios, orgulhosa do seu dialeto e dos seus valores, e grandemente fechada num espírito de corpo – provavelmente como uma tática de defesa e de sobrevivência. Ou, talvez, como uma estratégia de ataque, no tabuleiro do poder. Eles pediam passagem. Davam sinais de luz numa frequência de difícil decodificação para nós, que já estávamos a meio caminho de nos tornarmos quarentões.

Talvez eu estivesse, ali, começando a me sentir velho. Então eu não era mais o jovem diretor que estava à frente e mostrava o caminho. Então eu não era mais o cara que virava as páginas – mas me tornava uma página a ser virada por quem estava chegando. Me vi, de algum modo, excluído em meu próprio território. Ou talvez, no fundo, eu só quisesse sentir que a admiração que sentia por aqueles garotos era de algum modo recíproca. (Seja como for, só me resta desejar à Geração Y, hoje em posições de chefia, toda sorte do mundo na lida com a Geração Z, os chamados *Centennials*, nascidos depois de 2000, a indômita turma dos gamers, dos youtubers, dos empreendedores seriais...)

Por tudo isso, Fabricio – que provavelmente sequer sentia ou enxergava as coisas desse jeito –, acabou tomando uma piaba. Ele representava bem a sua geração: um *hipster* com antena afiadíssima para captar tendências. *Cool* sempre antes do *cool* deixar de ser *weird* e virar establishment. Um homem que antecipava estilos, em permanente fuga do que pudesse soar *mainstream* – dos bigodes aos sapatos, do corte de cabelo ao estilo dos óculos. E que lidava mais com imagens e com gestos e com sons (era uma turma que se definia muito pela música que ouvia) do que com discursos.

(Sempre me lembrarei de Fabricio ao ouvir "Move your feet", uma faixa deliciosa do Junior Senior, um duo de *indie pop* dinamarquês que estourou por um minuto na Inglaterra, em 2003 – o suficiente para Fabricio captá-lo em seus headphones –, e de quem eu jamais teria ouvido falar, não fosse por ele.)

Reza a lenda que uma vez, alta madrugada, no auge do Franz Ferdinand como expressão máxima do rock alternativo, do estilo vintage e pós-moderno, Alex Kapranos, vocalista da banda escocesa, esbarrou em Fabricio num porão do Baixo Augusta, em São Paulo. Ambos se olharam por um segundo, mediram forças e foram cada um para o seu lado, reconhecendo o poderio do outro. Aquele *clash* entre dois gigantes da descolândia e da postura *"yeah, whatever"* terminava em empate técnico. Ao redor, todos faziam um silêncio respeitoso – mas fingindo que nada de mais tinha acontecido, é claro. Ah, sim. Houve outro episódio em que expus um colega. Recebi certo dia um e-mail de um editor dizendo que tinha ficado constrangido com um comentário meu. Uma brincadeira que eu tinha feito com ele em público. Ao que parece, eu brincava do jeito errado com as pessoas com certa frequência.

Para além da minha capacidade pessoal de errar a mão com esse tipo de coisa, é fato que quando você é chefe fica naturalmente mais difícil fazer piada. Quer dizer: fica mais fácil, porque todo mundo sempre ri das bobagens que você diz – o que não quer dizer que estejam de fato achando graça. O duro é que, sem essa barreira crítica na audiência (obrigado pela resistência, Geração Y!), sua autocrítica também começa a lacear – estabelecendo um círculo vicioso em que as suas piadas vão ficando cada vez piores, na medida exata em que vão gerando cada vez mais risos ao redor.

As palavras do chefe têm peso. Um comentário casual pode gerar ondas de pânico no time. Uma observação desprovida de qualquer intenção ulterior pode ser tomada como um grave recado. Coisas que ditas por outra pessoa soariam leves e divertidas, na boca do líder ganham densidade e cor de chumbo. Nem sempre tratei essa liturgia com o respeito devido.

A virada editorial da *Super* só seria bem-sucedida se também relançássemos a revista junto ao mercado publicitário. Roberto e Thomaz não deixavam a gente chamar revista de "produto" – mas era disso que se tratava: o reposicionamento de um produto editorial. Paulo via na *Super* grande potencial, inclusive publicitário. E achou outra vez que precisávamos de uma venda conceitual junto a agências e anunciantes, que combinasse profundidade jornalística com poder de persuasão comercial. Então lá fui eu, de novo, vender.

A grande verdade é que ao longo da minha carreira na Abril, e também depois dela, à frente dos meus próprios negócios, desde que decidi virar um jornalista e me dedicar a viver de produzir conteúdo, raros foram os momentos em que consegui exercer com exclusividade esse papel de "artista", focando em escrever e em editar.

Em parte, talvez, porque o pensamento empreendedor me seja natural, e eu enxergue oportunidades de negócio ao longo do caminho. Em parte, porque talvez seja assim que as pessoas me veem e seja isso que elas costumam demandar de mim. O fato é que nunca consegui deixar de ser um publisher para ser apenas um *redator* ou um *editor*. O "artista", em mim, sempre trouxe amarrado a si, como um gêmeo siamês, o "homem de negócios", que fica lhe dizendo ao pé do ouvido: "Você precisa de mim para sobreviver. Sem mim, você morre de fome." Eis a minha sina. (E também, para ser perfeitamente justo, a minha sorte.)

Com o tempo, aprendi a conviver com essa alma fendida. De um lado, o medo de que aquilo que eu mais gosto de fazer na vida não seja capaz de gerar a vida que eu gostaria de ter. De outro, a sedução de abraçar aquilo que eu *imagino* que precise fazer, ainda que sem tanto desejo, para ter a vida que desejo. (Você também tem um gêmeo siamês dentro de você? Um artista? Um vendedor? Como você tem lidado com ele?)

Sergio Amaral, o Serginho, diretor de Publicidade da UN "Masculinas", organizou o que chamamos de *roadshow* da *Super* – uma peregrinação pelas maiores agências de publicidade do país. Em duas ondas: a primeira, dando a notícia da reforma editorial, explicando o novo conceito da *Super*, levando a promessa de uma nova revista; e a segunda, dois anos depois, apresentando os resultados, mostrando que cumpríramos as promessas e mostrando que não tínhamos mais uma revista "com dinossauro demais na capa", como dizia Paulo, mas uma marca poderosa, que conseguia catalisar ao seu redor os jovens adultos mais influentes do país.

Serginho, ao saber que eu assumiria a *Super*, me chamou para um café, antes mesmo de eu tomar posse e antes de sermos formalmente apresentados. Queria saber dos meus planos para a revista. Fui tão específico quanto pude – porque os planos ainda não estavam prontos. Serginho e eu desenvolvemos uma boa camaradagem. Ele nunca teve problemas em me colocar sob os holofotes, à frente dos seus clientes. Robson Monte, do seu time, foi também um companheiro destacado naquelas incursões publicitárias.

A *Super*, até ali um título de pouco apelo para o mercado anunciante, foi sendo programada cada vez mais pelas grandes marcas. Se nunca se tornou uma campeã de anúncios, também deixou de ser esquálida nessa linha de receitas. Achamos, talvez, o nosso *fair share*, a nossa justa fatia do bolo publicitário, que era o que Paulo demandava de nós.

Em Assinaturas, encontrei em Euvaldo Junior um grande parceiro. Um sujeito empreendedor, que percebia o que estávamos fazendo ali, e aceitava o nosso convite à realização. Júnior corria riscos junto conosco. E sabia jogar o jogo corporativo – o que nos ajudava muito nas valsas que precisávamos dançar com a empresa.

Havia também interlocutores de polaridade inversa. Se Júnior celebrava sua essência ao entrar na redação da *Super*, havia executivos que precisavam estacionar a sua do lado de fora e colocar uma máscara minimamente empreendedora para entabular uma conversa conosco. Esse era um perfil comum – e que com frequência me exasperava –, de quem se incomodava em ver o nosso motor de arranque permanentemente ligado, lhes convidando a sair do ambiente seguro, da linha reta e do mero cumprimento de tarefas. (Minha expressão facial, uma inconfidente nata, devia mostrar claramente meu desagrado ao enxergar o desagrado desses interlocutores com nossos planos de dominação planetária.)

Talvez não fosse simples mesmo, para quem só estivesse interessado em obedecer a ordens, ou para um estrategista de carreira ocupado prioritariamente em agradar as pessoas certas, sem fazer muito ruído, lidar com aquele nosso estilo *rogue*: a gente não estava ali para fazer o que imaginávamos que a alta direção quisesse que fizéssemos – a gente estava ali para fazer o que estávamos convictos de que era o melhor para a *Super* e, por conseguinte, para a empresa.

Júnior sempre trazia ideias provocativas. E dificilmente dizia não. Preferia achar um jeito de fazer acontecer – mesmo lidando com assinaturas, um dos processos mais complexos, e portanto, engessados, da empresa. Quando você estabelece o seu departamento como uma área de inovação, como fizemos com a *Super*, acaba afastando um bocado de gente e gerando um monte de beiços antecipados às suas ações. Ao mesmo tempo, você atrai muita gente boa, a fim de fazer coisas legais – de dentro e de fora da empresa. Cria-se um campo magnético que atrai todo tipo de contraintuição e de espírito hacker ao redor.

Havia um detalhe extra em Júnior, comum a todos os grandes executivos bacanas com quem cruzei carreira afora: a postura de não operar pelo que era mais *fácil* para nós, nem pelo que era mais *simples* de fazer, mas sim pelo que era *melhor* para a marca, para os produtos e para os nossos objetivos do negócio.

Essa também era a atitude, por exemplo, de Ricardo Carvalho, Gerente de Processos, que cuidava da nossa interface com a Gráfica, outra estrutura industrial, monolítica por definição. Ricardo sempre deu total suporte às nossas invencionices, além de nos alimentar com boas provocações sobre papéis, lombadas, formatos, acabamentos, cadernos e outros que tais.

Na área financeira, batizada na Abril de Planejamento e Controle Operacional (PCO), tínhamos dois parceiros inestimáveis: Fábio Luis do Santos e Renata Antunes. Quando os números nos apertavam, Fabinho e Rê nos ajudavam a apertá-los de volta. Nunca dediquei uma "Carta ao Leitor" a eles, o que é uma grande injustiça, pela importância que ambos tiveram na construção do "Grupo Super".

Fabinho, para além da sua intimidade com os números, era um menino de "muita natureza", como se dizia na época do meu avô. Grande apreciador dos esportes de alcova, sua libido o precedia, de modo natural, aonde quer que fosse. Carinha de bom moço, olhar afiado, poucas palavras, sorriso maroto fixado no canto da boca, Fabinho parecia fazer brotar nas meninas as mais inconfessáveis fantasias. Elas faziam fila diante de sua mesa, para deixar ali uma maçã reluzente, embrulhada em papel de seda, com o número do celular anotado dentro de um coração. Ou entabulavam, gaguejantes, uma conversa qualquer, mero subterfúgio para ter meio minuto de *eye contact* com ele. Fabinho canalizava para o trabalho apenas uma pequena parte de sua extraordinária energia sexual – o que era mais do que suficiente para conectar a gestão financeira do nosso negócio a um motor de 250 cavalos inteiros e relinchantes.

Rê, sua fiel escudeira, via tudo, sabia de tudo, e não tecia julgamentos, só ria – me refiro aos nossos números, evidentemente, não à atribulada rotina amorosa de Fabinho. Rê era exímia em operar cortes de custos sutis, quase invisíveis. E ajustes contábeis que poliam ao máximo nossos louros, nos momentos bons, e que eram os mais indolores possíveis, nos momentos ruins. Sempre com olhar vivaz e sorriso cúmplice.

Só me dei conta da falta que faz um bom apoio do Financeiro quando não o tive. Um *controller* com espírito empreendedor – como Fabinho, que anos depois viraria dono de bar – tem gosto por construir junto, por ampliar, por investir. Um *controller* desprovido desse espírito dedica 100% da sua energia a ser um contrapeso ao ímpeto realizador. É um cara que olha com fé cega e reverente para os custos – e, na mesma medida, nutre um ateísmo cínico e inamovível diante da previsão de receitas.

Lembro uma ocasião em que um executivo dessa estirpe entrou sorridente na redação, com as bochechas róseas de felicidade, com aquele brilho no olho de quem traz uma grande notícia para dar. Eu me levantei sorrindo também e fui abraçá-lo com entusiasmo, certo de que ele viera pessoalmente dizer que tínhamos batido o recorde de vendas em banca ou que a taxa de renovação de assinaturas tinha aumentado. Ele então disse, abrindo os braços, eufórico: "Trouxe um desafio para você!"

E eu fiquei ainda mais excitado, pensando que íamos ganhar mais um título para tocar. Ou, quem sabe, a empresa fosse nos confiar o lançamento de um projeto estratégico. Então ele revelou o desafio, com o mesmo tom hiperbólico de apresentador de programa de auditório: "Precisamos cortar um milhão do seu orçamento nesse trimestre!"

Enquanto ele permanecia sorrindo largo, sei lá por quê, eu murchava à sua frente. Talvez ele sentisse prazer com esse tipo de coisa. Ou talvez aquele fosse apenas o melhor jeito que lhe ocorreu para me dar aquela notícia.

A área de Recursos Humanos também era uma fornecedora interna importante. Tínhamos consultoras – todas mulheres, sei lá por quê – que nos auxiliavam na gestão de gente. Algumas eram parceiras, tinham admiração verdadeira pelo que fazíamos e procuravam entender *como* fazíamos – para nos ajudar a fazer mais e melhor. Vinham de uma área corporativa, mas não faziam apenas o jogo da empresa. Entravam na trincheira conosco, comungavam das nossas questões e dos nossos pontos de vista e às vezes quebravam a espinha para nos ajudar a contratar ou a demitir ou a promover da melhor forma possível, naqueles tempos de grande contenção. Malu Sanches, Mary Veras (e, na época da *Exame*, Sílvia Espesani) são ótimas representantes dessa estirpe.

E havia também as consultoras que vinham inspecionar, como delegadas da alta direção, como estávamos nos comportando no front. Sua função não era nos ajudar a resolver problemas, mas apenas garantir que não criássemos *mais* problemas para a empresa. No Marketing, tínhamos Ricardo Cianciaruso. Numa "Carta ao Leitor", intitulada "O Auxílio Luxuoso do Marketing", escrevi o seguinte: "Obrigado, Ciancia. Ricardo Cianciaruso, gerente de Marketing da nossa Unidade, cuidou só da *Super* de junho de 2001 a julho de 2002. Doze meses fabulosos para a revista. Aumentamos muito a Circulação, tornamos a operação toda mais eficiente, criamos produtos importantes. Ciancia é um talento de vários predicados. Um deles, a gentileza. É um sujeito que sabe sorrir. Outro: ele alia o pensamento estratégico à capacidade operacional. Tem boas ideias e as executa bem. É bom remar ao lado de um executivo assim."

Ciancia fora promovido a gestor de Marketing de toda a UN e em seu lugar assumiu Carla Soares, que cuidou da *Super* entre agosto de 2002 e dezembro de 2003. A partir de janeiro de 2004, o Marketing da *Super* seria tocado por Gabriela Yamaguchi: "[Gabi], a nossa nova gerente de Produto, ama a *Super*. Um amor correspondido. Gabi já foi repórter da revista. (Quem disse que jornalista não sabe fazer negócios?) Já foi nossa editora de Internet. Depois, cuidou de Projetos Especiais e integrou a equipe de Vendas, defendendo as cores da *Vida Simples*. Gabi conhece a alma da *Super*. Não bastasse, ela é uma das pessoas mais delicadas que conheço. E uma das mais trabalhadoras. (Daquele tipo de gente que o chefe tem que mandar para casa, em vez de mandar trabalhar.) Obrigado, Gabi."

Gabriela Yamaguchi, de fato, é um dos fios condutores da história da *Super*. Dizer que Gabi cuidava da *Super* é impreciso: Gabi cuidava da gente. A ponto de às vezes esquecer de cuidar de si mesma – absorvia mais coisas para fazer do que conseguia executar.

Gabi foi minha parceira incansável. (Quer dizer, ela *cansava*, mas não dava o braço a torcer.) Ao lado do sorriso geralmente estampado no rosto, Gabi também sabia ser brava. Havia momentos em que franzia a testa e dava uma dura em quem quer que estivesse andando fora da linha. Gabi era metódica e tinha suas convicções. E às vezes perdia a sua paciência oriental diante de processos irracionais e de gente pouco a fim de fazer as coisas acontecerem – dois elementos relativamente comuns na vida corporativa.

Gabi esteve comigo, de um jeito ou de outro, ao longo de todo o percurso. Em 2004, lançamos 139 produtos no "Grupo Super" em 254 dias úteis – contra 82 lançamentos em 2003. Isso significa que naquele ano, dia sim, dia não, colocamos algum produto do "Grupo Super" nas bancas.

Para 2005, estávamos planejando mais de 200 lançamentos no "Grupo Super". Me lembro bem de um fim de tarde, começo de noite, em fins de 2004, quando nossa operação avançava com muito vigor, um trem cheio de lenha na fornalha, em que me sentei com Gabi para plotar no calendário tudo que estávamos gestando para o ano seguinte. Faltou espaço na planilha. O ano fiscal parecia pequeno para as nossas ambições. Gabi sonhava junto. E ajudou muito a tornar vários daqueles sonhos realidade.

Gabi organizou a loja *Super* na Internet – uma iniciativa de e-commerce quando as empresas ainda não perdiam tempo com isso, uma vez que pouca gente no país tinha disposição para fazer uma transação online com seu cartão de crédito. Tínhamos uma linha enorme de produtos com a marca *Super*, e com as marcas dos filhotes da *Super*, que ia de revisteiros de papelão para o correto armazenamento das coleções anuais da revista impressa na prateleira até uma grife de camisetas estampadas.

Gabi também inaugurou as pré-estreias da *Super* nos cinemas. Lançamos edições como *Matrix*, de maio de 2003, ou *Quem matou Jesus?* e *Troia*, de abril e maio de 2004 respectivamente, para nossos convidados, em sessões fechadas dos filmes correlatos que estavam estreando e que haviam nos inspirado a produzir aquelas reportagens naquele momento.

* * *

Ao final do Triênio de Ouro da *Super*, entre 2002 e 2004, tínhamos nos transformado em *big business*. A *Super*, mercê dos resultados, se transformou numa espécie de Unidade de Negócios dentro da Unidade de Negócios em que estava inserida – assim como a UN de Paulo era uma espécie de empresa dentro da empresa.

O "Grupo Super" se tornou a terceira maior margem de contribuição da Abril, atrás apenas do Grupo Veja e do Grupo Exame. Transformamos o patinho feio numa vaca leiteira – que continuou dando leite por anos a fio, apesar da grama cada vez mais rala.

Não faríamos tudo isso sem arregimentar reações negativas. Desde meus primeiros movimentos como diretor de Redação, fui sacrílego em relação à imagem e ao histórico da revista, que oferecia guarida a um certo idílio de jornalismo desconectado de suas obrigações como negócio.

A *Super*, durante muito tempo, para alguns jornalistas, representou uma espécie de refúgio anticapitalista, como se a conexão com o mundo do saber, o conhecimento acadêmico e a divulgação científica – ainda mais direcionados aos jovens – pudesse eximir a revista de ter de performar como um produto à venda numa das tantas prateleiras da sociedade de consumo.

(Curiosamente, ao não tratar a *Super* como um "produto", esse sentimento algo ludista de alguns jornalistas encontrava eco no discurso de Roberto Civita, o dono das máquinas, de que revistas não eram "produtos". O que indica que Roberto, no fundo, embora fosse um capitão de indústria, tinha uma visão por vezes bastante romântica do seu negócio.)

Os propósitos projetados na *Super*, sacrossantos, antissépticos e condoreiros, eram perfeitos a quem tivesse pruridos em ganhar dinheiro. (Ou, pelo menos, ganhar dinheiro para o patrão – um cara que tinha o dever de cobrir todas as despesas, sempre em dia, mas que não tinha o direito econômico, nem moral, de esperar ganhar qualquer coisa com isso.) Então a *Super* era um alento a quem tinha asco de lidar com interesses tão vis quanto receitas, custos e, argh, margens de lucro.

Era como se a revista pudesse ser vista como uma instituição de pesquisa, sem fins lucrativos, *financiada* pela Abril – e desobrigada de encontrar a sua própria sustentabilidade financeira. Ou como se, ao não entregar nada aos acionistas, em troca dos investimentos que eles faziam na marca, aquela Redação funcionasse como uma resistência silenciosa à lógica da exploração do homem pelo homem. O prejuízo renitente da *Super* talvez contivesse, ao lado de uma ineficiência de gestão, um quê de atitude política.

Isso tudo contribuiu para que eu me tornasse um herege aos olhos de alguns colegas. (E um herói, ainda que nem por isso menos indigesto, aos olhos de outros.) Eu ultrajava a alma da *Super*. A guinada da revista, em termos editoriais, era um crime registrado em minha folha corrida. Mas havia também a transformação daquele bastião avesso à lógica de mercado num negócio pujante, de espírito liberal. Um crime talvez ainda maior.

Um dia, *circa* 2003, em meio ao processo de consolidação do "Grupo Super", o telefone tocou e uma *headhunter*, ex-executiva de RH da Abril, me convidou para almoçar. E me fez o convite para assumir o cargo de diretor de Conteúdo na operação brasileira da America Online. Eu trabalharia diretamente com o CEO da empresa no Brasil – e numa corporação internacional, que reunia à época empresas como Time e Warner.

Entrei na sala de Paulo e lhe falei sobre o convite. Paulo deu um longo suspiro. Acusou o golpe – por um milissegundo. Tivemos uma conversa rápida. Ele não me ofereceu nada – eu já era diretor de Redação e só poderia ser promovido a diretor superintendente, posição que ele mesmo ocupava. E eu tinha só 32 anos. Paulo argumentou sobre o que eu perderia se saísse naquele momento. Do meu lado, não blefei. Eu não estava querendo sair. A hiperventilada de Paulo, em sua reveladora espontaneidade, também contribuiu para que eu ficasse. A fragilidade que ele demonstrou – por um átimo – deixara entrever o quanto contava comigo. O quanto eu era importante. Às vezes é só o que basta para a gente seguir.

Em outubro de 2001, Maurizio Mauro assumiu a presidência executiva da Abril, em substituição a Ophir Toledo, que ficara um ano e meio no cargo. Maurizio era, até então, presidente da Booz-Allen, empresa de consultoria contratada pela editora – na gestão de Ophir – para operar um grande projeto de revisão estratégica e de gestão.

Começavam ali os Anos Maurizio Mauro. Mais precisamente, quatro anos e cinco meses que tiraram a Abril do fosso financeiro para onde ela marchava celeremente, mercê do crescimento da proporção de sua dívida em relação aos seus resultados operacionais.

Maurizio reestruturou a empresa, implantou um regime de cortes de custos e de ganhos de eficiência e produtividade, reduzindo o quadro de funcionários em 59% – dos 13 mil funcionários que a Abril tinha em 2001, havia apenas 5.400 em 2006.

Nascido na Itália, Maurizio de vez em quando tropeçava no português. Numa empresa de jornalistas, atentos a concordâncias, ao bom emprego da crase e ao uso correto dos porquês, entre outras mumunhas gramaticais e estilísticas, esse era um detalhe que não passava despercebido.

Maurizio falava sorrindo, de modo cadenciado, sem jamais levantar a voz. Uma vez, em meados de 2002, estive em sua sala, com Paulo Nogueira. Tínhamos acabado de mensalizar a *Mundo Estranho* e estávamos ali, nas pradarias do 25º andar, em busca de oficializar a revista como um título independente.

Maurizio tinha taco e bola de golfe em sua sala. E, no teto, havia uma espécie de móbile, na forma de um balão, em cujo cesto havia um homenzinho empunhando uma luneta. Eu o imaginava batendo uma bola sozinho lá em cima, para aliviar o estresse, tentando encaçapar a bolinha num copo emborcado no chão, e pensando em como mexer com a engrenagem, com a cultura e com os resultados daquela empresa tão peculiar.

E conjeturava que aquele dirigível em miniatura colado no teto fosse um recado, de Maurizio para ele mesmo, de que era preciso sempre olhar além, por mais alto que você parecesse estar voando. (Ou, então, de que era preciso estar sempre pronto para ir embora e alçar outros voos – seu projeto de *turnaround* mais cedo ou mais tarde bateria no teto que a Abril impunha ao seu campo de ação.)

Maurizio, naquele momento, ainda não tinha completado um ano como presidente executivo. E a ordem de secar a operação estava em uma de suas fases mais rígidas. Então não era a melhor hora para falarmos em lançar um título novo. Ele resistiu à ideia de mensalizarmos a *Mundo Estranho* – ou qualquer outra coisa que implicasse custos certos e receitas duvidosas. Maurizio só queria saber do que tivesse 100% de chance de dar certo.

Eu havia preparado, com nosso time financeiro, alguns indicadores de produtividade que demonstravam os ganhos de eficiência que havíamos obtido desde 2000 com a nova *Super*. Paulo nos instava a trabalhar de modo enxuto e ágil desde antes dos Anos Maurizio Mauro.

Maurizio gostou do que viu – a taxa de receita por funcionário tinha crescido, a relação entre páginas de anúncios versus páginas editoriais estava mais saudável, a *Super* estava, de fato, no seu quintal, conseguindo realizar o que ele pregava para a empresa toda: ampliar as receitas gastando menos.

Começávamos ali, quero crer, Paulo, como diretor superintendente, e eu, em menor medida, à frente da *Super*, a conquistar a simpatia de Maurizio. Obtivemos o carimbo positivo na *Mundo Estranho* – mostrando que a revista fazia parte das soluções, e não dos problemas, da editora. Depois disso, jurisprudência alcançada, faríamos todos os outros lançamentos sem pedir permissão. Devo isso a Paulo. E também a Maurizio. Meu alvará para realizar só seria revisto em 2005.

Durante alguns anos, na virada da década de 1990 para os anos 2000, a editora promoveu o Curso de Gestão Abril, CGA, em parceria com a Fundação Dom Cabral. A cada ano, um grupo de executivos era reunido e dividido em turmas, incumbidas de estudar um determinado mercado ou planejar um novo título. No ano em que participei, o que mais me chamou a atenção foi como alguns de meus pares, executivos graduados, se comportavam no trabalho em grupo – era como se estivessem no ensino primário, fazendo o papel daqueles moleques dispostos a gazetear suas obrigações e, na caradura, se encostar no esforço alheio. Atividades de integração, desenhadas pela empresa para gerar mais proximidade e companheirismo entre os executivos, também são ótimas para você saber exatamente de quem guardar distância.

No ano seguinte, virei *sponsor* de um dos grupos do CGA. Na apresentação final, auditório lotado, fui bem no palco. (Pela primeira vez, saía da casca, meio sem querer, e acertava a mão como showman.) Emplaquei algumas tiradas ao microfone, duas delas envolvendo o próprio Maurizio, que estava sentado na primeira fila, arrancando gargalhadas dele e da turma toda. Maurizio, ao encerrar o evento, me elogiou publicamente. Ali, talvez, eu tenha angariado em definitivo o rótulo de *rising star* na Abril – coisa que possivelmente tenha me trazido muito mais desconfiança e asperezas do que reconhecimento e torcida a favor. Eis a vida corporativa como ela é.

Os Anos Maurizio Mauro salvaram a Abril. Quando ele assumiu, no fim de 2001, o endividamento era crítico. Segundo registra a biografria de Roberto Civita, de Carlos Maranhão, a dívida "oscilava entre dez e doze vezes o Ebitda (...). 'Acima de seis vezes, a dívida pode ser considerada impagável', explicaria [Maurizio]. '[A dívida]

Era da ordem de pelo menos 500 milhões de dólares'" – algo como 700 milhões de dólares, ou 2,5 bilhões de reais, em 2018.

Quando uma empresa precisa do resultado de mais de seis anos de trabalho para zerar seu endividamento, o mercado avalia, conforme afirmava Maurizio Mauro, que a dívida corre grande risco de não ser honrada. Aí os credores aumentam os juros na exata medida da perda de confiança na solvência desse tomador. Entra-se num círculo vicioso, perverso, de difícil solução: quanto mais você deve, mais caro fica o crédito para você, o que faz com que a sua dívida fique ainda maior. (No caso da Abril, era preciso juntar o lucro de doze exercícios fiscais para que o patrimônio voltasse a ficar positivo.)

Com a ajuda de Emilio Carazzai, executivo financeiro trazido por Maurizio em junho de 2002, como vice-presidente de Finanças e Controle, e que sairia com ele em 2006, o endividamento seria reduzido para três vezes o Ebitda em 2005 – e praticamente para *um* Ebitda no ano seguinte. Ou seja, meia década depois de entrar na UTI com insuficiência respiratória, a Abril conseguiria zerar sua dívida com o resultado de apenas *um* exercício fiscal.

Ainda segundo *Roberto Civita, o dono da banca*: "[Em 2005], como resultado dos implacáveis cortes e da rigorosa contenção de custos determinados por Maurizio Mauro, o Ebitda da companhia alcançara o valor de 343,3 milhões de reais (...) As boas notícias deixaram Roberto eufórico. 'Mais de 300 milhões de Ebitda!', exclamou diante de Maurizio (...) 'Ah, vamos nos divertir... Precisamos gastar um pouco de dinheiro', sugeriu Roberto. Maurizio não aceitou. (...) 'Assegurada a sobrevivência, os termos do nosso acordo ficaram intoleráveis para o Roberto', contaria Maurizio. Seu contrato iria até novembro, mas em março, oito meses antes do prazo previsto, Roberto decidiu rescindi-lo."

Roberto ofereceu um almoço de despedida a Maurizio no Massimo, restaurante em que sempre reunia, no fim do ano, o grupo executivo da Abril. No brinde de agradecimento a Maurizio,

Roberto olhou para nós todos e disse: "Agora vocês tratem de fazer direitinho o que aprenderam com ele, ou... eu terei que chamá-lo de volta!" Gargalhada geral, inclusive de Maurizio.

A *Super* não era 100% da Editora Abril. Na verdade, pertencia à Editora Novo Continente, uma associação de Roberto Civita com Carlos Civita, seu primo, filho de César Civita, irmão de Victor que se estabelecera na Argentina. Carlos morava nos Estados Unidos e tinha 30% do negócio. (Seu nome aparecia no expediente da *Super* como "Editor Contribuinte", acima do nome do diretor de Redação.)

Carlos, que morreria em 2014, aos 81 anos, se encontrou com Paulo um par de vezes e a partir daí passou a despachar diretamente comigo, uma ou duas vezes por ano, na condição de acionista. E sempre me tratou muito bem. Os bons resultados da *Super* ajudavam. A relativa distância do patrão, que morava noutro país e a quem prestávamos contas de modo esparso, também azeitava a relação. Mesmo num ponto que poderia ter gerado algum atrito, Carlos, com sua voz grave, seu sorriso largo e seu bigodinho fino, indisfarçavelmente *porteño*, soube respeitar seu gestor: ele queria lançar suplementos estudantis no Brasil com a marca *Super*, um produto paradidático que ele vira rodando nos Estados Unidos – o que nunca fizemos, porque aquele não era mais o nosso universo.

A melhora na saúde dos números da Novo Continente coincidiu com os anos mais ásperos de endividamento da Abril. E assim os ganhos crescentes da *Super* – ironicamente, um azarão histórico – acabaram contribuindo muito, ao não serem contabilizados no balanço deficitário da Abril, para o atendimento, via retirada de dividendos, das demandas financeiras imediatas da família Civita, não só nos Estados Unidos, mas também aqui no Brasil.

Nessa época duríssima, brincávamos que, depois de meses de discussão do Planejamento Operacional (PO) da Abril, em todas as instâncias, finda a longa negociação entre os executivos e a alta direção, quando finalmente Roberto e os acionistas davam o OK no documento, aí o orçamento era levado pelo presidente executivo até o posto de atendimento bancário que ficava no prédio da editora e submetido ao gerente de plantão, para que ele o validasse – tal era a fragilidade financeira da empresa diante da sua dívida.

Em 2003, fui à Cidade do México representar a *Super* na convenção que a editora alemã Gruner+Jahr, a G+J, dona da marca, realizava de modo bissexto com os licenciados da *Muy Interessante* na América Latina. A edição espanhola, lançada em 1981 e dirigida desde 1989 por José Pardina, um gentleman, ou melhor, um *caballero*, servia de matriz para as demais. A *Super*, ali, nas dependências da toda-poderosa Televisa, era uma perfeita jabuticaba: tinha outro nome, outro formato, era escrita em outra língua, sofrera uma reforma editorial e gráfica que a tornava um título com caminho próprio em relação à franquia original, e, como estatura do negócio, era equiparável à própria *Muy* madrilenha.

Como cada país mostrava um pouco das suas melhores práticas, eu desfraldei o que estávamos fazendo em termos de expansão de marca. Todos gostaram do que apresentei – principalmente o *Controller* da G+J, que estava presente, anotando tudo, e que, em seguida, nos enviaria algumas faturas extras para que pagássemos pelos royalties de uso da marca naquelas novas plataformas – como a caixa de CD-ROMs que tínhamos lançado no ano anterior, por exemplo.

A *Super*, de fato, trilhou caminho próprio desde o seu nascimento. A começar pelo nome. *Muy Interessante* não funcionava em português; optou-se por *Superinteressante*. Ainda em 1987, às vésperas do lançamento da revista no Brasil, descobriu-se que os fotolitos da *Muy* eram incompatíveis com a Gráfica Abril. A partir daí, a *Super* passou a operar de modo independente de Madri, quebrando o modelo de negócios em que uma edição global abastecia grandemente as edições locais – talvez essa oportunidade de economias de escala tenha sido um dos fatores que estimularam Carlos a propor à Abril, numa confraternização da família Civita, em sua casa, em Boca Ratón, na Flórida, o lançamento da revista no país. (Embora nunca tenha sido do feitio da editora se deixar pautar e editar por outra empresa – vide os casos de *Playboy* e *Elle*, para citar apenas duas franquias globais que a Abril tocava com absoluta autonomia no Brasil. A *Cosmopolitan*, outro exemplo, chegou a ter seu respeitadíssimo nome trocado para *Nova* por décadas no país...)

Assim a *Super* começou sua jornada – o número zero foi produzido por Almyr Gajardoni, secundado por Luiz Weis no Texto e Milton Rodrigues Alves na Arte, e com as repórteres Inês Zanchetta e Lúcia Helena de Oliveira, que assinou a reportagem de capa daquela edição prototípica, "A Era do Robô Sapiens". (Em seguida se juntariam àquele time inaugural Marcelo Affini e Martha San Juan França.)

A *Super* nasceu e cresceu, portanto, praticamente sem reproduzir as matérias da *Muy*, com pouca integração editorial com a matriz, gerando localmente conteúdo 100% original e limitando-se a pagar os royalties anuais à G+J pelo..., bem, pelo que mesmo?

Também participei, em 2003, da segunda edição do Seminário de Publishing – um MBA sobre fazer, gerenciar e editar revistas, ministrado diretamente por Roberto Civita, ao longo de algumas semanas. A primeira turma tinha sido formada pelos diretores superintendentes e por alguns diretos de Roberto. Era um belo reconhecimento estar na segunda turma, formada por treze alunos, entre eles, Emilio Carazzai, Deborah Wright, Alexandre Caldini, Eurípedes Alcântara, Ruth de Aquino, Thais Chede Soares, Rodrigo Velloso, Claudia Giudice e Caco de Paula.

Todas as quintas, ao longo de algumas semanas, Roberto nos esperava às 8h na sala de reuniões da presidência. Ficávamos com ele até o meio-dia. Roberto nos trazia muito material, muito bem organizado, sobre todos os aspectos que envolviam a vida de um publisher. Roberto havia catalogado e costurado com seus próprios insights o que de mais relevante encontrara e aprendera, ao longo da vida, sobre a arte, a técnica e a ciência de planejar, produzir, vender e distribuir revistas.

Eu ia sempre para as aulas vestindo traje e gravata, mas metia um tênis estiloso – para cultivar uma nota de insurgência. Ignorar o *dress code* do ambiente, como sempre fiz, é uma atitude bacana de preservação da própria identidade – mas tem seu preço numa grande empresa. A secretária de Roberto, quando me via de terno, abria um sorriso esperançoso, de quem torcia por mim, com votos de que eu tomasse jeito e passasse a me vestir condizentemente. Assim que enquadrava meu pisante, no entanto, me lançava um olhar reprovador e mexia o indicador negativamente à minha frente, sem dizer palavra. Tudo na maior elegância. (Exceto, possivelmente, pelo meu tênis indolente.)

Só uma vez Roberto fez um comentário direto à minha indumentária. Eu tinha comprado, numa viagem de férias, uma camiseta exclusivíssima, da grife da Coca-Cola, estampando um Mickey com traço primevo, fazendo referência às primeiras animações do camundongo. Estávamos no Terraço Abril, restaurante que ficava no que seria o 27º andar do NEA, e Roberto comentou que nunca tinha visto o Mickey desenhado naquele estilo. (O fato de eu, um dos diretores da empresa, estar almoçando no restaurante executivo da companhia vestindo uma *t-shirt* é uma reprovação que creio ter ouvido nas entrelinhas do seu comentário.)

Boa parte das pessoas chamava Roberto de "dr. Roberto" – na tradição corporativa brasileira, um tanto feudal, de outorgar o título de "doutor" ao patrão. Roberto não parecia se opor a ser chamado dessa forma. Eu me dirigia a ele assim – e ele nunca sugeriu um tratamento menos formal. Eu achava, intimamente, esse tratamento um bocado subserviente. E isso me incomodava um pouco. Mas sempre optei por tratá-lo como eu imaginava que ele preferisse ser tratado – de forma honorífica – a correr o risco de soar insolente chamando-o de "você".

Certa vez, Roberto recebeu um cientista ganhador do Prêmio Nobel para almoçar, no seu anexo privado do Terraço Abril, e chamou alguns de seus editores para comporem a mesa, entre os quais eu. Havia uma liturgia ali, um jeito certo de se portar. E eu, diante daquela coreografia, só pensava em como me eram penosas aquelas interações sociais hierarquizadas – e em como era difícil para mim encontrar um bom ponto de equilíbrio entre manter a dignidade e não parecer presunçoso naquelas relações diretas com o poder.

(A resposta estava provavelmente em ser eu mesmo, em vez de ficar tentando adivinhar e atender as expectativas. O caminho talvez fosse apenas ser natural, espontâneo, ficar à vontade, ser agradável – em vez de calar e buscar proteção dentro de mim mesmo. Quando você tenta esconder a insegurança e o sentimento de inadequação, aí é que eles mais transparecem.)

Roberto protagonizou aquele almoço. Em determinado momento, entabulou uma conversa sobre física com o Prêmio Nobel – Roberto estudara física nuclear em Houston, no Texas, nos anos 1950. E claramente continuava lendo sobre o assunto – dizia-se que Roberto tinha uma curiosidade onívora, que o fazia consumir com avidez informação de todos os tipos. Parecia evidente também que, como bom editor, ele tinha se preparado bem para qualquer digladiação intelectual que pudesse surgir (ou que ele pudesse provocar) naquele almoço.

Roberto gostava de desafiar o interlocutor, tinha prazer em pôr o outro à prova. Com frequência, interpelava seus executivos com um "Pera. *Aspetta!*" – e aí pegava a palavra para desconstruir uma ideia ou achar graça de uma premissa proposta por quem estivesse falando. Sem levantar a voz, sorrindo, como um gentleman. (Ou um *capo*.)

Em determinado momento, o Prêmio Nobel sorriu para Roberto, o cumprimentou pelo conhecimento da matéria, e elogiou o tom de baixo profundo de sua voz – que, de fato, emprestava um peso extra ao que ele ia dizendo, de modo ritmado e charmoso, magnetizando a atenção dos comensais, sob o olhar complacente do convidado.

Há algumas intervenções clássicas de Roberto. Sempre que alguma coisa o encantava, ele pontuava a conversa com uma exclamação – "Fascinante!" Era a um só tempo uma declaração de entusiasmo e um convite a que o outro também se interessasse pelo tema.

Roberto com frequência abordava seus executivos com uma ênfase na satisfação pessoal: "Você está se divertindo?" Esse era um valor importante para ele, que vinha provavelmente da cultura do prazer, do conforto e da conveniência forjada no misto de liberal nova-iorquino com hedonista milanês que o definia. Roberto gostava de dar as boas-vindas aos jovens jornalistas recém-formados, que participavam do Curso Abril de Jornalismo, dizendo que "revistas são a coisa mais divertida que alguém pode fazer vestido".

Nascido em Milão, em 1936, Roberto vivera em Nova York entre 1939 e 1949 – quando veio com a família para São Paulo. Em 1953, aos 17, voltava aos Estados Unidos para estudar – física nuclear na Rice University, jornalismo na Universidade da Pensilvânia, economia na Wharton School e sociologia na Universidade Columbia. Então Roberto testemunhou, até 1958, quando retornou ao Brasil, aos 22, a formação do sonho americano de abundância que definiu a década de 1950. Era o auge dos Anos Dourados e Roberto vivia por dentro a construção do ideário de prosperidade do Segundo Pós-Guerra.

Se Roberto era um otimista, que achava que o destino das coisas era dar certo, e um hedonista, que achava que a vida tinha que ser vivida com prazer, e um liberal, que acreditava na iniciativa privada e no poder do capitalismo para gerar bem-estar e oportunidades de realização, tudo isso, é bem provável, se deve em boa medida àqueles anos de formação nos Estados Unidos, numa época marcada por crescimento, fartura e fé no futuro.

Roberto foi o adolescente que se vestiu como James Dean e Marlon Brando – há fotografias em que ele aparece com topete, jeans com barra alta, meia branca e sapato preto. Depois, Roberto foi o *lad*, com inédita afluência e apetite para a flexibilização de costumes, para quem Hugh Hefner criaria a *Playboy*, em dezembro de 1953. Há fotos da mocidade de Roberto em que ele aparece com o mesmo estilo *savoir vivre* de Hugh, dez anos mais velho – com direito a cachimbo e gola rulê. Roberto também agregaria àquele look *bon vivant* um toque intelectual, um corte de cabelo quase chanel, penteado para trás e óculos quadrados de aros grossos – elementos talvez existencialistas, outro estilo em voga à época. Depois disso, de volta ao Brasil, marchando em direção à maturidade, Roberto foi se despindo desses elementos e se transformando, bem, num empresário com trajes escuros e gravatas respeitáveis.

Roberto lançava mão desse universo, e desse espírito, para construir uma imagem a respeito da necessidade de gestão na empresa: "Precisamos organizar a suruba." Ele dizia essa frase em tom sereno e jocoso, com uma certa cumplicidade peralta no olhar, como se soubesse que a suruba existia, que era assim que as pessoas, o mercado, o mundo, o Brasil, ou, ao menos, a Abril, funcionavam, e também como se não estivesse exatamente interessado em resolver a suruba, mas apenas em torná-la minimamente organizada, de modo a que pudesse, justamente, continuar acontecendo.

Isso revelava um bocado sobre Roberto, como homem de negócios. Ele estava muito mais interessado no brilho criativo, na excelência editorial, na qualidade jornalística, no encantamento estético, na aura de influência de suas marcas e publicações do que em temas duros e áridos de administração, como eficiência, produtividade e rentabilidade.

Mas Roberto também sabia ser duro. Sem tirar a tepidez da voz nem o sorriso do rosto – apenas deixando entrever alguma impaciência no jeito de olhar e nos gestos. A Abril costumava reunir, uma vez a cada dois anos, suas centenas de executivos em algum auditório corporativo de grande capacidade, para o que se convencionou chamar de "fala do trono". Não era uma convenção – eram comunicados importantes que precisavam ser feitos, para todos os gestores da empresa, de uma só vez.

Na primeira "fala do trono" a que assisti, na Sala São Luiz, em junho de 1999, Roberto estava especialmente afiado – de um jeito, aliás, que eu nunca mais presenciei. Fez uma dura crítica a um produto em específico – expondo publicamente, de modo frontal, o executivo responsável pelo lançamento. Hoje, em retrospectiva, penso que aquele encontro soou um pouco como um grande almoço de domingo de uma família patriarcal: um bocado tenso, com todo mundo em silêncio receoso, ou constrangido, com as atenções – e a fala – monopolizadas pela cabeceira da mesa, de onde algumas irritações afloravam de modo abrupto, na forma de tiradas irônicas que não estavam ali para ser discutidas ou ponderadas, mas apenas bem entendidas por todos.

Em 2003, lancei meu quarto livro, *Tudo o que aprendi sobre o mundo dos negócios – Ideias para você ser mais feliz na vida corporativa*, na livraria de um shopping próximo à Abril. A noite de autógrafos até que estava bem concorrida. Em determinado momento, dois seguranças abriram caminho loja adentro, conduzindo Roberto, que entrou, cruzou pelas pessoas e veio em minha direção. Me levantei, agradeci, autografei um livro para ele, trocamos algumas palavras, agradeci novamente, lhe dei um abraço e ele foi embora – sempre sorridente, cumprimentando as pessoas com um gesto de cabeça, ao passar por elas, em direção à porta. Roberto executou à perfeição, naquela noite, o procedimento de sobrevivência em festas, recepções e afins, conhecida por "Regra dos Três Ss" – "Surgir, sorrir e sumir" –, cuja autoria é atribuída ao empresário paulistanto Aparício Basílio. Foi o gesto de apreço e reconhecimento mais bacana que recebi de Roberto.

Roberto gostava de reunir seus executivos para um almoço de fim de ano no Massimo – tradicional restaurante paulistano que fecharia em 2013, mesmo ano da sua morte. Sempre gostei da atmosfera dos dias que antecedem o Natal, no apagar das luzes do ano, quando as frases vão ganhando ponto final. Há uma certa paz em saber que você poderá parar, para fazer seu balanço e suas reconexões (muitas vezes consigo mesmo), sem o receio de que o mundo vá lhe atropelar ou lhe deixar para trás – são dias de recolhimento geral, que correm em câmera lenta para todo mundo.

Eu curtia essa reunião com Roberto – geralmente celebrada no último dia útil do ano e sempre acompanhada de bons espumantes e ótimos vinhos tintos. Havia quem saísse do Massimo direto para o recesso. Era dia de vestir outra vez um traje. Normalmente, dividia uma carona com Alfredo Ogawa, Sérgio Xavier Filho, Caco de Paula e Matthew Shirts, companheiros de UN com quem nutri boa camaradagem.

Ogawa dirigia a *Quatro Rodas*, no que era secundado por Sérgio Berezovsky, querido colega dos tempos da *Exame*. Nas reuniões de apresentação de resultados que às vezes fazíamos na UN, uma vez mostrados os números da *Super*, Ogawa gostava de pedir a palavra para afirmar, de público, que me odiava. Ele tinha grande senso de humor (às vezes afirmando um absurdo como se fosse verdade, às vezes dizendo uma verdade em tom de ironia) e uma capacidade de igual monta para jogar o jogo corporativo – um talento que eu não tinha e que admirava.

Ogawa andava sempre na estica. Vestia-se de modo impecavelmente respeitável e respeitoso. Estava sempre atento aos movimentos internos da empresa. Como bom repórter que era, sabia sempre antes de todo mundo o que estava acontecendo. E tecia boas análises e previsões a partir desses dados. Em meus anos pós-Abril, Ogawa me sondou mais de uma vez para voltar à Editora. Colocava seu poder de fazer conexões e de operar nos bastidores para me levar de volta à casa. Sou-lhe grato por essas tentativas.

Sérgio Xavier Filho, o Serginho, dirigia a *Placar*. Você olhava para Serginho, com seu olhar arguto e seu riso afiado, e achava que ele era um cara legal e divertido. Aí você percebia, desde o modo como ele enxergava o futebol, e escrevia sobre aquele universo, até a maneira como ele conduzia a redação – que o respeitava sem que ele jamais tenha precisado engrossar a voz –, que ele era também um cara muito inteligente, com olhar analítico, que funcionava para nós, meio sem querer, como a voz da razão. Ele já ensaiava ali a visada serena e o tom de voz ponderado com os quais mais tarde se transformaria em comentarista esportivo. Talvez Serginho fosse o mais "adulto" entre nós, o pai de família maduro presente nos almoços e nas peladas em que buscávamos justamente nos manter adolescentes para sempre. Serginho brilhava nos gramados com uma canhota curta e ágil, que ele em seguida aposentaria, desgraçadamente, para se tornar um maratonista.

Caco dirigia o *Guia Quatro Rodas*. Uns dez anos mais velho que eu, ele era um jornalista de carreira clássica, construída em jornais, na *Veja* e na "Vejinha". E ia se tornando rapidamente um ótimo publisher, com grande habilidade para montar projetos, prospectar clientes e fechar negócios. Caco às vezes me chamava para tomar um café, pedindo conselhos – quando fumávamos um cigarro, elemento que ele logo riscaria da sua vida, colocando no lugar provas de natação em mar aberto. Mas a verdade é que ele se transformava num homem de negócios muito mais efetivo do que eu.

(Eu gostava, nessas nossas conversas, quando flanávamos para reflexões mais filosóficas sobre a vida, de interpelá-lo, no meio de uma divagação existencial: "Mas essa sua consideração é no gerencial ou no contábil?" O que ele respondia, de bate-pronto: "E esse seu questionamento, é no econômico ou no financeiro?" A gente ia aprendendo umas coisas mais *exatas*, à frente dos negócios que geríamos, mas era fundamental que tentássemos nos manter *humanos*.)

Ao lado de seu crescimento como gestor e *Business Developer*, Caco revia valores e redirecionava interesses em sua vida pessoal. Não era à toa que estava próximo da *Vida Simples*, desde o seu nascimento, como entusiasta e colunista, sugerindo pautas, personagens e colaboradores para a revista – esse era o movimento que ele, tanto quanto Paulo, tentava operar em seu próprio dia a dia, em busca de mais equilíbrio, saúde e paz de espírito.

Matthew Shirts era um americano apaixonado pelo Brasil. Mais do que isso – "Mateus", como Paulo gostava de chamá-lo, tinha alma brazuca. Ele dirigia a edição brasileira da *National Geographic*. Era um negócio pequeno, que nunca alçou voos mais altos por aqui, e que Matthew tocava com alegria e leveza de espírito, características comumente associadas aos brasileiros – e não aos americanos.

Nascido na Califórnia, e com diplomas nas universidades de Stanford e Berkeley, Matthew viera ao Brasil pela primeira vez aos 17 anos, num intercâmbio que o colocou na casa de uma família no interior do Mato Grosso do Sul. Alguns anos depois, ele se mudaria para cá, e passaria a atuar como jornalista em São Paulo. Nunca conheci alguém que risse tão solto, e que usasse tanto o bom humor como uma ferramenta de sobrevivência diária, quanto Matthew. Perto do seu jeito bonachão, de intelectual formado na contracultura, e bem adaptado ao *beautiful chaos* dos trópicos, eu talvez soasse, com a seriedade com que abraçava o intraempreendedorismo, e com a velocidade que impunha à minha sanha realizadora, como um asséptico e pragmático executivo anglo-saxão.

* * *

Ainda uma lembrança de Roberto. Em janeiro de 2000, eu tinha ido passar um fim de semana no Rio. A facilidade de acesso às terras cariocas – 45 minutos de Congonhas – era uma grata surpresa para um gaúcho. O Rio fica a 434 quilômetros de São Paulo – a Cidade Maravilhosa, no entanto, em vários aspectos, parecia pertencer a outro país. E Porto Alegre, nessa régua, em relação ao Rio, parecia ficar em outro continente e falar outra língua.

(Para boa parte dos gaúchos – ou, ao menos, para mim – o Rio era uma cidade aspiracional, situada mais no plano onírico do que na realidade. Era sempre espantoso constatar que o Rio era também um lugar concreto que podia ser acessado fisicamente.)

Num começo de tarde escaldante, fui conhecer o Copacabana Palace. Roberto ocupava, com seu *entourage*, uma mesa à beira da famosa piscina do hotel. Eu ainda estava na *Exame* e reconheci no grupo Ophir Toledo, que havia presidido a Motorola no Brasil e agora era presidente de uma divisão da Philips. Mas a verdade é que eu estava desinformado. Ophir, sorriso aberto, drinque na mão, cabelos do peito ao vento, já era, ali, o novo presidente executivo da Abril – ele assumiria o cargo oficialmente no mês seguinte.

Estive com Roberto pela última vez em 2011. Eu já estava fora da editora havia meia década. Ele quase sempre enviava um e--mail em meu aniversário – "Happíssimo Birthday!" Eu respondia, agradecendo. Um par de vezes, acabamos tomando um café na sua sala. Daquela feita, eu estava prestes a vender a minha primeira empresa – Spicy Media, com a qual havia trazido o *Gizmodo* ao Brasil – e ele estava refletindo sobre o caminho estratégico que a Abril deveria assumir frente ao crescente hábito das pessoas de consumir conteúdo digital. Roberto vinha do melhor ano da história da Abril em faturamento – 2010 – e essa marca seria batida naquele mesmo ano.

Em determinado momento, Roberto me disse: "Depois que eu morrer, se meus filhos quiserem abrir o capital da empresa, ou deixar de fazer revistas, é com eles. Mas, enquanto eu estiver vivo, a Abril será uma empresa de capital fechado e vamos continuar investindo em nossas marcas no mercado de mídia impressa."

De fato, em 5 de abril de 2006, a Abril havia iniciado um processo de abertura de capital – talvez a última contribuição de Maurizio Mauro, que deixara a empresa havia poucos dias. Precisamente um mês depois, a editora surpreenderia o mercado suspendendo o processo de oferta pública de ações e comunicando a venda de 30% do seu capital para o grupo sul-africano Naspers, que tinha negócios em mídia impressa, Internet e TV paga, por 422 milhões de dólares – numa negociação tocada de modo pessoal e discreto por Roberto Civita. O Naspers sairia do negócio em 2014, depois de ter de arcar pelo segundo ano consecutivo com a sua parte na cobertura dos prejuízos operacionais da Abril.

Quando já nos despedíamos – Roberto me conduzia pelo braço, como gostava de fazer, até a porta –, ele me falou com entusiasmo do negócio de fascículos, que ele tinha revivido, e que estava indo bem por aqueles dias. E também sobre uma nova revista feminina, que batia recordes de venda – *Minha Casa*, lançada no ano anterior, feita para a chamada Nova Classe Média brasileira, que emergia à época.

Eis uma frase lapidar de Roberto: "As revistas são o mais seletivo, segmentado, regionalizado, brilhante, íntimo, aproveitável, portável, rasgável, eficiente, dramático, inteligente, lindo, duradouro e maravilhoso veículo de comunicação que existe." Esse amor às revistas e esse apego ao meio impresso, que, mais do que uma empresa poderosa, inventaram um segmento inteiro no mercado de comunicação brasileiro, estavam tatuados na alma da Abril.

Mesmo depois da morte de Roberto, em mais de uma das reorganizações da empresa para enfrentar os novos tempos, os passos da editora em direção à digitalização foram tímidos e titubeantes – os discursos nunca priorizaram as novas mídias e sempre davam um jeito de renovar o compromisso da Abril com o formato revista.

Roberto adoeceu em 2012 – ano seguinte ao melhor exercício da história da Abril, quando o voo de cruzeiro foi bruscamente interrompido, o tempo virou e todas as luzes amarelas se acenderam. Roberto morreu em 2013, aos 76 anos – ano em que a crise arrebentou a porta da frente e se instalou, para não mais sair, na sala de estar da editora. O painel de controle foi tomado por luzes vermelhas e a ideia de crescimento foi abandonada em nome de dolorosas e sucessivas medidas de contingenciamento.

Dois anos depois da nossa última conversa, e um ano antes de eu lançar, com a The Factory, o *Projeto Draft*, me vi dentro do carro, numa manhã escura e fria de maio, indo para o velório de Roberto. Reencontrei colegas, muitos dos quais ainda na ativa na Abril. Cumprimentei Jairo, que amparava a namorada, Roberta Civita, filha de Roberto. Jairo, naquele mesmo mês, deixaria de ser presidente executivo da Abril Mídia e passaria a integrar o estafe da Abrilpar, a holding da família Civita – de onde se desligaria também, cinco meses depois. Cumprimentei Thomaz Souto Corrêa, que me disse com voz embargada que agora era conosco tocar o barco adiante. E abracei longamente Gianca, por quem sempre nutri simpatia.

No tempo em que permaneci no velório, vi vários grupos se formarem – banqueiros, políticos, executivos da Abril, ex-funcionários da editora, outros empresários do mercado de comunicação. Um deles, inclusive, surgiu ao meu lado, de modo triunfal, no banheiro. Eu lavava as mãos quando saiu, de dentro de uma cabine, um indivíduo corpulento. Nos cumprimentamos com a cordialidade constrangida de quem se vê comungando daquelas instalações. O sujeito estava mal-ajambrado – vestia uma calça de moleton, uma espécie de sapatênis e um enorme casaco de couro, daqueles que ficam no fundo do armário. Pensei, a princípio, que fosse um funcionário do cemitério. Ou talvez o motorista do carro funerário. Olhei de novo e constatei que se tratava de um dos mais poderosos *moguls* da indústria da mídia no Brasil. A proximidade, de fato, manda mitos latrina abaixo.

Nunca consegui me aproximar de Gianca como gostaria. As poucas interações que tivemos sempre foram agradáveis. Mas não renderam uma colaboração mais direta. E eu gostaria muito de ter contribuído mais. Com ele, especificamente.

O principal ativo da Abril, as revistas, não interessava aos filhos de Roberto. Gianca e Titti tinham trazido a MTV para o Brasil – e perdido um bocado de dinheiro com o negócio, por muitos anos. Certa vez, num almoço, Gianca me falou com entusiasmo dos planos que tinha para implementar uma rede de torres de transmissão de dados *wireless* em São Paulo. Suas iniciativas, na maioria dos casos em territórios eletrônicos e digitais, pareciam, acima de tudo, demarcar seu distanciamento da Editora – e do meio impresso.

Gianca e Titti, portanto, como que desafiavam Roberto com seus empreendimentos – se fossem tocar adiante a empresa fundada pelo avô, não seria pelos caminhos propostos pelo pai, que tanto tempo de convívio familiar lhes negligenciara, em nome de cuidar de suas publicações. (Dizia-se que Roberto passava a maior parte do seu tempo, aos fins de semana, sentado ao lado da piscina, com uma pilha de revistas, lendo e fazendo anotações que na segunda-feira enviaria a seus editores.)

No breve período em que Gianca chefiou Paulo diretamente, em 2001, por algum motivo triangulamos alguns e-mails. Paulo mais tarde me diria que Gianca estava impressionado com uma mensagem que eu enviara, por estar "bem escrita demais". Ele estava acostumado a e-mails mais curtos e diretos. Era também, por metonímia, uma expressão do espanto de Gianca com aquele novo mundo em que pisava, e do qual até ali tentara se manter distante, tendo que lidar diretamente com as Unidades de Negócios da editora, com assuntos editoriais e com as idiossincrasias de publishers e diretores de Redação.

* * *

Paulo Nogueira começou a perder a sua aposta, ou começou a perceber que a perdia, em março de 2004, já com quase três anos de enormes serviços prestados à empresa como diretor superintendente da UN "Tecnologia & Turismo", quando a Abril, precisamente dois anos antes da saída de Maurizio Mauro, foi dividida em duas Diretorias-Gerais.

Uma delas, a Direção-Geral de informações, reunia a UN "Veja" e a UN "Negócios", sob o comando de Mauro Calliari, até ali diretor superintendente da UN "Jovem". A outra, a Direção-Geral de interesses, reunia todas as demais UNs da casa, e passou a ser liderada por Jairo Mendes Leal, até ali diretor comercial do Grupo Veja. Na prática, a Abril escolhia Jairo e Mauro como os possíveis sucessores de Maurizio Mauro. Paulo estava oficialmente fora da corrida presidencial – e passou a ser liderado por Jairo, que havia menos de cinco anos era o *controller* do Grupo Exame, onde Paulo era onipotente.

Mesmo tendo feito seus esforços para jogar o jogo corporativo, Paulo havia ancorado sua aposta nos resultados que gerava. E que não foram poucos. Talvez nenhum outro editor ou publisher tenha melhorado tanto tantos títulos da editora, nem tenha engendrado – e inspirado – tantas histórias de sucesso, de viradas editoriais e de negócios, de carreiras renovadas e impulsionadas, em tantas marcas e equipes diferentes.

Paulo já tinha uma história de sucesso como editor da *Veja* e "Vejinha", que foi içada a um novo patamar com sua atuação como diretor de Redação da *Exame*, e diretor editorial *de facto* do Grupo Exame, com a criação de *Você S.A.* e a reinvenção da *VIP*. Agora, seu cartel de revisteiro, na posição de diretor superintendente, à frente de uma unidade de negócios, ficava ainda mais poderoso, com reformas editoriais e viradas de negócio importantes e bem-

-sucedidas em marcas como *Playboy*, *Quatro Rodas*, *Placar* e *Superinteressante*.

Paulo não percebeu, ou não quis admitir, que na Abril, para ele, nada disso seria suficiente. Havia uma ourivesaria política, um tornar-se confiável do ponto de vista da hierarquia e do controle, um tornar-se afável e macio, membro da confraria, muitas vezes à custa de ter de usar uma máscara social, que oferecesse conforto ao interlocutor e docilidade diante do poder – que Paulo nunca conseguiu, ou nunca quis, fazer.

Paulo se movia cada vez mais pela meritocracia (pelo que sabia fazer, para o bem ou para o mal: construir obra e gerar legado) e pela honestidade intelectual (de dizer o que pensava, e não o que o outro gostaria de ouvir, nem declarações montadas estrategicamente para o atingimento de determinado fim). Paulo levava essa sua ética a cabo num ambiente executivo que, como tantos, demandava o uso de outros ingredientes, mais sutis, voláteis e dúbios, que ele não tinha na algibeira.

Paulo deixaria a Editora Abril no final do ano seguinte, em dezembro de 2005, para assumir a direção editorial da Editora Globo em março de 2006 – coincidentemente, o mês em que Maurizio Mauro deixou a Abril. Thomaz Souto Corrêa talvez pudesse ter sido um aliado mais próximo de Paulo – e vice-versa. Mas era de outra escola. E estava do outro lado da mesa, como um *consigliere* de Roberto. Guzzo, embora bastante influente, já estava mais fora do que dentro do círculo que tomava as decisões na editora. E nunca foi exatamente um *insider* na alta direção. (Diga-se que Thomaz e Guzzo votaram em mais de uma ocasião a favor de Paulo em processos internos em que seu nome acabou preterido.)

Paulo também estava longe de ser adorado por seus pares – se tinha a admiração de grande parte dos seus subordinados, tinha costurado muito pouco para os lados. Esse era um fator que o desqualificava para um voo mais alto – a menos que a editora estivesse disposta a deflagar uma guerra civil.

O fato, no entanto, é que Paulo tinha só *uma* pessoa a conquistar, de quem se aproximar, ganhar confiança e se tornar mais íntimo: Roberto Civita. Roberto só entregaria o comando do seu negócio a alguém em quem pudesse confiar. Ou que pudesse controlar. Roberto reconhecia o brilho de Paulo. Mas parecia considerar que o tanto de bravura indômita que vinha no pacote era incompatível com o seu próprio estilo – e com o tipo de administração que desejava para a Abril. Tranca. *Deadlock*. Fim de conversa.

Quando anunciou sua saída a Roberto, Paulo teria ouvido um pedido do patrão: "Me dê mais dois dias." Ao que Paulo teria respondido: "Roberto, eu lhe dei duas décadas."

Com a saída de Maurizio, Roberto acumulou o cargo de presidente executivo da editora e Jairo Mendes Leal e Mauro Calliari foram em seguida promovidos a vice-presidentes. Dois anos depois, em abril de 2008, Jairo seria anunciado como vice-presidente executivo, vencendo a disputa com Mauro e passando a dividir o comando da editora com Roberto. Em janeiro de 2009, Roberto voltaria a atuar apenas como presidente do Conselho de Administração da Abril e Jairo assumiria como presidente executivo da editora.

Com a derrocada do projeto de Paulo, me vi jogando com a camisa 10 do time que perdera o campeonato – em decisão do STJD. O fato de termos apresentado o futebol mais vistoso, e não termos ficado com a taça, demarcava ainda mais a reserva da empresa diante da nossa atuação.

Sempre fui muito identificado com Paulo. Em 1995, ele havia transformado um e-mail fortuito num relacionamento que me alçaria a articulista da maior revista de negócios do país. Em

1998, eu ingressava na Abril a seu convite, dublê de executivo e jornalista, condição que acabou definindo a minha carreira. Em 2000, ele me catapultou à posição de diretor de Redação e me ofereceu a *Superinteressante* – o maior case da minha trajetória profissional até ali.

Meu próprio hibridismo, em conteúdo e negócios, que durante muito tempo foi um incômodo para a empresa, que não tinha essa caixinha em seu organograma, era uma aposta e uma aquiescência de Paulo (e de Guzzo), que enxergava em mim a união do *pony tail* e do *black suit*, ou do "rabo de cavalo" com o "traje preto", perfis sobre os quais ele lia na *Fortune*. Paulo me viu como editor, como diretor de Redação e como publisher muito antes de eu mesmo me enxergar assim – e muito antes que a Abril abrisse espaço para esse perfil profissional em suas hostes.

Às vezes me pergunto como as coisas teriam acontecido para mim sem Paulo. O que significa refletir sobre a diferença entre ter talento e ter oportunidades na carreira. Sobre construir competências – mas ter a sorte de encontrar pelo caminho pessoas que abrem portas e lhe estimulam a crescer. Empresas não existem, são abstrações – a gente lida mesmo é com seres humanos, com líderes que podem lhe fazer desabrochar ou embotar, que lhe ajudam a brilhar ou a murchar. Se chefe é a empresa tornada pessoa, essa máxima não funcionava para Paulo. Ele não era a Abril. (Não tenho ideia de como teria sido a Abril para mim sem Paulo. Desconfio de que tudo teria sido menor e mais sem graça – as possibilidades, os feitos, as lembranças.) Paulo foi bem mais inspirador – e desafiador – do que a empresa que ele de alguma maneira representava ali.

Então eu não apenas me filiava ao estilo de Paulo e lhe era grato pela aprendizagem e pelas chances de realizar, como também era visto pelas pessoas como o representante mais bem-sucedido daquele jeito inovador e agressivo de fazer as coisas.

Em alguns momentos, sofri com essa associação – que jamais reneguei. Eu não era Paulo, nós tínhamos nossas diferenças. E eu construía ali, no "Grupo Super", a minha própria história no mundo das revistas. Mas havia quem, por extensão, nos tomasse como uma coisa só. Então, se sozinho eu já tinha boa capacidade de angariar amores e ódios, para os lados e para baixo, mercê das minhas próprias ações, com a ajuda inadvertida de Paulo essas reações (muitas vezes injustas) ganhavam força e se espraiavam também para cima.

Um dia, quando a *Super* já chamava a atenção na Abril, me entrevistaram para o *PSC*, o jornal interno da editora. (Que saía em formato de revista, claro.) Como sempre, exerci o meu direito constitucional ao sincericídio. Disse o que pensava acerca dos temas que me propuseram. Em nenhum momento, considerei o que *deveria* dizer, uma vez que seria lido por toda a empresa. A entrevista, combinada para sair em duas partes, teve apenas a sua primeira metade publicada. Imagino que tenha havido um veto de alguém, em algum momento, à continuidade da veiculação do meu depoimento. Nunca ninguém me disse nada. Nem eu perguntei. Mas suspeito de que, em algum lugar da empresa, uma porcelana tenha se quebrado com alguma coisa que eu disse – outra inconveniência registrada em minha ficha corrida.

Terminei meus dias à frente da *Super* admirado por boa parte das pessoas. Angariei também alguma contrariedade. Em especial, dos pares. De fato, nunca investi em construir alianças horizontalmente. Dedicava 100% do meu tempo no trabalho aos interesses econômicos, e zero aos interesses políticos. Era amigo de quem eu gostava de modo genuíno, e não de quem eu talvez precisasse conquistar. O que é evidentemente um erro, do ponto de vista corporativo. (Talvez a melhor maneira de descrever isso seja dizer que eu gerava um tipo de admiração que irritava as pessoas.)

E nunca consegui fazer as conexões necessárias para cima. Sem querer parecer puxa-saco ou melífluo, ao me aproximar do poder, e nem metido ou insolente, ao me expressar diante do poder, acabava ficando na trincheira, sem exercer meu direito – e, talvez, minha obrigação – de frequentar a casamata. Eu era um oficial que preferia permanecer onde a ação acontecia, em meio aos soldados, e que abria mão de marcar presença onde a ação era planejada e comentada, entre os generais. Então nunca entrei para as turmas certas. Porque não fui convidado e também porque não me candidatei. É apenas lógico, com essa estratégia, que eu tenha me mantido à distância da alta direção.

Em dezembro de 2004, nós ainda não sabíamos, mas o Triênio de Ouro do "Grupo Super" estava encerrado. E, embora eu ainda não soubesse ao sair para as festas, o meu termo como diretor de Redação da *Super*, quatro anos e cinco meses depois de ter assumido a revista, também havia terminado.

Registrei esse momento em minha última "Carta ao Leitor":
Tchau!

Não há maior elogio para um pai do que ver seu filho se tornar adulto. O desconforto do corte no cordão umbilical é atropelado pela imensa alegria de perceber que seu rebento não precisa mais de você para viver. Que virou gente grande, independente. Sua missão como progenitor – ainda mais se seu filho cresceu bonito, inteligente, com saúde e caráter – chega ao fim de modo maravilhoso.

A Aventuras na História *e a* Revista das Religiões *estão saindo do quintal da* Super *– um caminho que a* Vida Simples *já trilhou há algum tempo. As duas vão integrar o Núcleo de revistas de cultura da Editora Abril. E chegam lá como as joias da coroa, com estouro de fogos e multidão acenando lencinhos nas ruas.*

História vai respeitada como a revista com o primeiro ano de vida mais próspero da história da Abril. Como a revista que ganhou um Prêmio Esso, o Oscar do jornalismo no Brasil, logo depois de lançada. Como a líder do segmento que ela mesmo inaugurou no mercado de revistas do país. Celso, Debs, Narloch, Bernardo, Ana: muito obrigado por tudo. O que a gente construiu junto está impresso em mim para sempre.

Religiões *parte como um modelo de revista único no mundo: ecumênica, equidistante, sem a menor intenção de catequizar ninguém. Esse projeto maravilhoso é um prêmio ao sincretismo e à democracia de culto, dos quais nós, brasileiros, devíamos nos orgulhar mais. Mafê, Gê, Sílvia, Lauro, Pedro: vocês deixarão muita saudade. Tudo o que eu lhes desejo cabe numa frase curta e poderosa: vão com Deus.*

Há mais uma despedida nesta Carta: a minha. Desde julho de 2000, quando vim para o mundo Super, tenho vivido os melhores anos da minha vida – e não estou falando apenas de vida profissional. Aprendi muito, cresci, acertei, me diverti, me conheci, errei. Por tudo isso, devo agradecimento a muita gente. Antes de tudo, a você, que lê a Super. *E a todos os incríveis talentos com quem cruzei e que ajudaram, cada um a seu modo, a construir essa obra que não é minha, por ser absolutamente coletiva. E ao Paulo Nogueira, o maior jornalista de sua geração, o tremendo executivo que me deu a oportunidade de viver tudo isso.*

Não vou para longe. (Já estava soltando rojões, né?) Virei diretor do Núcleo de revistas jovens da Abril. Além da Super, *vou gerir outras marcas fortíssimas:* Capricho, SuperSurf, *as nossas* Mundo Estranho, Flashback *e* Sapiens, *mais [as marcas]* Bizz *e* Ação Games. *Nunca a Abril colocou todos os seus títulos para jovens debaixo do mesmo guarda-chuva. É uma dádiva que eu tenha sido escolhido para empunhá-lo. Estou muito feliz.*

A partir de agora, esta Carta passa a ser escrita pelo grande Denis Russo Burgierman. Um cara legal que já merecia há algum tempo se sentar ao timão da Super. *De saideira, eu deixo a primeira de uma série de listas pessoais (à la Nick Hornby, o escritor pop inglês, autor de* Alta Fidelidade) *que eu ia começar a publicar por puro prazer diletante. Eis, para mim, as cinco maiores baladas do Oasis, grupo que está entre os cinco maiores criadores de baladas de todos os tempos: 1. "Don't look back in anger", 2. "Stop crying your heart out", 3. "Stand by me", 4. "Don't go away", 5. "Wonderwall". (Bem jovem isso, não?)*

No Núcleo "Jovem" – o ocaso

Não, aquela minha playlist não era exatamente "jovem". Oasis já era velho de uma década no começo de 2005. Música de tiozão, como se diria mais tarde. A moçadinha estava ouvindo Usher, Black Eyed Peas, Miley Cyrus. A *Revista das Religiões* também não era vista como uma "joia da coroa", infelizmente, como ficaria claro em seguida. E *Ação Games*, que havia sido lançada em maio de 1991 e descontinuada em janeiro de 2002, jamais entrou no meu radar: continuou dormente.

A Abril se organizava em núcleos, a partir dos públicos que se dedicava a atender – um dos desenhos operacionais mais longevos e bem-sucedidos da editora. E eu, aos 34 anos, assumia o núcleo "Jovem". O "Grupo Super" já funcionava como um núcleo. E, eu, como um publisher – embora fosse, oficialmente, um diretor de Redação. Agora eu subia um patamar corporativo e passava, de direito, a dirigir um grupo de revistas e a chefiar diretores de Redação.

A promoção chegara de maneira curiosa. Quando voltei do recesso de fim de ano, pronto para acelerar e transformar o Triênio de Ouro do "Grupo Super" num quadriênio, soube pelo *PSC*, e por mensagens que me aguardavam na caixa de e-mails, da reorganização operacional e do novo cargo. Imaginava que, na altitude funcional em que me encontrava, as coisas fossem previamente combinadas. Ou, ao menos, avisadas. Mas não foi assim que aconteceu. De um só golpe, para a minha surpresa, eu galgava uma posição, o "Grupo Super" era desmembrado e minha colaboração com Paulo chegava ao fim.

Algumas pessoas se declaravam surpresas por eu não ter virado diretor superintendente, uma vez que já vivera de certa forma, *avant la lettre*, o ciclo de diretor de Núcleo, e já construíra bons resultados nessa condição. Eu não tinha essa vaidade e nem, portanto, esse incômodo. Era feliz fazendo o que fazia e seria ótimo se pudesse fazer ainda mais – e melhor – daquilo.

A extração do "Grupo Super" da UN dirigida por Paulo tinha dois aspectos. De um lado, era natural, e desejável, que em algum momento eu tivesse a chance de me provar *sem* Paulo – como ele, meia década antes, tivera de se provar sem Guzzo. Era o momento de eu operar sem a proteção que ele oferecia ao meu trabalho, de aprender a lidar com a corporação sem nenhum anteparo, e de mostrar que sabia voar sozinho. Além disso, era a minha vez de oferecer blindagem aos intraempreendedores que eu havia formado, que trabalhavam comigo e que estavam em pleno voo com seus projetos.

De outro lado, aquele transplante significava que a Abril estava encampando o "Grupo Super" – como a editora fizera com o Grupo Exame em 2000, com a saída de Guzzo. O "Grupo Super" não apenas foi retirado do ambiente em que estava habituado a performar, como foi redesenhado. Perdi a *Aventuras na História* e a *Revista das Religiões* – da mesma forma como já havia perdido a *Vida Simples* oito meses antes. Ou seja: *todos* os filhotes da *Super* que já caminhavam sozinhos foram separados da revista-mãe. Em contrapartida, ganhei a *Capricho*, uma das marcas mais fortes da editora, e a *SuperSurf*. A Abril mexia em time que estava ganhando. Talvez para que as vitórias se tornassem ainda maiores. Ou talvez para que elas passassem a acontecer do jeito como a empresa queria – e de nenhuma outra maneira.

Com a minha promoção, Denis assumiu a *Super* de fato – com direito a virar diretor de Redação. Denis havia sido efetivado como redator-chefe em abril de 2004, junto com Fabio Volpe, na *Mundo Estranho*. Puxei Alceu Nunes comigo, para ser o diretor de Arte do núcleo "Jovem", uma espécie de supervisor de todos os designers de todas as revistas, abrindo espaço para Adriano Sambugaro assumir o comando da Arte na *Super*.

Denis e Sambuga em seguida propuseram uma revisão editorial e gráfica da *Super*. Que eu topei. Em junho de 2005, cinco anos depois da reforma que estreou em agosto de 2000, a *Super* entrava numa nova fase – e inaugurava o slogan "Essencial". Era importante que Denis e Sambuga imprimissem seu DNA à *Super*. Não apenas por eles, mas principalmente pelo que a revista ganharia com isso.

Denis conta os bastidores desse processo. "O que estava na minha cabeça quando mudamos a *Super*, em 2005, era dobrar a aposta que tinha sido feita em 2000. Eu queria mais: mais de tudo. Queria que a *Super* fosse mais pop e também mais séria. Mais científica e também mais variada. Mais profunda e também mais divertida. Mais polêmica e também mais respeitada.

"Em 2005, a *Super* era muito claramente o grande sucesso editorial do país. O projeto revolucionário de 2000, controverso entre os tradicionalistas no início, já tinha se consolidado. Além do evidente sucesso comercial, já não dava mais para discutir que estávamos fazendo uma revista boa. Tínhamos ganhado todos os prêmios, feito matérias que viraram assunto e inovado em linguagem, virado referência em design. Enfim, não sobrava muito [a realizar dentro daquele projeto]. E eu queria ter impacto na história da revista.

"Deixa eu voltar um pouco no tempo para explicar isso. A *Super* para mim era um amor da adolescência. Quando li o primeiro exemplar, o número zero, de 1987, me apaixonei. A revista foi muito formadora para mim, de identidade mesmo (só não fui um nerd completo porque havia uma segunda revista, lançada alguns anos depois, que eu amava ainda mais, a *Terra*).

"Nos anos 1990, fiz a trajetória que os leitores da *Super* costumavam fazer: deixei a revista, trocando-a por interesses, digamos, mais 'sérios' (me lembro de uma reunião, nos tempos em que André Singer dirigia a revista, em que [o então repórter] Claudio Angelo deu uma definição lapidar do comportamento do público-alvo da *Super* daquela época: ele começava a ler a revista na adolescência e só ia embora quando finalmente arrumava uma namorada). Depois me interessei por política – e jornalista político era o que eu queria ser quando entrei na faculdade, porque achava que tinha de trabalhar com 'temas relevantes'.

"Quando me formei, já estava desapontado com o jornalismo político, pensando seriamente em mudar de profissão. (Quase virei diplomata.) Foi aí que me convidaram para ir trabalhar com meu amor de adolescência. Minha relação com a *Super* – comecei na revista em 1998 – naquela época era meio paradoxal: por um lado a rigidez da fórmula editorial me enlouquecia, porque não se podia fazer nada. Por outro, eu reverenciava aquela tradição, que era em parte minha.

"Quando você chegou, em 2000, chutando a porta e acintosamente desrespeitando essa tradição, vivi um momento muito difícil, e ao mesmo tempo muito empolgante. Me lembro de ter insônia, atormentado com a sensação de que estava traindo o projeto e as pessoas que haviam passado por lá. Por um lado, me sentia honrado de ter sido um dos escolhidos para ficar, por outro, isso me pesava na consciência. E o fato de que o trabalho ficou mais interessante e desafiador tornava tudo ainda mais confuso.

"Hoje, em retrospecto, penso que essa tensão teve um lado tremendamente produtivo, porque me colocou numa situação de provar para mim mesmo que o novo projeto fazia sentido para o mundo – que não era uma traição ao espírito da *Super*. Acho também que isso provavelmente tornou a sua vida mais difícil, porque eu problematizava tudo e transferia para você parte do incômodo que estava sentindo comigo mesmo. Mas também acho que essa situação foi muito motivadora e que, graças a ela, trabalhei muito bem naqueles primeiros anos – porque eu estava sempre tentando provar alguma coisa. Trabalhávamos muito bem juntos, embora discordássemos o tempo todo.

"Quando fui para Palo Alto fazer o Stanford Professional Publishing Course (SPPC), em 2003, eu já estava obcecado com essa ideia de que eu tinha que mudar a *Super* ainda mais. Minhas anotações do curso de Publishing foram basicamente sobre isso: o que eu poderia fazer para impactar a revista? Não seria fácil, porque a transformação de 2000 tinha sido radical. O que mais eu poderia fazer?

"Se, em 2000, a *Super* alargou seu mundo, incluindo temas – muitos deles tabus – que nunca teriam virado matéria nos tempos mais 'científicos' da revista, em 2005 tentamos alargá-lo ainda mais. A capa de estreia do novo projeto, 'TV Globo – Mocinha ou Vilã?', de junho de 2005, é um bom exemplo. Tenho bastante orgulho daquela matéria, feita pelo Leandro Narloch. Havia naquela época um tabu (talvez ainda haja): mídia não fala de mídia. Nós falamos, e com profundidade. A história que contamos da proximidade da TV Globo com a ditadura militar nunca tinha saído num veículo da imprensa *mainstream*. Mas fizemos também uma reportagem equilibrada, que percebia a tremenda importância da dramaturgia da TV Globo para a cultura nacional, modernizando os costumes e de certa forma definindo o que é ser brasileiro. Ali se apontava um caminho para tentar crescer ainda mais ampliando a aposta de 2000.

"Aquela capa tem um negro careca, com a língua de fora, no canto superior direito, chamando a matéria 'Temos 21 sentidos!'. Essa imagem, e não a de uma moça bonita, ia contra a ideia, corriqueira à época, e que você defendeu na ocasião, de que 'mulheres vendem mais'. Sambuga e eu compramos a briga [pela publicação de uma imagem menos 'suave' e mais 'agressiva']. Acho isso simbólico do que queríamos com a reforma: atualizar a linguagem, enfrentar dogmas da tradição revisteira brasileira. Acho que não se usava essa palavra na época, mas estávamos em busca de uma atitude mais *hipster* – acho que 'indie' é o termo que usávamos. (Lembro também que, algum tempo depois, comprei uma briga com o Paulo Nogueira porque queríamos publicar, em página dupla, a foto em close do pinto de um índio.)

"Tem um elemento da reforma de 2005 do qual hoje não gosto, que é o uso de uma tipografia e de elementos de design que remetem a uma estética de quadrinhos: balões, splashes, uma fonte mais manual. Isso foi interpretado por leitores como uma 'infantilização' da revista (algo que não suspeitei de que aconteceria, porque para mim quadrinhos não tinham nada de infantil). A intenção era equilibrar com mais atitude pop a densidade que estávamos tentando aumentar do outro lado, no Texto – queríamos mais de tudo.

"Na Arte, a reforma foi conduzida, no dia a dia, pela Joana Amador, com quem acabei me casando, com a ajuda do recém-chegado Fabricio Miranda. O comando era do Sambuga, mas ele delegou bastante. Acho que, no geral, fomos bem-sucedidos em injetar mais gás na *Super* que vínhamos construindo desde a reforma de 2000. Emplacamos na sequência algumas capas poderosas, grandes sucessos históricos de circulação, como 'Maçonaria' e 'Nazismo'. E fizemos algumas reportagens marcantes pela excelência jornalística, como 'Ciência Nazista', do ano seguinte. Atualizamos a linguagem da infografia. E mantivemos a vibração de 2000 – acreditávamos que estávamos fazendo a melhor revista do Brasil.

"Importante dizer que vaidade era um elemento importante – sou um sujeito vaidoso, hoje admito. Tinha ali uma motivação bem pessoal de tentar superar o que você tinha feito. Mas tenho clareza hoje – e acho que já tinha na época – de que aquela era uma reforma de continuidade, não de ruptura, como foi a de 2000. Talvez tivesse também uma coisa meio dialética de conciliação: de trazer de volta um pouquinho do espírito da revista que nasceu em 1987, e de mostrar que ele não estava assim tão em contradição com a *Super* do século XXI. Voltamos a falar mais de ciência e tecnologia na revista, por exemplo.

"A gente queria, com a reforma, muito mais do que mexer com os aspectos técnicos de fazer revista – pauta, design, texto –, reacender a vibração, aquela sensação de estarmos no centro do mundo, de que podíamos tudo, e aquela facilidade de atrair talentos. Acho que fomos parcialmente bem-sucedidos nisso – estava começando a ficar cada vez mais difícil fazer uma revista vibrar daquele jeito.

"Uma coisa que formulei naquela época é a ideia de que mudar é parte da identidade da *Super*. O projeto da revista se definia em parte por mudar sempre – porque surpresa, inovação e novidade eram atributos importantes da marca. Ou seja: não mudamos em 2005 para romper com a história da *Super*. Mudamos em respeito a ela."

Desde que definira Denis como meu sucessor, passara a me envolver apenas na aprovação das pautas e das capas da *Super* – todo o resto do processo de feitura da revista era tocado por ele de modo bastante autônomo. Quando ele assumiu como redator-chefe, em abril de 2004, pedi que, sem pressa, mas também sem demora, definisse o seu próprio sucessor. Para que não houvesse nenhum tipo de disputa velada ou de ansiedade desnecessária na redação. Não tínhamos tempo nem energia a perder com esse tipo de coisa. A transparência sempre fora um ativo importante na *Super* e a ideia era que continuássemos tratando as coisas de forma direta, rápida e clara.

Denis em seguida amadureceu o sentimento, e a decisão, de que Sergio Gwercman seria o seu segundo. Com isso, abrimos para Rafael Kenski, outro candidato natural àquela sucessão, a perspectiva de ampliar seu escopo de atuação. Em 2005, Sergio já começava a se movimentar de acordo com aquele plano de voo – seria promovido a redator-chefe em agosto de 2007. Rafa, por sua vez, passou a se envolver com outras plataformas e com projetos especiais – como o ARG "Zona Incerta", que marcou época.

Um dos e-mails que me esperavam na caixa de entrada, naqueles primeiros dias de 2005, era de Brenda Fucuta, comemorando a notícia de que finalmente teríamos a chance de trabalhar juntos. Brenda dirigia a *Capricho*, marca que fizera história na editora. Lançada no início dos anos 1950, baseada em fotonovelas, a *Capricho* foi o segundo título da Abril – logo depois de *O Pato Donald* – e a primeira revista feminina do país. Nos anos 1980, a *Capricho* voltaria a fazer história como "A Revista da Gatinha" – slogan criado pelo publicitário Washington Olivetto, então na DPZ, agência que atendia a revista.

Esse posicionamento, focado no público adolescente, foi adotado em junho de 1985, quando a *Capricho* ganhou um "Miau!" junto ao logotipo. Ninguém traduziu melhor aquela nova fase da revista do que a modelo Piera Paula Ranieri. Mas outras modelos e atrizes também mantiveram relacionamentos sérios e duradouros com a capa da revista e assim se tornaram ícones *teen*. Entre elas, Ana Paula Arósio, Luana Piovani e Gisele Bündchen.

A *Capricho* nasceu quinzenal, em 18 de junho de 1952. Já em novembro daquele ano, se tornou mensal. Em agosto de 1970, voltou a ser quinzenal. Em 1982, passou por grande reforma editorial – as fotonovelas começaram a circular apenas como encarte e a revista abriu suas páginas para moda, beleza e comportamento feminino – e voltou a ser mensal. Em 1996, a *Capricho* passou a circular quinzenalmente. Em 2014 assumiria outra vez a periodicidade mensal, até deixar de circular em papel, em junho de 2015. Ainda em 2014, o processo de digitalização da marca fez nascer a *Capricho Week* – uma edição semanal produzida exclusivamente para o celular.

A *Capricho*, como negócio, era comparável à própria *Super*. E Brenda, alguns anos (não muitos!) mais velha que eu, também era uma *rising star* dentro da Editora. Nas palavras dela: "Em 1999, fui convidada por João Damato, diretor superintendente da UO 'Femininas', e por Matinas Suzuki, então na direção editorial da Abril, a assumir a direção de Redação da *Capricho*. [Brenda era então redatora-chefe da revista.]

"Apesar de estar no vermelho e com a circulação em queda – dizia-se que, se não se aprumasse, seria fechada em breve –, a *Capricho* era uma das joias da Abril – fora lançada pelo próprio fundador, Victor Civita. Voltada para donas de casa, foi um estrondoso sucesso, chegando a vender meio milhão de exemplares por edição [em 1956] – marca que nunca voltou a alcançar.

"No começo dos anos 1980, sob a direção de Célia Pardi, a *Capricho* se transformou em uma feminina mais jovem. E, no meio da década, com Monica Figueiredo, virou 'A Revista da Gatinha'. Como revista *teen*, lançou várias modelos, as *new faces* que estrelavam as capas. Antes de mim, a *Capricho* foi dirigida por Patricia Brodi, que seguiu a linha deixada por Monica e celebrou o primeiro contrato de licenciamento da marca – uma coleção de agendas."

A *Capricho* viraria a marca da Abril campeã em licenciamentos, chegando a ter uma linha com dezenas de produtos, incluindo lingerie, moda praia, meias, acessórios, bolsas, mochilas, sandálias, objetos de decoração, uma linha completa de material escolar, outra igualmente bem fornida de cosméticos e produtos de beleza.

Brenda prossegue: "A virada editorial da *Capricho*, que eu havia sido chamada para conduzir, aconteceu de forma radical em 2000.

E a mudança mais importante foi sugerida por Matinas Suzuki: levar celebridades para a revista. Em outubro daquele ano, fizemos uma entrevista com a cantora Sandy, no auge do sucesso, com a chamada 'Cansei de ser a santa'. Começava ali uma nova fase na história da *Capricho*.

"O projeto gráfico ficou mais alegre e pop. Procurávamos trazer a vibração de outras mídias – eletrônicas e digitais – que já estavam se popularizando. Na capa, além de termos sempre um famoso ou uma famosa, abrimos janelas para fotos e notícias de *boy bands* e outras celebridades *teen*, como atores do seriado *Malhação*, da TV Globo. No miolo, investimos em editoriais de moda, beleza e comportamento, que considerávamos mais próximos dos novos interesses das leitoras.

"Ouvir a leitora, aliás, era minha obsessão. Montamos um conselho de cinco leitoras (e um leitor) que nos ajudavam a calibrar o tom dos textos e a encontrar as pautas de comportamento. Mais tarde, esse conselho foi batizado de 'Galera Capricho' e se transformou numa espécie de concurso: as leitoras se inscreviam e nós selecionávamos um grupo de 10 ou de 20, dependendo da época, para ficar bem próximo da gente durante um ano. Elas visitavam a redação, apareciam nas reportagens e editoriais e tinham espaço próprio na revista e no site.

"Grandes parceiros me ajudaram a segurar a revista em um caminho tão diferente. Na Arte, Paulo Cabral era o mago das capas. Na Moda, Adriana Yoshida, que eu tinha importado da MTV, tentava cumprir a recém-implantada regra da diversidade: modelos menos magras e de diversas etnias. As agências de modelo estranharam e não foi fácil, para as produtoras de moda, manterem todas as brasileiras representadas em nossas páginas. Fátima Cardeal era a editora responsável pelas celebridades, com o apoio da Alessandra Medina, no Rio. Com o novo projeto da revista, a gente trabalhava muito mais – porque havia a pretensão de fazer uma quinzenal mais 'quente' –, mas acho que todo mundo se divertia mais também.

"A Circulação subia a cada quinzena e, um ano e pouco depois, as contas já apontavam para o azul. Mas a Publicidade, a receita mais rentável para uma revista, continuava tímida. Comecei a me aproximar da equipe comercial – de Marketing, de Publicidade e de Licenciamento – para entender o que acontecia. Por que não tínhamos mais anúncios?

"No Marketing, me apaixonei pelo conceito de *branding*. Eu queria participar da reconstrução da marca *Capricho* – sinônimo de adolescência no Brasil. Criamos um Guia de Estilo com referências de imagens, pesquisa de tendências e sugestões de tipologia para as empresas que licenciavam nossa marca. Passamos a convidar anunciantes e publicitários para conversar com a 'Galera Capricho'. Fizemos pesquisas com as assinantes e distribuímos os resultados em lindas edições, que chamamos de 'Caderno da Adolescente Brasileira', nas agências de publicidade. O plano era nos transformarmos em referência obrigatória para o anunciante que quisesse falar com adolescente no país.

"Tato Coutinho, redator-chefe, segurava as pontas na redação e eu passei a circular cada vez mais junto ao mercado anunciante, a pedido de nossa equipe de publicidade, para fazer apresentações sobre o comportamento das adolescentes. Mas a virada da publicidade aconteceu mesmo quando criamos duas extensões de marca: *República Capricho* e *NoCapricho*.

"A *República Capricho* era nosso endereço digital, um site que reproduzia o ambiente de um casarão. Em cada cômodo, situávamos um tipo de conteúdo: Moda, Beleza, Comportamento. Não era muito racional em termos de navegação, mas as meninas gostaram da novidade e os anunciantes também. Cotas de patrocínio foram vendidas e nosso relacionamento com algumas grandes marcas ficou bem mais estreito.

"Fizemos também uma série de colunas, na revista, de conteúdo patrocinado, e começamos a pensar em outras plataformas que pudessem conectar as adolescentes a marcas que quisessem falar com elas. A *República Capricho* foi o embrião da presença da *Capricho* nas mídias digitais. Com o passar do tempo, fomos ganhando audiência na Internet, especialmente por causa da coordenação de Giuliana Tatini e Phelipe Cruz. Chegamos a ser o maior site de conteúdo *teen* do *mundo*, com mais audiência do que a *Seventeen*, a *Capricho* norte-americana.

"*NoCapricho* foi criado para ser uma festa com música e moda para as leitoras e também para os anunciantes. O evento anual foi um grande sucesso, desejado pelas meninas – e meninos, que queriam estar numa 'balada' com elas. Brindes e serviços – de maquiagem, por exemplo – eram oferecidos para as frequentadoras. Durante anos, *NoCapricho* foi coordenado pela jornalista Eliana Castro.

"Fiquei quase dez anos à frente da *Capricho*. Anos fabulosos."

Eu tinha muito respeito pelo trabalho de Brenda. Tinha consciência do quanto ela compreendia o universo da *Capricho* e os interesses das adolescentes brasileiras – tanto quanto era possível seguir e entender os movimentos daquelas meninas, as primeiras a nascerem e crescerem sob a égide da revolução digital e que viviam ali o despertar do mundo mobile.

Ao lado dessa disrupção externa, as leitoras de *Capricho* viviam dentro de si o cataclisma púbere da explosão dos hormônios e da sua própria transformação de crianças em mulheres emancipadas. O jogo, para a *Capricho*, era duro. Aquelas meninas lançavam tendências. Então, ou você *era* tendência, ou você provava a cada edição que estava *adiante* delas, ou elas deixariam você comendo pó na prateleira.

Diante disso, eu tinha, acima de tudo, consciência da minha própria ignorância a respeito daquele universo misterioso e desafiador, em que as meninas gostavam de emular Avril Lavigne, a princesa rebelde, que reinava absoluta naquele meio de década. Em que todos os garotos queriam ser Chorão, o vocalista de estilo "Skate Punk" da banda Charlie Brown Jr. E em que todo mundo era Emo, contração de "Emocore", por sua vez uma contração de *Emotional Hardcore* – estilo musical com som sujo, melodias sentimentais e letras confessionais que se refletia em roupa preta, maquiagem pesada, atitude deprê e enormes franjas cobrindo metade do rosto.

Em determinado momento, ao final daquele duro ano de 2005, de muita cobrança por resultados e de torniquete nos investimentos, Brenda sugeriu que repensássemos a *Capricho*. Uma reforma editorial e gráfica radical que reconcebesse a revista de baixo para cima, com o envolvimento e a participação de toda a redação. Sem verdades preestabelecidas nem tradições a serem respeitadas. A partir de uma folha em branco e do desejo de caminhar o quanto fosse preciso para renovar nosso lugar no coração, na mente e na vida daquelas jovens mulheres da geração Z – um lugar cada vez mais instável, contraditório, enigmático, onde a consideração e a estima eram atributos muito difíceis de conquistar e, mais ainda, de manter. Eu, é claro, topei.

Ao longo desse processo, fomos renovando o time da *Capricho*. Para que cada vez mais a revista fosse produzida por meninas parecidas com as meninas que liam a revista. Brenda passou a ter, em determinado momento, Barbara Soalheiro, Adriana Yoshida, Gisele Kato, Giuliana Tatini e Marina Bessa como editoras. Cecília Fontes, Liliane Prata e Manuela Aquino como editoras-assistentes. Milena Galli e Paulo Cabral na Arte. Mais Bruna Bittencourt e Emiliano Urbim como repórteres. Como estagiárias, Débora Pivotto, Patrícia Vieira, Renata Cruz, Tatiana Guardian e Tathiana Mendes. Um supertime – que não estaria completo sem Vera Leite, a Verinha, secretária de Redação e fiel escudeira de Brenda.

Nessa mexida, saíram o redator-chefe Tato Coutinho, que depois passaria pela Editora Trip, e o editor Lúcio Ribeiro, que seguiu como colunista da revista, e empreendeu com a plataforma musical *Popload*.

O novo projeto, que estreou em junho de 2006, com a capa "Por que rotulamos as pessoas? (E detestamos quando somos rotuladas.)", foi muito ousado. O tom de voz da *Capricho* ficou menos edulcorado. Era como se a melhor amiga da adolescente brasileira deixasse de apenas festejar os tons róseos da vida, a partir de uma percepção mais ingênua da existência, e passasse a olhar para a realidade da menina de uma forma um pouco mais madura e questionadora, sem maquiagem, propondo algumas conversas mais adultas, não só sobre as muitas alegrias de ser uma garota, mas também sobre algumas das dores e dos desafios embutidos nessa condição.

A *Capricho* também ganhou um novo logotipo, que está no ar até hoje, e uma nova assinatura – "Irreverente > Inteligente > Independente > In > Decente", que ficou pouco tempo na capa, em substituição ao slogan "Seja diferente. Seja você" que havia sido lançado em abril de 2005, quando a *Capricho* decidiu comemorar os seus 20 anos como a bíblia *teen* do Brasil –, estabelecendo como marco para tanto o nascimento da "Revista da Gatinha", em 1985. (Esse foi um jeito que Brenda encontrou de restabelecer uma juventude para a marca e driblar o fato de que a *Capricho*, na verdade, já contava ali 53 primaveras.)

A nova *Capricho* encantou boa parte do mercado publicitário – e chocou boa parte das leitoras. O projeto foi bem recebido entre os anunciantes. Mas não teve o mesmo êxito em termos de circulação. De um lado, a nova *Capricho* convidava a leitora a criticar alguns dogmas e a quebrar alguns tabus – e muitas meninas não conseguiram fazer esse movimento, por estarem *dentro* do dogma, vivendo intensamente alguns tabus. De outro lado, como pano de fundo, aumentamos em paralelo à reforma o preço da revista de 4,95 para 5,90 reais – e esses 95 centavos, ao que parece, foram sentidos pelas leitoras. *Capricho* em seguida recalibraria seu preço para 4,99 reais – a revista voltava a caber numa nota de 5 reais – e abriria espaço para temas mais leves e ensolarados.

Quero crer, de todo modo, que a reforma contribuiu para que a *Capricho* vivesse a seguir alguns de seus melhores anos. (Renato Cagno, gerente de Produto que cuidou da marca *Capricho* algum tempo depois da minha saída, se refere a um certo período, talvez entre 2008 e 2012, como os anos em que "a *Capricho* queria dominar o mundo".) E para isso é provável que o exercício criativo proporcionado por aquela reforma tenha sido útil, ao render àquelas jornalistas e designers a visão de tudo que podiam realizar em termos editoriais e de negócios a partir da marca *Capricho*.

Nas palavras de Barbara Soalheiro, que assumiu o comando de *Capricho*, em substituição a Brenda, ainda em dezembro de 2006: "Você era diretor do Núcleo Jovem, eu estava na *Super* e você me indicou para *Capricho*. Brenda e eu já nos conhecíamos porque eu havia trabalhado como roteirista, logo depois de finalizar o Curso Abril de Jornalismo, no início de 2004, no programa que a *Capricho* tinha na MTV. Então a Brenda me recebeu superbem – e em março de 2006 eu chegava à redação da revista para cuidar de Comportamento.

"Brenda contratou uma redação nova. A Gisele Kato, que era da *Bravo!*, veio para cuidar de Entretenimento. A Giuliana Tatini tinha passado pela *Trip* e chegava para cuidar de Comunidade, de Internet. A Marina Bessa já estava na revista, tinha muita experiência com matérias de saúde e ficou responsável por Beleza. A nossa missão era mudar completamente a revista, porque as vendas estavam caindo. Brenda chegou a organizar uma redação intermediária, dirigida pela Tatiana Schibuola, para tocar a *Capricho* de linha – enquanto uma nova redação desenhava a nova *Capricho*.

"A gente estreou a nova *Capricho* em junho de 2006. Fizemos mais de trinta versões do que seria a nova revista. Quero ser radical aqui: essa reforma foi a coisa mais disruptiva já feita na história do mercado editorial brasileiro. As edições que nasceram dessa reforma da *Capricho* – que envolveu mais de trinta pessoas, entre jornalistas, designers, fotógrafos, ilustradores, colunistas e leitoras – são históricas.

"A gente rompeu frontalmente com a tradição. A primeira edição da nova *Capricho*, por exemplo, tinha só *uma* matéria de Beleza. E o título era algo como 'Cabelo ruim por quê? O seu faz caridade?' – uma pérola cunhada pela Marina Bessa, sobre uma foto do Bin Laden. Era uma matéria de Cabelo, que a um só tempo dessacralizava o assunto, com humor, e discutia o preconceito e a baixa autoestima associados ao cabelo crespo no Brasil. Um enfoque completamente revolucionário em uma revista para adolescentes."

Uma blogueira independente escreveu em 21 junho de 2007: "A *Capricho* acaba de passar por uma reformulação e está de cara nova. A edição nº 994 continua falando de temas do universo adolescente, como namoro, moda e saúde, mas de uma maneira mais descolada. As páginas têm cara de *scrapbook* [caderno ou agenda com recortes de fotos e outros materiais colados às páginas], os nomes das seções parecem bordados em papel. (...) Vale a pena ler também a coluna 'Estive pensando', com o texto irônico do escritor Antonio Prata."

Barbara vai adiante: "A gente estava buscando reencontrar uma menina que a gente achava que tinha mudado. Partíamos do pressuposto de que a revista não tinha mudado junto com ela. Hoje, acho esse discurso um pouco arrogante. Tenho uma certa vergonha de ter dito isso na época com tanta certeza e ênfase. Olhando em retrospectiva, entendo o quanto isso podia soar desrespeitoso a quem estava fazendo ou lendo a revista. E havia um bocado de ignorância – no sentido clássico do termo – nesse jeito de olhar.

"A verdade é que grande parte das meninas simplesmente não queria a revista que fizemos para elas. As vendas caíram ainda mais. Os anunciantes e as agências, no entanto, de modo geral, gostaram do novo projeto. Então o ano fechou muito bem, em termos financeiros – mesmo com uma circulação menor.

"Quando você saiu, no fim de 2006, a Brenda assumiu o Núcleo Jovem e eu a substituí à frente da *Capricho*, como redatora-chefe. Eu cuidava mais da revista, e a Giu Tatini, do site. Brenda continuou olhando a *Capricho* de perto – afinal, eu tinha 26 anos quando assumi a revista. Em seguida, em abril de 2007, Brenda cavou uma oportunidade para a Giu e eu passarmos uma semana na Hearst, em Nova York, com a turma da *Seventeen*, a nossa equivalente nos Estados Unidos. [A *Seventeen*, fundada em setembro de 1944, deixou de ser mensal em janeiro de 2017, passando a imprimir apenas cinco edições ao ano, privilegiando sua operação digital.] A gente pressupôs, na reforma da *Capricho*, uma menina de 15 anos que já estivesse madura para ler uma reflexão sobre cabelos – e não uma menina ainda muito insegura em relação a si mesma, a ponto de tratar o próprio cabelo como um item central em sua vida, fundamental na formação da imagem que tinha de si mesma.

"Num almoço com a Kim Bodden, VP e diretora executiva da Hearst International, que cuidava das edições das marcas da editora em diversos países, ela abriu a nova *Capricho* e foi comentando, página a página, enquanto mastigávamos as melhores azeitonas que já comi na vida, tudo o que estávamos fazendo de errado. Aquilo foi uma aula absurda de jornalismo de revista. Giu e eu depois fomos deitar no gramado do Central Park para digerir melhor aquela análise. E a grande síntese dos comentários da Kim era que, na tentativa de reconectar com os interesses das meninas, a gente acabou fazendo uma revista para uma menina que *não* precisava de revista. Uma menina até certo ponto irreal, idealizada. Ficou claro para mim, ali, que a gente tinha que fazer uma revista para uma menina que *precisava* da gente. Para uma menina de verdade, com problemas no seu dia a dia – que era nossa função reconhecer e ajudar a resolver.

"Aos 13 anos, a menina tem uma visão muito distorcida de si mesma. E a gente desconsiderou um tanto o que elas buscavam naquele momento da vida. A menina que tivesse qualquer dúvida ou insegurança boba diante do espelho não tinha o que ler na nova *Capricho*. A gente falava de sexo de um jeito que não refletia a realidade da média das adolescentes brasileiras. Falávamos de beijos entre meninas, ou em meninas que aos 15 já tinham beijado mais do que seus pais a vida inteira. Essa menina existia, mas não representava a maioria, que ainda vivia assombrada pelo primeiro contato mais íntimo com os garotos.

"Voltamos de lá e começamos a mudar a nova *Capricho* – ainda no primeiro ano do novo projeto. A Adriana Yoshida deixou de ser editora de Moda e passou a ser a editora criativa da revista. Voltamos a apostar nas capas com celebridades, e a falar de Beleza, Moda e Comportamento. Tentávamos ajustar nosso tom de voz para uma menina que ainda estava mais interessada numa boa matéria de serviço do que em discutir a anorexia em profundidade. Como resultado [dessa correção de rota], quando eu saí, no final daquele ano, estávamos vendendo o dobro do que vendíamos quando assumi *Capricho*.

"Nessa época de revisão do projeto, me aproximei muito do Thomaz Souto Corrêa [diretor editorial da Abril]. Ele foi muito importante naquele momento. Eu subia com frequência à sala dele. E ele nunca me disse o que fazer – inclusive porque acho que ele reconhecia o seu próprio desconhecimento relativo em relação às especificidades do público da revista. Nós éramos as especialistas ali. Ele respeitava nossa autoridade e sempre dizia: 'Faça o que você sabe que tem de fazer.' Isso também aumentava a minha segurança no cargo. Se cabelo era um assunto tão central na vida das adolescentes brasileiras – e talvez fosse, de fato, o tema mais nevrálgico para aquelas meninas –, Thomaz nos perguntava por que não tínhamos uma chamada de cabelo em *todas* as capas.

"Em dezembro de 2007, me despedi da *Capricho* – e da Abril. Fui para a Itália trabalhar na Fabrica, o centro de pesquisas em comunicação da Benetton, que produzia a revista *Colors*."

(Thomaz, que havia ingressado na editora em 1963, como redator--chefe de *Claudia*, aos 25 anos, gostava de desmontar as revistas e colar as páginas duplas, em sequência, na parede da sua sala, no 25º andar. Assim enxergava a revista inteira, e o próprio fluxo de leitura proposto pela publicação. A partir daquele boneco tornado maquete, Thomaz analisava vários ângulos editoriais, com especial ênfase nos aspectos visuais da revista, junto com os editores.)

Barbara sempre foi *Maker* – uma pessoa que vai lá e faz. Sempre teve muito talento e muita energia. E talvez estivesse, naqueles anos de formação, em plena jornada para encontrar, no mercado, e na vida, conexões compatíveis com a sua voltagem, com as quais pudesse interagir de modo criativo. Barbara sempre foi indômita nessa sanha de construir uma obra que lhe aproximasse cada vez mais da pessoa que ela queria ser – o que funcionava às vezes como uma agenda pessoal imperscrutável (talvez, em certa medida, até mesmo para ela) e, sobretudo, inegociável.

No ano em que veio para São Paulo, aos 22, deixando a família para trás em Belo Horizonte, nos quatro exercícios que dividiu entre a *Super* e a *Capricho*, em sua passagem pela Abril, nos dois anos em que fez a *Colors*, na Itália, nos meses em que tentou emprestar seu talento a agências de Publicidade aqui no Brasil, Barbara, provavelmente sem saber disso, estava se preparando para a construção da Mesa & Cadeira, empresa de prototipação que ela inaugurou em outubro de 2011.

A trajetória bem-sucedida de Barbara, deixando de ser uma jornalista para se tornar uma inovadora na Nova Economia brasileira, se deve, em grande medida, a todos os nãos que ela soube dizer aos convites que lhe apareceram pelo caminho – alguns deles eu mesmo fiz – e que se ela tivesse topado, em nome de um ganho de curto prazo, teriam lhe tirado do prumo.

Barbara foi substituída na *Capricho* por Tatiana Schibuola, que dirigiu a revista de março de 2008 a janeiro de 2012, quando saiu para dirigir a *Gloss*. Giuliana Tatini, que dirigia o portal *M de Mulher* desde fevereiro de 2010, assumiu então a *Capricho*. Tati retornaria à direção de Redação da *Capricho* em agosto de 2013 – quando Giu voltou a dirigir o portal *M de Mulher*, onde atuou até sair da Abril, em janeiro de 2015. Tati ficaria à frente de *Capricho* até junho de 2015 (momento em que a revista deixou de circular em papel), sendo substituída pelo redator-chefe Thiago Theodoro, e assumiu a direção de Redação de *Claudia*, posição que ocupou até deixar a empresa, em junho de 2017.

(O portal *M de Mulher* foi lançado em fevereiro de 2008, no Núcleo "Semanais de Comportamento", dirigido por Kaíke Nanne. O portal reuniu o conteúdo das revistas *Manequim*, *Máxima*, *Ana Maria*, *Viva Mais*, *Sou+Eu*, *Tititi* e *Minha Novela*, sob a direção de Demetrius Paparounis. Em 2010, *M de Mulher*, já sob a direção de Giuliana Tatini, deixou de ter o corte "popular" e ampliou seu escopo para "feminino", passando a integrar também os conteúdos da *Claudia*, *Nova* e *Gloss*. "O *M de Mulher* chegou a ser um dos maiores portais do país, com 11 milhões de *unique visitors*, e a faturar 13 milhões de reais, colocando pela primeira vez um produto digital da editora no mesmo patamar das maiores revistas da casa", diz Giu. A partir de 2013, de novo sob a sua direção, e com a liderança de Helena Bagnoli, o *M de Mulher* finalmente passou a publicar o conteúdo de *todas* as revistas femininas da Abril, não sem um bocado de resistência interna de quem preferia que as marcas fossem para a Internet como iam para as bancas – cada uma a seu termo.)

Brenda estava no seleto grupo de editores que se sentiam à vontade e tinham bom desempenho como publishers. E assim representava a *Capricho* com galhardia à frente de negócios. Ela também era muito antenada em relação a tendências – fazia bem o seu dever de casa. No ano seguinte ao surgimento da BOX 1824, por exemplo, empresa de pesquisa, uma das pioneiras da Nova Economia no Brasil, Brenda os trouxe para conduzir uma pesquisa sobre os jovens – "Novos Consumidores – 10 Tendências de Consumo Jovem" – que ela e eu usamos muitos em nossas visitas a agências e anunciantes. Também aprendi com Brenda várias palavras novas, que ela ia absorvendo das meninas da *Capricho*. Brenda se tornaria diretora superintendente em agosto de 2010 e deixaria a Abril em junho de 2013.

A *Capricho* foi muito inquieta em termos negociais. A marca produziu um reality show para a TV a cabo – o *Temporada de Moda Capricho*, veiculado em três edições, entre 2009 e 2011, no canal Boomerang, apresentado por Adriana Yoshida, já então promovida à Diretora Criativa da marca. O programa selecionava quinze estudantes de Moda para disputarem, ao longo de algumas semanas, um estágio na revista.

Em dezembro de 2006, a *Capricho* lançava *Loveteen* – revista quinzenal, popular, que custava 1,99 reais. A ideia era fazer frente ao crescimento, nesse segmento, da *Toda Teen*, lançada em dezembro de 1995 pela Editora Alto Astral. O plano era também, com o projeto de conteúdos mais sofisticados e maduros da nova *Capricho*, manter com a *Loveteen* uma presença da Abril no *mainstream*, com pautas menos densas para uma menina menos informada.

Loveteen era editada por Luise Takashina – que vinha da *Witch*, uma revista para pré-adolescentes, licenciamento da Disney que a

Abril lançara no Brasil em março de 2002 e que seria descontinuada em janeiro de 2010. Na Arte, *Loveteen* tinha Fabi Yoshikawa, vinda da *Capricho*. De outubro de 2007 a novembro de 2011, *Loveteen* foi produzida por Fátima Cardeal, fora da Abril. A revista seria descontinuada em fevereiro de 2012.

Outra competidora da *Capricho* era a *Atrevida*, revista lançada pela Editora Símbolo em 1994 e vendida à Editora Escala em 2008. Havia também a *Atrevidinha*, para a menina pré-adolescente, título lançado em 2004 pela Símbolo e descontinuado em outubro de 2016 pela Escala.

A *Capricho* também empreendeu a *Haus Capricho* em 2010, iniciativa liderada por Adriana Yoshida, com Flávia Zimbardi na Arte e Karol Pinheiro no Texto. Marina Bessa, editora de *Capricho* que, em seguida, se juntou ao time da *Haus*, relembra: "A *Capricho* estava bombando naquela época, a própria Abril vivia seu melhor momento e a marca, mesmo com duas redações – uma para a revista, outra para os conteúdos digitais –, não estava dando conta de absorver todos os projetos. Havia inclusive a ideia de que a *Capricho* tivesse uma sede própria fora da Abril, tamanho era o entusiasmo com o potencial da marca.

"A *Haus* surgiu como uma agência criativa, um braço de *Capricho* para tocar projetos especiais para a marca e para os clientes da marca. Um dos primeiros projetos incorporados pela *Haus* foi o *reality show Colírios Capricho*, na MTV. Mas a *Haus* cuidou também de licenciamento, fez jogos para redes sociais, produziu webseries como 'It Girl Capricho', organizou viagens à Disney e chegou a atuar como uma agência de talentos, tendo como clientes, por exemplo, [a cantora] Manu Gavassi.

"A *Haus* foi encerrada em 2011. A festa durou pouco. Alguns projetos não viraram, os custos pesaram, e a crise que envolveu a empresa e a indústria bateu à nossa porta. Boa parte do time da *Haus* foi reabsorvido na Redação digital da *Capricho*."

Giu Tatini fala sobre a operação digital de *Capricho*: "Brenda inventou, em 2005, o que anos depois seria o cargo de 'Social Media'. Meu trabalho era usar a Internet para conectar a leitora. Desenvolvemos comunidades digitais da *Capricho* no Orkut. Fomos a única redação da Abril a ter um desenvolvedor sentado ao lado de um editor. Em 2006, a *Capricho* publicou a primeira capa da editora com uma celebridade da Internet, a então *fotologger* Mari Moon, antecipando o movimento dos *creators*, dos *youtubers*, que marcariam a Internet dez anos depois. Em 2007, o site da *Capricho* explodiu em audiência e faturamos mais de 1 milhão de reais – uma marca importante para a época.

"Em agosto de 2009, a *Capricho* lançou um vídeo na web, com três garotos fazendo uma paródia de um clipe da Beyoncé. Os garotos viraram celebridades e integraram a primeira geração de *digital influencers* da Internet brasileira. Com eles, produzimos a primeira websérie da Abril no YouTube, 'Vida de Garoto'."

SuperSurf foi outra marca confiada a mim no Núcleo "Jovem". Um desafio, porque não era um negócio editorial – tratava-se de um campeonato de surf. A Abril adquirira, em 1999, junto à Associação Brasileira de Surf Profissional, a Abrasp, os direitos do Circuito Brasileiro, inaugurado em 1987. Assim surgia o *SuperSurf*, gerido desde o seu nascimento por Evandro Abreu, publicitário com passagem pela MTV, amigo de Gianca, que colocava o evento de pé praticamente sozinho.

Minha estratégia foi tentar transformar o *SuperSurf* numa marca editorial. Boa parte do sucesso comercial do evento vinha do retorno de mídia que os anunciantes ganhavam ao comprarem cotas do evento. (A marca *SuperSurf* chegou a ser utilizada pela Vokswagen, por anos, numa edição do carro Saveiro.) Então parecia lógico que o próprio *SuperSurf* tivesse páginas a entregar nesses pacotes de patrocínio. Redesenhamos o logotipo e testamos o interesse do leitorado com conteúdos de surfe para ler, sonhar e guardar – revistas com lombada quadrada, baseadas em grandes fotos e textos evocativos, e vídeos.

Jonas Furtado, que tinha passado pela *Fluir*, assumiu como editor. E chamei Viviane Palladino, que estava na *Alma Surf*, uma pequena revista do segmento, criada em 2000, para ser sua assistente. No design, tínhamos Rapha Erichsen e Kafeja Cavalcante. Lançamos a série "As Melhores Ondas do Mundo", em três edições ("Ondas Gigantes", "Ondas Clássicas" e "Paraísos do Surfe"), o guia "Surf Trips", em parceria com o *Guia Quatro Rodas*, e alguns DVDs, como *Making the Call*, e o filme *Hawaii*, de Rafael Mellin. Buscávamos reproduzir a estratégia de expansão de marca que dera muito certo no "Grupo Super".

Talvez estivéssemos fazendo um conteúdo mais para simpatizantes do surfe do que para praticantes. Esse embate entre a visão de quem olhava de fora e a visão dos *insiders* representou boa parte da distância que experimentei em relação a Evandro. Ele era um homem de eventos que cuidava de um torneio, e que tinha compromisso com os atletas e com os critérios técnicos da Abrasp. Eu era um editor, e um publisher, que olhava para o público que nos estava lendo ou assistindo, e que desejava entregar o melhor retorno possível aos patrocinadores.

Essa pequena, mas importante, diferença de compreensão do que era o *SuperSurf*, ou do que ele poderia ou deveria ser, estava presente no próprio evento – que era funcional, do ponto de vista da competição, mas não gerava, para os *sponsors*, nem para o público, a experiência que eu achava que deveríamos entregar. Evandro era um ótimo produtor de eventos – que eu queria desenvolver como gerente de produto.

A venda das cotas do *SuperSurf* era sempre premida pelo prazo do próprio calendário do surfe. E uma das regras mais antigas no mundo dos negócios estabelece que quem entra numa negociação com pressa está em desvantagem. Ainda assim, conseguimos vender bem as cotas de 2005 e de 2006. E, de algum modo, fomos salpicando a experiência do *SuperSurf*, o entorno do evento, e o próprio ambiente da marca, com entregas mais bem-acabadas, tanto para os anunciantes que nos sustentavam quanto para o público que nos seguia.

O *SuperSurf* aconteceu entre 2000 e 2009. Em 2010 e 2011, o evento se transformaria em "WQS SuperSurf Internacional", agregando as etapas do World Qualifying Series (WQS), do Circuito Mundial Profissional de surfe, realizadas no Brasil. E então o *SuperSurf* deixaria de existir. Evandro ficou na Abril até dezembro de 2012, produzindo eventos para várias marcas da editora.

Em abril de 2015, o *SuperSurf* retornaria, por um ano, já fora da Abril, na Editora Rocky Mountain, que publicava a revista de surfe *Hardcore* (lançada em abril de 1989 pela Editora Três.) O evento voltou a representar o Circuito Brasileiro de Surfe Profissional, foi realizado em parceria com a Abrasp, e contou com o trabalho de Evandro como produtor independente.

A *Bizz* também estava à minha espera no Núcleo "Jovem". Uma marca icônica, que fez parte da educação musical de ao menos duas gerações de brasileiros – uma delas, a minha, na segunda metade dos anos 1980.

A *Bizz* chegou às bancas em agosto de 1985, na esteira do primeiro Rock in Rio, realizado em janeiro daquele ano, e impulsionada pelo fenômeno do rock nacional, que se alastrava pelo país – o Brasil emergia de 20 anos de ditadura e descobria o mercado "jovem". A *Bizz* era dirigida por Carlos Arruda e conduzida editorialmente por José Eduardo Mendonça. O projeto gráfico foi inspirado na revista inglesa *Smash Hits* (lançada em 1978, foi descontinuada em 2006).

Em outubro de 1986, a *Bizz* saiu da Abril para ser publicada pela Editora Azul – uma sociedade entre Roberto Civita e Angelo Rossi, inaugurada em junho daquele ano. Em 1987, José Augusto Lemos assumiu a direção de Redação, secundado por Alex Antunes. Em seguida, as concorrentes *Somtrês* e *Roll* saíram do mercado e a *Bizz* ampliou sua influência junto ao público jovem interessado em música.

(A *Somtrês* foi publicada de 1979 a 1989 pela Editora Três. Editada por Maurício Kubrusly, era inicialmente uma revista voltada ao mercado de equipamentos de áudio. Só depois passou a cobrir predominantemente a cena musical. A revista *Roll*, editada de modo independente no Rio de Janeiro, franquia da revista homônima publicada na Argentina, estreou em fins de 1983 e durou até 1988.)

Em 1989, a *Bizz* ganhou novo projeto gráfico e novo logotipo. Em maio de 1993, a revista estreou novo projeto editorial e o terceiro logotipo de sua história. Uma nova geração de bandas renovava o rock nacional – Skank, Chico Science & Nação Zumbi, Raimundos. André Forastieri era o diretor de Redação – até sair, no final daquele ano, para empreender com a revista *General* (lançada em 1993 e descontinuada no ano seguinte) e depois com a revista *Herói* (lançada em 1994 e descontinuada em 2002), em sua recém-fundada editora Acme, mais tarde tornada Conrad.

A *Bizz* foi conduzida por Otávio Rodrigues. Depois, por Felipe Zobaran. A estabilidade da moeda, mais a emergência de novas mídias, como o CD e DVD, pavimentaram o caminho para que a indústria fonográfica vivesse, ao longo de praticamente uma década, seus melhores anos no país. Em outubro de 1995, quando a *MTV* consolidava no país a supremacia da linguagem audiovisual para tratar de rock e cultura pop, a *Bizz* se transformou em *ShowBizz* – com formato maior, projeto gráfico privilegiando fotos em detrimento do texto, léxico adolescente e... ensaios sensuais. A revista desejava se aproximar, talvez, da linguagem dos videoclipes da MTV. No relançamento, com o nome novo, a revista vendeu 100 mil exemplares – quase o dobro da circulação média dos anos 1980. A partir de 1996, a *ShowBizz* passou a investir em capas com nomes clássicos do rock. Quando a Abril, em março de 1998, comprou a totalidade das ações da Editora Azul e integrou os títulos daquela empresa ao seu portfólio, na Unidade Operacional (UO) "Azul", os ensaios sensuais foram descontinuados. Pedro Só assumiu a *ShowBizz* em agosto de 1998, como redator-chefe, buscando recuperar para a marca a credibilidade como a maior curadora de música pop do país – a revista abandonava o projeto *teen*.

No início de 2000, numa associação com a editora Símbolo, a Abril anunciou que a revista, novamente com a marca *Bizz*, seria publicada pela empresa de Joana Woo, tendo Emerson Gasperin à frente do título. Em julho de 2001, a *Bizz* deixaria de circular.

Em 2005, quando assumi o Núcleo Jovem, encontrei aquela marca portentosa dormitando em minha gaveta. Decidi relançá-la, com as táticas de guerrilha que havíamos aprendido no "Grupo Super". Como sempre, um bocado à revelia da corporação – em outubro de 2006, exatamente dois anos depois de termos começado os trabalhos de reanimação da marca *Bizz*, ainda no âmbito da *Super*, seria lançada a edição brasileira da *Rolling Stone*, uma das mais icônicas publicações de música e cultura pop do mundo, pela Editora Spring, em que Miguel Civita, filho de Carlos Civita (meu copatrão na *Super*), era sócio. Miguel sairia do negócio dois anos depois.

(A *Rolling Stone* foi fundada em 1967, por Jann Wenner, em São Francisco, e se tornou rapidamente um ícone do rock e da contracultura. Jann vendeu 49% das ações em 2016 para a BandLab Technologies, empresa de Cingapura, e os demais 51%, em 2017, para a editora americana Penske Media Corporation, saindo do negócio. No Brasil, a *Rolling Stone* deixaria de circular em agosto de 2018.)

O time da *Bizz* era liderado por Ricardo Alexandre e tinha Luciano Marsiglia e Marco Bezzi na edição de Texto, e Gustavo Soares e Rodolfo França na Arte. O lindo projeto gráfico que eles criaram para a *Bizz*, para a qual também desenharam um novo logo, envelopou, além das edições impressas, os vários DVDs que lançamos, com documentários sobre Iron Maiden, Bob Marley, The Doors, U2, Pink Floyd, Ramones, entre outros.

A *Bizz* começara a renascer em outubro de 2004, com o uso da marca numa edição especial lançada pela *Super*: "A História do Rock Brasileiro." Em 2005, repetimos a dose com "A História do Rock" – já com um selo comemorativo dos 20 anos da *Bizz*: "A revista que mudou a sua vida voltou." Até que mensalizamos a revista em setembro daquele ano.

A última edição da *Bizz* circularia em julho de 2007 (exatos seis anos depois da sua morte anterior, na Editora Símbolo). A marca *Bizz* deixava de ser uma publicação periódica para se transformar num selo da Abril para edições especiais relacionadas à música – a última delas foi tirada em dezembro de 2015, com a capa "Lady Gaga".

Ricardo Alexandre, um craque da microedição – lapidava títulos, legendas, olhos e linhas finas com graça, concisão e *wit* –, conta os detalhes dessa história em seu livro *Cheguei bem a tempo de ver o palco desabar*, de 2013: "O jornalista José Ruy Gandra me convidou a integrar a equipe responsável por edições especiais (...) [da Unidade de Negócios] sob o comando de Paulo Nogueira. (...) No início de 2004, (...) adentrei a sala de Paulo com o primeiro volume da *Q Special Edition: 50 Years of Rock'n'Roll*. Sugeri que fizéssemos uma versão brasileira (...), numa série de revistas com acabamento premium e preço mais alto, que depois fossem reunidas numa caixa dura e ficassem com cara de objeto de arte. Paulo, beatlemaníaco praticante, adorou a ideia. E recomendou que eu tratasse dos detalhes com Adriano Silva, diretor de Redação da *Superinteressante*, que emprestaria a 'marca' sob a qual a série seria lançada.

"Adriano era estrela em ascensão vertiginosa na [Abril], justamente por seu destemor em apostar e rentabilizar suas apostas e também por conciliar como poucos os aspectos publicitários e editoriais do jornalismo. Gaúcho, levemente mais velho que eu, igualmente órfão da *Bizz* (...), a sintonia foi imediata. Montei uma pequena equipe (...) [e] começamos a trabalhar em edições para as bancas de DVDs musicais e em uma nova série de luxo, desta vez sobre rock internacional.

"Nas tradicionais reorganizações anuais da Editora Abril, Adriano foi promovido a diretor [do] Núcleo 'Jovem'. (...) Entre [as marcas que iria cuidar] estava a *Bizz*. (...) Anunciamos ao mercado publicitário aquela nova encarnação da revista, mais adequada aos novos tempos: edições especiais, colecionáveis, chiques, direcionadas ao público jovem levemente mais velho. Publicamos a série com a história do rock internacional, os DVDs e duas edições caprichadíssimas em [formato de] listas: 'As 100 maiores capas de discos de todos os tempos' e 'Os 100 maiores shows no Brasil de todos os tempos'. Eu havia montado uma equipe de apaixonados movidos pela alegria de trazer a *Bizz* de volta ('tudo o que a gente queria, embora não do jeito que a gente queria', dizia o Marsiglia), trabalhávamos com o pequeno borderô dedicado aos especiais do Núcleo 'Jovem', vivíamos à margem de qualquer meta publicitária da editora e acreditávamos que poderíamos continuar assim por tempo indeterminado. Até chegarem os primeiros relatórios de venda.

Não existe revista de música grande em nenhum lugar do mundo. No Brasil, no ano de seu lançamento, a *Bizz* chegava a [vender] 70 mil exemplares. Em dado momento, no início dos anos 1990, na efervescência do Rock in Rio e da MTV, a *Bizz* passou dos 100 mil [exemplares vendidos]. [Quando] acabou, [em 2001, vendia] 18 mil. Passados quatro anos, (...) se chegássemos a esse número, estaríamos vivendo um sonho dourado.

"Os (...) relatórios [apontavam que a nova *Bizz* estava vendendo] entre cinco e sete mil [exemplares].(...) Hoje vejo que estávamos sentados em uma montanha de cacos. (...) Àquele ponto, já era claro que a indústria fonográfica era um bicho morto e malcheiroso, mas, por miopia, nos parecia que tudo não passava de uma mudança de plataforma. (...) Diante dos números magrinhos, à margem da operação 'oficial' da Editora Abril, acreditamos naquilo que queríamos acreditar: que o Brasil não desejava a *Bizz* [apenas em] edições especiais, mas [a preferia] em seu velho e bom formato mensal. [Retomamos] a numeração interrompida cinco anos antes e, embora continuássemos tecnicamente como um especial da editora, agora [estaríamos] mensalmente nas bancas. Assim, num triunfo da esperança sobre o bom senso, em agosto de 2005, a *Bizz* voltou.

"Nessa encarnação mensal, a *Bizz* durou de setembro de 2005 a julho de 2007. (...) Nunca aprendi tanta coisa em tão pouco tempo. Aliás, quando o Adriano Silva deixou a Abril [ao final de 2006] para assumir o posto de [chefe de Redação] do *Fantástico* [na TV Globo] (...), minha mensagem de despedida foi: 'Estou exausto, espero que meu próximo diretor me ensine menos do que você.'

"Naqueles 22 meses, minha vida foi dividida entre tentar manter a revista viva e cuidar da edição do mês (e do podcast, e do site, e dos especiais que continuamos lançando). Assim, aprendi a pensar e a preparar projetos, falar com gente do Departamento Comercial, publicitários, diretores de marketing de grandes empresas, gente de assinaturas.

"Começamos (...) oferece[ndo] todos os produtos com a marca *Bizz* para um único [patrocinador], por um valor que (...) bancasse os custos da operação, ou algo perto disso. Uma operadora de celular se interessou – e isso nos assegurou os seis primeiros meses de vida.

"E de fôlego em fôlego chegamos até julho de 2007, jogando e aprendendo a jogar (...), produzi[ndo] uma revista ao público que consumia a *Bizz* em seu período de maior sucesso, o início dos anos 1990. Um pé nas matérias 'colecionáveis', na história do pop, outro pé nas novidades que já não tocavam no rádio nem na MTV. "Uma das nossas solidões – se não a maior, a que mais me surpreendeu – foi notar o quão indiferentes nossos artistas eram em relação à maior revista de música do Brasil. (...) Uma parte dos artistas sequer tomou conhecimento de que estávamos de volta às bancas. Alguns executivos (...), em represália a críticas negativas, interroperam o envio de seus lançamentos à Redação. (...) A exceção foi o Skank, que ajudou gravando depoimento em vídeo para o kit publicitário [e] tocou na festa de relançamento."

Samuel Rosa, líder do Skank – de quem, aliás, Ricardo Alexandre é uma espécie de sósia –, declarou que começara a tocar e formara a banda, sonhando não em fazer shows ou em se ouvir no rádio, mas em figurar nas páginas da *Bizz*. Por declarações como essa, que expressavam o tamanho da marca *Bizz*, acho que fizemos o que tínhamos de fazer. Combatemos o combate que estava ali para ser combatido. Havia uma causa em jogo, um propósito claro, e penso que todos os tiros que tenhamos eventualmente tomado nessa jornada valeram a pena.

Ricardo Alexandre, um cara tremendamente boa-praça, um cosmopolita de Jundiaí, de quem você sempre pode esperar um gesto delicado, uma tirada espirituosa ou simplesmente um sorriso camarada e includente, deixou a Abril em agosto de 2007. Foi diretor de Redação das revistas *Monet* e *Época São Paulo*, na Editora Globo, e da revista *Trip*.

Quando cheguei à *Super*, já estava em curso uma parceria da revista com a Petrobras: toda edição, publicávamos um infográfico explicando algum processo científico empreendido pela empresa – como se extraía petróleo da rocha, como se fazia o refino dos vários combustíveis, qual era a rotina em uma plataforma petrolífera etc. Era um projeto muito bem-sucedido e que perdurou por mais de uma década. A revista colocava sua expertise editorial, e sua linguagem, a serviço do anunciante que comprava espaço em suas páginas e que desejava falar com o público por meio de conteúdo, e não apenas de um anúncio.

Antes disso, na *Exame*, Paulo contratara Alexandre Caldini para desenvolver a área de Projetos Especiais – inspirado pelos vários "Advertisements", páginas publicitárias contruídas para os anunciantes em formato editorial, que ele via em revistas como a *Time* e a *Fortune*. Eram os "Informes Publicitários Especiais" – os avós do que mais tarde viria a se chamar Brand Content.

O nome, deliberadamente horrível, e o projeto gráfico, propositalmente feio, serviam como um alerta aos leitores de que aquelas páginas *não* eram editoriais – mais do que uma diferenciação, havia ali um aviso velado de que se tratava de um conteúdo *menor*. A Abril tinha grande zelo pela barreira entre a "Igreja" e o "Estado", e temia que os anunciantes pudessem invadir o espaço editorial das revistas – mesmo quando os novos formatos estavam longe de comprometer essa clareza do que era o que, e de quem era quem, aos olhos do leitor. Então optava-se pecar pelo excesso de cuidado – que em alguns casos soava quase como paranoia.

Embora houvesse anunciantes interessados em comprar a independência jornalística dos veículos (assim como havia no mercado veículos dispostos a vendê-la), a maioria dos departamentos de marketing queria apenas experimentar novos formatos e produzir mensagens de marca mais criativas e integradas ao ambiente editorial em que seriam veiculadas, sem a menor intenção de aviltá-lo ou de corromper jornalistas.

Um dos parceiros comerciais mais estimulantes e inovadores que encontrei ao longo das minhas diligências no mercado publicitário, como publisher do "Grupo Super" e, depois, à frente do

Núcleo "Jovem", foi Paulo Camossa Jr., diretor de Mídia da agência Almap/BBDO.

A área de mídia era fundamental aos negócios de uma agência – ali era gerado o grosso do faturamento. Paulinho, cuidando de Mídia em uma das maiores agências do país, tratava de fechar os grandes negócios, a compra dos grandes pacotes junto aos grandes veículos, que garantiam ganhos de escala e de eficiência para o anunciante, e boas margens de lucro para a agência. Ao contrário da maioria de seus pares, no entanto, ele adorava expandir esses limites e experimentar novos jeitos de fazer.

Paulinho sempre reservava uma parte da verba que os anunciantes lhe confiavam para apoiar projetos inovadores, gerando uma visibilidade menos *mainstream* e mais *cool* para as marcas que administrava, inaugurando diálogos com novos públicos de interesse, em veículos mais segmentados e alternativos. Então Paulinho garantia o feijão com arroz, mas sempre inventava uma guarnição surpreendente, para sofisticar o paladar – e apurar a mensagem da marca e a sua penetração.

Com isso, editores pequenos e criativos, projetos menores e mais sofisticados, e ações menos óbvias e mais ousadas, ganhavam espaço de interlocução dentro da Almap. De um jeito que quase nenhuma outra agência proporcionava. Paulinho foi um dos primeiros apoiadores da grande reforma editorial da *Super* – a Almap, além de tudo, era tida como uma agência "revisteira", porque o sócio e diretor de Criação, Marcello Serpa, tinha especial predileção pelo universo das artes gráficas. Paulinho também foi um grande entusiasta da volta da *Bizz*. E um parceiro fundamental no lançamento de *Flashback*. (Paulinho gostava tanto do mundo editorial que deixaria a Almap para trabalhar na Abril, como diretor de Marketing de todas as marcas, exceto *Veja* e *Exame*, entre setembro de 2013 e agosto de 2014 – num momento infelizmente muito duro de enxugamento da empresa.)

No mercado publicitário, quem trabalha com criação – redatores e designers – é chamado de "criativo", e não de "criador". É curioso porque, ao transformar o que, a princípio, seria um adjetivo – "criativo" – em substantivo, a Criação como que surrupia aos profissionais dos demais departamentos – Mídia, Planejamento, Atendimento – a possibilidade de que eles também sejam "criativos".

Quando o adjetivo "criativo" vira um termo proprietário do departamento de Criação, é como se ele não pudesse mais ser combinado a outros substantivos, nem fazer referência a profissionais de outros departamentos. Assim, afasta-se a possibilidade de haver um "planejador criativo", por exemplo.

Ao mesmo tempo, o adjetivo "criativo", ao nominar com exclusividade os profissionais de Criação, parece garantir a qualquer talento dessa área um elogio cativo, um juízo positivo prévio, eliminando na origem a possibilidade de que um "criador" não seja *criativo*...

Subverto aqui essa semântica do mercado publicitário para dizer que Paulinho foi o profissional de Mídia mais *criativo* que conheci. Estava sempre disposto a fazer mais e melhor – e diferente. Juntos, derrubamos um par de paredes. Produzimos, por exemplo, para o carro Gol, da Volkswagen, um infográfico, em formato de linha do tempo, que, ao longo de oitenta páginas – uma revista inteira! –, revivia os 25 anos de história do produto no país. (Esse, aliás, foi o projeto que nos permitiu mensalizar a *Flashback*.)

Também montamos um *storytelling* (não se usava esse termo à época) em que os limõezinhos de Pepsi Twist viraram "estagiários" no Núcleo "Jovem", e invadiram as páginas das revistas para comentar, com sua marra característica, os conteúdos publicados. A ideia é que os limõezinhos fossem sendo promovidos, com direito a ter seus nomes publicados nos expedientes, até se tornarem editores de sua própria revista.

A Abril não convivia bem com essas novas opções que íamos empurrando para dentro do cardápio. De um lado, eram projetos que ganhavam prêmios e reinventavam o uso da mídia impressa. O que era bom. De outro, essas iniciativas redesenhavam as possibilidades de atuação na fronteira entre o editorial e o comercial – além de serem menos rentáveis do que a venda pura e simples de anúncios, uma vez que acarretavam custos diretos de produção de conteúdo. Tudo isso soava perigoso. A renovação dos formatos publicitários, e do próprio modelo de negócios, era uma discussão que a Abril precisava inaugurar – mas que seria protelada ainda por muitos anos.

Meu primeiro trabalho, à custa de longos e-mails argumentativos para a alta direção, foi deixar claro que a regra basilar de proteção da Igreja em relação aos interesses do Estado, em nossas iniciativas de produção de conteúdo para marcas, estaria – obviamente – preservada. Estávamos inventando novas aplicações para o mesmíssimo princípio de independência editorial e ética nos negócios jornalísticos – não nos passava pela cabeça bulir com essa fórmula fundante, que estava na base do valor que oferecíamos ao mercado.

Em seguida, busquei forçar a obsolescência do palavrão "Informe Publicitário Especial". As páginas de Brand Content (esse termo também não existia à época – e é notável o tanto que a falta de um bom nome para traduzir um conceito prejudica que esse conceito seja bem explicado e bem compreendido por todos) não podiam se confundir com as páginas editoriais, mas isso não significava que elas precisassem ser feias – nem que não pudessem ser espetaculares.

Na sequência, decidi estruturar, dentro no Núcleo "Jovem", um time para produzir e vender conteúdo de marca para anunciantes – que chamamos de Projetos Especiais. Chamei Viviane Palladino, que havia trabalhado nas publicações de *SuperSurf*, para inaugurar a área. Vivi era uma editora-assistente curiosa, gostava de se envolver com outros aspectos da operação, que não apenas a produção jornalística, e dava boas ideias de negócios. Ela conta os detalhes dessa história: "Em janeiro de 2005, eu estava de férias, lendo a

Super, e me dei conta de que aquela era uma das melhores edições de revista que eu já tinha visto. Resolvi escrever para o diretor de Redação – e ali começou a minha relação com você e com a Abril. "Para a minha surpresa, você respondeu à minha mensagem. Fui à redação, tivemos uma ótima conversa e, em seguida, você me convidou para trabalhar com a *SuperSurf*. Quando o projeto minguou, no final de 2005, você pediu para que eu ficasse no radar. E me indicou como colaboradora para vários títulos da Abril. Pintou uma vaga noutra revista da editora, mas eu queria voltar a trabalhar no Núcleo 'Jovem', com aqueles jornalistas brilhantes e aquela atmosfera inspiradora que você criou por lá.

"Em agosto de 2006, você me contatou com a ideia de criar uma área para a produção de conteúdo de marca. Almoçamos no Terraço e eu saí de lá editora de Projetos Especiais do Núcleo 'Jovem'. Atendemos vários clientes e crescemos rápido. Em seguida, contratamos o Marcelo Rondino, como gerente de Projetos. Foi uma das fases mais excitantes da minha carreira. Aprendi muito.

"Quando você saiu, no fim de 2006, a Brenda assumiu o Núcleo 'Jovem' e deslocou o Paulo Cabral para ser o diretor de Arte de Projetos Especiais. Depois a Josi Campos assumiu o design. Chegamos a trabalhar com mais de 20 colaboradores externos, produzindo Brand Content em vários formatos para vários clientes."

O trabalho com conteúdo de marca no Núcleo "Jovem" rendeu a Vivi, em outubro de 2009, o convite para cuidar de projetos especiais na UN "Veja", a maior e mais importante unidade de negócios da Abril. Em maio de 2012, ela se tornaria diretora de Marketing da UN "Negócios e Tecnologia", cujo carro-chefe era a *Exame*, até deixar a Abril, em agosto de 2014.

A área de Projetos Especiais do Núcleo "Jovem" cresceu. Luise Takashina liderou a área a partir de novembro de 2009, em substituição a Vivi. Em agosto de 2010, Brenda foi promovida a diretora superintendente e fundiu a área de Projetos Especiais do Núcleo

"Jovem" com uma área similar que havia no Núcleo "Semanais", onde ficavam as revistas femininas populares, agora também sob o seu comando. Essa área, liderada por Carol Pasquali, tinha sido inaugurada por Mônica Kato em março de 2005, em paralelo ao surgimento das nossas primeiras iniciativas de Brand Content no Núcleo "Jovem".

Carol assumiu a nova área de Projetos Especiais com a fusão. Com sua saída, ao fim de 2011, logo depois da saída de Luise, a designer Josi Campos assumiu a área, em parceria com Renato Cagno, e depois Louise Faleiros, e depois Wagner Gorab – todos gerentes de Produto, pertencentes ao time de Marketing. Em agosto de 2014, por iniciativa de Josi, imediatamente topada por Paulinho Camossa, então diretor de Marketing (curiosamente comandando, quase uma década depois, uma operação que ele, lá atrás, como agência, me inspirou a estruturar), a área ganhou nome, status, logotipo e site de empresa independente: "O.vo – Custom Creative Content".

A ideia era prestar serviços de Brand Content a todas as marcas da Abril e a seus clientes – exceto a *Veja* e a *Exame*, que estavam fora da jurisdição de Paulinho. O projeto, segundo Paulinho, "durou um dia". O O.vo morreu, por assim dizer, na casca. Em agosto de 2014, como se esse mês quisesse justificar a sua fama, num dos maiores cortes levados a cabo pela Abril, uma enorme leva de executivos foi demitida – entre eles, Paulinho, Josi, Cagno, Luise, Wagner e Vivi. Como é comum acontecer em tempos de medidas drásticas, quando, para aliviar o peso do avião o comandante acaba jogando parte do combustível fora, o O.vo, junto com alguns outros projetos promissores da editora, gorou.

Mais tarde, em março de 2016, a Abril montaria o Estúdio ABC (Abril Branded Content), a primeira iniciativa a reunir num mesmo lugar todos os serviços de produção de conteúdo de marca da editora, atendendo transversalmente, com um mesmo time, a todas as publicações da casa – inclusive a *Veja* e a *Exame*. A Abril abria frontalmente a sua expertise editorial aos anunciantes – onze anos depois de termos brigado internamente, no "Grupo Super", para trocar "Informe Publicitário Especial" ou "Publicidade" por "[marca] apresenta", uma retranca igualmente esclarecedora, mas muito mais convidativa e charmosa.

O Estúdio ABC foi liderado por Edward Pimenta entre março de 2016 e julho de 2017. Depois, por Patricia Weiss, até dezembro daquele ano. Sergio Gwercman o tocou até abril de 2018, quando foi substituído por Sergio Ruiz.

Considero que a indústria de Brand Content surgiu no Brasil em 2010 e se estruturou ao longo dos três anos seguintes, período em que o Facebook se tornou ubíquo em nossas vidas, o YouTube se consolidou, e *todas* as marcas passaram a investir na construção de uma presença relevante nas redes sociais, com base na produção de conteúdo próprio – coisa com a qual elas nunca antes tinham tido de se preocupar.

Aquele foi o momento em que as marcas, que até então podiam resolver sua Comunicação sendo apenas *anunciantes* (ao lado de batalharem boas aparições nas páginas editoriais dos veículos por meio das suas assessorias de imprensa) tiveram que aprender a ser também publishers. A partir dessa necessidade de produzir seu próprio conteúdo, e não apenas anúncios (e releases), toda uma rede de fornecedores se desenvolveu para lhes atender nessa demanda.

Ao lado das agências de publicidade e das agências de RP, apareceram também os produtores de conteúdo – cujos serviços passaram a ser disputados também pelas próprias agências de publicidade e RP. (Não há espaços vazios no mercado. Novas necessidades surgem e geram uma rede de novas ofertas e de novos especialistas com enorme rapidez.)

A Abril estava bem posicionada para se tornar uma competidora importante no nascente mercado de Content Marketing. Ninguém sabia contar tão bem boas histórias a tantos públicos tão diversos entre si. Talvez o apego nostálgico à rentabilidade das páginas de anúncio tenha ajudado a travar os passos da empresa nessa direção. Só que não havia alternativa: era preciso entregar mais valor nas soluções de comunicação e mídia aos clientes, mesmo tendo para isso que gastar um pouco mais, com produção, de modo a tentar manter aquelas receitas dentro de casa. Em adição a isso, talvez os jornalistas dos grandes veículos, de modo geral, tenham demorado muito a descer do pedestal e perceber que não havia nenhuma indignidade em produzir bom conteúdo para marcas.

Também é possível que a oferta de Brand Content da Abril, com sua inevitável ênfase na mídia impressa, enquanto o meio digital ia estabelecendo sua hegemonia com base na linguagem audiovisual, em detrimento da palavra escrita (e, principalemente, da palavra pintada em papel), também tenha contribuído para que a trajetória da Editora nessa área não prosperasse tanto quanto poderia.

(Em tempo: prefiro "Brand Content" a "Branded Content", porque considero que estamos falando de "Conteúdo de Marca" e não de "Conteúdo Marcado".)

O ano de 2005, para mim, foi de queda de braço com a Abril. Adentrei janeiro com o motor rodando no máximo, naquela velocidade que desenvolvemos no Triênio de Ouro da *Super*, entre 2002 e 2004, e rapidamente me vi travado, acelerando contra o paredão que a Editora ergueu à nossa frente.

Eu queria continuar realizando. Queria proteger o time – e os projetos que tinham atraído aqueles talentos para a nossa órbita. De um lado, eu procurava resistir às amarras da corporação que iam nos cingindo cada dia mais. De outro, eu procurava honrar as combinações com a turma e salvaguardar os sonhos que mantinham vivo o entusiasmo de todos nós ali.

Com isso, cheguei ao final de 2005 exaurido. E percebendo que não seria possível continuar assim. Era preciso começar a adequar o nosso passo – e o meu discurso e as minhas ações – ao ritmo desejado e imposto pela empresa. Comecei a encaminhar algumas pessoas para outras oportunidades. E a deixar que algumas das iniciativas que eu vinha tentando equilibrar finalmente caíssem no chão – do modo menos doloroso possível. Casos como a *Flashback* e a linha de publicações da *SuperSurf*, por exemplo.

Meus filhos nasceram no começo de novembro daquele ano. E eu emendei a licença-paternidade com férias completas de trinta dias com saldo de férias atrasadas com recesso de fim de ano e feriados – de modo que só voltei ao trabalho em meados de janeiro. (Algumas pessoas na redação já nem lembravam direito quem eu era.)

Na manhã do dia em que me tornei pai, tinha uma apresentação importante agendada na Grande São Paulo. Liguei para Valeska Scartezini, gerente de Marketing da UN "Cultura/Jovem", e pedi que ela me representasse naquela reunião – e também que avisasse meus diretos que não contassem comigo naquele dia (nem mesmo para avisar-lhes que não poderiam contar comigo) porque eu estava, naquele momento, no hospital, colocando um avental e uma máscara cirúrgica, prestes a ver minha vida ser maravilhosamente virada de cabeça para baixo.

Val era muito competente, uma mulher articulada e com grande presença, que coordenava com graça e tino um timaço de gerentes de Produto, no qual figuravam talentos como Mariana Villalva, Adriana Schneider Dallolio, Cinthia Obrecht, Louise Faleiros, entre outras – e outros.

O time de Marketing trabalhava muito próximo aos editores das marcas, no desenvolvimento dos projetos que gestávamos no Núcleo "Jovem". Com isso, boa parte daquelas gerentes de Produto aprendeu um bocado sobre as questões editoriais das publicações que atendiam – assim como boa parte dos editores ficou versada em questões negociais, e de desenvolvimento, venda e gestão de projetos. O time do Financeiro, nossos PCOs, também estava sempre à mesa conosco, sonhando junto como iríamos conquistar a próxima Constantinopla.

O Núcleo "Jovem" pode ser entendido não só como o lugar que reunia todos os títulos da Abril direcionados aos leitores *jovens*, mas também como o lugar da Editora que recebia os *jovens* talentos, um celeiro de grandes profissionais em início de carreira. Apesar de termos que reduzir a marcha em relação à velocidade com que operávamos no "Grupo Super", é possível que ainda tenhamos conseguido oferecer, no Núcleo "Jovem", as oportunidades mais sexy de aprendizagem e crescimento da empresa – não só para a turma do jornalismo, mas também para a turma de negócios. O Núcleo "Jovem", mais do que um lugar, foi um *momento* na vida e na carreira daquela moçada, que mais tarde brilharia em outros lugares, fazendo outras coisas.

Eu queria também posicionar o Núcleo como um dos especialistas, na indústria da mídia, que melhor conhecia os jovens brasileiros. A MTV acertara em cheio com o Dossiê Universo Jovem, publicado pela primeira vez em 1999 – eu escrevera, na *Exame*, uma longa reportagem no lançamento da pesquisa. O dossiê teve uma segunda edição em 2000 e publicava, ali, em 2005, ano em que assumi o Núcleo "Jovem", a sua terceira edição (a quinta e última edição do estudo sairia em 2011, dois anos antes da Abril devolver a marca MTV para a Viacom).

O Dossiê, ao educar o mercado, virou referência e tornou inequívoca a autoridade da MTV como ambiente editorial para marcas que quisessem falar com jovens. Os melhores anos da MTV, em termos financeiros, tiveram seus resultados alavancados em boa medida pelo Dossiê Universo Jovem. (A pesquisa "Novos Consumidores", que Brenda encomendara à BOX 1824, era também um jeito de nos posicionarmos diante da MTV nesse território inaugurado com sucesso por eles.)

Em determinado momento, resolvi produzir um anúncio, para circular em nossas revistas, apresentando o Núcleo "Jovem" como um time formado pelos maiores experts nos públicos que nos dedicávamos a atender: a *Capricho* em relação às meninas, a *Mundo Estranho* em relação aos garotos, a *Super* em relação aos jovens adultos, e assim por diante. Queria comunicar ao mercado, por meio daquela peça, que estávamos estruturados para emprestar às marcas o nosso conhecimento sobre aqueles consumidores. Queria que as agências e anunciantes reconhecessem – e contratassem – nossa expertise. E estava tão confiante que decidi que nós mesmos faríamos o anúncio. (Afinal, não se tratava de contar uma história numa página de revista? Que dificuldade poderia haver?)

Levei todos os editores – Brenda, Denis, Volpe, Ivan, representando a *Flashback*, Ricardo Alexandre, pela *Bizz*, mais Evandro, responsável pela *SuperSurf* – para um estúdio de gravação. Onde emulamos uma banda de rock, num ensaio fotográfico. Cada um com um instrumento – Brenda no baixo, Volpe na bateria, Denis, Ricardo e Ivan nas guitarras, Evandro nos teclados e eu nos vocais. Denis, Ricardo e Evandro aparecem meio constrangidos nas fotos. Brenda e Volpe mergulharam nos personagens e figuraram no ensaio como perfeitos *rock stars*. E eu fui fixado gritando ao microfone, com uma camiseta dos Ramones. (A música que tocava no estúdio, para que entrássemos no clima, era "Rock and Roll All Nite", do Kiss.)

Já Ivan era o único nativo naquele ambiente. Ele estava nos recebendo em seu elemento. Empunhava sua guitarra de modo *cool* (nem precisamos alugar um instrumento para ele, porque Ivan tinha *várias* guitarras em casa, uma mais exclusiva que a outra), por trás dos seus óculos escuros e da sua camisa grunge quadriculada. Ivan não estava atuando – ele deu uma canja, com a maior naturalidade, tocando *de verdade* a música do Kiss na *Fender Stratocaster* que escolheu trazer para aquela *session*.

O ensaio ficou bacana – mas o anúncio, que eu mesmo escrevi, ficou horrível. Nem o design primoroso de Rodrigo Maroja, que emulou um cartaz de show de rock, conseguiu salvar a nossa peça da confusão e da prolixidade. (A única coisa que ficou clara naquele anúncio é que jornalistas não sabem escrever como publicitários.) Como resultado, ninguém entendeu o que estávamos vendendo ali. (Nem nós mesmos.) Mas, como o anúncio veiculou em boa mídia – segunda e terceira capas de quase todas as revistas do Núcleo "Jovem" –, acabamos recebendo, ao longo de semanas, pelos meios de contato que publicamos, consultas para várias coisas – da compra de roupas para jovens à contratação do nosso show. Eu havia descrito Ricardo Alexandre, da *Bizz*, como "o homem dos 10 mil discos", então ele também recebeu vários pedidos de gente querendo completar sua coleção de vinis. E houve até quem ligasse só para matar a curiosidade: "O que é mesmo que vocês fazem?"

O ano de 2005 também chegou para mim com uma troca de chefe. O Núcleo "Jovem" foi alocado na UN "Cultura/Jovem", liderada por Luiz Felipe d'Avila. Felipe, fundador da Editora d'Avila e criador dos títulos *Bravo!* e *República*, estava na Abril desde fevereiro de 2002, quando assumiu como diretor superintendente da UN "Femininas". Mas eu, até ali, nunca havia cruzado com ele.

Formado em Ciência Política, com mestrado em Administração Pública, Felipe era autor de vários livros em que enfocava a história e a política nacionais. Ele vinha de uma família tradicional e era casado com a herdeira de uma das grandes fortunas do país. Então, habitávamos planetas distintos. Felipe se materializava de manhã, na Abril, parecendo ter sido abduzido segundos antes na Quinta Avenida, em Nova York, ou na City, em Londres: estava sempre vestido de modo impecável, com traje e gravata de primeiríssima linha; puxava o cabelo para trás com pomada, cuidava do corpo e da alimentação, e sabia se portar com classe e simpatia junto às pessoas – inclusive as que trabalhavam com ele.

Convivemos bem por um ano e meio – Felipe deixaria a Abril em junho de 2006, cinco meses antes de mim. Apesar das inevitáveis diferenças de estilo e de comportamento que havia entre nós, quero crer que, se não nos tornamos parceiros, ao menos nunca nos atrapalhamos. Às vezes me parecia que a vida de Felipe não acontecia de verdade ali dentro. Não apenas por ele ser um par muito mais de Roberto do que dos demais executivos da empresa (no mundo de Felipe, por exemplo, havia seguranças, helicóptero e temporadas de esqui – coisas que estavam para nós como o caviar para Zeca Pagodinho, naquele seu famoso samba), mas também por seus interesses intelectuais voltados muito mais para a pesquisa e a produção literária em política, economia e gestão pública, do que para a gestão de negócios na indústria da mídia.

À parte ter sido um publisher em sua própria editora, talvez mais por um desejo de influência e reconhecimento do que por uma oportunidade comercial ou por uma paixão pelo jornalismo, é curioso que Felipe, que tinha outros empreendimentos em curso e que provavelmente já nutria as pretensões que o levaram a se lançar pré-candidato ao governo do estado de São Paulo em 2018, tenha dedicado quatro anos e quatro meses da sua vida a cuidar do dia a dia de publicações como *Elle*, *Recreio*, *Capricho* e *Mundo Estranho*.

(A Editora d'Avila foi fundada em 1996 e extinta em 2006. *República*, lançada em 1996, seria descontinuada em 2002, dando lugar, já fora da Editora d'Avila, à revista *Primeira Leitura*, que seria, por sua vez, descontinuada em 2006. *Bravo!*, lançada em 1997, foi integrada ao portfólio da Abril em 2004 – e descontinuada em 2013. A *Bravo!* seria relançada em 2016 por Helena Bagnoli e um grupo de jornalistas independentes.)

Diretores e membros da alta direção da editora, como Felipe, tinham como prerrogativa almoçar no Terraço Abril – comandado com elegância por Suzana Malouf, conduzido com simpatia pelo maître Eduardo Santiago, e atendido por garçons gente boa como Matias Dantas. Com isso, dificilmente frequentavam o refeitório, um bandejão bem arrumado e bem sortido que ficava no térreo. E acabavam perdendo também a chance de tomar um café – que naquela época ainda podia ser acompanhado de um bom cigarro – no ebuliente pátio interno da Abril, uma arena de olhares e sorrisos ávidos onde digladiavam – com alguma discrição, é claro – as libidos e os *wits* daqueles moços e moças na flor da idade e da capacidade criativa – e sexual.

No centro, havia um quiosque de onde Toninho – cujo nome, fora do palco em que atuava com sua arte barista, era Antonio Carlos – disparava espressos encorpados e capuccinos melados, obras de arte efêmeras como uma espuma de leite bem tirada, e inesquecíveis como um bom *blend* de canela e chocolate açulando a língua. Ao redor do quiosque, espalhado em mesas e cadeiras sob o sol, um monte de gente inteligente, bonita, a fim de papo e de tudo o mais que a vida pudesse oferecer de bom.

Se a Abril era uma empresa apaixonante, que viciava, e que permitia aos seus correligionários uma certa impressão de autossuficiência (e também de superioridade) em relação ao mundo exterior, boa parte disso se devia àquele tórrido jardim de inverno – e àquele quiosque movido à cafeína, ótima conversa e azaros.

Eis um ponto sobre o flerte – e em especial sobre o flerte corporativo. Ele não precisa ir além de si mesmo para espalhar suas benesses: autoestima renovada, uma certa eletricidade que dá viço aos gestos e aos sorrisos, uma dose extra de alegria de viver. Mais: o flerte é mais gostoso, e cumpre melhor o seu papel, no ambiente da empresa, quando ele *não* vai adiante nem se transforma em outra coisa que não apenas o que ele é – um flerte.

Infelizmente, essa não foi a compreensão de muitos executivos, ao longo de muitas décadas, na editora. A suposta liberalidade da

Abril foi muitas vezes corrompida, na sua essência, para se tornar uma espécie de alvará para o assédio sexual. Como se alguns daqueles homens tudo pudessem, simplesmente por estar ali e ser quem eram. E como se todas aquelas mulheres tudo devessem aceitar, pelo mesmo motivo. Ainda não havia a regra do "não é não" – que a rigor só se estabeleceria de modo mais evidente no Brasil, ao menos no âmbito da classe média instruída, no fim da década de 2010.

Então, muitas vezes, de cima a baixo na hierarquia, era como se o elã, a sofreguidão, o arrebatamento – sempre masculinos – justificassem a supressão do desejo feminino, do direito de escolha das mulheres, como se a elas coubesse acatar, sorrindo, os arroubos a que fossem submetidas.

Em dezembro de 2007, a Abril publicou o seu Código de Conduta, um documento que tomou três anos para ser construído. Surgia ali o Comitê de Conduta, abrindo os canais para denúncias internas – e não apenas de assédio sexual, mas também de assédio moral. Muitos casos – alguns inacreditáveis, outros simplesmente patéticos – foram trazidos à luz.

O ano de 2006, para mim, foi de sensaboria. Se em 2005 eu amargara as consequências da derrota do estilo de gestão que me trouxera até ali, e tentara resistir à nova força gravitacional que nos dragava – como um caça rebelde, acostumado a rasgar as amplitudes da galáxia, sendo de repente capturado pelo escudo magnético de um cruzador imperial (se é que você me entende) –, 2006 foi o ano de cair dentro da organização, de experimentar as travas corporativas, de vestir o cabresto. Realizando os prejuízos impostos por aquela nova realidade ao meu modo de pensar e de fazer as coisas, renegociando as relações para tornar aquele dia a dia minimamente viável – não só para mim, mas também para o time que eu dirigia.

Estava agastado naquela posição de diretor de Núcleo. Como diretor de Redação da *Super*, atuando como um publisher no "Grupo Super", eu conseguia equilibrar bem as funções editoriais e negociais. Ali, no Núcleo "Jovem", a conversa ficou 100% comercial. (E 200% financeira.) Era como se o Word tivesse sido deletado da minha máquina e eu só pudesse me expressar por meio do PowerPoint, para montar apresentações comerciais, e do Excel, para reportar números. A vida na Abril, que tinha sido um idílio sem fim, começava a ficar muito chata.

Indo ao mercado, correndo atrás do dinheiro, em parceria com a equipe de vendas, em relações nem sempre harmônicas (as prioridades dos nossos vendedores nem sempre coincidiam com nossos objetivos comerciais específicos), fui percebendo o quanto era duro vender revistas a um mercado dominado pela TV. (A Internet, em 2006, ainda não era mais do que um pequeno anexo nos investimentos publicitários das marcas.)

Naquele biênio em que atuei como diretor de Núcleo, sentia que os editores responsáveis pelas publicações não invejavam muito a minha cadeira nem a minha rotina – temiam, portanto, serem promovidos. O que nunca é um sinal de saúde para a organização.

Eu tentava preservar a *anima*, enquanto sentia crescer em mim a sensação de que aquele não era mais o meu lugar. O sorriso sumiu de meu rosto. Ia singrando aquela realidade árida, em que a inovação e a ousadia perdiam cada vez mais espaço. (Aprendia, a meu próprio respeito, que, solto no campo, era o tordilho mais entusiasmado do tropel. E que, preso no brete, empacava. A energia simplesmente evaporava – ou, ainda pior, azedava dentro de mim, e se transformava no seu contrário.)

Eu tinha uma coluna no *YTrends*, site que criei em 2006, com a ajuda da webmaster Fabiana Mioto, para ser um repositório online das informações de mercado que íamos gerando sobre os nossos públicos, por meio de sondagens e da geração de insights. A ideia era, outra vez, virar referência junto ao *trade* – agências de Publicidade e anunciantes – no que se referia ao comportamento dos jovens brasileiros. Publicamos dossiês sobre os hábitos de consumo dos nossos leitores em relação a carros, cartões de créditos, refrigerantes e aparelhos celulares, entre outras categorias de produtos. Tínhamos colunistas convidados, como Beth Furtado, então diretora de Planejamento da agência QG, Camila Toledo, então diretora de Tendências da consultoria WGSN, e Paulo Al-Assal, então CEO da empresa de pesquisas Voltage.

Em algum momento, publiquei dois textos no *YTrends* – "À luz truncada de uma manhã de outono", um miniconto que deixava entrever um pouco da minha exasperação corporativa naquele momento (um desabafo que Paulo Nogueira depois, *en passant*, num e-mail, classificaria como "*executive angst*") e, mais tarde, já demissionário, "*Dead Man Walking*", sobre meus últimos dias na Abril, andando pelos corredores de um lugar ao qual eu já não pertencia, e que, segundo ouvi, teria incomodado Roberto Civita. (Ambos os textos estão publicados em *Ansiedade corporativa*, de 2015, segundo livro da Trilogia "O Executivo Sincero".)

O *YTrends* seria descontinuado em 2007. Mas a ideia de o Núcleo "Jovem" ter uma plataforma B2B (*business to business*) voltaria, em fevereiro de 2009, sob a direção de Brenda, com um novo nome: *NJovem*, site que ficou no ar até 2012. Antes disso, em 2008, Brenda também rodaria a segunda edição da pesquisa "Os Novos Consumidores", desta vez em parceria com o StudioIdeias.

É curioso que nunca tenhamos conseguido fazer nada com a MTV – exceto um programa da *Capricho*, anterior ao surgimento do Núcleo "Jovem". (Em 2010, a *Capricho* voltaria a estabelecer uma parceria com a MTV – o reality show *Colírio Capricho*.) Estive algumas vezes com Zico Góes e com Cris Lôbo, que cuidavam da programação e da produção da MTV. Mas nunca conseguimos avançar e construir uma parceria estruturada entre as marcas do

Núcleo "Jovem" e a emissora – embora partilhássemos do mesmo público e, acima de tudo, do mesmo acionista.

A MTV tinha uma postura radical de independência em relação à Abril, tendo chegado inclusive a produzir uma publicação própria – a *Revista da MTV*, que circulou entre março de 2001 e dezembro de 2007, com Monica Figueiredo à frente da Redação – editorialmente à parte da editora, usando sua estrutura apenas para impressão, distribuição e venda de assinaturas.

Com isso, em determinado momento, busquei uma aproximação com a TV Cultura. Desenvolvemos em conjunto o conceito da "Faixa Jovem", em que as marcas do Núcleo atuariam como curadoras em uma programação diária de conteúdos para os jovens a serem produzidos e veiculados pela TV Cultura, de segunda à sexta, no fim da tarde, com a nossa assinatura. O projeto, bem desenhado e com potencial para mudar a estatura das nossas marcas, esbarrou, se bem me lembro, num desentendimento entre as equipes comerciais – quem venderia o que e quem ficaria com quanto. A primeira venda de um projeto, e com frequência a mais difícil, é a interna. A "Faixa Jovem" não foi entendida como um somatório de forças, mas como uma dispersão de recursos, e a ideia soçobrou antes mesmo de ser levada ao mercado.

Em dezembro de 2005, Paulo Nogueira deixou a Editora Abril para assumir a direção editorial da Editora Globo. Segundo amigos, havia boatos de que eu o substituiria como diretor superintendente. Isso não se confirmou – os títulos da UN "Tecnologia/Turismo", liderada por Paulo, foram distribuídos entre outras UNs.

Outros boatos davam conta de que eu seria o novo diretor de Redação da *Época*. Isso também não se confirmou – Paulo levou Helio Gurovitz, que dirigiu a revista entre janeiro de 2006 e dezembro de 2014. Uma escolha acertadíssima, se é que em algum momento pairou sobre Paulo alguma dúvida que me envolvesse. Não só pelo brilho jornalístico e pelo tino afiado de Helio, mas porque uma revista semanal de informação, a seara do *hard news*, da cobertura de política e de atualidades, não era o meu território – como ficaria claro, no futuro próximo, inclusive para mim mesmo, em minha passagem como chefe de Redação do *Fantástico*, na TV Globo. (Os bastidores dessa história estão registrados em *Treze meses dentro da TV – Uma aventura corporativa exemplar*, outro episódio desta Trilogia.)

Paulo, de fato, me abriria as portas da Editora Globo, ao longo de 2006. Ele estava sendo procurado por vários de seus ex-subordinados, em desencaixe na Abril – inclusive por quem, como eu, era jornalista e vivia a aridez de ocupar uma direção de Núcleo naquele momento. Paulo estava sendo parcimonioso em seus convites. Não desejava desencarreirar ninguém com uma promessa que não pudesse cumprir do outro lado da Marginal Pinheiros. Então, entre os talentos em que confiava, privilegiava aqueles que apresentavam a maior taxa de infelicidade profissional.

Alguns desses pupilos, que Paulo resgatou da Abril, e acolheu em seus novos domínios, se voltariam contra ele. Em menos de dois anos, numa série inacreditável de eventos – tanto pelos atos perpetrados por Paulo quanto pela reação combinada de alguns de seus antigos *protégés* –, ele seria demitido da Editora Globo. Paulo perdeu o emprego, em 2008, com a contribuição expressa e deliberada de profissionais a quem ele tinha dado um emprego em 2006.

O fato é que as melhores posições no novo time de Paulo foram logo ocupadas. O que diminuía, para mim, as possibilidades de uma transferência para lá. Cheguei a desenhar um plano de expansão do portfólio da Editora Globo – que chamei de "Globo em Dobro" –, preenchendo algumas lacunas importantes, em termos de públicos e de segmentos do mercado anunciante.

Paulo me apresentou a seu chefe à época, Juan Ocerin, presidente da Editora Globo, que não me pareceu muito entusiasmado (e, talvez, nem muito equipado) para empreender uma virada editorial e de negócios capaz de incomodar a Abril. Então havia esse impasse – ir para a Editora Globo fazer o quê? Eu já havia sinalizado isso a interlocutores, como Serginho Amaral, diretor de Publicidade, que havia dado o salto da Abril para a Globo e fazia votos de que eu saltasse também: eu iria pela possibilidade de sacudir o mercado de revistas no Brasil. Ou não faria sentido ir.

Aí, um dia, conversando com Paulo sobre as agruras da vida na Abril, expressei a ele que, no mundo das Organizações Globo, especialmente diante da superlotação na Editora Globo, o que mais me interessava era fazer televisão. Não demorou muito e Paulo me colocou, generosamente, ainda que sem entender muito esse meu desejo, em contato com o Jornalismo da TV Globo, para onde eu me transferiria alguns meses depois.

Paulo Nogueira morreu em junho de 2017.
 Devo muito a Paulo. Ter retornado ao Brasil, ter vindo para São Paulo e ter me tornado jornalista – para citar apenas três aspectos. Tive a chance de reencontrá-lo algumas semanas antes da sua morte. Havia muito tempo que não nos víamos. Fiquei sabendo da doença no fim de 2016. Ele fora investigar uma anemia que não passava e encontrara um câncer recidivo.

Em determinado momento, Paulo deixou de responder às mensagens. Fiz questão de encontrá-lo. Eu queria muito lhe dar um abraço. Era uma intuição. Como viria a perceber, a família já o estava cercando de cuidados especiais e evitando contatos exteriores.

Emir, filho mais velho de Paulo, que atuou com um arrimo naqueles duros dias de luta e desengano, me permitiu generosamente ir até o hospital. Que bom que pude fazer isso – apesar do risco de ter sido intrusivo, ao romper as frinchas daquele ninho de proteção armado ao redor de Paulo, de modo a tornar seus últimos dias os mais confortáveis possíveis.

Encontrei Paulo bastante debilitado, rodeado pelo amor de seus filhos – além de Emir, Pedro e Camila (o pequeno Fernando estava em casa) – e de seus irmãos. Falamos alguns minutos. Ele fez questão de me receber sentado numa poltrona, num momento em que já não era simples para ele sair da cama. Vestia apenas um avental hospitalar. Conversamos por alguns minutos. A sonda nasoenteral era claramente um incômodo. Paulo tinha a voz fraca, estava muito magro – mas o velho brilho no olho, que agarrava o interlocutor pelo colarinho, ainda estava lá. Ao sair, pedi licença para lhe dar um beijo. E deixei uma garrafa de champanhe desejando que ele a tomasse bem gelada com Erika, sua mulher, tão logo se recuperasse. Foi a última vez em que estive com Paulo.

Nas palavras de seu irmão, Kiko Nogueira, Paulo "nasceu e morreu no mesmo quarto na casa dos (...) pais, no Jardim Previdência [em São Paulo]. Como ele queria". Viveu "uma vida intensa" e foi "um homem que fez tudo à sua maneira".

À medida que ia me resignando com a ideia de que o nosso Triênio de Ouro tinha mesmo ficado para trás, de que as condições para o intraempreendedorismo não eram mais as mesmas e de que os anos à frente seriam mais parecidos com a frieza dura de 2005 do que com os ensolarados e balouçantes idos de 2002 a 2004, fui também tratando de refazer meus acordos com o time.

Esse, para mim, era o ponto mais delicado: ajustar os combinados com meus diretos sem que isso parecesse um abandono, uma desistência ou uma traição da minha parte. E sem desestimular aqueles jovens talentos a levarem adiante suas carreiras na Abril – por mais que eu mesmo estivesse bastante desestimulado em fazê-lo.

Um dia, depois de uma reunião em que me deixei entusiasmar por uma iniciativa, Al comentou com a sua sensibilidade e a sua delicadeza de sempre: "Como é bom te ver sorrir de novo." Eu estava lentamente deixando cair a armadura. Permitindo que quem trabalhava comigo enxergasse a verdade. Ou, ao menos, como eu a percebia. Troquei a couraça de superchefe infalível pela transparência do companheiro de trabalho – falível –, do ser humano – fragilizado – que estava ali, ao lado deles, na galé, empunhando um remo também e tomando com os vagalhões na cara.

Aparentemente, não os desapontei, como temia. Vi, na verdade, nos olhos de alguns deles, um certo alívio ao perceberem que eu caía na real. Ao ajustar o passo a um ritmo mais adequado à vida como ela se apresentava a nós naquele momento, eu aumentava as chances, para mim e para eles, de sanidade mental. Em outros olhares, enxerguei solidariedade. Acolhimento. Cumplicidade. Reconhecimento. Que é tudo que você pode esperar quando baixa a guarda e admite, diante do time, a sua vulnerabilidade e as suas limitações, como líder, em resolver todos os problemas.

Noutra reunião, com a equipe toda, premido pela necessidade de operar mais um corte, abrir mão de mais um projeto, meus olhos se encheram d'água, à cabeceira da mesa. Na saída da sala, o designer Gustavo Soares, da *Bizz*, me disse algo como: "Não sei se vai dar certo, mas é aqui que eu quero estar, e é com você que eu quero trabalhar."

Em novembro de 2006, finalmente, anunciei minha saída. Primeiro, a Jairo – os diretores de Núcleo da UN "Cultura/Jovem" se reportavam diretamente a ele desde que Felipe deixara a empresa. Tivemos uma conversa cordial, objetiva e rápida. Disse que estava saindo para aprender algo que a Abril não tinha como me ensinar – fazer televisão. Jairo ponderou que a grade de programação estava com os dias contados.

Mais tarde, ao receber meu pacote de saída, que os americanos batizaram de *"love letter"*, percebi que Jairo tinha sido compreensivo com a minha necessidade de sair naquele momento, e que a Abril tinha sido generosa – talvez, grata – pelos serviços que eu havia prestado ao longo de oito anos e seis meses recheados de aventuras inesquecíveis, aprendizagens de todo tipo, crescimento pessoal e muitas realizações.

Em seguida, anunciei minha saída ao time. E, no instante seguinte, já não estava ali. Pertencia ao passado. Aquela vida seguia em frente, para todos. Com suas alegrias e frustrações, com suas possibilidades e desenganos. Menos para mim, que apeara do bonde. Eu estava fora. Como quer que fosse o dia seguinte para eles, não era mais possível contar comigo. Como quer que o amanhã se delineasse para mim, não poderia mais contar com eles. Eu não fazia mais parte. O tecido que eu rompera ao sair se regenerava rapidamente, como tinha de ser. Num piscar de olhos, me tornei uma ausência. Depois, uma lembrança. Em seguida, era só mais um verbete numa enciclopédia antiga.

Saí da Abril com uma certeza – a de ter vivido ali, naquele tempo, naquele lugar e com aquelas pessoas, alguns dos melhores anos da minha carreira e da minha vida. Uma certeza que se confirmou com o tempo e que resiste até hoje. O sentimento, não poderia ser outro, era – e é – de gratidão. E gratidão, você sabe, é quase amor.

Posfácio

A história oficial aponta que Victor Civita fundou a Editora Abril em julho de 1950, com o lançamento da revista *O Pato Donald*. (*Pato Donald* só perderia o "*O*" trinta anos depois, ao renovar seu logotipo, em janeiro de 1980.) No entanto, os fatos, segundo registra Carlos Maranhão em sua biografia de Roberto Civita, demonstram que a Editora Abril foi fundada, em São Paulo, em 1947, por César Civita, irmão mais velho de Victor, que fundara o Editorial Abril, em 1941, em Buenos Aires, para onde viera, dos Estados Unidos, como representante comercial da Disney.

Cesare, nascido em 1905, em Nova York, tinha trabalhado na Editora Mondadori, em Milão, e se apaixonara pelo mundo editorial. *Vittorio*, nascido em 1907, também em Nova York, tinha se tornado um pequeno industrial nos Estados Unidos. A Abril ia bem em terras portenhas, com os quadrinhos da Disney e fotonovelas. César, que morreu em 2005, cinco meses antes de completar 100 anos, enxergou a oportunidade de reproduzir aquele modelo bem-sucedido no Brasil e convenceu Victor a deixar seus negócios nos Estados Unidos e a vir tocar a Abril brasileira, enquanto ele continuaria focado no mercado argentino.

Victor Civita, o VC, morreu em 1990, aos 83, 41 anos depois de chegar ao Brasil. (Eu ingressaria na Abril oito anos depois. Também não cheguei a tempo de conhecer Richard Civita, irmão de Roberto. VC dividiu as empresas entre os dois filhos nos anos 1980. Richard, três anos mais novo que Roberto, ficou com operações como a Abril Cultural – que passaria a se chamar Nova Cultural – e a rede de Hotéis Quatro Rodas. Roberto ficou com a Editora Abril, incluindo as operações de gráfica e distribuição.)

VC foi o cara dos gibis da Disney, das coleções e das enciclopédias, da *Capricho* (1952), *Manequim* (1959), *Quatro Rodas* (1960), *Claudia* (1961) e *Contigo!* (1963). Mas a Abril, como a empresa que viemos a conhecer mais tarde, líder em mídia impressa, referência em mídia segmentada, com presença nacional, é uma obra capitaneada por Roberto. Foi ele que trouxe, de seu trabalho na Time Inc., em Nova York, as diretrizes de investir em jornalismo, em reportagem, em investigação, em temas mais densos, e não apenas em conteúdo de entretenimento e serviços. Victor Civita era um empresário. Roberto era um publisher.

Roberto trouxe, sobretudo, o princípio da construção de um *compliance* interno até então pouco difundido no mercado de comunicação brasileiro – a separação clara entre "Igreja" (os interesses editoriais, o compromisso com o leitor) e "Estado" (os interesses comerciais, o compromisso com o acionista), regra clássica de ética jornalística cunhada por Henry R. Luce, fundador da *Time*.

Foi desse pote que saiu a *Realidade* (1966). E a trinca *Veja* (1968), *Exame* (1971) e *Playboy* (1975) – além de todo o resto. Essa Abril, empresa influente, formadora de opinião, com veículos relevantes, a maior editora da América Latina, é uma visão de Roberto – que ele concretizou com a ajuda e o talento de muitos, a partir do seu enorme apetite empreendedor.

A *Veja*, antes de se tornar a terceira maior revista semanal de informação do planeta, com circulação na casa de 1,2 milhão de exemplares, testou ao limite o espírito realizador de Roberto – e a paciência e o bolso do seu pai, Victor.

Em um diálogo da época, segundo registra *Roberto Civita, o dono da banca*, Giordano Rossi, sócio e diretor da Abril, teria dito: "Roberto, você está arriscando toda a Editora por causa dessa revista que só nos dá encrenca. Censura, problemas, censores vindo aqui à noite, broncas. Por que nós estamos fazendo isso?" Victor Civita costumava abrir as reuniões em que se discutia a situação de *Veja*, perguntando: "Quanto tempo mais a gente aguenta?" Roberto costumava encerrar essas reuniões dizendo: "Me deem mais três meses".

Em um memorando de 12 de dezembro de 1968, Raymond Cohen, executivo de Planejamento da editora à época, alertava: "Proponho para discussão as seguintes providências: eliminar o transporte rápido, diminuir o borderô em 25%, cortar dois contatos e uma secretária, rever o assunto papel, do ponto de vista qualidade. (...) Não vejo como a revista [*Veja*] possa continuar com o quadro que tem. Tudo isso, evidentemente, não passa de paliativo. A revista, como atualmente está elaborada, carrega um prejuízo potencial e permanente de um milhão de dólares anuais. [Pouco mais de sete milhões de dólares, em 2018.] Nada indica possibilidade de recuperação a médio prazo (um ano). Dentro de três semanas, a revista – possivelmente – estará vendendo 60 mil exemplares. [Lançada três meses antes, em 11 de setembro, a primeira edição de *Veja* vendera 649.200 exemplares.] Isso para mim significa que a sua própria existência estará em jogo. O problema não será como mantê-la (ou custear o seu prejuízo), e sim quando fechá-la ou mudá-la radicalmente."

A *Veja* sobreviveu a esse memorando. (E Raymond Cohen também – permaneceu na Abril quase 27 anos, até deixar a empresa em março de 1993.) Mas a *Veja* só deixaria de sangrar em 1972, mais de 150 edições depois do seu lançamento, com a entrada em campo das assinaturas – canal de vendas que não apenas equilibrou as contas da revista, como criou as condições para que ela chegasse, duas décadas depois, a romper a barreira do milhão de exemplares vendidos toda semana, além de inventar uma nova e poderosa linha de receitas para todos os outros títulos da editora. Nos seus primeiros quatro anos de vida, no entanto, de acordo com Carlos Maranhão, a *Veja* perdeu o equivalente a 25 milhões de dólares, em valores de 2016.

É possível dizer que a Abril moderna, com projeto de empregar milhares e de faturar bilhões, começou com Roberto, em 31 de outubro de 1958, quando ele chegou dos Estados Unidos, aos 22 anos, como o 45º funcionário da empresa – e, de certa forma, acabou com a sua morte, 55 anos depois, em 26 de maio de 2013. A Abril era uma coisa antes de Roberto. Se transformou noutra sob a sua liderança. E se tornou ainda uma outra depois dele.

É possível identificar algumas fases na história da Abril. De 1950 a 1968, sob a batuta de Victor Civita, e com o apoio de Giordano Rossi, o estabelecimento da empresa. A fase dos quadrinhos, das fotonovelas e dos fascículos. O desenvolvimento do modelo de negócios em mídia impressa no país: a construção da relevância e dos formatos e dos acordos junto ao mercado publicitário, a organização de um sistema de distribuição e vendas em bancas de revistas, da capacidade de impressão, montagem e acabamento de milhares de exemplares. A Abril era então uma empresa essencialmente paulista, com algumas dezenas e, depois, algumas centenas, de funcionários.

De 1968 a 1992, com a ascensão de Roberto, em especial, e de Richard, à gestão da empresa, veio a fase da consolidação das revistas da Abril como veículos importantes, protagonistas da mídia segmentada no país. O desenvolvimento da máquina de assinaturas. A transformação da Abril em uma grande empresa, de alcance nacional, com milhares de funcionários. O florescimento da *Veja*, como negócio, se transformando no carro-chefe da Abril, respondendo por metade do resultado da editora. A atuação da *Veja* – e, por extensão, da Abril – ao longo do processo de redemocratização do país, com um olhar crítico, cosmopolita, liberal e civilizatório, como uma espécie de *Time* brasileira.

De 1992 a 2001, sob o comando de Roberto, depois da morte de VC e já sem Richard, a fase do sonho grande, com a participação decisiva da *Veja* no impeachment de Collor, com a inauguração do suntuoso Novo Edifício Abril (NEA), com os investimentos em televisão e outras mídias. A Abril pensava – e apostava – alto, mirando o crescimento dos negócios e a expansão da sua influência. A editora comemorava a modernização do capitalismo brasileiro, trazida pelo choque liberal do primeiro governo FHC. A *Exame* se transformou numa bússola para entender e navegar por aquele momento de reconexão do Brasil à economia global. E a *Veja* assumia um tom de voz mais editorializado, indicando caminhos à nação, mais do que apenas reportando e analisando fatos, como se quisesse se transformar numa espécie de *The Economist* brasileira.

De 2001 a 2006, os Anos Maurizio Mauro. Com o agravamento da crise financeira, mercê da dívida contraída no expansionismo da década anterior, Roberto teve que se afastar do dia a dia da operação e abrir espaço para os esforços em eficiência e produtividade trazidos por uma gestão profissional.

Veja, que dava cara à Abril, não apenas em termos editoriais, mas também como empresa, passou para a oposição, no governo Lula, assumindo em vários momentos um tom parcial e por vezes persecutório.

A radicalização da *Veja* embutia a batalha pessoal de Roberto Civita, que ele considerava cívica, contra um projeto de esquerda para o Brasil – especialmente com uma suposta ameaça do bolivarismo, que crescia ao redor, na Venezuela, no Equador e na Bolívia. Roberto empunhou na *Veja* a bandeira do capitalismo e da economia de mercado – e nesse processo de reação caminhou vários passos à direita.

A revista trocou, em muitos momentos, a informação pela opinião, o fato pela diatribe. E, ao abandonar alguns dos ditames editoriais básicos que a própria Abril ajudara a fundar na imprensa brasileira, a *Veja* erodiu sua marca, desgastou sua credibilidade – e perdeu força.

O próprio Roberto escrevera: "Os males a evitar na imprensa são a imprecisão, a arrogância, a parcialidade, o desprezo pela privacidade, a insensibilidade, a glorificação do bizarro, do trivial e do banal." Nem sempre a *Veja*, supervisionada de perto por ele, cumpriu os compromissos contidos nesse desiderato.

Essa postura só começaria a ser alterada com uma volta aos fundamentos do jornalismo, em 2016, três anos após a morte de Roberto, com a ascensão de André Petry à direção de Redação da revista, depois de mais de uma década de flerte com o panfleto político.

(Faz parte do trabalho do jornalismo investigativo vigiar – e *perseguir* mesmo – gente poderosa, seja no governo ou nas empresas. A imprensa, como o "Quarto Poder", é um cão de guarda do interesse público. E não é possível cumprir essa missão sem desafiar autoridades. No entanto, é preciso ter essa mesma postura diante de líderes de todas as cores, origens e bandeiras – não dá para modular seu rigor de acordo com o personagem a ser investigado.)

Como consequência, se nos anos 1980 todo jornalista queria trabalhar e *aprender* na *Veja*, e, se nos anos 1990 a *Veja* era o topo da carreira na Abril, o jornalismo mais "adulto" e influente da editora, que mexia com temas duros e de grande repercussão, ao longo dos anos 2000 a *Veja* foi deixando de ser uma aspiração, tanto para os leitores quanto para os profissionais da área, até se tornar um constrangimento para boa parte dos jornalistas da casa – e da própria revista.

De 2006 a 2012, com a saída de Maurizio e o saneamento financeiro da Abril, Roberto voltou ao dia a dia da empresa e retomou seu estilo empreendedor. Com a liderança de Jairo Mendes Leal, a partir de 2008, no seu auge como cobrador de receitas e disciplinador de custos, a Abril viveu seus melhores anos em termos financeiros.

De 2013 em diante, com a morte de Roberto, que coincidiu com a crise estrutural que se abateu sobre a mídia impressa no mundo inteiro, a Abril balançou. Em especial porque, para piorar o quadro adverso no negócio de revistas, vivíamos aqui no Brasil a segunda maior recessão de nossa história.

A economia brasileira esfriou em 2013 e colapsou oficialmente em 2014 – a partir daí, foram onze trimestres consecutivos de crescimento negativo, que resultaram num encolhimento de 8,2% na riqueza dos brasileiros. (A recessão de 1989/1992 também durou onze trimestres, mas o encolhimento foi de 7,7%. Encolhimento parecido ocorrera também no início da década de 1930, na rabeira da Grande Depressão. Já a pior crise econômica da nossa história foi a de 1981/1983, que durou nove trimestres, mas acarretou um encolhimento de 8,5% na renda nacional.) Os ventos só começariam a mostrar uma tendência de mudança em fins de 2016. Mas aí o estrago já estava feito.

De uma crise conjuntural é mais simples se recuperar – às vezes, na velocidade do próximo ciclo econômico positivo. Diante de uma crise estrutural, a provação é muito maior. Não há volta possível ao mundo que havia antes porque as premissas que regiam aquela realidade não existem mais. É preciso redesenhar tudo. Reinventar o negócio de cima abaixo. Abandonar o passado como a única forma de caminhar em direção ao futuro. A Abril enfrentou essas duas crises juntas – num cenário de "tempestade perfeita", em que *tudo* dá *errado* ao *mesmo* tempo.

A crise financeira da Abril no início dos anos 2000, que acarretou os Anos Maurizio Mauro (2001 a 2006) e a venda de parte do negócio para o Grupo Naspers, advinha da asfixia da empresa, mercê do endividamento contraído nos anos 1990. Mas o mercado de revistas crescia e a economia brasileira operava em relativa normalidade.

A crise vivida pela empresa a partir de 2013, e que culminou com o pedido de recuperação judicial em agosto de 2018, tem uma estrutura muito parecida. E contornos até mais brandos do que aquela enfrentada no início da década passada: o número de demissões entre 2013 e 2018 é semelhante ao que se viu entre 2001 e 2006, mas o passivo da empresa em 2001 – em torno de 700 milhões de dólares, em valores de 2018 – era 60% *maior* do que o passivo de 2018.

A diferença é que não depende mais só da Abril. O estrangulamento agora está sendo enfrentado num mercado em franco derretimento, debaixo de uma economia nacional em frangalhos. Os cinco anos entre 2001 e 2006 exigiram muito sacrifício – mas a empresa veio à tona. Os cinco anos entre 2013 e 2018 exigiram sacrifícios similares – mas a empresa afundou.

Daí a entrada na emergência. O modelo de negócios que construiu a empresa ao longo de mais de meio século caducou. E não está claro qual é o novo modelo capaz de levá-la adiante. Os hábitos dos consumidores de informação mudaram. Os meios de produção e de consumo de conteúdo – bem como os formatos, os canais e o preço da informação – também. E as demandas dos anunciantes também são outras.

Olhando retrospectivamente, é possível dizer que a Abril foi uma empresa de alma *editorial* até 2001, com o início dos Anos Maurizio Mauro. A partir daí, e até Jairo Mendes Leal assumir em definitivo como presidente executivo, em 2009, a Abril se tornou uma empresa de alma *financeira*. Entre 2009 e maio de 2013, com a morte de Roberto e com a saída de Jairo, a Abril viveu um breve período como uma empresa de alma *comercial*. E, de lá para cá, a Abril vem se descontruindo.

A questão que fica é: a Abril conseguirá voltar a ser uma empresa com alma *editorial* – independentemente do tamanho que ela deva ou possa ter para que isso aconteça?

* * *

A Abril teve excelentes resultados depois da minha saída. (Sublinhe-se que ninguém jamais conseguiu provar qualquer conexão entre os fatos.) É interessante notar que, nos píncaros de 2010 (a economia do país cresceu eufóricos 7,5%) e de 2011 (o PIB cresceu outros faceiros 4%), quando o Grupo Abril rompeu a casa dos três bilhões de reais em faturamento, os resultados – 76% deles vindos da editora – foram atingidos com os centros de receitas *tradicionais* – publicidade e circulação paga (vendas avulsas e assinaturas). Dava a impressão de que a Abril poderia ir adiante – e de forma espetacular – usando seu velho chassi.

Essa glória temporã certamente contribuiu para que a empresa postergasse ainda mais as ações que precisava empreender de modo a se preparar para o futuro próximo.

Para compreender o que aconteceu a seguir, é preciso analisar as linhas de receita separadamente. Em publicidade, tradicionalmente responsável por metade do faturamento da Abril, e a receita mais rentável para uma editora, o meio revista, que tinha uma fatia de 9% dos investimentos em mídia no país, até 2009, segundo o Ibope Kantar Mídia, oscilou para 8% entre 2010 e 2011, e depois foi caindo de patamar até chegar a 4% em 2015 e 2016. Em 2017, essa participação diminuiu para 3,5%. Ou seja, o meio revista perdeu 57% da fatia que detinha no bolo das verbas publicitárias do país, entre 2011 e 2017.

Em circulação, segundo o Anuário Mídia Dados 2017, do Grupo de Mídia de São Paulo, o número de revistas auditadas pelo IVC, que havia chegado a um pico de 395 títulos em 2008, com 17,8 milhões de exemplares postos em circulação, tinha baixado para 114 títulos auditados em 2016, com 7,6 milhões de exemplares em circulação. A considerar por essa amostra, que reúne as maiores publicações das editoras mais importantes do país, o mercado brasileiro de revistas teria encolhido 64% no número de títulos e 58% no número de exemplares vendidos, entre 2008 e 2016.

Olhando para os números gerais do segmento, a circulação de revistas caiu 51,1% entre 2014 e 2017, de 444 milhões de exemplares vendidos para 217 milhões. Na Abril, especificamente, a venda de assinaturas recuou 57,7%, de 90 milhões para 38 milhões de exemplares, e a venda avulsa caiu 63,5%, de 173 milhões de exemplares para 63 milhões, entre 2008 e 2016.

(As perspectivas em circulação parecem tão sombrias, que o próprio IVC, o decano Instituto Verificador de Circulações, resolveu adaptar seu nome, em 2015, depois de 54 anos contando exemplares na mídia impressa, para Instituto Verificador de Comunicação, de modo a ampliar seu escopo e se credenciar para auditar audiências em outras mídias também.)

Outro indicador importante: em 2012, segundo o Sindicato dos Vendedores de Jornais e Revistas de São Paulo, uma banca fechava por dia na capital paulista. A cidade de São Paulo, que contava com mais de cinco mil bancas em 2007, tinha menos de 3,9 mil em 2012. Em 2017, esse número era estimado em 3,5 mil bancas – um enxugamento de ao menos 30% em relação ao número de bancas presentes historicamente na cidade. No país inteiro, o número de pontos de venda para produtos de mídia impressa caiu 37,5% entre 2014 e 2017, de 24 mil para 15 mil estabelecimentos.

(O prejuízo para revistas – e jornais –, diante desse enxugamento dos seus pontos de venda, parece ser proporcionalmente *maior*, porque muitas das bancas remanescentes mudaram seu mix de produtos, abrindo espaço para o comércio de outros itens que não as publicações impressas que eram a sua razão de existir.)

O acentuado declive enfrentado pela Abril, portanto, é um reflexo direto das dificuldades enfrentadas pelos veículos de mídia impressa em sustentar suas receitas tradicionais. E na dificuldade de recompor seu faturamento em outras frentes de negócios.

Em publicidade, a rápida migração das verbas dos anunciantes para o Google e para o Facebook – o chamado "duopólio", fenômeno que aconteceu em todo o mundo mais ou menos ao mesmo tempo e da mesma forma – mexeu muito com as peças no tabuleiro do mercado de mídia.

Esse movimento, no Brasil, começou em 2010 e se intensificou nos anos seguintes, até chegar, na segunda metade da década, a uma concentração muito acentuada do dinheiro dos anunciantes – algo como 90% da verba destinada ao meio Internet passaram a ser alocados no Google (e em suas empresas associadas, como o YouTube) e no Facebook (e em suas empresas associadas, como o Instagram), os novos reis da mídia segmentada. Esse dinheiro migrou diretamente de outros meios que organizavam os consumidores em nichos, em especial as revistas, para o caixa dessas duas plataformas digitais.

Antes disso, a mídia programática – cuja lógica não era comprar espaço num determinado veículo, mas comprar acesso a um determinado usuário e segui-lo, com o anúncio, por qualquer veículo online onde esse usuário navegasse – já tinha gerado uma quebra substancial no paradigma da importância do ambiente editorial e da força da marca e da qualidade do conteúdo de um veículo. Ou seja: mesmo que a Abril tivesse digitalizado as suas marcas com força total, e no melhor momento para fazê-lo, a editora teria sofrido com essa disrupção no modo de comprar mídia e de veicular anúncios no meio digital.

(Mais tarde, por volta de 2017, a importância, para os anunciantes, de poder contar com um ambiente editorial de primeira linha, com conteúdo de qualidade, voltou a ser reconhecida. Trata-se de uma segurança, para as marcas, que um veículo oferece, e que nem uma rede social ou uma plataforma tecnológica ou a mídia programática podem garantir. O mercado, ao começar a discutir essa questão – na esteira das *fake news*, da *pós-verdade*, dos perfis falsos, das métricas vazias geradas por robôs e dos conteúdos marcados pelo ódio –, ensaiava dar um passo atrás, na direção da boa curadoria e do bom Jornalismo, em benefício dos publishers.)

Outro fenômeno mexeu com o mercado anunciante: com a hegemonia das redes sociais, que se consolidou entre 2010 e 2015, as marcas começaram a produzir seu próprio conteúdo, a publicar em seus próprios canais e a construir sua própria audiência. O advento das "marcas publishers" inaugurou a indústria do Content Marketing e representou uma ameaça adicional aos veículos de Comunicação tradicionais, que durante décadas atuaram como intermediários nesse mercado, cobrando das empresas pelo acesso aos consumidores. Agora as marcas não tinham mais a mesma dependência desses *gatekeepers* para engajar seus públicos.

Em vendas avulsas, uma das receitas de circulação, as pessoas andavam cada vez menos a pé, pelas ruas, nas grandes cidades. Portanto, não frequentavam mais bancas de revista. E nem dependiam mais desse velho hábito para se manterem informadas – todo o conhecimento de que precisavam estava na palma da mão, em uma tela, ao alcance de um toque, sem que elas precisassem sair do sofá.

As bancas sempre serviram, não apenas como um front de onde as publicações conversavam com a população, mas também onde os exemplares avulsos podiam ser degustados, o que propiciava a renovação e ampliação do público da marca – boa parte se tornava assinante.

Assinaturas, a outra das receitas de circulação, concentrava os leitores mais fiéis. Então essa frente enfrentou uma queda um pouco mais lenta. O risco não era tanto a debandada dos clientes já conquistados – mas, sim, o envelhecimento da carteira e o desafio de renová-la com novos leitores.

Desses três dinheiros clássicos de uma editora, o que vinha de assinaturas era o menos rentável, por implicar mais custos diretos. No desenho tradicional das finanças de uma revista, o ideal era ter no mínimo 50% das receitas vindas de publicidade, e os outros 50%

divididos entre assinaturas e vendas avulsas. Era possível sustentar uma revista, ainda que com baixa rentabilidade, apenas com as duas receitas de circulação – caso de alguns títulos de editoras como Escala ou Europa, que sempre se viraram com pouca ou nenhuma publicidade. Outras editoras, como a OnLine, viviam praticamente só de vendas avulsas, sem assinaturas. Mas não era possível manter uma publicação apenas com as receitas de assinaturas – *sem* publicidade e *sem* vendas avulsas.

(Jornais como o *The New York Times* e revistas como a *The Economist* estavam, no início de 2018, próximos de encontrar um novo ponto de equilíbrio financeiro, baseado num redesenho radical do seu modelo de negócios, reduzindo os custos de impressão e de distribuição de exemplares físicos, e apostando nas assinaturas *digitais* de seu conteúdo e de seus serviços, de modo a dependerem menos do dinheiro de publicidade, que havia diminuído, e das vendas avulsas, que estavam deixando de existir.)

Por volta de 2015, testemunhei uma conversa entre dois poderosos diretores de Mídia, numa grande agência de publicidade, em São Paulo. Um deles comentou com o outro, com um pesar na voz que me pareceu genuíno: "Nós matamos as revistas cedo demais." Ele argumentava que as revistas tinham sido esvaziadas, do ponto de vista publicitário, muito antes de perderem relevância de verdade na vida das pessoas. Ou seja: elas ainda tinham leitores, ainda eram influentes e necessárias, quando deixaram de ser programadas pelos anunciantes, e por suas agências, que estavam ansiosos por digitalizar sua comunicação.

Essa rápida migração dos investimentos de marketing para a Internet, ambiente que há poucos anos enchia as empresas de medo, foi virando a ordem do dia entre 2010 e 2015. Os gestores das verbas de publicidade passaram a ver, principalmente nas ofertas de Google e Facebook, uma oportunidade segura para finalmente começarem a privilegiar as ações digitais em seus planos de mídia.

A Internet (e, por tabela, o meio mobile) virava *mainstream*, ganhava escala e verniz corporativo, deixava de ser um nicho de vanguarda que ameaçava a rentabilidade das agências e os velhos hábitos dos departamentos de marketing. O receio, mesmo entre as empresas e os profissionais mais conservadores, foi substituído por entusiasmo. Acrescente a essa receita o "efeito manada", comum no mundo corporativo (um movimento que oferece aos indivíduos o conforto do grupo e o álibi de estarem seguindo seus pares) e, *voilà*, surgia ali um corpo estendido no chão. Retangular, colorido, manuseável, feito de papel, cola e grampos.

Uma questão correlata a essa debandada dos anunciantes, e também dos leitores, da mídia impressa, é que esse movimento não ameaça apenas a viabilidade das publicações em papel, como negócio, ou das empresas por trás delas, mas coloca em xeque a sobrevivência do próprio jornalismo. Afinal, boa parte do Jornalismo investigativo, que revela aquilo que os poderosos tentam esconder, que apura, checa, organiza e repercute as histórias que estão submersas e fragmentadas, tem sido historicamente realizada pelos jornais e pelas revistas – precisamente as empresas que estão quebrando, ou se apequenando de modo alarmante, por não encontrarem meios de sustentar suas operações.

Não há vítimas nem culpados nessa situação. (Embora haja, entre os poderosos, tanto no setor público, entre políticos e governantes, quanto no setor privado, entre empresários e corporações, um bocado de gente comemorando; gente que preferiria que a imprensa livre e independente *não* existisse.) O que está à nossa frente é um quadro preocupante sobre o qual a sociedade como um todo, em algum momento, terá de legislar.

Nós – leitores e anunciantes, cidadãos e empresas – queremos contar com uma imprensa autônoma e atuante? Precisamos de jornalismo? Consideramos que informação isenta, crítica e bem apurada é um gênero de primeira necessidade? Vemos valor no Quarto Poder, como bastião da liberdade de expressão, da democracia e do controle, pela sociedade, dos outros três poderes? Se a nossa resposta for positiva, teremos que entender que a produção desse serviço tem um preço – que nós teremos que pagar, de alguma forma. O modelo que sustentou a operação jornalística ao longo do século passado ruiu. Simplesmente não podemos mais contar com aquela cadeia de valor que permitia, por exemplo, que a edição de um jornal, que envolvia centenas de profissionais, e uma enorme estrutura tecnológica e logística, chegasse ao consumidor final em troca de algumas moedas.

Se a resposta for negativa, estaremos admitindo que o Jornalismo não tem mais valor entre nós. E bens sem valor de troca não geram um mercado em torno de si. Nesse cenário, o jornalismo, não apenas como iniciativa empresarial, mas também como profissão, estaria fadado a acabar em um par de anos. Como, aliás, aconteceu com outros profissionais que um dia foram essenciais, e no dia seguinte já não tinham lugar no mundo – datilógrafos e telefonistas, por exemplo.

Outro ponto importante para pensar o futuro do jornalismo. Não falta conteúdo no mundo. (Quase) todos têm acesso a (quase) todas as informações – e essa fartura só tende a crescer. Mais: todos têm acesso aos meios de *produzir* informação – essa democratização do acesso à fala também será cada vez mais ampla. A questão, portanto, não é de como administrar a *escassez* nesse mercado, mas, ao contrário, de como organizar a sua *abundância*.

A antiga Teoria da Comunicação se preocupava com a manipulação dos milhões de "receptores" das mensagens na indústria da mídia, diante da concentração de poder na mão de poucos "emissores". Essa é uma situação pretérita; aqueles dias de uma relação estanque e hierárquica, marcada por uma lógica linear e industrial, numa oposição maniqueísta entre os "produtores" (os detentores dos "meios de produção" na comunicação, geralmente vistos como "opressores") e os "consumidores" de informação (os "sem microfone", geralmente vistos como "oprimidos"), ficaram para trás.

O problema para lidarmos com o conhecimento, daqui para a frente, não é *quantitativo*, mas *qualitativo* – quanto mais conteúdo tivermos à nossa disposição, mais precisaremos de bons editores que selecionem, comparem e analisem o que brota todos os dias nesse matagal, e nos prestem o serviço vital de triar o monumental volume de mentiras e bobagens que são enunciadas, de filtrar o que é espuma e irrelevância, de confrontar as meias-verdades, de expor as omissões capciosas, de extrair sentido e inteligência desse manancial infindável de dados soltos e duvidosos. Trata-se de um serviço árduo e especializado, que demanda técnicas de checagem e verificação, e que precisa ser remunerado condizentemente.

A questão crucial, para a indústria de comunicação, é o quanto nós, os consumidores de informação, estaremos dispostos a desembolsar por esse conteúdo produzido de modo *profissional*, com método e garantia de origem, por curadores dedicados a viver exclusivamente da precisão e da credibilidade do seu trabalho, versus o quanto estaríamos satisfeitos apenas com o consumo de conteúdos produzidos à larga pelos demais consumidores de conteúdo, geralmente de modo *amador* e diletante, sem custo, mas também sem pedigree, e muitas vezes com um bocado de conflitos de interesse e de más intenções embutidos.

É possível que o jornalismo como conhecimento, como metodologia, como técnica, não tenha tantas razões assim para se preocupar com o seu lugar no mundo. Ao que parece, bons repórteres sempre serão necessários. A questão é como vamos remunerar esse profissional – porque ele também precisa comer, ir ao médico, pagar o aluguel e a escola dos filhos.

* * *

O que está se anunciando, ao final da segunda década do século XXI, é que o mercado de jornalismo ganhará novos contornos. No Brasil, a carreira de jornalista, em redações de veículos pertencentes a grandes empresas de comunicação, quase todas familiares, é uma realidade que se estabeleceu somente nos anos 1960. (Antes disso, os jornais se estruturavam mais ao redor da sua influência política local do que como empresas sólidas e escaláveis; e a maioria dos profissionais trabalhava na imprensa como um segundo ou terceiro emprego, quase um bico que lhes complementava a renda, e que, de quebra, lhes granjeava alguma visibilidade social – com a qual talvez pudessem obter ganhos em outras frentes. Os jornais eram muito lidos – mas seu modelo de negócios era franzino.)

Na década de 1960, o jornalismo se estruturou como negócio, com a sofisticação do mercado anunciante – e do próprio mercado consumidor – no país. As empresas de comunicação passaram a viver de um modelo de negócios – baseado em publicidade e circulação – e não mais (unicamente) da sua influência política. Os jornalistas se profissionalizaram – os cursos superiores de Jornalismo (instituídos no país em 13 de maio de 1943, pelo Decreto-Lei nº 5 480, e inaugurados em 16 de maio de 1947, com o surgimento da Faculdade de Comunicação Social Cásper Líbero, em São Paulo) se espalharam Brasil afora. (Em 2018, havia mais de trezentos cursos de Jornalismo sendo ofertados no país.) O Jornalismo começava a ser visto como uma carreira à qual o sujeito poderia se dedicar integralmente, sem a necessidade de manter outros empregos.

Esse modelo de atuação, tanto como negócio quanto como profissão, sofreu grande pressão ao longo da década de 2010. Depois de cinquenta anos de existência como atividade estruturada – com previsibilidade de receitas, com uma cadeia de valor bem assentada, com plano de carreira e de salários, com sindicatos e associações de classe atuantes – o jornalismo olha para a década de 2020, no Brasil (e também no resto do mundo), e não sabe bem o que esperar.

Quando perdi o emprego como chefe de Redação do *Fantástico*, na TV Globo, em janeiro de 2008, vivi o desconforto de me ver em casa, parado, em meio a um mercado que crescia. Era incômodo – mas, ao mesmo tempo, um alento que permitia projetar uma volta à vida como ela costumava ser – perceber que *todos* os meus amigos e ex-colegas continuavam empregados. E que as empresas jornalísticas operavam normalmente. Mais cedo ou mais tarde eu me reencaixaria.

Quem perdeu o emprego no jornalismo na década seguinte viveu o desconforto duplo – ou mais do que isso, o desespero – de se ver em casa, parado, em meio a um mercado em desmoronamento. Especialmente a partir de 2013, com a "tempestade perfeita" que se estabeleceu na indústria da mídia no Brasil, com a crise conjuntural (econômica) somada à crise estrutural (de mudança de hábitos de consumidores e anunciantes).

Já não dava para projetar uma volta à vida como ela costumava ser – os cargos estavam sumindo, as empresas estavam fechando ou se tornando irreconhecíveis. Você olhava para o lado e percebia que *todos* os seus amigos e ex-colegas *também* estavam desempregados. (O que é, paradoxalmente, reconfortante – "então o problema não sou eu".) A sensação era de que não havia volta ou reencaixe possível. E de que a indústria e a profissão tinham acabado – ou seriam completamente diferentes a partir dali.

Os anos 10 do século XXI, de fato, foram marcados por sucessivas levas de demissão e empresas encolhendo ou fechando as portas. Um levantamento do Volt Data Lab, agência independente de jornalismo, aponta que as empresas de comunicação demitiram 7.817

funcionários entre janeiro de 2012 e agosto de 2018. (Reunidos todos numa mesma cidade, esses profissionais comporiam o 3.512º município brasileiro mais populoso, entre os 5.570 existentes no país, logo à frente de Serrania, Minas Gerais.)

Entre esses profissionais demitidos, 2.327 eram jornalistas. Os jornais respondem por 45% desses cortes, 25% aconteceram em emissoras de rádio e televisão, e 22% nas revistas. Entre as empresas, a Abril foi a que mais demitiu – 385 jornalistas (76% das demissões em seu segmento). Seguida pelo Infoglobo, com 170 cortes, Grupo Estado, com 112, portal Terra, com 110, Grupo Folha, com 109, Grupo Bandeirantes, com 81, e Grupo Record, com 78.

Ainda segundo o Volt Data Lab, o ano de 2015 foi o que viu mais jornalistas sendo demitidos: 685. Seguido de 2017, com 380. Em 2013, foram 362. Em 2014, 244. Em 2013, houve 236 demissões e em 2012, 119. Até agosto, 2018 tinha testemunhado a demissão de 290 jornalistas.

O impacto dessa década sombria para o Jornalismo, no Meio Revista, e em especial na Editora Abril, com o fechamento de várias publicações, está detalhado no capítulo "Cronologia", que começa à página 335, uma historiografia do que aconteceu com a Editora (e com boa parte do mercado revisteiro) nos últimos vinte anos. Abaixo, alguns outros destaques desses anos de retração da mídia impressa.

Em 2009, a *Gazeta Mercantil*, fundada em 1920, encerrou suas atividades, às vésperas do 90º aniversário.

Em 2010, o *Jornal do Brasil, JB*, fundado em 1891, só dois anos depois da Proclamação da República, e que a partir de 1959 renovou a concepção de jornal que havia no país, com a reforma gráfica liderada pelo designer Amílcar de Castro e pelo jornalista Janio de Freitas, sob a direção editorial de Odylo Costa Filho, e que o editor-chefe Alberto Dines ajudou a consolidar e ampliar nos anos 1960, deixou de circular.

Em 2011, a *Folha de S. Paulo* – que em 1984 inaugurara o "Projeto Folha", um marco entre os jornais brasileiros, ao pregar a realização de "um jornalismo crítico, pluralista, apartidário e moderno", por meio de critérios editoriais claros e objetivos, e de um jeito de trabalhar que mirava eficiência administrativa –, demitiu em torno de 10% da Redação, cerca de quarenta jornalistas. (A *Folha* chegou a vender 1.117.802 exemplares, numa edição de domingo, em 1994 – seu recorde histórico. Em dezembro de 2017, sua Circulação total era de 285.334 exemplares – 121.007 na edição impressa e 164.327 na edição digital.) O *Estado do Paraná*, fundado em 1951, deixou de circular em papel.

Em 2012, o *Jornal da Tarde*, foi descontinuado. O *JT*, concebido pelo editor-chefe Mino Carta e pelo secretário de Redação Murilo Felisberto, e também um marco no Jornalismo brasileiro, ao surgir em janeiro de 1966, com um projeto gráfico e editorial inovador, tinha como referência o *new journalism* de Gay Talese e Truman Capote.

Em 2014, o jornal *O Sul*, de Porto Alegre, fundado em 2001, deixou de circular em papel. O *Diário do Comércio*, de São Paulo, fundado em 1924, também.

Em 2015, a Editora Três fechou a revista *IstoÉ Gente*, lançada em 1999, e anunciou a demissão de 20% dos jornalistas em todas as suas Redações. O jornal *Brasil Econômico*, lançado em 2009, deixou de circular. O portal *Terra* demitiu 80% da Redação – cerca de sessenta jornalistas. A *ESPN Brasil* demitiu 34 profissionais. O jornal *O Dia*, do Rio, demitiu trinta jornalistas. *O Estado de S.Paulo* demitiu 120 funcionários, entre eles quarenta jornalistas. A *Folha de S. Paulo* demitiu 25 profissionais.

Em 2016, o *Jornal do Commercio*, do Rio, o mais antigo do país, fundado em 1824, apenas dois anos depois da Declaração da Independência, fechou as portas. Nesse ano, a Associação Brasileira de Imprensa (ABI) estima que quinze veículos tenham sido fechados e 1.200 jornalistas, demitidos.

Em 2017, o portal *R7*, ligado à TV Record, demitiu 20 jornalistas. As Organizações Globo, um número semelhante. O SBT, amargando prejuízos, demitiu cem profissionais. O jornal *A Gazeta do Povo*, de Curitiba, deixou de circular em papel e sessenta profissionais foram demitidos. A Rádio Estadão – como tantas outras emissoras país afora – foi vendida a um grupo religioso.

Estima-se que o Infoglobo – unidade de negócios que reúne os jornais *O Globo*, *Extra*, *Expresso* e *Valor Econômico*, além da Agência O Globo de notícias (a Editora Globo se juntaria ao Infoglobo em janeiro de 2018) –, que já chegou a faturar um bilhão de reais, tenha fechado 2017 com um faturamento em torno de 400 milhões. As operações dos jornais *O Globo* e *Extra* foram unificadas. Em seguida, as operações d'*O Globo* com a revista *Época* também foram integradas.

Em 2018, o Grupo Bandeirantes, em busca de reencontrar o caminho da rentabilidade, realizou 130 demissões. O jornal *Diário de S. Paulo*, fundado em 1884, cinco anos antes da proclamação da República, teve sua falência decretada. Os jornais *Folha de S. Paulo* e *Agora* tiveram suas operações unificadas. E a Editora Abril entrou em recuperação judicial.

Uma das hipóteses que emergem desse cenário desalentador é que o jornalismo esteja deixando de ser viável como um *big business*, ao menos no futuro próximo – o que é diferente de dizer que ele esteja deixando de ser viável como negócio. É possível que o novo modelo que esteja surgindo, refletindo a democratização do acesso aos meios de produção e publicação de conteúdo, e a consequente pulverização das fontes de informação, seja marcado por várias pequenas empresas, especializadas na cobertura de um determinado tema ou no atendimento de um público específico – o que transformaria o mercado de jornalismo, definido nos últimos 50 anos por poucas e grandes empresas de comunicação, em um ambiente mais aberto e dinâmico.

Talvez, para as grandes empresas jornalísticas, que monopolizaram os negócios editoriais, e concentraram o poder político e econômico na indústria da mídia por décadas, a crise se revele muito mais devastadora do que para o jornalismo em si – ou para os jornalistas. (Especialmente para aqueles que conseguirem se adaptar às novas condições do mercado – a começar pelo reconhecimento do valor das suas competências, e da importância de aprender a vendê-las diretamente a clientes e consumidores, sem a intermediação de um chefe ou de um patrão.)

A Abril atingiu seu ápice, como negócio, na gestão de Jairo Mendes Leal. (Comumente associado à posição de *Controller*, e visto com um bom cortador de custos, um homem de bastidores, reputo Jairo, na verdade, como o maior *vendedor* da história da Abril, ainda que nunca tenha tirado um único pedido pessoalmente. Boa parte do sucesso de Jairo, e da Abril sob a sua gestão, se deve a sua atuação nessa ponta da operação, com o chapéu de *commander-in-chief* dos vendedores da editora.)

Em 2010, o Brasil experimentou a maior expansão do PIB em três décadas. (Desde 1980, aquele crescimento de 7,5% só havia sido igualado em 1986 e superado pelos 7,8% de 1985.) A Abril soube aproveitar o momento – as receitas da empresa romperam a casa dos 3 bilhões de reais e o Ebitda (o lucro antes do desconto dos juros, impostos, da depreciação e da amortização) bateu nos 25%.

No fim daquele ano, segundo registra *Roberto Civita: o dono da banca*, no almoço de confraternização com seus executivos, Roberto levantou o brinde com a seguinte frase: "olha, não quero ser o pessimista, mas acho – acho – que vamos contar para os nossos filhos e netos que vivemos o ano de 2010...", referindo-se aos ótimos resultados obtidos pela empresa. Roberto intuía que seria difícil repeti-los.

Aqueles números, no entanto, antes de virarem nostalgia, seriam superados logo no ano seguinte – em 2011, o PIB cresceu 4% e as receitas da Abril bateram em 3,15 bilhões de reais. Foi o auge. Em 2012, a economia brasileira começou a esfriar, o crescimento do PIB caiu para 1,9% e a empresa operou no azul pela última vez. A partir daí o precipício da mídia impressa se tornou invencível – e a Abril ingressou em sua via-crúcis.

Em 2009, a Abril havia faturado 2,66 bilhões de reais, com um lucro líquido de 152,1 milhões. Em 2010, o faturamento cresceu 13,5%, para 3,02 bi, e o lucro líquido cresceu 6,7%, para 162,4 milhões. Em 2011, o faturamento aumentou 4,3% e atingiu o pico histórico de 3,15 bilhões, e o lucro líquido cresceu 12,7%, fechando em 183,1 milhões. Em 2012, o faturamento caiu 6,4%, para 2,95 bi, e o lucro líquido encolheu 64,7%, ficando em 64,8 milhões.

Aí o sol foi embora de vez. Em 2013, o faturamento da Abril encolheu 38%, ficando em 1,83 bilhões de reais, e a margem ficou negativa em 166,6 milhões. Em 2014, o faturamento diminuiu 6,5%, para 1,71 bi, e o prejuízo foi de 139,2 milhões – uma redução de perdas da ordem de 16,5%. Em 2015, o faturamento caiu outros 25,1%, para 1,28 bi, e o prejuízo foi de 208,6 milhões – a sangria deu um salto de 49,8%. Em 2016 o faturamento caiu mais 22%, para 997,3 milhões, e o prejuízo anual foi novamente reduzido, desta vez em 33,9%, para 137,8 milhões.

Em 2017, o faturamento se manteve praticamente estável – caiu 2,1%, para 975,6 milhões. Mas o prejuízo atingiu seu recorde histórico: 331,6 milhões, um aumento de 240% – quase duas vezes e meia – no buraco em relação ao ano anterior. No balanço de 2016, pela primeira vez a PricewaterhouseCoopers, empresa responsável por auditar os números da Abril, grafou "Incerteza relevante relacionada com a continuidade operacional" da empresa. No balanço seguinte, de 2017, os auditores repetiram o alerta de que a insolvência poderia estar próxima.

Em termos de patrimônio líquido, a diferença entre os ativos (tudo o que a empresa tem, inclusive a receber) e os passivos (tudo que a empresa deve), a Abril estava negativa em 2014 em 265 milhões de reais. Esse déficit caiu 2,9% em 2015, para 257,3 milhões. Em 2016, o rombo cresceu 160%, para 414,2 milhões. E em 2017, bateu em 715,9 milhões – um aumento de 172%.

Em 2018, a dívida acumulada da Abril era de 1,6 bilhão de reais. E a empresa entrou com um pedido de recuperação judicial.

O Grupo Naspers, o sócio sul-africano, saiu do negócio em 2014. E no encerramento do exercício fiscal de 2015, a família Civita precisou realizar um aporte de 450 milhões de reais na empresa.

A debacle financeira da Abril gerou quatro episódios que marcaram de modo doloroso a trajetória de encolhimento da empresa (como você verá em detalhes na "Cronologia", a partir da página 335): as reestruturações, com demissão em massa, de junho de 2013, julho de 2014 (quando a Abril repassou dez títulos à Editora Caras), junho de 2015 (com o repasse de mais sete títulos à Editora Caras) e agosto de 2018 (com o cancelamento de dez títulos). Houve outras perdas e traumas espalhados ao longo do processo. Mas esses são os quatro momentos que epitomizam os milhares de empregos perdidos, e que mudaram de modo indelével a estatura, as feições e a autoestima da empresa.

Chuck Lorre, criador de séries de TV como *Two and a Half Men* (CBS, 2003 a 2015) e *The Big Bang Theory* (CBS, desde 2007), costumava escrever *"vanity cards"* (algo como "cartelas da vaidade"), textos que eram publicados ao final dos créditos dos seus programas, e que preenchiam a tela por um segundo. Era uma picardia – você sabia que tinha algo interessante ali, mas simplesmente não dava tempo de ler nada além das primeiras palavras.

Em 2000, num desses *"vanity cards"*, o de número 77, publicado ao final de um episódio da série *Dharma & Greg* (ABC, 1997 a 2002), Chuck Lorre escreveu o seguinte, sobre as primeiras reações da indústria americana de entretenimento audiovisual diante da ameaça digital: "Os caras que administram os conglomerados que controlam as companhias que produzem os vários produtos de entretenimento [em TV e em filme] enxergaram o seu futuro. E esse futuro (...) é a Internet – o que está dentro dela, quem controla o que está dentro dela e, mais importante que tudo, quem lucra com o que está dentro dela. O futuro dessa incrível rede planetária está sendo disputado hoje (...). E ele pode colocar um monte de gente sem trabalho por um longo tempo. O que, IMHO [*In My Humble Opinion*, ou "Em Minha Humilde Opinião"], não é uma situação LOL [*Laughing Out Loud*, ou "Rindo Alto"]".

Chuck Lorre antecipava o redesenho do jogo, na indústria da mídia, trazido pela Revolução Digital, com o estabelecimento de novos vencedores e de novos perdedores. Sendo que, naquele momento, a "Bolha da Internet" havia acabado de estourar, o Google ainda não tinha dois anos de vida (ainda era apenas um revolucionário sistema de busca) e o Facebook só seria lançado dali a quatro anos.

Chuck Lorre também já vislumbrava muitas baixas nas empresas de Comunicação tradicionais – é esse o cenário que ele olhava do ponto de vista da indústria do entretenimento audiovisual (que, a rigor, nem seria tão atingida pela avalanche, por ter a sua linguagem – o vídeo – amplamente encampada pelas novas mídias). Seu vaticínio se encaixaria ainda melhor no jornalismo impresso, a porção da velha mídia que primeiro foi soterrada.

Numa matéria de 2009, a revista *Wired* se admitiu operando em uma *"dying industry"*. Como é, para um líder, admitir que sua indústria está morrendo? Como é se ver fazendo tudo certo, como você sempre fez, e de repente perceber que, exatamente por isso, por continuar reproduzindo as virtudes que você lapidou ao longo dos anos, e que lhe tornaram melhor que seus concorrentes, é que você está indo mais rapidamente para o buraco? Como escapar à armadilha mortal de ter se tornado um exímio praticante de um esporte que ninguém mais quer jogar ou assistir? Como é perceber que você nunca foi tão eficiente quanto agora – ao realizar, no estado da arte, uma entrega para a qual não há mais demanda?

Roberto Civita acompanhava a revolução digital. E sabia, sempre soube, como qualquer outro publisher da mídia tradicional, que as novas regras impactariam seu negócio. A questão era saber *que* impacto seria esse, *quando* ele aconteceria de verdade, *como* ele se apresentaria e quais seriam a melhor *forma* e o melhor *momento* para reagir. De onde viria a ameaça direta? Dos grandes portais? Dos sites independentes? Da blogosfera? Dos Smartphones e do mundo dos aplicativos? Dos tablets? Era impossível antecipar. (No final, nenhuma dessas ameaças acabou se revelando o verdadeiro bicho--papão, o dragão digital de duas cabeças, uma fincada em Mountain View e outra em Menlo Park, que chacoalharia a indústria da mídia.)

Outra questão fundamental, e de difícil resposta, para o líder: você sabe que a vaca está indo para o brejo, mas quando exatamente parar de ordenhá-la, já que é dela que vem a comida que você bota todo dia na mesa? Ela está com os dias contados, mas como parar de cuidar dela? (Especialmente quando a ordenha é tudo que você conhece, e foi desse jeito que você conquistou tudo nessa vida?) Eis o famigerado "dilema do inovador", que tantas ondas de angústia já espalhou pelo planeta.

Você olha para o horizonte e vê o céu virar. Mas a tempestade ainda está longe. Você continua trabalhando, fazendo o que vinha fazendo, o que *tem* de fazer, o que *sabe* fazer. Você não abandona sua casa e seu quintal, tão arduamente construídos, só porque o vento engrossou e nuvens negras se avizinham. Ao contrário: você tenta protegê-los de todas as formas. E você tenta acreditar, com todas as suas forças, na possibilidade – por menor que seja – de que a tempestade vá tomar outro rumo, ou de que ela não seja tão drástica quanto as previsões quiseram lhe fazer crer. Até que o cataclisma desaba impiedoso sobre a sua cabeça. E devasta tudo que você tem, e que você tanto tentou preservar. Terras, vaca, quintal, casa – só que com você dentro.

Para empresas que habitam indústrias fadadas ao desaparecimento, como a mídia impressa (e tantas outras, ao sabor das disrupções tecnológicas que acontecem de modo cada vez mais frequente), não há alternativa senão mudar. Mudar o quanto antes. (Ou antes tarde do que mais tarde.) Sem medo de deixar para trás as conquistas do passado, por mais assustadora que pareça essa ideia – porque esse é o único jeito de pleitear um lugar no futuro. A IBM deve ter sentido um baita frio na barriga ao deixar de produzir *mainframes* para se tornar uma consultoria de negócios. A LG, idem, ao deixar de produzir produtos de higiene e cosméticos para se dedicar aos eletroeletrônicos.

No caso da Abril, há uma complexidade extra – qual é *mesmo* o negócio da empresa? Se você imaginar que é fazer revistas, você estará amarrando a editora às rotativas da sua gráfica e aos caminhões que distribuem suas publicações para... para onde mesmo?

Mas se você imaginar que a competência central da Abril é produzir conteúdo, informação, entretenimento, análise crítica e conhecimento, e que as revistas são – ou foram – apenas um suporte que representou durante algum tempo a melhor tecnologia disponível para entregar isso aos consumidores, e um modelo de negócios que permitiu à empresa, ao longo de décadas, realizar sua missão de modo sustentável, mas que, a partir de determinado momento, se tornou ineficiente e deixou de fazer sentido, bem, aí as perspectivas são outras.

Não que desse jeito as coisas fiquem mais simples ou que os desafios se tornem menores. Diante da Revolução Digital, para um publisher, nos primeiros anos do século XXI, a angústia é que o modelo de negócios tradicional não funciona mais e a nova cadeia de valor que o substituirá ainda está para ser criada. Se você ficar parado, morre. No entanto, correr não é garantia de que vá sobreviver.

Imagine quantas vezes Roberto Civita foi confrontado – por especialistas, dentro e fora das suas empresas, em suas leituras e em seus momentos de reflexão e insônia – com a ideia de que precisaria digitalizar seu negócio. (Ou seja: virá-lo de cabeça para baixo, abandonar a maior parte das coisas que ele tinha aprendido até ali e se tornar calouro outra vez, depois dos 60, num ambiente de negócios desconhecido e ameaçador.) E você terá exatamente o número de vezes em que ele resistiu à ideia de operar essa mudança. Ou em que ele desistiu de fazê-lo, mesmo depois de ter se deixado convencer de que não havia outro caminho.

Justiça seja feita: o conceito de "Transformação Digital", como uma obrigação para todas as empresas, em todos os ramos, só apareceria com força por volta de 2015, quando Roberto já não estava entre nós. (Ou seja, RC não estava *atrás* da grande maioria dos demais empresários brasileiros da sua geração no que tange ao apego do mundo analógico e à nostalgia dos negócios como eles funcionavam no século XX, em tempos pré-Internet.)

O grande nó para a Abril era como transpor a relevância das suas marcas – e a sua pujança empresarial – do mundo físico para o universo digital. E essa é uma questão que não poderia ser resolvida sem dor e ruptura. Mas que foi ficando mais e mais cruel à medida que a empresa foi postergando seus esforços de adaptação ao novo cenário.

Roberto tinha a esperança de que, com a melhora da educação e do poder aquisitivo no país, as revistas fossem ser beneficiadas. Uma premissa correta para outros tempos. Mas que, com a digitalização da vida, foi se tornando, cada vez mais, uma esperança negada pelas tendências, um sentimento algo sebastianista, que de algum modo se agarrava ao passado e olhava com desconfiança para o futuro.

A verdade é que as pessoas pularam etapas. O brasileiro faminto e analfabeto, tão logo passou a ganhar um salário mínimo – ou o segundo salário mínimo – e aprendeu a escrever o próprio nome, tratou de comprar um Smartphone para publicar fotos no Instagram e enviar *nudes* pelo Whatsapp, sem passar pelas páginas das revistas, dos jornais ou dos livros.

Há aí um ponto notável: a grande questão não é mais a disputa entre meio *impresso* e meio *digital* – o embate não se dá mais entre os tipos de suporte, ou entre a natureza das mídias. Não se trata mais de opor uma *tela* a uma *página*. O grande embate, na indústria da comunicação, se dará entre a palavra *escrita* (seja ela impressa ou não) e a palavra *falada* (com trilha e efeitos sonoros ao fundo).

Eis a batalha final pela liderança na Era da Informação, e pela hegemonia na indústria do conhecimento: o *ler* versus o *ver*. Eis como será estabelecido o novo padrão para a produção de conteúdo: de um lado, o hábito da *leitura*; de outro, o hábito de *assistir* a conteúdo *audiovisual*. De um lado, *textos*, narrativas construídas com frases, sentenças, parágrafos, títulos e subtítulos; de outro, *vídeos*, narrativas fílmicas feitas com enquadramento, roteiro, iluminação, fotografia, cores, cortes, ritmos e silêncios.

Durante séculos, foi preciso ler para se instruir. Mesmo na era da televisão, e, antes disso, na era do rádio, a leitura era um item fundamental. Isso não é mais verdade. As pessoas têm cada vez mais chance de se instruir sem passar pela leitura. Se o número de páginas lidas foi por quinhentos anos sinônimo do nível de conhecimento acumulado por um indivíduo, o que o século XXI está trazendo é uma nova métrica – a educação de uma pessoa pode também ser definida pelo número de horas assistidas de tutoriais, apresentações, resenhas, comentários, críticas, debates, palestras, aulas, cursos etc.

Por fim, o declínio da mídia impressa coloca em risco uma atividade que carrega em si muita arte e muita beleza: o *design gráfico*, a criação do belo sobre uma folha de papel, por meio da diagramação de imagens e textos sobre um *grid*, do uso de tipografia, de fotos, ilustrações, cores, fundos, gradientes e padronagens. Esse ofício está se tornando obsoleto.

A Abril não assistiu inerte à marcha da revolução digital. Com idas e vindas, que refletiram o conflito interno da empresa a respeito do que fazer diante da Internet, a editora se movimentou em relação às novas mídias. Primeiro, com "Abril Online" e "Negócios Online", unidades que se fundiram e deram origem à "Abril.com" – ou Abril Pontocom. Mais o BOL (Brasil Online) e a Ajato – ou @jato. Depois, com a Idealyze, a incubadora de sites da Editora. E, mais tarde, com a Abril Digital.

Em todas essas, a Abril perdeu *muito* dinheiro com a Internet. Várias centenas de milhões de reais. O que talvez tenha gerado na editora a sensação de que o mundo digital não era uma ameaça apenas pelo que poderia gerar de destruição aos negócios da Abril no futuro – mas pelos estragos que já estava causando no caixa da empresa no presente.

Olhando em retrospectiva, é possível perceber que, em quase todas as suas iniciativas digitais, a Abril tentou fazer Internet "fora" da editora, resguardando as prerrogativas das publicações "impressas", preservando a integridade das "revistas". Em vez de digitalizar as suas marcas, seu maior ativo, a Abril buscou, várias vezes, criar marcas novas, 100% digitais. A estratégia de atuar como um *"pure play"* de Internet escondia uma outra determinação – não bulir com o principal negócio da Editora. Então tratava-se, no fundo, de entrar no meio digital sem ter que se digitalizar de fato.

Com isso, foi-se criando uma cisão, dentro da Abril, entre o mundo offline, das revistas, o negócio consolidado, vencedor, de onde vinha o bife, e o mundo online, dos novos projetos, incertos, custosos, e que não traziam para a mesa uma mísera folha de alface – ao contrário, dependiam de aportes que a Editora estava cada vez mais sem paciência, e sem condições, de fazer.

Essa separação entre as operações físicas e digitais – que sempre pôs a Internet na área de serviço, nunca na sala de estar – talvez também possa ser entendida como uma divisão de territórios, uma composição possível entre as visões estratégicas distintas de Roberto Civita e de Gianca e Titti, seus herdeiros, para empresa.

A Abril também havia perdido muito dinheiro, ao longo de anos, com televisão – na MTV e na TVA. O que só reafirmava, para a empresa, em seu pensamento mais conservador, a certeza de que o que ela sabia fazer bem mesmo era revista. Era ali, e era assim, imprimindo e distribuindo exemplares físicos, vendendo anúncios de página dupla e pacotes anuais de assinatura, que a Abril operava com excelência, tinha vantagens competitivas e sabia ganhar dinheiro.

A Abril privilegiou enquanto pôde – e talvez até além desse limite – o seu modelo de negócios tradicional, que fez a empresa crescer ao longo de décadas e se transformar numa instituição brasileira. Só que o objeto "revista" envelheceu. É provável que o ponto de inflexão nesse processo tenha sido o surgimento dos Smartphones e das conexões 3G, que tornaram a banda realmente larga, *wireless* e móvel. Com essas disrupções, que se estabeleceram no Brasil mais ou menos entre 2008 e 2012, todo tipo de conteúdo foi parar na palma da mão, pronto para ser consumido a qualquer momento, em qualquer lugar, de modo rápido e barato.

Foi aí que as publicações impressas – e as revistas, em particular – se tornaram uma tecnologia indisfarçavelmente obsoleta, que não representava mais a forma mais eficiente para produzir, distribuir e consumir conteúdo. Como trabalhar com entregas mensais, quinzenais ou mesmo semanais de informação, num mundo em que tudo estava sendo reportado, discutido e analisado em tempo real? Para as novas gerações, revistas e jornais – cujo conteúdo você não pode nem copiar, nem curtir, nem comentar, nem compartilhar, nem encaminhar, nem salvar na nuvem – são itens tão antigos quanto um telefone de discar ou um aparelho de fax.

Ironicamente, o Facebook também está sendo visto dessa forma pelas novas gerações. Uma das maiores disrupções da história da indústria de comunicação, a rede social das redes sociais, uma das pernas do "duopólio", o Facebook – anota aí, mas não espalha – está com os dias contados. Enquanto escrevo essas linhas, em meados de 2018 (mas já há uns dois ou três anos pelo menos), *nenhuma* pessoa com menos de 20 anos tem qualquer interesse pelo Facebook. Exatamente da mesma forma que a Geração Z não reconhece as revistas como um item do seu dia a dia, ou que nunca sujou as mãos na tinta de um jornal, ela não reconhece o Facebook como uma ferramenta relevante em sua vida.

O icônico algoz das empresas de mídia tradicionais, em especial dos veículos segmentados, e particularmente das revistas, já está ferido de morte, condenado a envelhecer junto com seu público, antes de completar dez anos de hegemonia. Nenhum produto que não consiga renovar seu público, e sua relevância junto às novas gerações, tem condições de sobreviver.

Se a Geração Y, os *Millenials*, trocaram os meios de comunicação tradicionais pela Internet e pelas redes sociais, agora a Geração Z, os *Centennials*, estão trocando as redes sociais decanas, como o Facebook ou o Twitter (baseados na produção de textos), por outras experiências digitais – Whatsapp e Instagram (que o Facebook, sabiamente, comprou), YouTube (que pertence ao Google) e servidores de games online, para jogar em escala planetária, por exemplo. (Perceba: ambientes baseados na publicação de imagens, vídeos e na troca rápida de mensagens – muitas delas em áudio.) Para essa turma, cuja vida é absolutamente digital, o Facebook, pasme, é tão careta, distante e desinteressante – uma experiência que eles não entendem – quanto um aparelho de som três em um ou uma máquina de Telex.

Penso que a Abril tinha dentro de casa tudo que precisava para realizar com sucesso a árdua travessia do mundo analógico para o digital: *excelência editorial*, grandes *marcas* e *comunidades* influentes de formadores de opinião montadas ao redor delas. Sem isso, não se faz nada. Com isso, se pode tudo.

Talvez a Abril venha a se transformar numa pequena e promissora empresa de mídia digital – o que é muito mais bacana do que ser uma grande e decadente empresa de mídia impressa. Mas isso significa se transformar numa *outra* empresa. Numa *nova* empresa. O que é uma tarefa dificílima de realizar quando você tem quase setenta anos de história, em sua ampla maioria bem-sucedidos, e uma montanha de amarrações concretas – e também mentais – ao modelo de negócios que erigiu a empresa.

Como conduzir uma corporação, premida por uma realidade que se tornou hostil, e que precisa enfrentar transformações duras e números cruéis, em direção a um futuro em que as receitas, os custos, os processos, os perfis dos profissionais e as propostas de valor terão de ser outros – porque é outro o mercado, são outros os consumidores e são outras as demandas à sua volta? (Sim, há um bocado de coisas que são bem mais fáceis de escrever num livro do que de realizar na vida real.)

Talvez o único caminho possível para as empresas de Comunicação tradicionais seja limpar o histórico e olhar para o futuro como se estivessem chegando agora ao jogo (o que não deixa de ser verdade): qual é o nosso MVP (*Minimum Viable Product*, ou "Mínimo Produto Viável") para atuar nesse novo mercado? Que faturamento é possível projetar de modo realista nesse momento? Como podemos adequar nossos custos a patamares *inferiores* às nossas receitas? O que precisamos fazer para nos tornarmos competitivos e sustentáveis no curto prazo? Essa é a equação que definirá o futuro. E tudo que não couber nela é passado.

Por tudo isso, ter abandonado em definitivo a suntuosidade do NEA, e ter descontinuado a linha de quadrinhos da Disney (uma espécie de "moeda número 1" da Abril, um produto conectado afetivamente à fundação da empresa), rupturas realizadas em 2018, podem ter sido medidas salutares, a serem comemoradas – e não lamentadas, como talvez seja a primeira tendência de quem aprendeu a ler com os gibis da Abril ou se acostumou a ver o logotipo da empresa estampado no *skyline* de São Paulo.

Esse desapego ao passado será necessário para fundar uma nova organização – que deixe para trás a visão saudosista de uma proposta de valor que se desvalorizou, e a reverência a uma história que foi fantástica, mas acabou.

O grande farol para os antigos líderes, como a Abril, deve ser a indústria da comunicação como ela *será* daqui para a frente, e não como ela *foi* um dia. O tamanho da operação será definido pelos parâmetros do novo mercado, e não pelas referências de um ambiente de negócios que não existe mais. A luta para tentar manter ou resgatar o que havia é inglória – e inútil. Já a luta para criar algo novo, mesmo que ainda mais renhida, em geral é bem mais divertida e recompensadora.

Em 2016 e 2017 a Abril estabilizou seu faturamento em torno de 1 bilhão de reais – o que ainda a deixaria entre as seiscentas maiores empresas brasileiras. (No seu auge, a Abril figurava entre as duzentas maiores companhias do país.) A questão é: como manter essas receitas gastando *menos* do que esse montante? Ou: como manter uma distância saudável entre receitas e despesas, mesmo que o faturamento continue diminuindo até a empresa encontrar o seu *fair share* no novo mercado, até reconstruir seu equilíbrio financeiro com um novo modelo de negócios?

De um lado parece lógico (e alvissareiro) que uma operação digital custe menos do que uma operação industrial – e que um negócio virtual, possibilidade que sempre causou desconfiança na Abril, seja mais rentável, ainda que menor, do que um negócio analógico, do tipo em que a Abril sempre preferiu investir.

Não será simples, para empresas industriais, acostumadas ao conceito de solidez, de antiguidade, de respeitabilidade e de eternização, se transformarem em organizações leves, ágeis, flexíveis, líquidas, que operem com pensamento pós-industrial e que estejam dispostas a reinventar, com alegria, criatividade e esperança, um outro jeito de produzir, vender, cobrar e entregar à sociedade a sua proposta de valor.

Esse não será – como, de fato, não está sendo – um processo simples nem indolor. O consolo é que não há alternativa. E a inspiração pode vir da própria história vencedora da empresa. Em 12 de julho de 1950, por exemplo, quando o primeiro exemplar de *O Pato Donald* chegou às bancas, apresentando a Editora Abril ao país, *tudo* estava por ser construído – da mesma forma que hoje, quase setenta anos depois. Se tudo *foi* construído uma vez, por que não seria possível fazê-lo de novo?

A Abril foi uma casa que me acolheu. Um porto seguro numa cidade nova. Uma senhora que cuidou de mim e me ajudou a crescer. Uma professora que me ensinou uma nova profissão e me iniciou na vida adulta. Uma escola que me formou, onde aprendi muito. A Abril foi uma decisão acertada que eu tomei – e que determinou a escolha da carreira que eu iria desenvolver e do país em que eu iria morar. A Abril foi um sonho que vivi intensamente. E uma realidade que eu ajudei a construir.

A Abril foi também uma aceleradora de *startups* – embora os termos "aceleradora" e "*startups*" nem fossem conhecidos à época.

Além de uma infinidade de freelancers – fotógrafos, ilustradores, produtores, infografistas, designers, redatores, repórteres, editores, revisores etc. – que desenvolveram suas grifes sob os auspícios da frondosa, a Abril também apoiou a expansão de várias pequenas empresas. Do Estúdio MOL, de Rodrigo Pipponzi e Galileo Giglio, no "Grupo Super", à Fracta, de Ana e José Caporrino, no Núcleo "Jovem" – para citar apenas dois deles.

A Abril também formou intraempreendedores. Publishers, diretores de Redação, editores, gerentes de Marketing, gerentes de Produto, uma leva de talentos que se dedicaram a carpir orçamentos e estudos de P&L, apresentações de venda, demonstrações contábeis, planos de negócios, estratégias de marcas, propostas comerciais, relatórios de pós-venda. Vários desses profissionais brilharam depois em outras empresas e em outros setores.

A Abril revelou muita gente boa. Aglutinou muito talento, por várias gerações, à beira das Marginais. E permitiu que os fótons dessa gente se espalhassem pelo país. Fica esse vazio. Que não é pequeno. Essa força magnética, que atraía, acolhia e lapidava. E essa força propulsora, que levava boa curadoria e bom gosto (na maioria das vezes), em milhões de páginas, para milhares de pessoas.

Escrever este livro foi um exercício de lembrar e refletir sobre a Abril. De revisitar meus anos de formação – pessoal e profissional. E de perceber que é preciso viver intensamente cada momento, porque tudo passa. (E passa muito rápido.) Inclusive as grandes experiências. Inclusive gente querida que cruza o nosso caminho. Estamos, todos, em constante movimento. O cruzamento desses percursos, imprevisível e efêmero, nos aproxima, gerando momentos de intensa alegria – para nos separar de modo abrupto logo adiante.

Pensar sobre a Abril é perceber a impermanência de tudo. Mesmo das coisas imensas. Mesmo das instituições aparentemente inabaláveis. É sacar que nada nem ninguém está seguro, em lugar algum. O novo sempre vem. Nossas conquistas de ontem jamais embutiram qualquer garantia de relevância amanhã.

A Abril talvez esteja antecipando uma descoberta que muitas outras empresas, em muitas outras indústrias, terão de enfrentar nos próximos anos: as organizações não são eternas, os ciclos estão cada vez mais curtos e os modelos de negócio, por melhores que sejam, não vão mais durar décadas, como acontecia na era do capitalismo industrial.

Isso quer dizer que os produtos e serviços que as empresas adoram sacralizar (e a Abril era campeã nesse quesito) terão que ser reinventados periodicamente. Ou você pivota seu negócio antes que ele comece a criar limo ou você vai desaparecer. Não dá mais tempo de desenvolver um amor maternal pelo que você produz. Em vez disso, será preciso ser fiel apenas ao desejo do consumidor, por mais mutante e fugidio que ele seja – ou exatamente por ele ser assim.

O jogo daqui para frente talvez seja muito mais *reinventar* empresas do que simplesmente *administrá-las*, sem nenhuma vergonha em ter de fazê-lo. E lembrar que o melhor momento para operar mudanças importantes em sua vida é quando você está saudável, com energia para encarar um processo de transformação. Quando você está debilitado, há mais dor e há mais risco. Aí já não se trata de mudar de vida – mas de brigar pela sua continuidade.

Escrever este livro me mostrou o quanto a Abril imprimiu uma marca emocional na maioria das pessoas que passaram por lá. Trata-se de uma organização que evoca sentimentos, com a qual a gente não tem uma relação meramente racional. A Abril sempre teve esse carisma. Mais do que uma empresa, ela representa uma época que as pessoas tendem a associar aos "bons tempos" – mesmo aquelas para quem os tempos nem eram tão bons assim.

Um alto executivo que continuava ajudando a Abril a nadar contra o tsunami, enquanto eu compunha essas linhas, definiu bem: "O principal ativo da Abril é a emoção, positiva ou negativa, que ela desperta nas pessoas. Trabalhei em outras empresas e elas representavam para seus executivos apenas um emprego. Ninguém tem essa neutralidade em relação à Abril. Essa empresa é uma paixão que muitos não conseguem superar em suas vidas. Ela sempre foi um relacionamento afetivo, uma promessa de 'vida feliz para sempre' que, ao não se concretizar, para muitos que passaram por lá, virou saudade doída – ou rancor."

Encerro este relato declarando a minha seleção *All-Time Stars* da Abril. Entre todos os que conheci, e de tudo que vi e que sei, eis o meu *Dream Team*:

Victor Civita como presidente do Conselho de Administração.
Roberto Civita como CEO (*Chief Executive Officer*).
José Roberto Guzzo como diretor editorial.
Elio Gaspari como diretor editorial adjunto.
Paulo Nogueira como diretor de Estratégia e Novos Negócios.
Jairo Mendes Leal como diretor comercial.
Maurizio Mauro como COO (*Chief Operating Officer*) e *Controller*.

Fico imaginando uma empresa de conteúdo, em qualquer lugar do mundo, e em qualquer época, rodando com esse time, cada um no ápice da sua forma, com alçada para realizar seu melhor trabalho – e considerando, é claro, relações minimamente harmônicas entre seus integrantes...

Peço licença à memória de Roberto Civita para grafar, em voz de baixo profundo e com um sorriso de dever cumprido no canto da boca: "Fascinante!"

Cronologia

1998

EDITORA

Cheguei à Abril em maio de 1998. Em janeiro daquele ano, Roberto Civita era presidente e editor, e tinha dois diretos: Thomaz Souto Corrêa, vice-presidente e diretor editorial, e Gabriel Rico, vice-presidente executivo.

O estafe da Editora Abril era composto por Celso Nucci Filho, diretor de Desenvolvimento Editorial. Celso Tomanik, diretor de Planejamento e Controle. Egberto de Medeiros, diretor de Recursos Humanos. Eugênio Bucci, secretário Editorial. Gilberto Fischel, diretor de Operações. Henri Kobata, diretor de Serviços Editoriais e João Luiz Damato, diretor de Publicidade.

(João Luiz Damato era diretor superintendente da Unidade Operacional Feminina, mas acumulou, por cinco meses, a direção de Publicidade, com a saída de Orlando Marques da empresa, em 1997.)

GRUPO

No Grupo Abril, Roberto Civita era o presidente. Angelo Rossi, Fatima Ali, José Augusto Pinto Moreira, José Wilson Armani Paschoal, Gabriel Rico, Plácido Loriggio e Thomaz Souto Corrêa eram os vice-presidentes.

EXAME

O Grupo Exame, onde ingressei, era formado pela *Exame* (lançada em julho de 1967 como um suplemento, virou revista independente em março de 1971), cujo diretor de Redação era Paulo Nogueira, e os títulos que tinham nascido da própria *Exame*: *Info* (lançada em março de 1986 como um encarte da *Exame*, virou revista independente em agosto de 1993), dirigida por Sandra Carvalho, a *VIP* (lançada em julho de 1985, também como um encarte da *Exame*, virou revista independente em novembro de 1994), dirigida por Marco Antonio de Rezende, e *Você S.A.* (Maria Amalia Bernardi), que seria lançada em abril de 1998.

José Roberto Guzzo era o diretor superintendente do Grupo Exame, também conhecido como Unidade Operacional (UO) "Negócios". Jairo Mendes Leal era o diretor de Circulação e Administração. Claudio Ferreira era o diretor de Publicidade. Eu chegava para ser o diretor de Marketing.

A editora era formada também por outras UOs: "Masculinas" (Nicolino Spina), "Femininas" (João Luiz Damato), "Casa & Família" (Roberto Dimberio), "Abril Jovem" (Anthony R. L. Seadon) e "Veja" (Maurício Dabul).

Veja (lançada em setembro de 1968) era comandada editorialmente por Tales Alvarenga, que assumira a direção de Redação da revista em janeiro de 1998, em substituição a Mario Sergio Conti, e se reportava diretamente a Roberto Civita.

Marco Antonio de Rezende deixou a empresa em 2003 e atuou como diretor de revistas customizadas do Grupo TV1.

Maria Amalia Bernardi deixou a empresa em março de 2001 e atuou como consultora de Recursos Humanos até se aposentar, em 2015.

Orlando Marques deixou a empresa em 1997. Foi diretor de Vendas Internacionais da TV Globo e da agência de publicidade Publicis.

Mario Sergio Conti deixou a empresa no final de 1997. Dirigiu a revista *Piauí*, foi colunista dos jornais *O Globo* e *Folha de S. Paulo* e apresentou programas como o *Roda Viva*, na TV Cultura, e, atualmente, *Diálogos*, na GloboNews.

JANEIRO 1998

Peter Rosenwald assumiu como vice-presidente de Marketing Direto, reunindo as operações de Abril Music Club (criada em 1997), Abril Coleções e Datalistas (criada em abril de 1996). Em abril, a Abril Vídeo (criada em 1983) também passaria a integrar essa Vice-Presidência, que em maio passaria a se chamar Grupo Abril Cultural.

Fernando Vergamini assumiu como diretor da Abril Marcas, com a missão de desenvolver negócios de licenciamento com as marcas da Abril.

Milton Longobardi assumiu como diretor de Publicidade – João Luiz Damato voltava a atuar exclusivamente como diretor superintendente da UO "Femininas".

MARÇO 1998

A Abril comprou a totalidade das ações da Editora Azul, da qual já era sócia, e incorporou os títulos *Contigo!* (lançada em 1963), *Ana Maria* (outubro de 1996), *Carícia* (janeiro de 1975), *Horóscopo* (junho de 1972), *Saúde* (outubro de 1983), e *Set* (junho de 1987) na recém-criada UO "Azul", tendo Carlos Roberto Berlinck como diretor superintendente e Carlos Arruda como diretor editorial.

Outros títulos da Azul foram absorvidos pelas demais UOs da Abril: *Boa Forma* (lançada em outubro de 1986), foi para a UO "Femininas" (João Luiz Damato). *Ação Games* (maio de 1991) foi para a UO "Jovem" (Anthony R. L. Seadon). *Fluir* (outubro de 1983) e *ShowBizz* (agosto de 1985) foram para a UO "Masculinas" (Nicolino Spina).

Terra (lançada em maio de 1992) e *Viagem e Turismo* (novembro de 1995) também foram para a UO "Masculinas", e formaram, junto com *Guia Quatro Rodas* (setembro de 1965), o Núcleo "Viagem e Turismo", tendo Jorge de Souza (o criador das revistas *Terra* e *Viagem e Turismo*) como diretor editorial e Angela Marsiaj como diretora comercial. Pela primeira vez, a Abril agrupava títulos em um núcleo de negócios, dentro de uma Unidade Operacional.

Carlos Arruda deixaria a empresa em outubro de 1998, e se tornaria sócio de Angelo Rossi, e diretor editorial, na Editora Peixes.

Jorge de Souza deixou a empresa em 1999. Lançou *Viaje Mais* em 2004, pela Editora Europa (fundada em 1986 por Aydano Roriz). Dirigiu as revistas *Náutica* e *Mergulho*.

Angela Marsiaj deixou a Abril em 1999. Foi diretora comercial do UOL e diretora editorial da Somos Educação.

Horóscopo, lançada em junho de 1972, com o nome de *Horóscopo Capricho*, foi descontinuada em setembro de 2001.

JULHO 1998

André Mantovani assumiu como diretor-geral da MTV – emissora lançada em abril de 1990. André dividia a liderança da emissora, desde 1996, com André Vaisman, que se transferiu para a Abril Produções e em seguida deixou a empresa.

André Vaisman empreendeu no ramo audiovisual com a Contente Produções. André voltaria à Abril em julho de 2016 para atuar na área de produção audiovisual da editora.

AGOSTO 1998
Geraldo Nogueira de Aguiar assumiu como vice-presidente de Finanças e Controle do Grupo Abril.

SETEMBRO 1998
A Abril lançou a *Veja Kid+*, revista infantil que em seguida passou a se chamar *Kid+* e foi publicada até junho de 2000.

OUTUBRO 1998
A UniSer, Unidade de Serviços do Grupo Abril, criada em 1994 para reunir todas as áreas de apoio, foi dividida em "UniSer Administração" (Angelo Longuini), se reportando a José Wilson Armani Paschoal, vice-presidente de Recursos Humanos, Desenvolvimento Operacional e Administração, e "Uniser Finanças" (Claudio d'Emilio), se reportando a Geraldo Nogueira de Aguiar, vice-presidente de Finanças e Controle.

Angelo Longuini deixaria a empresa em dezembro de 2006. Foi superintendente de Compras e Serviços do Citigroup.

Claudio d'Emilio deixou a Abril em janeiro de 2001. Atuou como consultor independente de Contabilidade.

NOVEMBRO 1998
A *Bizz*, então nominada *ShowBizz*, deixou a UO "Masculinas" e passou a integrar o Grupo Entretenimento, formado por MTV, Abril Music (lançada em julho de 1998) e Abril Produções.

DEZEMBRO 1998
Foi criada a UO "Operações", na Vice-Presidência de Operações, liderada por Gilberto Fischel, reunindo as Unidades Operacionais "Gráfica", "Logística e Distribuição" e "Fullfilment".

1999

EDITORA
Em janeiro de 1999, na Editora Abril, Gilberto Fischel tinha se tornado vice--presidente de Operações. Marcel Caig era o novo diretor de Recursos Humanos, em substituição a Egberto de Medeiros. Matinas Suzuki Jr. era o diretor editorial Adjunto. E Milton Longobardi era o novo diretor de Publicidade.

GRUPO

No Grupo Abril – que passou a assinar apenas "Abril", de 1999 até 2011, Roberto Civita assinava como presidente e editor. José Augusto Pinto Moreira e Thomaz Souto Corrêa tinham virado vice-presidentes executivos. E Geraldo Nogueira de Aguiar e Peter Rosenwald apareciam como vice-presidentes. Angelo Rossi e Plácido Loriggio não figuravam mais no estafe do Grupo.

Plácido Loriggio aposentou-se.

Egberto de Medeiros, o Gib, deixou a empresa em fevereiro de 1999. Assumiu cargos de direção na Promon até deixar o Brasil, em 2002, para viver e trabalhar em Quebec, no Canadá.

Angelo Rossi, filho de Giordano Rossi, um dos sócios de Victor Civita na fundação da Editora Abril, dirigiu os títulos infantojuvenis e a área comercial da Abril até se tornar sócio minoritário de Roberto Civita na Editora Azul, lançada em junho de 1986, absorvendo cinco títulos que não eram estratégicos para a Abril: *Contigo!*, *Bizz*, *Saúde*, *Horóscopo* e *Carícia*. Dois anos depois, agregando títulos como *Boa Forma*, *Viagem e Turismo*, *Ana Maria*, *Terra* e *Set*, a Azul chegou a ser a segunda maior editora de revistas do Brasil.

Em 1997, Angelo Rossi vendeu sua participação na Azul para Roberto Civita – e a Abril absorveu os títulos da Azul. Em outubro de 1998, na posição de vice-presidente de Novos Negócios, Angelo deixou a Editora Abril para fundar a Editora Peixes – em que a Abril tinha 20% de participação. Levou os títulos *Fluir* e *Set*, e lançou *Família Aventura*. O portfólio da Peixes se expandiria com o lançamento da Próxima Viagem – criada por Ronny Hein – e com a aquisição dos títulos *Viver Bem*, *Gula* e *Speak Up*, da Editora Camelot. Angelo venderia a Peixes em duas rodadas, em 2007 e 2008, para o empresário Nelson Tanure, da Companhia Brasileira de Multimídia (CBM), que controlava a *Gazeta Mercantil* e o *Jornal do Brasil*.

Em 1999, Angelo abriu a editora Rickdan, tendo como principal título a Sexy, lançada em 1993.

Ronny Hein deixou a Abril em 1999. Dirigiu vários títulos na Editora Peixes. Mais tarde, cuidou da edição brasileira da *Lonely Planet* e da *Forbes*. Atuou como diretor editorial da Editora Todas as Culturas.

Fluir, lançada em outubro de 1983, foi descontinuada, pela Editora Waves, em maio de 2016.

Set, lançada em junho de 1987, foi descontinuada, pela Editora Aver, em novembro de 2010.

Próxima Viagem, lançada em 1999, foi descontinuada em 2008.

Viver Bem, lançada em 1993, foi descontinuada em 2014, pela Editora Preta.

Gula, lançada em 1991, foi descontinuada, pela Editora Gema Custom Mags, em 2015.

Speak Up, lançada em 1987, foi descontinuada em dezembro de 2008, pela Companhia Brasileira de Multimídia (CBM).

Carícia foi lançada em janeiro de 1975 e descontinuada em julho de 2000.

Família Aventura, lançada em 1998, foi descontinuada em 2000.

JANEIRO 1999

Nicolino Spina, diretor superintendente da UO "Masculinas", assumiu como diretor de Publicidade, em substituição a Milton Longobardi. Mauro Calliari, até então diretor de Circulação de *Veja*, assumiu a Superintendência da UO "Masculinas".

Fatima Ali deixou o cargo de vice-presidente de Assuntos Corporativos do Grupo Abril e passou a atuar apenas como vice-presidente da Fundação Victor Civita.

A Abril descontinuou a revista *Arte & Decoração*, lançada em agosto de 1991.

Milton Longobardi foi diretor de Marketing da Nextel e diretor da São Paulo Turismo S.A.

FEVEREIRO 1999

Giancarlo Civita assumiu como vice-presidente do Grupo Entretenimento, formado por Abril Music, Abril Produções (Victor Civita Neto), MTV (André Mantovani) e *ShowBizz* (Felipe Zobaran). Em novembro, seria criada também a Abril Eventos, comandada por Patrick Goffaux.

Patrick Goffaux deixou a empresa em 2001 e fez carreira em agências de publicidade como NewcommBates, MatosGrey, Africa e YoungRubicam.

MARÇO 1999

Marcos Maynard assumiu como diretor da Abril Music.

MAIO 1999

A Abril vendeu sua participação na DirecTV para a Galaxy Latin America. A DirecTV havia sido lançada no Brasil em junho de 1996, numa associação com a DirecTV International e os grupos Hughes Communications, Cisneros e Multivision.

JUNHO 1999

A Abril vendeu a Listel, que iniciara suas operações em 1985, para a Bell-South.

Na editora, foi criado o Grupo Multimídia, coordenado por Oscar Gerding, que acumulou o cargo com a direção da Editorial Primavera, editora lançada em 1991 pela Abril na Argentina. O Grupo Multimídia foi composto por duas Unidades Operacionais: UO "Multimídia" (livros ilustrados, vídeos, anuários, guias e fascículos), dirigida por Daniel Pliner, e "Abril Jovem", ou UO "Jovem", agora dirigida por Andrés Bruzzone, em substituição a Anthony R. L. Seadon.

Foi criado o Grupo Internet, para centralizar todas as ações online do Grupo Abril.

O Grupo Abril Cultural e Marketing Direto deixou de existir. A vice-presidência de Marketing Direto continuou sob o comando de Peter Rosenwald e manteve DataListas. As UOs "Abril Coleções" e "Abril Vídeo", que compunham essa Vice-Presidência, deixaram de existir – e suas atividades foram absorvidas pela recém-criada UO "Multimídia" (Daniel Pliner). O Music Club migrou para o Grupo Entretenimento (Giancarlo Civita).

Anthony R. L. Seadon foi diretor da Powa Technologies no Brasil, empresa de mobile e e-commerce, e membro do Conselho da GRX, empresa de Marketing de incentivo.

Oscar Gerding deixou a empresa em 2001. Foi presidente da Asociación de Diarios y Periódicos del Uruguay (Adypu) e passou a atuar no ramo da agricultura, na Argentina, com a Productores Integrales.

JULHO 1999

Leila Lória, até então diretora superintendente da DirecTV, assumiu como diretora superintendente da TVA, se reportando a José Augusto Pinto Moreira, vice-presidente do Grupo Abril, que ocupava interinamente aquela função desde a saída de Raul Rosenthal do cargo, em junho de 1998, e que continuou supervisionando os negócios da TVA.

Raul Rosenthal foi presidente das empresas de Leasing, Financeira, Seguradora e do Cartão de Crédito Bozano, Simonsen/Meridional e também CEO do Banco Meridional/Bozano, Simonsen S.A. Empreendeu com a M2 Participações, atuando nas áreas de reestruturações, fusões e aquisições.

SETEMBRO 1999
A Abril, junto com o grupo francês Havas, comprou as editoras Ática e Scipione, entrando no ramo da Educação.

OUTUBRO 1999
Ricardo A. Setti assumiu como diretor editorial adjunto, em substituição a Matinas Suzuki Jr., que deixou a empresa.
A Abril lançou a *Revista da Web!*.

Matinas Suzuki Jr. ajudou a fundar o iG, provedor e portal de Internet, a montar a Rede Bom Dia, de jornais, no interior paulista, e atuou no mercado de livros, como executivo da Companhia das Letras.

NOVEMBRO 1999
A Abril tornou-se sócia da Editora Símbolo, fundada por Joana Woo em março de 1987, com 49% de participação na então terceira maior editora do mercado, com títulos como *Atrevida, Barbara, Chiques & Famosos, Corpo a Corpo, Dieta Já!, Meu Nenê, Raça Brasil, Só Receitas, Tititi* e *Uma*.

2000

EDITORA
Em janeiro de 2000, na Editora Abril, o novo diretor de Publicidade era Nicolino Spina. E o novo diretor editorial adjunto era Ricardo A. Setti.

GRUPO
Na Abril, Giancarlo Civita aparecia como vice-presidente. E Fatima Ali não figurava mais no estafe, mas continuava como vice-presidente da Fundação Victor Civita.

JANEIRO 2000
O vice-presidente executivo, Gabriel Rico, e o vice-presidente e diretor editorial, Thomaz Souto Corrêa, apresentaram o novo desenho organizacional da Abril.

Extinguiu-se a UO "Azul" – os títulos foram redistribuídos entre as novas Unidades Operacionais – UO "Masculinas", UO "Femininas" e UO "Casa & Família".

Cada UO passou a ter um diretor superintendente (cuidando de negócios, se reportando a Gabriel Rico), e um diretor editorial (cuidando de conteúdo, se reportando a Thomaz Souto Corrêa).

Essa divisão de poder e de funções nas UOs espelhava os territórios liderados pelos dois diretos de Roberto Civita – Thomaz Souto Corrêa, representando os interesses editoriais, e Gabriel Rico, representando os interesses comerciais. Cada UO teve seus títulos organizados em Núcleos, a partir de segmentos de mercado e nichos de interesse dos leitores. A ideia é que cada Núcleo tivesse um publisher, se reportando ao diretor superintendente e funcionando como um par dos diretores de Redação das revistas, que, por sua vez, se reportavam ao diretor editorial. Os publishers cuidavam dos aspectos comerciais enquanto os diretores de Redação cuidavam dos aspectos editoriais dos títulos do Núcleo. Essa estrutura levava à divisão da empresa em duas cadeias de comando, do topo até a base da organização.

Os diretores de Redação vinham de uma tradição de poder absoluto sobre as revistas – não podíamos, inclusive, numa regra enfatizada por Roberto Civita, usar termos como "marcas" ou "produtos" para nos referirmos às revistas. Era uma senha: os jornalistas é que tomavam as decisões – as outras áreas que se adaptassem e fizessem o seu trabalho a partir do que chegava pronto das Redações, sem muita possibilidade de discussão.

Os diretores superintendentes, em oposição aos diretores editoriais, e, abaixo deles, os publishers, em oposição ao diretores de Redação, tentavam penetrar esse território e influenciar um pouco mais o dia a dia das marcas – ou, como Roberto preferia, revistas. Inclusive porque os jornalistas, ao mesmo tempo que não abriam espaço para o trabalho dos profissionais de negócios, também não abraçavam as responsabilidades negociais. Faziam seu trabalho dentro da redoma "artística", lidando com conteúdo, e se eximiam grandemente de responder pelos resultados operacionais e financeiros da revista que geriam. Como se isso – dinheiro – fosse uma questão mundana demais para ocupar suas agendas.

Essa era uma contradição importante daquela época: os jornalistas detinham o controle das decisões, mas fugiam de se envolver com questões gerenciais. A Abril, no fundo, por muito tempo, não acreditou que jornalistas pudessem gerir. Então trazia homens e mulheres de negócios para administrar as revistas – ou melhor, as marcas. Mas não lhes dava o poder para tomar as decisões essenciais, que ficavam sob a alçada dos editores.

Na UO "Veja", Carlos Roberto Berlinck, até então diretor superintendente da recém-extinta UO "Azul", assumia como diretor comercial, em substituição a Maurício Dabul, que se tornou diretor de Planejamento e Controle de Gestão (cuidando das parcerias da Abril na Argentina, em Portugal, e com a Editora Caras – um acordo da Abril com a Editora Perfil, da Argentina, que lançou a revista *Caras* no Brasil em novembro de 1993 – e a Editora Símbolo, sócia desde novembro de 1999). Tales Alvarenga, diretor de Redação de *Veja*, atuava como Diretor Editorial, supervisionando as "Vejinhas", e continuou se reportando diretamente à Roberto Civita.

Na UO "Negócios", José Roberto Guzzo, Diretor Superintendente, acumulou a função de diretor editorial para a *Exame, INFO* e *Você S.A.*

Na UO "Masculinas", Nicolino Spina, de volta de sua temporada como Diretor de Publicidade da Editora, período em que fora substituído no comando da UO por Mauro Calliari, era o diretor superintendente. Paulo Nogueira, vindo da UO "Exame", assumia como diretor editorial.

Na estrutura de Nicolino, João Bazzon assumiria como publisher do Núcleo "Masculinas", composto por *Playboy* (lançada em agosto de 1975 com o título *Revista do Homem*, teria seu nome liberado pela censura apenas em julho de 1978), *Placar* (março de 1970), *Quatro Rodas* (agosto de 1960) e a *VIP* – título que viera com Paulo Nogueira do Grupo Exame. Enilma Queiroz assumiria como publisher do Núcleo "Interesse Geral", formado por *Superinteressante* (outubro de 1987), *Revista da Web!* (outubro de 1999) e *Meu Dinheiro* (que seria lançada em maio de 2001). E Rossana Sadir era publisher do Núcleo "Turismo", que reunia *Guia Quatro Rodas, National Geographic* (maio de 2000), *Viagem e Turismo* e *Terra*.

Na UO "Femininas", João Damato era o diretor superintendente. E o diretor editorial era Ricardo A. Setti. As revistas foram organizadas em Núcleo "Semanais": *Contigo!, Ana Maria, Viva Mais* (lançada em outubro de 1999) e *Minha Novela* (setembro de 1999). Núcleo "Mensais": *Claudia* (outubro de 1961), *Nova* (outubro de 1973, um licenciamento da *Cosmopolitan*, da americana Hearst), *Nova Beleza* (fevereiro de 1997), *Elle* (maio de 1988, um licenciamento da francesa Hachette), *Boa Forma, Manequim* (julho de 1959) e seus dois filhotes, *Ponto Cruz* e *Faça e Venda*. E Núcleo "Feminino Jovem": *Capricho* (junho de 1952), *Carícia, Alto Astral* (1999) e *Horóscopo*. Os cargos de publisher estavam para ser preenchidos.

Na UO "Casa & Família", Roberto Dimberio era o diretor superintendente e Elda Müller a diretora editorial. As revistas foram organizadas em Núcleo "Casa", formado por *Casa Claudia* (lançada em abril de 1977) e *Arquitetura & Construção* (agosto de 1987) e Núcleo "Família", com a *Bons Fluidos* (lançada como especial em 1997, foi mensalizada em maio de 2000) e *Saúde*. A função dos publishers foi desempenhada por Dimberio.

Essa estrutura durou pouco mais de um ano. Os profissionais de negócio perderam a disputa pela gestão das marcas para os profissionais de conteúdo. Mais tarde, em janeiro de 2005, os próprios jornalistas se tornariam publishers e diretores superintendentes, pondo fim ao espelhamento entre editores e executivos.

Mauro Calliari, até ali diretor superintendente da UO "Masculinas", assumiu a diretoria de Sites Abril, cuidando das versões online das publicações e das relações com o Universo Online (UOL), negócio em que a Abril era sócia do Grupo Folha. Mauro se reportava ao vice-presidente Executivo Gabriel Rico e também ao Grupo Internet, liderado por Victor Civita Neto.

Em abril, Mauro, como diretor superintendente do que passou a se chamar Abril.com, ou Abril Pontocom, passou a se reportar a Ophir Toledo, o novo presidente executivo da Abril, e a Victor Civita Neto, que se tornou um conselheiro de Ophir para assuntos ligados a conteúdos interativos e audiovisuais, e não mais a Gabriel Rico, que em seguida deixaria a empresa.

A Abril.com surgiu da soma de duas estruturas preexistentes e que atuavam separadamente, desde 1996: "Abril Online", que cuidava de conteúdo, liderada por Wagner Barreira, e "Negócios Online", que cuidava de publicidade e e-commerce, liderada por Egberto de Medeiros (antes de se tornar diretor de Recursos Humanos da Editora), e, mais tarde, por Tércio Pacitti. Ophir Toledo e Victor Civita Neto decidiram juntar as duas áreas, e Mauro Calliari foi o executivo escalado para liderar a nova estrutura.

Depois, outras operações foram sendo agregadas à Abril.com: *Usina do Som*, um serviço de música por *streaming*. *Nosso Grupo*, um gerenciador de grupos de discussão online. Lab One, uma desenvolvedora de sites. A produção de conteúdo do portal @jato – ou Ajato –, da TVA (lançado em julho de 1999, foi o primeiro provedor de Internet a cabo do país). E o que sobraria da Idealyze, uma incubadora de sites criada para a Abril não ficar de fora da corrida do ouro digital do fim dos anos 1990.

Celso Marche assumiu a direção de Publicidade da editora, em substituição a Nicolina Spina.

Ricardo A. Setti deixaria a empresa em junho de 2001. Atuou no mercado de livros e teve uma coluna no site de *Veja*, entre setembro de 2010 e abril de 2015. Desde então se apresenta como um "*freelancer* vivendo, em Barcelona, um período sabático por tempo indeterminado".

Nicolino Spina deixaria a empresa em 2001. Foi presidente do jornal *Valor Econômico* por quase dez anos.

João Bazzon deixou a empresa em junho de 2001. Atuou no mercado de luxo e de shopping centers, como diretor do Shopping Iguatemi, no Brasil, e VP do complexo Soho Panama, na Cidade do Panamá.

Enilma Queiroz deixaria a empresa em agosto de 2006 e se tornou gerente de Vendas Diretas da Editora Planeta DeAgostini no Brasil.

Rossana Sadir deixaria a empresa em julho de 2004, como diretora de Planejamento de Vendas de Publicidade. Teve uma carreira de quase nove anos na Avon, como diretora da empresa em países como Chile, Colômbia e Equador, e foi presidente da Amway para a América Latina.

Terra, lançada em maio de 1992, com o nome de *Caminhos da Terra*, foi descontinuada em dezembro de 2008, pela Companhia Brasileira de Multimídia (CBM).

Alto Astral, lançada em 1999, seria descontinuada em 2001.

FEVEREIRO 2000

Ophir Toledo assumiu como presidente executivo da Abril.

Ophir declararia, alguns meses depois de assumir o cargo: "No mundo globalizado, não dá para crescer só com o dinheiro que você gera e com dinheiro de banco. Precisa ter capital de risco na empresa, que são as ações. Queremos abrir o capital."

Roberto Civita era avesso à ideia de abrir o capital da Abril, embora permitisse, estrategicamente, que essa possibilidade se mantivesse viva nas conversas de mercado e de corredor.

MARÇO 2000

José Roberto Guzzo, diretor superintendente do Grupo Exame, deixou o cargo para assumir uma cadeira no Conselho Editorial da Editora. Nos oito anos de gestão de Guzzo, a partir de 1992, o Grupo Exame se consolidou como o segundo maior negócio da Abril em faturamento, logo depois do Grupo Veja, com a maior rentabilidade da casa, que superava a casa dos 30% – enquanto as margens de lucro da Editora Abril ficavam em geral abaixo de 10%.

Sidnei Basile assumiria como diretor superintendente do Grupo Exame em abril.

Paulo Nogueira, diretor de Redação da *Exame* e uma espécie de diretor Editorial não oficial das demais revistas do Grupo Exame – *Info*, *VIP* e *Você S.A.* – saíra em licença médica no final de 1999 e voltou no início de 2000 como diretor editorial da UO "Masculinas".

Clayton Netz assumiria como diretor de Redação da *Exame* em outubro.

A Abril finalmente encampava o Grupo Exame, que sob a gestão de Guzzo era a única unidade da Abril relativamente blindada em relação à influência de Roberto Civita e à burocracia da Abril.

Na UO "Femininas" (João Damato e Ricardo A. Setti), houve rearranjo dos títulos. No Núcleo "Mensais", cujo cargo de publisher não chegou a ser preenchido, ficaram *Claudia, Elle, Nova, Nova Beleza* e *Capricho*. No Núcleo "Revistas de 'Fazer'", cujo cargo de publisher foi ocupado por Vera Helena Gomes, ficaram *Manequim* e suas submarcas: *Mania de Fazer, Manequim Noiva, Ponto Cruz, Costure com Moldes, Faça e Venda,* e *Fácil Fácil*. No Núcleo "Semanais", cujo cargo de publisher foi ocupado por Martha Cajado, ficaram *Ana Maria, Carícia, Contigo!, Horóscopo, Minha Novela* e *Viva Mais*.

Cleide Castellan assumiu como gerente de relações corporativas, em substituição a Júnia Nogueira de Sá, que deixou a empresa.

A Abril lançou a *Usina do Som*, que dado o sucesso do lançamento – mais de 120 mil rádios pessoais cadastradas em pouco mais de um mês – se tornaria em abril uma Unidade de Negócios – a UO "Usina do Som", dirigida por Tércio Pacitti, até então diretor de Marketing da Abril.com – debaixo do guarda-chuva do Grupo Entretenimento, sob o comando de Giancarlo Civita.

Júnia Nogueira de Sá foi diretora de Relações Corporativas da Telefônica, diretora de Assuntos Corporativos e Imprensa da Volkswagen e diretora-executiva da FleishmanHillard, empresa de Relações Públicas.

Martha Cajado foi diretora de Marketing e Vendas da HBO Brasil, diretora-geral de Marketing do Grupo Bandeirantes e diretora-geral da Professional Bull Riders (PBR), liga esportiva mundial de montaria em touros.

MAIO 2000

A Abril lançou a Idealyze, uma incubadora de sites. Criada no auge do frissom pelas empresas pontocom, a Idealyze era responsável pelos sites *Paralela*, para o público feminino, e *TCINet*, de tecnologia, lançado em parceria com a Portugal Telecom. Comandada por Fernando González, até então diretor de Planejamento Estratégico e Desenvolvimento de Novos Negócios da Abril, a Idealyze seria descontinuada em 2001.

A Idealyze nasceu com um investimento inicial de 30 milhões de dólares (algo em torno de 43 milhões de dólares em 2018) em infraestrutura, tecnologia e marketing. Em seguida, a Idealyze recebeu um aporte de mais 15 milhões de dólares da PT Multimídia, da Portugal Telecom. Todo esse dinheiro, mais uma equipe de oitenta funcionários, incluindo um diretor de Marketing, um diretor de Conteúdo, um diretor de Tecnologia, gerente de RH, gerente de E-Commerce, gerente Administrativo Financeiro, dois gerentes de Projeto e dois redatores-chefes para publicar dois sites – o *Paralela* e o *TCINet*.

Eram outros tempos. A Idealyze foi lançada semanas *depois* da quebra da Nasdaq, ocorrida entre março e abril daquele ano, que determinou o estouro da chamada "Bolha da Internet". A corrida do ouro digital, regida pelo mote "*Get*

Rich Quick", algo como "Fique Rico Rápido", ainda estava viva na cabeça de todo mundo. E as empresas pontocom valiam mais pelo que *gastavam* do que pelo que faturavam. Os investidores estavam sedentos para aplicar seu dinheiro na Internet, então era preciso ter custos robustos para apresentar. A lógica era investir pesado para não perder o bonde digital. Receitas eram uma preocupação que se jogava para o futuro.

A Abril descontinuou o Music Club, um negócio de venda de CDs por catálogo, em sociedade com a Universal Music. A empresa, lançada em 1997, chegou a ter 170 funcionários e 400 000 assinantes.

A Abril lançou a versão brasileira da revista *National Geographic*.

Fernando González deixou a empresa em junho de 2001. Foi CEO da Reed Elsevier, editora de publicações técnicas, científicas e de negócios, vice-presidente do Boston Scientific, empresa de equipamentos médicos, e vice-presidente da Dentsply Sirona, empresa de equipamentos odontológicos.

JUNHO 2000

Paulo Cesar de Araújo, até então diretor de Publicidade da UO "Exame", assumiu a diretoria de Publicidade da Editora, em substituição a Celso Marche, que deixou a empresa. Maurício Arbex assumiu a direção de Publicidade da UO "Exame" (Sidnei Basile), em substituição a PC.

Cesar Monterosso assumiu a recém-criada vice-presidência de Processo e Tecnologia da Informação.

Kid+, lançada como *Veja Kid+* em setembro de 1998, foi descontinuada.

Celso Marche foi diretor comercial da TV Bandeirantes e diretor de Publicidade da Editora Globo.

JULHO 2000

Gilberto Fischel, que havia acabado de trocar a vice-presidência de Operações pela vice-presidência de Educação, deixou a Abril. Com a saída de Fischel, o diretor superintendente da UO "Operações", Antonio Godoy da Silva, passou a se reportar diretamente ao presidente executivo da Abril, Ophir Toledo.

A convite de Paulo Nogueira, diretor editorial da UO "Masculinas", assumi a direção de Redação da *Superinteressante*, em substituição a André Singer.

Carícia, lançada em janeiro de 1975, foi descontinuada.

André Singer foi porta-voz da Presidência da República e Secretário de Imprensa do Palácio do Planalto no primeiro governo Lula, entre 2003 e 2007. André é livre-docente em Ciência Política e professor da USP.

AGOSTO 2000

A Abril lançou *Claudia Cozinha*.

NOVEMBRO 2000

A Abril criou a UO "Multimídia e Marketing Integrado", juntando as operações da UO "Multimídia", de Coleções e de Marketing Direto, tendo Paulo Valente como diretor superintendente e Daniel Pliner como diretor editorial.

Paulo Valente deixou a empresa em fevereiro de 2001. Foi diretor de Marketing do Santander, diretor executivo da Universal Films e CEO da Paramount Têxteis.

Daniel Pliner tornou-se colunista dos jornais *Perfil* e *La Nación*, na Argentina.

2001

EDITORA

Em janeiro de 2001, Gilberto Fischel não estava mais na Editora Abril. Bem como Celso Nucci. Antonio Godoy da Silva era o novo diretor de Operações. Mauricio Dabul era o novo diretor de Planejamento e Controle e Gestão, substituindo Celso Tomanik. Paulo Cesar de Araújo era o novo diretor de Publicidade.

GRUPO

Na Abril, Roberto Civita assinava como presidente e CEO (*Chief Executive Officer*). Ophir Toledo aparecia como presidente executivo e COO (*Chief Operating Officer*). Cesar Monterosso aparecia como vice-presidente.

Gilberto Fischel foi presidente da Thomson Latin America, depois IOB, por mais de uma década.

Celso Nucci deixou a empresa em agosto de 2000. Foi assessor da Presidência da Radiobrás, entre 2003 e 2007. Depois tornou-se marchand na cidade mineira de Tiradentes.

Celso Tomanik tornou-se consultor em gestão de carreira e desenvolvimento organizacional.

Cesar Monterosso deixaria a empresa em outubro de 2002. Atuou como consultor no mercado de Telecomunicações.

JANEIRO 2001

Com a extinção do chamado Grupo Publicações (cujo escopo correspondia à Editora Abril), Gabriel Rico, vice-presidente executivo da Editora Abril, cujo cargo refletia essa organização, deixou a empresa em janeiro de 2001. As atribuições de Gabriel ligadas à área editorial foram repassadas aos diretores editoriais das UOs.

A Abril lançou a revista *Tudo*.

Gabriel Rico viera para Abril da Listel, em 1994. E foi o principal executivo da editora por sete anos. Atuou como CEO da Amcham Brasil por outros sete anos.

MARÇO 2001

João Arinos assumiu como diretor superintendente da UO "Educação" – cargo que Gilberto Fischel não chegou a ocupar, ao sair da empresa antes de assumi-lo.

ABRIL 2001

Duas novas vice-presidências foram criadas: a de "Serviços Compartilhados" e a "Comercial". A VP de "Serviços Compartilhados", liderada por Valter Pasquini, era composta por finanças, TI e conteúdo digital, recursos humanos, operações e compras. Pasquini, até então diretor superintendente da Dinap, agregou as funções de Antonio Godoy da Silva, diretor superintendente da UO "Operações", que deixou a empresa. No lugar de Pasquini, na Dinap, assumiu Douglas Duran.

A VP "Comercial", liderada por Carlos Roberto Berlinck, reunia Publicidade Corporativa, Assinaturas, Dinap (Distribuidora Nacional de Publicações) e Varejo, Pesquisa de Mercado e Marcas, DataListas e Multimídia/Coleções. Berlinck era até então diretor comercial do Grupo Veja. Em seu lugar, em *Veja*, assumiu Jairo Mendes Leal, até então diretor de circulação e administração do Grupo Exame.

Roberto Dimberio, diretor superintendente da UO "Casa & Família", deixou a empresa para assumir a presidência do evento *Casa Cor* (lançado em 1987). Elda Müller, diretora editorial, assumiu como diretora superintendente da UO, que seria renomeada UN "Casa e Bem-Estar".

Marcel Caig mudou-se para Miami e atuou como VP de RH do Aero Maintenance Group da Air France/KLM.

Roberto Dimberio foi presidente da *Casa Cor* até abril de 2008, quando a Abril e o empresário João Doria Jr. compraram o evento do Banco Pátria. Quando Abril comprou os 50% de participação de Doria no evento, em dezembro de 2011, Dimberio voltou a colaborar com a *Casa Cor*, na posição de consultor.

MAIO 2001

Como resultado do trabalho de redesenho organizacional conduzido pela Booz-Allen, a Abril se estruturou em duas grandes Unidades de Negócio (UNs): "Temática" e "Multitemática", em substituição à antiga organização em UOs: "Masculinas", "Femininas", "Casa & Família" e "Jovem". Nos Grupos Veja e Exame a única alteração foi ortográfica: deixaram de ser UOs para se tornarem UNs.

A UN "Temática" passou a ser liderada pelo vice-presidente Giancarlo Civita, que deixou a UO "Jovem" (antigo Grupo Entretenimento). A UO "Jovem" foi assumida por Victor Civita Neto, que ficou responsável pela Abril Music (Marcos Maynard), MTV (André Mantovani) e Usina do Som (Tércio Pacitti).

A UN Temática tinha três Núcleos:

"Turismo e Tecnologia" (*Playboy, Quatro Rodas, Superinteressante, VIP, Placar, Revista da Web!, Meu Dinheiro, Viagem e Turismo, National Geographic* e Guias), tendo Paulo Nogueira como diretor superintendente.

"Casa & Família/Fazer" (*Casa Claudia, Arquitetura & Construção, Bons Fluidos, Saúde, Manequim, Ponto Cruz, Faça e Venda* e *Claudia Cozinha*, tendo Elda Müller com diretora superintendente.

"Infantojuvenil" (*Recreio*, lançada em maio de 1969, foi descontinuada em 1982 e relançada em março de 2000, *Ação Games* e Quadrinhos), liderado interinamente por Andrés Bruzzone. Em agosto de 2001, o núcleo seria assumido por Eliseu Urban, na área comercial, e Gisleine Carvalho, na área editorial.

A UN "Multitemática", tendo Laurentino Gomes como diretor editorial, surgiu sem a definição de quem seria o seu diretor superintendente.

Essa UN tinha dois Núcleos:

"Femininas" (*Claudia, Nova, Elle, Capricho, Boa Forma* e *Nova Beleza*), tendo João Damato como diretor superintendente.

"Alto Consumo" (*Viva Mais, Ana Maria, Contigo!, Minha Novela* e *Tudo*, lançada em janeiro de 2001), tendo Andrés Bruzzone como diretor superintendente.

Ainda havia o Núcleo "Caras", em que Edgardo Martólio fazia o relacionamento da Editora Caras com a Abril.

As Unidades Operacionais (UOs), criadas em 1995, se transformavam em Unidades de Negócio (UNs). As UNs, sendo unidades de negócio e não mais meramente operacionais, passaram a atuar com mais autonomia na criação de projetos para as marcas sob sua responsabilidade. E não só na plataforma Revista, mas buscando integrar diversas mídias, como Internet, vídeo, CD-ROM e Licenciamento de produtos.

"Quem cuida da marca deve ser responsável pela estratégia de negócios da marca. E o conteúdo que a marca oferece ao cliente, ao público, aos anunciantes, estará em várias plataformas", disse Ophir.

Todas as demais áreas da Abril passaram a ter como missão oferecer suporte às UNs. Vários desses serviços, que cada UO resolvia do seu jeito, foram unificados em áreas de apoio – Internet, Multimídia, Licenciamento etc. – para serem compartilhados de modo mais eficiente pelas UNs.

Com o redesenho, Ophir previa uma diminuição de 30% nos custos. RC endossava o plano: "Queremos derrubar as barreiras entre as várias áreas da companhia e eliminar duplicações de gastos."

Essa organização, marcada pelo conceito de "Conteúdo Independente do Meio", e de mais independência para a atuação editorial e negocial das UNs, pavimentou o caminho para que os jornalistas passassem a cuidar, além do conteúdo, também dos resultados de negócio das marcas sob sua responsabilidade. A editora começava a perceber que para preservar os princípios da separação entre "Igreja" e "Estado" não era necessário proibir os jornalistas de atuarem também como homens e mulheres de negócios. Começava ali a era dos publishers.

Essa organização seria marcada também pela estratégia de extensão das marcas da Abril – em novas plataformas, novos formatos, gerando inclusive novos títulos. Essa abertura, esgarçada por Paulo Nogueira no Núcleo "Turismo e Tecnologia", foi a terra fértil onde, junto com o time da *Superinteressante*, plantei e colhi meus melhores frutos na Abril.

Edgardo Martólio tornou-se CEO da *Editora Caras*.

AGOSTO 2001

A *Mundo Estranho* foi lançada, com uma edição especial de *Superinteressante*.

SETEMBRO 2001

A *Horóscopo*, lançada em junho de 1972, com o nome de *Horóscopo Capricho*, foi descontinuada.

OUTUBRO 2001

O presidente executivo da Abril, Ophir Toledo, deixava a companhia, dezoito meses após assumir o cargo.

Maurizio Mauro assumiu a presidência executiva da Abril.

A *Revista da Web!*, lançada em outubro de 1999, foi descontinuada.

Ophir Toledo estabeleceu-se em Miami, onde trabalhou por quase 10 anos como diretor internacional do Grupo CCR.

DEZEMBRO 2001

Laurentino Gomes acumulou o cargo de diretor editorial adjunto da Abril com suas funções de diretor editorial da UN "Multitemática".

2002

EDITORA

Em janeiro de 2002, na Editora Abril, Maurizio Mauro aparecia como presidente executivo. Carlos Roberto Berlinck era o vice-presidente comercial. E Giancarlo Civita aparecia como vice-presidente de negócios.

Antonio Godoy da Silva, Eugênio Bucci, Henri Kobata e Maurício Dabul tinham deixado a Editora.

GRUPO

Na Abril, Roberto Civita voltava a assinar como presidente e editor. O Gabinete da Presidência era integrado por José Augusto Pinto Moreira, Thomaz Souto Corrêa e tinha um presidente executivo, Mauricio Mauro. Carlos Roberto Berlinck e Valter Pasquini passaram a integrar o time de vice-presidentes.

Geraldo Nogueira de Aguiar e Peter Rosenwald não pertenciam mais ao Grupo.

Eugênio Bucci deixou a empresa em setembro de 2001. Dirigiu a Radiobrás entre 2003 e 2007. Atua como professor da USP e da ESPM e é autor de vários livros sobre Jornalismo.

Antonio Godoy da Silva fez carreira na indústria de produtos e serviços médicos e de saúde.

Henri Kobata foi diretor de Gestão de Pessoas da Radiobrás entre 2002 e 2008. Atua como consultor em gestão organizacional e de pessoas.

Maurício Dabul expatriou-se no Canadá.

Peter Rosenwald atuou como consultor de Marketing Direto e manteve colunas no *Huff Brasil* e no site da Endeavor.

Geraldo Nogueira de Aguiar foi vice-presidente executivo da Dubai Aluminium.

JANEIRO 2002

A UN "Extensão de Marca", antiga Abril Marcas, foi extinta. Fernando Vergamini, que liderava a área, deixou a empresa. A operação de licenciamento, novamente chamada de Abril Marcas, foi levada adiante por Renato Rocha.

Ação Games, lançada em maio de 1991, foi descontinuada.

Fernando Vergamini empreendeu no comércio de acessórios para veículos.

FEVEREIRO 2002

Luiz Felipe d'Avila, fundador da Editora d'Avila, e criador dos títulos *Bravo!* e *República*, assumiu como diretor superintendente do Núcleo "Femininas" (que passaria a se chamar UN "Estilo"), em substituição a João Luiz Damato.

O presidente executivo Maurizio apresentou a nova estrutura organizacional da empresa:

UN "Veja" (*Veja, Veja São Paulo*, lançada em setembro de 1985, *Veja Rio*, lançada em setembro de 1991, e demais "Vejinhas"), sob o comando do diretor de redação Tales Alvarenga e do diretor superintendente Jairo Mendes Leal.

UN "Negócios" (*Exame, Você S.A.* e *Meu Dinheiro*), sob o comando do diretor superintendente Sidnei Basile.

UN "Jovem" (*MTV, Usina do Som, Playboy, Capricho, Abril Music, Placar* e *SuperSurf*, lançado em abril de 2000), sob o comando do vice-presidente Giancarlo Civita. Victor Civita Neto, até ali responsável pela UO "Jovem", se afastou das funções executivas.

UN "Infantojuvenil" (Editoras Ática e Scipione, *Recreio*, Disney, Herois, *Almanaque Abril*, lançado em dezembro de 1974, e *Guia do Estudante*, lançado em 1984), sob o comando do diretor superintendente da Abril Educação, João Arinos. Em maio, a UN passaria a se chamar "Abril Jr".

UN "Estilo" (*Claudia, Nova, Nova Beleza, Elle* e *VIP*), sob o comando do diretor superintendente Luiz Felipe d'Avila.

UN "Turismo e Tecnologia" (*Info, Quatro Rodas, Superinteressante, Viagem e Turismo, Guia Quatro Rodas* e *National Geographic*), sob o comando do diretor superintendente Paulo Nogueira.

UN "Casa & Família" (*Casa Claudia, Arquitetura & Construção, Bons Fluidos, Claudia Cozinha, Saúde* e *Boa Forma*), sob o comando da diretora superintendente Elda Müller.

UN "Alto Consumo" (*Viva, Ana Maria, Contigo!, Minha Novela, Manequim* e *Manequim Noiva*), sob o comando do diretor superintendente Andrés Bruzzone.

UN "TVA", sob o comando da diretora superintendente Leila Lória.

UN "Abril.com", sob o comando do diretor superintendente Mauro Calliari.

João Luiz Damato deixou a empresa em março de 2002. Seria, por mais de uma década, presidente da Kimberly-Clark no Brasil.

MARÇO 2002

O Conselho Editorial do Grupo Abril foi oficializado com o presidente e editor Roberto Civita, o vice-presidente e diretor editorial, Thomaz Souto Corrêa, e o conselheiro editorial José Roberto Guzzo, tendo o diretor editorial adjunto, Laurentino Gomes, como secretário.

A Abril lançou no Brasil a revista *Witch*, uma marca licenciada à Disney.

ABRIL 2002

A *Meu Dinheiro*, lançada em maio de 2001, foi descontinuada.

JUNHO 2002

Emilio Carazzai assumiu como vice-presidente de Finanças e Controle.

JULHO 2002

Deborah Wright foi contratada como vice-presidente Comercial, em substituição a Carlos Roberto Berlinck.

Carlos Roberto Berlinck deixou a empresa em outubro de 2002 e empreendeu na indústria de embalagens.

AGOSTO 2002

A *Vida Simples* foi lançada, como especial da revista *Superinteressante*.

SETEMBRO 2002

A Abril desfez a sociedade com a Editora Símbolo, de Joana Woo, que era então a quinta maior editora do país e contava com títulos como *Atrevida, Bar-*

bara, Chiques & Famosos, Corpo a Corpo, Dieta Já!, Meu Nenê, Raça Brasil, Só Receitas, Tititi e *Uma*.

Joana Woo manteve a distribuição e a impressão dos títulos da Símbolo com a Abril até 2004. Em 2005, se associou à Editora Escala, fundada em 1992 por Hercílio de Lorenzi. A sociedade foi desfeita em 2007. A partir de 2009, a Símbolo enfrentou grandes dificuldades financeiras. Em 2011, a empresa entrou com um pedido de recuperação judicial.

Joana Woo, a partir de 2012, empreenderia com a consultoria JW Brands.

Atrevida, lançada em 1994, foi vendida em julho de 2007 para a Editora Escala.

Barbara, lançada em 1996, foi descontinuada em 2011, pela Símbolo.

Chiques & Famosos, lançada em 1999, seria descontinuada em 2011, pela Símbolo.

Corpo a Corpo, lançada em 1987, foi vendida em março de 2008 para a Editora Escala.

Dieta Já!, lançada em 1996, foi vendida em março de 2008 para a Editora Escala.

Meu Nenê, lançada em 1998, seria descontinuada em 2009.

Raça Brasil, lançada em 1996, passou pela Editora Escala e foi descontinuada em 2016, pela Editora Minuano.

Só Receitas, lançada em 1998, seria descontinuada em 2000.

Uma, lançada em 2000, foi vendida para a Editora OnLine em 2010 e descontinuada em janeiro de 2014.

OUTUBRO 2002

José Augusto Pinto Moreira, vice-presidente Executivo do Grupo Abril, que cuidava da TVA desde 1998, deixou as funções executivas e passou a integrar o recém-formado Conselho de Administração do Grupo.

A Abril lançou *Estilo*, um licenciamento da *InStyle*, da Editora americana Time Inc.

DEZEMBRO 2002

A Abril lançou *Info Corporate*.

2003

EDITORA

Em janeiro de 2003, na Editora Abril, Laurentino Gomes aparecia como diretor editorial adjunto, cargo que estava vago desde a saída de Ricardo A. Setti, em 2001. Deborah Wright era vice-presidente Comercial. Thais Chede Soares aparecia como diretora de publicidade Corporativa, em substituição a Paulo Cesar de Araújo. Giancarlo Civita não figurava mais como vice-presidente de Negócios na editora.

GRUPO

Na Abril, Deborah Wright e Emilio Carazzai apareciam como vice-presidentes. Carlos Roberto Berlinck havia deixado a empresa.

Paulo Cesar de Araújo deixou a empresa em janeiro de 2002. Atuou na TV Cultura.

JANEIRO DE 2003

A *Tudo*, lançada em janeiro de 2001, foi descontinuada.

FEVEREIRO 2003

Giancarlo Civita deixou as funções executivas, como vice-presidente da UN "Jovem", e passou a integrar o Conselho de Administração do Grupo Abril.

A UN "Jovem" foi fundida com a UN "Abril Jr." e passou a ser dirigida por Mauro Calliari, até então diretor superintendente da Abril.com. João Arinos, que acumulava o cargo de diretor superintendente da UN "Abril Jr." com a de diretor superintendente da Abril Educação, passou a se dedicar integralmente às editoras Ática e Scipione.

Ninguém assumiu no lugar de Mauro Calliari na Abril.com. Com exceção de algumas poucas funções, como a Abril Sem Fio (núcleo criado em 2000 para oferecer conteúdo mobile – na época, palm tops e celulares GSM, de segunda geração, ou 2G, anos antes da chegada do 3G e dos Smartphones) e o relacionamento com o UOL, negócio do qual a Abril logo desinvestiria, todas as funções da Abril.com, que havia sido estruturada em abril de 2000, foram descentralizadas para as UNs.

A MTV não ficou na nova UN "Jovem" – continuou respondendo diretamente a Gianca, como uma unidade independente.

A Abril descontinuou a gravadora Abril Music, que havia sido lançada em julho de 1998 e que era liderada por Marcos Maynard.

Marcos Maynard foi CEO da gravadora EMI.

MARÇO 2003
Claudio Ferreira assumiu como diretor de Publicidade da UN "Negócios", em substituição a Mauricio Arbex.

Mauricio Arbex foi diretor de publicidade da Editora Globo e da Editora Três.

MAIO 2003
Revista das Religiões foi lançada como um especial da *Superinteressante*.

JULHO 2003
Thomaz Souto Corrêa, vice-presidente e diretor editorial da Abril deixou as funções executivas. Thomaz passou a atuar como membro do Conselho de Administração do Grupo Abril e como vice-presidente do Conselho Editorial da Editora Abril. A posição de diretor editorial, criada em 1991 quando Thomaz a assumiu, deixou de existir.

Aventuras na História foi lançada como especial da *Superinteressante*.

SETEMBRO 2003
O Conselho Editorial começou a figurar no Expediente das revistas. Com Roberto Civita como presidente, Thomaz Souto Corrêa como vice-presidente, José Roberto Guzzo e Maurizio Mauro.

OUTUBRO 2003
A Abril vendeu a sua participação no UOL, portal de Internet no qual era sócia do Grupo Folha desde 1996.

NOVEMBRO 2003
Nova Beleza, lançada em fevereiro de 1997, foi descontinuada.

2004

EDITORA
Thais Chede Soares, antes diretora de publicidade corporativa, aparecia como diretora corporativa de Publicidade.

GRUPO
Em janeiro de 2004, tanto na Editora Abril quanto na Abril, o estafe não sofreu alterações em relação ao ano anterior.

JANEIRO 2004
A Abril integrou a *Bravo!*, lançada em outubro de 1997 pela Editora d'Avila, ao seu portfólio.

MARÇO 2004
A Editora Abril foi dividida em duas Diretorias-Gerais. A diretoria-geral de Informações, que reunia a UN "Veja" e a UN "Negócios", era liderada por Mauro Calliari, que atuava até então como diretor superintendente da UN "Jovem". Tales Alvarenga, até então diretor de Redação de *Veja* e diretor editorial da UN "Veja", passou a atuar apenas como diretor editorial da UN "Veja" e da UN "Exame".

Eurípedes Alcântara assumiu como diretor de Redação da *Veja*, em substituição a Tales.

Eduardo Oinegue assumiu como diretor de Redação da *Exame*, em substituição a Clayton Netz, que deixou a empresa.

Já a diretoria-geral de Interesses, liderada por Jairo Mendes Leal, até então diretor comercial da UN "Veja", reuniu as UNs "Alto Consumo" (Andrés Bruzzone), "Casa e Bem-Estar" (Elda Müller), "Estilo" (Luiz Felipe d'Avila), "Jovem" (Laurentino Gomes, até então diretor editorial adjunto) e "Turismo e Tecnologia" (Paulo Nogueira).

Na prática, a Abril testava Jairo e Mauro como possíveis sucessores de Maurizio Mauro. Mauro ficava com os Grupos Veja e Exame, os principais negócios. Jairo ficava com todo o resto.

Cleide Castellan, até então diretora de Relações Corporativas, passou a responder também pela Secretaria Executiva do Conselho de Administração da Abril.

Sidnei Basile, até então diretor da UN "Negócios", passou a dirigir a Secretaria Editorial e de Relações Corporativas, que incluía as atividades ligadas à Comunicação externa, imagem e Relações Institucionais, além da área de Relações Governamentais, respondendo diretamente ao presidente executivo, Maurizio Mauro.

Deborah Wright, vice-presidente Comercial da Editora Abril, ficou responsável também pelo Marketing Institucional.

Clayton Netz empreendeu na área editorial e foi redator-chefe da revista *IstoÉ Dinheiro*.

Cleide Castellan se aposentou logo após a morte de Roberto Civita, em 2013.

ABRIL 2004

Na direção-geral de Interesses, sob o comando de Jairo Mendes Leal, houve mudanças:

Manequim e *Manequim Noiva* saíram da UN "Alto Consumo" (Andrés Bruzzone), e foram para a UN "Estilo" (Luiz Felipe d'Avila).

A *VIP* saiu da UN "Estilo" e foi para a UN "Turismo e Tecnologia" (Paulo Nogueira).

A *Vida Simples* saiu da UN "Turismo e Tecnologia" e foi para a UN "Casa & Bem-Estar" (Elda Müller).

Usina do Som saiu da UN "Jovem" (Laurentino Gomes), e migrou para uma nova UN, denominada "Mídia Eletrônica", dirigida por André Mantovani, até então diretor superintendente da MTV, e formada também pela Produtora Abril.

Auro Luís de Iasi assumiu a diretoria de Planejamento e Controle da diretoria-geral de Interesses, sob o comando de Jairo Mendes Leal, liderando os profissionais de Planejamento e Controle Operacional de todas as UNs. Jairo estabeleceu uma linha de controle direto de todos os orçamentos de sua direção--geral, uma tacada de mestre do ponto de vista do controle orçamentário. Como *controller*, passou a tratar os custos com mão de ferro. Na outra ponta, com seu chapéu comercial, estimulava a golpes de tambor os vendedores de Publicidade a trazerem as receitas. Com essa fórmula simples, muito bem executada, Jairo venceria a disputa com Mauro Calliari pela sucessão de Maurizio Mauro.

A direção de Novos Negócios, responsável pelo desenvolvimento das iniciativas digitais (incluindo a Abril Sem Fio, um resquício da Abril.com), liderada por Yen Shen Wen, antes subordinada à secretaria editorial (Sidnei Basile), migrou para a UN "TVA" (Leila Lória).

Yen Shen Wen deixaria a empresa em 2009 e empreenderia com a Izi Digital, empresa desenvolvedora de soluções de e-commerce e com o *Portal do Doutor*. *Manequim Noiva* foi lançada como revista semestral em março de 1979. (Antes disso, existira como *Noiva Moderna*, por algumas edições, entre março de 1961 e junho de 1963. *Manequim* também lançou *Manequim Festa*, em outubro de 1978, uma edição anual, que chegava às bancas sempre no fim do ano, com foco no Natal e no Réveillon.)

AGOSTO 2004
Flashback foi lançada como um especial da *Superinteressante*.

NOVEMBRO 2004
Antônio Costa assumiu como diretor superintendente da Dinap, em substituição a Douglas Duran, que assumiu o cargo recém-criado de diretor de Relações Internacionais, cuidando da negociação de royalties das revistas licenciadas – *Playboy, Nova, Estilo, National Geographic, Superinteressante* e *Elle*.

DEZEMBRO 2004
A *Usina do Som*, lançada em março de 2000, foi descontinuada.

2005

EDITORA
Em janeiro de 2005, na Editora Abril, Jairo Mendes Leal e Mauro Calliari apareciam na posição de diretores-gerais. Sidnei Basile era diretor secretário editorial e de Relações Institucionais – a primeira parte da sua função recuperava um cargo que estava vago desde a saída de Eugênio Bucci, em 2001.

GRUPO
Na Abril, não houve alterações no estafe em relação ao ano anterior.

JANEIRO 2005
Na diretoria-geral de Interesses, comandada por Jairo Mendes Leal, as Unidades de Negócios foram reorganizadas e passaram a ser compostas por Núcleos.

O agrupamento de revistas em Núcleos aparecera pela primeira vez em 1998 – reuniram-se *Terra, Viagem e Turismo* e *Guia Quatro Rodas*, no Núcleo "Viagem e Turismo", dentro da UO "Masculinas", à época liderada por Nicolino

Spina, tendo Jorge de Souza como diretor Editorial e Angela Marsiaj como diretora Comercial.

Em janeiro de 2000, todas as UOs da editora tiveram seus títulos organizados em Núcleos – e surgia pela primeira vez o cargo de publisher, desenhado para profissionais com formação negocial, com o propósito de atuar como pares dos diretores de Redação. Esse desenho teve vida curta – por volta de um ano. Algumas posições de publisher sequer chegaram a ser preenchidas.

Nesse novo desenho, os Núcleos passaram a ser dirigidos, em sua maioria, por jornalistas vindos da posição de direção de Redação. Essa leva de publishers finalmente unificou os interesses editoriais e comerciais da editora num mesmo profissional. E os jornalistas enfim receberam o pacote completo de gestão das marcas da Abril, saindo do recôndito das redações e assumindo o controle do negócio, com tudo o que isso impõe – exposição ao mercado, às negociações comerciais e às cobranças por resultados financeiros.

A rigor, a lógica das UNs já tinha transformado jornalistas em publishers – no nível dos diretores superintendentes. Se naquela organização de 2000, promovida por Gabriel Rico e Thomaz Souto Corrêa, a direção das UNs estava dividida entre um diretor superintendente, profissional de negócios, e um diretor editorial, profissional de conteúdo, na reforma de 2001, promovida por Ophir Toledo, e principalmente na reforma de 2002, promovida por Maurizio Mauro, os jornalistas passaram a ocupar os cargos de diretores superintendentes. O publisher não era mais o profissional que cuidava apenas dos aspectos comerciais, mas o profissional que reunia as competências para cuidar tanto dos negócios quanto do conteúdo – algo inédito na Abril, que resgatava a concepção original do termo publisher, cunhado pelos americanos.

Com a reforma de 2005, promovida por Jairo Mendes Leal, a nova concepção aprofundou essa lógica ao estendê-la aos Núcleos, um nível abaixo dos Diretores Superintendentes de UN: dos nove Núcleos, cinco seriam dirigidos por jornalistas – um deles, por mim.

(Era um movimento que me favorecia. Eu sempre tivera esse DNA híbrido. Durante muito tempo, isso fora motivo de desconfiança. Agora, era um ponto positivo.)

Surgia também, nessa reforma, a Publicidade Centralizada. A equipe comercial da editora, que antes atuava espalhada pelas UNs, passou a operar junto, inclusive no mesmo espaço físico, liderada por quatro diretores – Eduardo Leite, Mariane Ortiz, Sandra Sampaio e Sérgio Amaral –, com foco no atendimento às trinta maiores agências de propaganda do país, sob a supervisão direta do diretor-geral, Jairo Mendes Leal.

Jairo trazia ainda mais para perto de si o controle sobre a receita mais importante da empresa – a venda de anúncios e projetos publicitários. Do ponto de vista do atendimento, as agências não precisavam mais receber vários representantes da Abril na mesma semana (às vezes no mesmo dia), um de cada UN. Passavam a ter um único interlocutor para todos os projetos da Editora.

O desenho ficava assim:

UN "Consumo/Comportamento" (Elda Müller), composta pelos seguintes Núcleos:

"Consumo", com *Elle, Estilo, Manequim* e *Boa Forma* (Claudio Ferreira, até então diretor de Publicidade da UN "Negócios").

"Comportamento", com *Claudia* e *Nova*, com as diretoras de Redação respondendo diretamente a Elda.

"Bem-Estar", com *Saúde, Bons Fluidos* e a *Vida Simples* (Alda Palma).

UN "Turismo/ Tecnologia" (Paulo Nogueira), composta dos seguintes Núcleos:
"Turismo", com *Viagem e Turismo, Guia Quatro Rodas* e *National Geographic* (Caco de Paula).

"Homem", com *Playboy, VIP, Placar* e *Quatro Rodas*, com os diretores de Redação respondendo diretamente a Paulo.

"Tecnologia", com *Info* e *Info Corporate* (Alexandre Caldini, até então diretor corporativo de Marketing Publicitário).

UN "Cultura/Jovem" (Luiz Felipe d'Avila), composta dos seguintes Núcleos:
"Jovem", com *Superinteressante, Mundo Estranho, Capricho* e *SuperSurf*, dirigido por mim.

"Infantil", com *Recreio, Disney* e *Atividades* (René Agostinho).

"Cultura", com *Bravo!, Aventuras na História, Revista das Religiões, Almanaque Abril* e *Guia do Estudante* (Helena Bagnoli).

UN "Casa/Semanais" (Laurentino Gomes), composta dos seguintes Núcleos:
"Casa e Construção", com *Casa Claudia, Arquitetura e Construção* e *Claudia Cozinha* (Angelo Derenze).

"Celebridades", formada pela *Contigo!*, com a direção de Redação respondendo diretamente a Laurentino.

"Semanais", com *Titi* (lançada em 1998 pela Símbolo, foi comprada pela Abril em 2004), *Minha Novela, Ana Maria, Viva Mais* e *Faça e Venda* (Cynthia de Almeida).

Marcelo Pacheco assumiu como diretor de Publicidade da UN "Negócios", em substituição a Claudio Ferreira, que assumira a direção do Núcleo "Consumo".

Andrés Bruzzone, até então superintendente da UN "Alto Consumo", passou a trabalhar na Secretaria Editorial, liderada por Sidnei Basile, se reportando diretamente ao presidente Maurizio Mauro, no projeto que viria a se tornar, no ano seguinte, a Abril Digital.

Denis Russo Burgierman assumiu a direção de Redação da *Superinteressante*, em meu lugar.

Eduardo Leite deixaria a Abril em maio de 2006. Atuou como executivo de vendas em empresas como Editora Globo, SBT, Rede TV e Turner.

Marcelo Pacheco deixaria a Abril em março de 2007, foi vice-presidente de Marketing e Venda da ESPN, diretor de Negócios do Facebook e vice-presidente de Vendas da RBS.

ABRIL 2005

Claudia Vassallo assumiu como diretora de Redação da *Exame*, em substituição a Eduardo Oinegue, que deixou a empresa.

A operação de licenciamento, sob a gestão de Renato Rocha na Abril Marcas, que estava subordinada ao Marketing Corporativo, foi descontinuada. A gestão dos negócios de licenciamento migrou para a UN "Cultura/Jovem" (Luiz Felipe d'Avila), onde estava *Capricho*, marca responsável por 80% dos licenciamentos da Editora.

Eduardo Oinegue empreendeu na área editorial, foi publisher do portal *iG*, se tornou consultor em comunicação empresarial e em gestão de crise, e colunista da *BandNews FM*.

Renato Rocha foi diretor na Brand Analytics.

JULHO 2005

Revista das Religiões, lançada em maio de 2003, foi descontinuada.

Cláudia Costin assumiu como vice-presidente da Fundação Victor Civita, em substituição a Fatima Ali, que deixou o Grupo Abril.

Fatima Ali tornou-se consultora editorial, de moda e estilo.

SETEMBRO 2005

A *Bizz*, relançada em outubro de 2004 com um especial da *Superinteressante*, foi mensalizada.

DEZEMBRO 2005

Paulo Nogueira deixou a Editora Abril para assumir, em março do ano seguinte, a direção editorial da Editora Globo.

A Abril lançou a *Exame PME*.

2006

EDITORA

GRUPO

Em janeiro de 2006, tanto na Editora Abril quanto na Abril, o estafe não sofreu alterações em relação ao ano anterior.

JANEIRO 2006

Márcio Ogliara assumiu como vice-presidente de Recursos Humanos e Desenvolvimento Organizacional, em substituição a José Wilson Armani Paschoal.

Flashback, lançada em agosto de 2004, foi descontinuada.

José Wilson Armani Paschoal deixou a Abril no fim de 2005. Encerrou a carreira executiva e se tornou membro do Conselho de Administração de algumas empresas.

FEVEREIRO 2006

Morria Tales Alvarenga, aos 61 anos.

Nova reorganização da estrutura na Diretoria-Geral de Interesses, dirigida por Jairo Mendes Leal.

A UN "Turismo/Tecnologia" foi extinta com a saída de Paulo Nogueira e seus Núcleos divididos entre as demais UNs. (Exceto o Núcleo "Tecnologia", com *Info* e *Info Corporate*, dirigido por Alexandre Caldini, que passou a responder diretamente a Jairo.)

A UN "Consumo/Comportamento" (Elda Müller) passou a se chamar UN "I". E se compunha dos seguintes Núcleos:

"Consumo", com *Elle, Estilo, Manequim* e *Boa Forma* (Claudio Ferreira).

"Comportamento" (Cynthia de Almeida), que trouxe *Ana Maria, Viva Mais* e *Faça e Venda*, do extinto Núcleo "Semanais", na antiga UN "Casa/Semanais", e recebeu *Claudia* e *Nova*.

"Bem-Estar" (Alda Palma), com *Saúde, Bons Fluidos* e a *Vida Simples*.
A UN "Cultura/Jovem" (Luiz Felipe d'Avila) passou a se chamar UN "II". E se compunha dos seguintes Núcleos:
"Jovem", com *Superinteressante, Mundo Estranho, Capricho* e *SuperSurf*, dirigido por mim.
"Infantil" (René Agostinho), com *Recreio, Disney* e *Atividades*.
"Cultura" (Helena Bagnoli), com *Bravo!, Aventuras na História, Almanaque Abril* e *Guia do Estudante*.

A UN "II" recebeu o Núcleo "Homem" (Felipe Zobaran), da extinta UN "Turismo/Tecnologia", com *Playboy, VIP* e *Men's Health*, que seria lançada em maio de 2006, um licenciamento da americana Rodale Press.

A UN "Casa/Semanais" (Laurentino Gomes) passou a se chamar UN "III". E se compunha dos seguintes Núcleos:
"Casa e Construção" (Angelo Derenze), com *Casa Claudia, Arquitetura & Construção* e *Claudia Cozinha*.
"Celebridades" (Claudia Giudice), que tinha *Contigo!* e recebeu *Minha Novela* e *Tititi*, do extinto Núcleo "Semanais".

A UN "III" recebeu dois Núcleos oriundos da extinta UN "Turismo/Tecnologia": "Motor Esporte" (Alfredo Ogawa), com *Placar* e *Quatro Rodas*, e "Turismo" (Caco de Paula), com *Guia Quatro Rodas, Viagem e Turismo* e *National Geographic*.

Foi criada a UN "Distribuição Eletrônica" (Leila Lória, até então diretora superintendente da UN "TVA"), que agora ganhava status de diretora-geral. Essa UN compreendia, além da TVA, as atividades digitais da Abril, incluindo a Abril Sem Fio e *Portal Abril*.

Surgia aí o conceito da Abril Digital, a partir do estudo realizado por Andrés Bruzzone, ao longo de 2005, na Secretaria Editorial, à frente de uma equipe multidisciplinar – o Grupo de Conteúdo Digital – constituída para esse fim. Enquanto o antigo projeto da Abril.com previa uma centralização maior das operações de Internet da editora, no novo conceito da Abril Digital os sites das revistas foram mantidos sob os cuidados das UNs.

Cynthia de Almeida deixaria a Abril em abril de 2006 para atuar como diretora editorial adjunta, depois diretora editorial, na Editora Globo. Voltaria a Abril em 2011 para a realização de um estudo sobre comportamento feminino. Desde então atua como consultora editorial.

Luiz Felipe d'Avila deixaria a Abril em junho de 2006. Atuou como investidor em empresas como a Sykué Bioenergya, escreveu livros de história e política, foi presidente do Centro de Liderança Pública e pré-candidato ao governo do estado de São Paulo em 2018.

MARÇO 2006

Maurizio Mauro deixou a presidência executiva da Abril, quatro anos e cinco meses depois de tê-la assumido.

Roberto Civita, presidente do Conselho de Administração e editor da Abril, assumiu a presidência executiva da Editora Abril.

Giancarlo Civita assumiu como vice-presidente executivo da editora Abril.

Passaram a se reportar a Gianca o diretor-geral de Interesses, Jairo Mendes Leal, o diretor-geral de Informações, Mauro Calliari, e também os diretores-gerais André Mantovani, da UN "Mídia Eletrônica", João Arinos, da UN "Abril Educação" e Leila Lória, da UN "Distribuição Eletrônica", além de Deborah Wright, vice-presidente Comercial, e de Valter Pasquini, vice-presidente de Serviços Compartilhados.

A Roberto Civita, reportavam-se diretamente Giancarlo Civita, vice-presidente executivo, Eliane Lustosa, vice-presidente de Finanças e Controle, Marcio Ogliara, vice-presidente de Recursos Humanos e Desenvolvimento Organizacional, e os diretores Arnaldo Tibyriçá, do Jurídico, Douglas Oliveira, da Auditoria, e Sidnei Basile, da Secretaria Editorial e de Relações Institucionais.

Maurizio Mauro empreendeu com a TTLM Gestão e Participações e se tornou professor do Insper.

ABRIL 2006

Alexandre Caldini, até então diretor do Núcleo "Tecnologia", na Diretoria-Geral de Interesses, assumiu como diretor superintendente da recém-criada UN "Negócios e Tecnologia", na Diretoria-Geral de Informações, liderada por Mauro Calliari. A UN "Negócios e Tecnologia" reunia a *Exame*, *Você S.A.*, *Info*, *Info Corporate*, *Jornada Info SMB* e *Info Canal*.

José Roberto Guzzo, membro do Conselho Editorial, passou a atuar também como diretor editorial da *Exame*. Já as revistas *Info* e *Você S.A.* passaram a responder editorialmente a Caldini.

Eurípedes Alcântara acumulou a direção de Redação de *Veja* com a direção Editorial das revistas *Veja São Paulo* e *Veja Rio*.

Marcos Peregrina Gomez assumiu a vaga de Sergio Amaral, e Robson Monte assumiu a vaga de Eduardo Leite, ao lado de Sandra Sampaio e Mariane Ortiz, na Publicidade Centralizada. Serginho e Edu Leite deixaram a empresa.

Douglas Duran, até então diretor de Relações Internacionais da editora, se reportando a Jairo Mendes Leal, diretor-geral de Interesses, passou a integrar o estafe do vice-presidente Executivo da Editora Abril, Giancarlo Civita, na posição de diretor de Relações Internacionais e Novos Negócios.

Aby McMillan, sócio de Gianca na importadora e distribuidora Magexpress/Distmag, também passou a fazer parte do estafe da vice-presidência executiva, na posição de diretor de Planejamento Estratégico.

MAIO 2006

A Abril suspendeu o processo de oferta pública de ações que havia aberto no mês anterior e anunciou a sociedade com o Naspers, grupo de mídia sul-africano, que passou a deter 30% do capital da empresa, incluindo a compra dos 13,8% que pertenciam aos fundos de investimento administrados pela Capital International, desde julho de 2004, por 422 milhões de dólares.

O Grupo Naspers se retiraria da sociedade em 2014.

A Abril lançou no Brasil a *Men's Health*, título da editora americana Rodale Press dedicado ao fitness masculino.

AGOSTO 2006

Victor Civita Neto reassumiu funções executivas como diretor-geral da recém-criada UN "Abril Digital" – reunindo as iniciativas digitais que estavam sendo tocadas no âmbito da UN "Distribuição Eletrônica", liderada por Leila Lória.

Claudia Cozinha, lançada em agosto de 2000, foi descontinuada.

OUTUBRO DE 2006

Douglas Duran assumiu a vice-presidência de Serviços Compartilhados da Abril, em substituição a Valter Pasquini, que deixou a Abril. O cargo anterior de Douglas, de diretor de Relações Internacionais, criado em novembro de 2004, e ampliado em abril de 2006, foi extinto.

Tercio Pacitti, de volta à empresa, assumiu como diretor superintendente da Abril Digital, se reportando a Victor Civita Neto, diretor-geral da UN "Abril Digital", e em substituição a Andrés Bruzzone, que deixou a empresa.

A Abril vendeu a TVA para Telefônica. Em abril de 2012, a TVA passaria a se chamar *Vivo TV*.

A Abril lançou o portal *Viaje Aqui*, reunindo os conteúdos de *Viagem e Turismo*, *Guia Quatro Rodas* e *National Geographic*. O *Viaje Aqui* seria descontinuado no fim de 2014.

Valter Pasquini encerrou a carreira executiva e se tornou membro do Conselho de Administração de algumas empresas.

Andrés Bruzzone viera da Argentina em 1994 como diretor executivo adjunto de *Caras*. Em janeiro de 2005 se dedicou à criação do que no ano seguinte seria a Abril Digital, primeiro alocada junto à *TVA*, sob o comando de Leila Lória, e depois na editora, sob o comando de Victor Civita Neto. Andrés atuou como consultor em projetos de Comunicação e Mídia.

Leila Lória, diretora superintendente da UN "Distribuição Eletrônica", na Abril, teve seu cargo redesenhado para presidente da *TVA*, na Telefônica, função que desempenhou até 2010. Leila atuaria como diretora executiva de Estratégia e Relações Institucionais da Telefônica/Vivo, até deixar a empresa em 2015.

NOVEMBRO 2006

A Abril lançou a revista *Sou+Eu*.
Deixei a Abril nos últimos dias de novembro.

DEZEMBRO 2006

Brenda Fucuta, até então diretora de Redação da *Capricho*, assumiu a direção do Núcleo "Jovem", em substituição a mim.

Loveteen foi lançada no âmbito do Núcleo "Jovem".

A Abril lançou o portal *Casa*, reunindo conteúdos de *Casa Claudia*, *Arquitetura & Construção* e *Bons Fluidos*, além de material próprio. A partir de 2010, o portal *Casa* passou a contar com o conteúdo de Casa Cor, a partir de 2008, e da revista *Minha Casa*, a partir de 2010.

2007

EDITORA

Em janeiro de 2007, na Editora Abril, Giancarlo Civita aparecia como vice-presidente executivo.

Maurizio Mauro não figurava mais no Conselho Editorial.

GRUPO

Na Abril, Roberto Civita aparecia como presidente do Conselho de Administração e presidente executivo. Giancarlo Civita aparecia como vice-presidente Executivo. O Gabinete da Presidência, que tinha Maurizio Mauro como presidente executivo, deixava de existir. Douglas Duran, Eliane Lustosa e Marcio Ogliara apareciam como vice-presidentes.

José Augusto Pinto Moreira, Emilio Carazzai, José Wilson Armani Paschoal e Valter Pasquini não figuravam mais no estafe do Grupo.

José Augusto Pinto Moreira atuou como assessor da Presidência do Grupo Abril.

Emilio Carazzai foi presidente do Banco Pine e da Medial Saúde, e chairman do Instituto Brasileiro de Governança Corporativa.

FEVEREIRO 2007

Jairo Mendes Leal e Mauro Calliari foram promovidos a vice-presidentes da Editora Abril – acirrando a disputa entre os dois pela posição de principal executivo da empresa.

Eliane Lustosa, vice-presidente de Finanças e Controle, deixou a Abril.

Douglas Duran, vice-presidente de Serviços Compartilhados, acumulou as suas funções.

Deborah Wright, vice-presidente Comercial da Editora Abril, deixou a empresa.

As áreas que até então faziam parte da vice-presidência Comercial passaram a ser organizadas da seguinte forma:

Reportando-se à diretoria-geral de Informações, sob responsabilidade de Mauro Calliari, agora tornado vice-presidente: Assinaturas (Fernando Costa), DataListas (Vicente Argentino), Atendimento ao Consumidor (Ana Dávalos) e Planejamento e Controle (Edilson Soares).

Reportando-se à diretoria-geral de Interesses, sob o comando de Jairo Mendes Leal, agora Vice-Presidente: Publicidade Corporativa (Thais Chede Soares) e Marketing Corporativo (Dimas Mietto).

A Dinap (Antônio Costa) passou a integrar a vice-presidência de Serviços Compartilhados (Douglas Duran).

Maria Tereza Gomes, até então diretora de Redação de *Você S.A.*, deixou a revista para desenvolver, na UN "Mídia Eletrônica", comandada pelo diretor-geral André Mantovani, o que viria a ser a *Ideal TV*.

Deborah Wright foi Country Manager do Instituto Ipsos e membro do Conselho de Administração das Lojas Renner.

Eliane Lustosa foi CFO (Chief Financial Officer) da LLX Logística, do Grupo EBX, sócia da Triscorp Investimentos e Diretora da Área de Mercado de Capitais (AMC) do Banco Nacional de Desenvolvimento (BNDES).

Vicente Argentino foi Diretor Comercial de Assinaturas, DataListas, Alphabase e da YouFind Solutions, todas empresas controladas pela Abril, até deixar o Grupo em julho de 2014.

Ana Dávalos deixaria a empresa em abril de 2008. Atuou como diretora de Atendimento ao Cliente na Atento, na Quantum e na Teleperformance, e se tornou diretora de Recursos Humanos da Sercom em 2015.

MARÇO 2007

Giancarlo Civita assumiu como presidente do Grupo Abril. Roberto Civita continuou atuando como presidente do Conselho de Administração e Presidente Executivo da Editora Abril.

A direção-geral de Interesses, sob o comando de Jairo Mendes Leal, foi reorganizada em UN "Segmentada I" e UN "Segmentada II".

A UN "Segmentada I", tendo Elda Müller como Diretora Superintendente, era composta pelos Núcleos "Bem-Estar" (Alda Palma), "Consumo" (Claudio Ferreira), "Comportamento" (Helena Bagnoli), "Jovem" (Brenda Fucuta) e "Semanais de Comportamento" (Kaíke Nanne).

A UN "Segmentada II", tendo Laurentino Gomes como diretor superintendente, era composta pelos Núcleos "Motor e Esporte" (Alfredo Ogawa), "Casa e Construção" (Angelo Derenze), "Turismo" (Caco de Paula), "Celebridades" (Claudia Giudice), "Homem" (Felipe Zobaran) e "Infantil" (René Agostinho).

Assim, o Núcleo "Cultura" (Helena Bagnoli) deixava de existir. As revistas *Aventuras na História*, *Almanaque Abril* e *Guia do Estudante*, que compunham esse Núcleo, passaram a integrar o Núcleo "Jovem" (Brenda Fucuta). A *Bravo!* foi para o Núcleo "Celebridades" (Claudia Giudice).

As revistas *Nova* e *Claudia* passaram a compor o recém-criado Núcleo "Comportamento" (Helena Bagnoli).

As revistas *Ana Maria*, *Viva Mais* e *Sou+Eu* formaram o recém-criado Núcleo "Semanais de Comportamento" (Kaíke Nanne).

Na direção-geral de Informação, comandada por Mauro Calliari, foram criados dois Núcleos.

O Núcleo "Cidades" (Marcos Emílio Gomes) era formado pelos sites, edições e iniciativas regionais de *Veja*, incluindo também a gestão de negócios das revistas *Veja S.Paulo* e *Veja Rio*. A redação da *Veja S.Paulo* permaneceu sob o comando de Carlos Maranhão, que assumiu também a direção editorial da *Veja Rio*. Maranhão continuou respondendo diretamente ao diretor de Redação de *Veja*, Eurípedes Alcântara.

O Núcleo "TI" (Sandra Carvalho) era formado por *Info, Info Corporate* e *Info Canal*. Sandra continuou respondendo a Alexandre Caldini, diretor superintendente da UN "Negócios e Tecnologia".

Foi criada a área de Colecionáveis, também denominada UN "Abril Coleções", liderada comercialmente por Clayton Dick, e editorialmente por Cristina Zahar, com a missão de alavancar o negócio de fascículos, que renascia ali, sob o comando direto de Roberto Civita. Em 2009, a área passaria a se reportar a Jairo Mendes Leal, já na posição de presidente executivo, e em 2010 viraria um Núcleo dentro de uma Unidade de Negócios.

André Mantovani, até então diretor-geral da UN "Mídia Eletrônica", que deixaria de existir, assumiu como diretor-geral do recém-criado Grupo TV, reunindo a MTV e os novos canais – *Ideal TV*, produzido por Maria Tereza Gomes, e *Fiz TV*. José Wilson Fonseca, até então diretor de Marketing da MTV, assumiu como Diretor da emissora, função até então acumulada por André Mantovani.

Maria Tereza Gomes deixou a Abril em junho de 2009. Tetê havia se tornado Diretora de Redação de *Você S.A.* em março de 2001, ao substituir Maria Amalia Bernardi à frente da revista. E empreendeu com a Jabuticaba, uma produtora de conteúdo audiovisual.

Clayton Dick deixaria a empresa em novembro de 2013 e empreenderia na área de educação com a escola Redação Nota 1000.

Cristina Zahar deixaria a empresa em março de 2013. Participou do Orbital Lab, dirigiu a Eaglemoss e empreendeu com a empresa de PR Bastidores de Comunicação e com a empresa de Brand Content Se Minha Marca Falasse.

José Wilson Fonseca deixou a *MTV* em fevereiro de 2010. Passou pela F451 Digital, pelo Grupo Mix e pela Box Brazil.

A Ideal TV seria lançada em 1º de outubro de 2007, com programação sobre carreira, negócios e vida executiva, sob a liderança de Maria Tereza Gomes. Suas transmissões foram encerradas em 30 de julho de 2009.

A Fiz TV, que seria lançada em 29 de julho de 2007, tinha programação baseada no site *Fiz*, em que o público enviava seus vídeos – os melhores eram veiculados. O canal, uma espécie de You Tube na televisão, foi encerrado em 30 de julho de 2009.

A *Info Corporate*, lançada em dezembro de 2002, foi descontinuada em dezembro de 2008.

JUNHO 2007

Fernando Mathias assumiu como diretor superintendente da Dinap, em substituição a Antônio Costa, que deixou a empresa.

Antônio Costa foi vice-presidente da Anhanguera Educacional.

JULHO 2007

A *Bizz*, que havia sido mensalizada em setembro de 2005, deixou de circular.

AGOSTO 2007

A Abril lançou a *Revista da Semana*, sob o comando de Wagner Barreira, uma semanal de informação menor e com textos mais curtos do que a *Veja*, inspirada na britânica *The Week*.

Sergio Gwercman assumiu como diretor de Redação na *Superinteressante*, substituindo Denis Russo Burgierman, que se licenciou para estudar um ano na Universidade de Stanford.

SETEMBRO 2007

A Abril lançou o site *Bebe.com*, produzido pela Redação de *Saúde*, sob a liderança de Lúcia Helena de Oliveira. *Bebe.com* migraria para o portal *M de Mulher* em novembro de 2010.

Lúcia Helena de Oliveira deixaria a Abril em junho de 2015. Empreenderia com a Vitamina Conteúdo.

OUTUBRO 2007

A Abril lançou a revista *Gloss*.

NOVEMBRO 2007

A Abril comprou a distribuidora Fernando Chinaglia. Começava a surgir a DGB (Distribuição Geográfica do Brasil), a holding de logística e distribuição do Grupo, que chegou a reunir seis empresas: Dinap, Entrega Fácil, Fernando Chinaglia, Magazine Express, Treelog e Total Express.

DEZEMBRO 2007

Arnaldo Tibyriçá tornou-se vice-presidente Jurídico e Sidnei Basile assumiu a vice-presidência de Relações Institucionais.

A Gráfica Abril passou a atuar como uma Unidade de Negócios, sob o comando de Claudio Baronni.

Na Abril Digital, sob o comando de Victor Civita Neto, que empreenderia uma grande ofensiva nessa área nos dois anos seguintes, Aby McMillan, até então diretor de Planejamento Estratégico, Novos Negócios e Relações Internacionais, no estafe de Gianca, assumiu como diretor superintendente, em substituição a Tercio Pacitti, que deixou a empresa.

Tercio Pacitti tinha trabalhado na Abril até janeiro de 2003, como diretor superintendente da *Usina do Som*, e havia voltado em outubro de 2006, como Diretor Superintendente da Abril Digital. Tercio tornou-se coach e empreendeu no mercado de joias.

2008

EDITORA

Em janeiro de 2008, na Editora Abril, Jairo Mendes Leal e Mauro Calliari apareciam como vice-presidentes.

GRUPO

Na Abril, Roberto Civita figurava como presidente do Conselho de Administração. E Giancarlo Civita como presidente do Grupo Abril. Arnaldo Tibyriçá e Sidnei Basile apareciam como vice-presidentes. Eliane Lustosa não pertencia mais à Abril.

FEVEREIRO 2008

Meire Fidelis assumiu como diretora de Relações Corporativas do Grupo Abril.

A Abril lançou o portal *M de Mulher*, reunindo o conteúdo das revistas *Manequim, Máxima, Ana Maria, Viva Mais, Sou+Eu, Tititi* e *Minha Novela*, do Núcleo "Semanais de Comportamento".

ABRIL 2008

Jairo Mendes Leal tornou-se vice-presidente executivo da Editora Abril.

Entre maio e dezembro de 2008, a direção da Editora Abril seria compartilhada entre o presidente, Roberto Civita, e o novo vice-presidente executivo.

Roberto manteve a supervisão editorial das Redações e da UN "Abril Coleções", enquanto Jairo passou a dirigir todo o resto da empresa: as Unidades de Negócios "Segmentada I", "Segmentada II", "Negócios e Tecnologia", e "Veja", além das Diretorias de Assinaturas e de Publicidade.

Mauro Calliari deixou a editora e passou a atuar no grupo, no cargo de vice--presidente de Planejamento Estratégico e Novos Negócios.

O anúncio oficial da nova estrutura marcava, como primeiro dos compromissos da empresa, manter "a revista como pedra fundamental do negócio".

Laurentino Gomes, até então diretor superintendente da UN "Segmentadas II", da qual faziam parte os Núcleos "Homem" (Felipe Zobaran), "Casa e Construção" (Angelo Derenze), "Infantil" (René Agostinho), "Celebridades" (Claudia Giudice), "Turismo" (Caco de Paula) e "Motor e Esporte" (Alfredo Ogawa), deixou a Abril.

Elda Müller, até então diretora superintendente da UN "Segmentadas I", assumiu a vaga de Laurentino. E para a vaga de Elda foi promovida Helena Bagnoli, até então diretora do Núcleo "Comportamento", da qual faziam parte as revistas *Claudia*, *Nova* e *Gloss*. Para a vaga de Helena foi contratado Morris Kachani. Helena passou a ser responsável pelos Núcleos "Consumo" (Claudio Ferreira), "Bem-Estar" (Alda Palma), "Comportamento" (Morris Kachani), "Jovem" (Brenda Fucuta) e "Semanais de Comportamento" (Kaíke Nanne).

Laurentino Gomes tornou-se um escritor best-seller. Vendeu mais de 500 mil exemplares do seu livro *1808*, publicado em 2007, e se dedicou a completar a trilogia, com *1822*, lançado em 2010, e *1889*, lançado em 2013.

Morris Kachani deixaria a Abril em abril de 2010. Atuaria como repórter na *Folha de S. Paulo* e como roteirista na TV Globo.

MAIO 2008

Thais Chede Soares, diretora-geral de Publicidade, concentrou o planejamento e a gestão das atividades de venda de publicidade da Editora. Passaram a se reportar a ela os diretores da Publicidade Centralizada – Marcos Peregrina Gomez, Mariane Ortiz, Robson Monte e Sandra Sampaio –, além de Rogério Gabriel Comprido, que deixou a Direção de Publicidade da UN "Veja" e se tornou diretor-geral de Publicidade adjunto.

Também passaram a fazer parte da diretoria-geral de Publicidade as seguintes direções: Rio de Janeiro (Paulo Renato Simões), Escritórios Regionais (Jacques Ricardo) e Marketing Publicitário (Alexandre Miraldo).

Fabiana Zanni assumiu a recém-criada direção de Mídia Digital.

A integração entre as áreas da editora passou a ser feita por três comitês – Marketing, Publicidade e Internet –, com a missão de funcionarem como instâncias regulatórias e de disseminação das melhores práticas.

Foi criado um comitê diretor, liderado pelo presidente, Roberto Civita, e pelo vice-presidente executivo, Jairo Mendes Leal, e integrado pelos diretores de Unidades de Negócios (UNs), Assinaturas, Publicidade, Planejamento e Controle, RH e Administração e Mídia Digital, para servir como fórum de discussão e encaminhamento de temas estratégicos e gerenciais da editora.

A direção de Planejamento e Controle, que cuidava dos resultados financeiros, continuou sob o comando de Auro Luís de Iasi. A diretoria de RH e Administração, tendo como titular Dimas Mietto (até então diretor de Marketing Corporativo), tinha debaixo de si as seguintes áreas: Recursos Humanos, além de TI, Operações Internacionais e Licenciamento, Pesquisa de Mercado e Análises e Projetos Especiais.

Claudio Ferreira, até então diretor do Núcleo "Consumo", assumiu a direção Comercial e Administrativa da UN "Veja", no lugar de Rogério Gabriel Comprido.

Alexandre Miraldo deixaria a empresa em janeiro de 2010. Foi diretor de Planejamento e Marketing do Grupo RBS e gerente geral do Planet Pet, empresa de produtos veterinários.

JUNHO 2008

Na UN "Segmentada I" (Helena Bagnoli), *Boa Forma* saiu do Núcleo "Consumo" (até ali dirigido por Claudio Ferreira) e passou a integrar o Núcleo "Bem-Estar" (Alda Palma).

O Núcleo "Consumo", formado por *Elle*, *Estilo*, *Revista A* (lançada em 2007) e *Manequim* passou a se chamar Núcleo "Moda". A diretora superintendente Helena Bagnoli ficou interinamente à frente desse Núcleo – que seria assumido por Dulce Pickersgill em setembro.

Na UN "Segmentada II" (Elda Müller), *Minha Novela* e *Tititi* saíram do Núcleo "Celebridades" (Claudia Giudice), e foram para o Núcleo "Semanais de Comportamento", que passou a se chamar somente Núcleo "Semanais" (Kaíke Nanne).

Com a chegada de *Minha Novela* e *Tititi*, o redator-chefe de *Ana Maria*, Demetrius Paparounis, passou a ser o diretor de Redação das cinco publicações do Núcleo "Semanais" – *Viva Mais*, *Sou+Eu!*, *Tititi*, *Minha Novela* e *Ana Maria*, além do portal *M de Mulher*, que reunia o conteúdo dos cinco títulos.

AGOSTO 2008

Alfredo Ogawa, até então diretor do Núcleo "Motor Esporte" (*Placar* e *Quatro Rodas*), na UN "Segmentada II" (Elda Müller), assumiu como diretor de Serviços Editoriais, função que vinha sendo acumulada pelo vice-presidente de Relações Institucionais, Sidnei Basile.

Marcos Emílio Gomes, até então diretor do Núcleo "Cidades" (formado pelos sites, edições e iniciativas regionais de *Veja*, *Veja S.Paulo* e *Veja Rio*), na UN "Veja", assumiu no lugar de Ogawa como diretor de Núcleo "Motor Esporte".

Matthew Shirts, até então redator-chefe da *National Geographic*, passou a coordenar o Conselho Consultivo do *Planeta Sustentável*, projeto multiplataforma lançado em 2007. Caco de Paula, diretor do Núcleo "Turismo", na UN "Segmentada II" (Elda Müller), um dos responsáveis pelo projeto, passou a se dedicar exclusivamente aos títulos do Núcleo – *Viagem e Turismo*, *Guia Quatro Rodas* e *National Geographic*.

Marcos Emílio Gomes deixaria a empresa em junho de 2011 e empreenderia no ramo editorial com a empresa Solares Comunicação e Marketing.

OUTUBRO 2008

Mauro Calliari, vice-presidente de Planejamento Estratégico e Novos Negócios da Abril, acumulava a diretoria-geral da Abril Educação desde maio, com a saída de João Arinos da empresa. Mauro deixou a vice-presidência de Planejamento Estratégico e Novos Negócios, cargo criado sete meses antes, e que se extinguiu com a sua saída, para se dedicar exclusivamente à presidência executiva da Abril Educação, composta naquele momento pelas Editoras Ática e Scipione.

A Abril lançou no Brasil a *Women's Health*, título da editora americana Rodale Press dedicado ao fitness feminino.

João Arinos foi CEO do Ibmec, atuou no mercado de educação e se tornou um investidor em empresas, com um fundo de *private equity*.

NOVEMBRO 2008

Manoel Lemos assumiu como diretor de Desenvolvimento de Tecnologia da Abril Digital.

A Abril lançou no Brasil a *Runner's World*, título da editora americana Rodale Press dedicado ao mundo da corrida.

2009

EDITORA

Em janeiro de 2009, na Editora Abril, Roberto Civita passou a se dedicar exclusivamente às funções de presidente do Conselho de Administração e Editor. Jairo Mendes Leal tornou-se presidente executivo, cargo que posteriormente foi redefinido como presidente executivo da Abril Mídia, respondendo ao presidente do Grupo Abril, Giancarlo Civita. O cargo de vice-presidente executivo, que Jairo ocupava, foi extinto.

Giancarlo Civita e Jairo Mendes Leal passaram a integrar o Conselho Editorial. Fabiana Zanni era a diretora de Mídia Digital. Auro Luís de Iasi era o diretor de Planejamento e Controle, em substituição a Edilson Soares, que assumiu outras funções na empresa. Thais Chede Soares teve seu cargo renomeado para diretora-geral de Publicidade. Rogério Gabriel Comprido era o diretor-geral de Publicidade Adjunto. Dimas Mietto, antes diretor de Marketing Corporativo, aparecia como diretor de RH e Administração. E Alfredo Ogawa era o diretor de Serviços Editoriais.

GRUPO

Na Abril, não houve mudanças no estafe em relação ao ano anterior.

JANEIRO 2009

David Saad assumiu como diretor executivo da Fundação Victor Civita, em substituição a Claudia Costin.

Angelo Derenze, até então diretor do Núcleo "Casa e Construção", na UN "Segmentada II" (Elda Müller), assumiu como presidente da Casa Cor.

Kaíke Nanne, até então diretor do Núcleo "Semanais", na UN "Segmentada I" (Helena Bagnoli), assumiu o Núcleo "Casa e Construção", no lugar de Angelo Derenze, na UN "Segmentada II". Demetrius Paparounis, até então diretor de Redação das revistas do Núcleo "Semanais", assumiu na vaga de Kaíke.

Fabiana Zanni deixaria a empresa em julho de 2013. Atuou como diretora de Produtos Digitais na Pearson, empresa do ramo de Educação, como líder de Educação a Distância no Yunus Social Business e se tornou Gerente Regional de Grandes Contas do Google.

Claudia Costin foi secretária de Educação da Prefeitura do Rio de Janeiro e atuou como Diretora de Educação Global do Banco Mundial.

JUNHO 2009

A Abril descontinuou a *Revista da Semana*, lançada em agosto de 2007. Wagner Barreira, seu diretor de redação, deixou a empresa.

Wagner Barreira empreendeu com a CBGB Comunicação.

NOVEMBRO 2009

Fernando Mathias, diretor superintendente da Dinap, assumiu como CEO da DGB, a holding de logística e distribuição do Grupo.

2010

EDITORA

GRUPO

Em janeiro de 2010, tanto na Editora Abril quanto na Abril, o estafe não sofreu alterações em relação ao ano anterior.

JANEIRO 2010

Angela Dannemann assumiu como diretora executiva da Fundação Victor Civita, em substituição a David Saad.

Aos quatro diretores na Publicidade Centralizada – Mariane Ortiz, Sandra Sampaio, Robson Monte e Marcos Peregrina Gomez – juntou-se André Almeida, diretor de Publicidade Digital Centralizada.

A revista *Witch*, lançada em março de 2002, foi descontinuada.

David Saad atuaria como executivo de RI do Hospital Albert Einstein e se tornaria Presidente do Instituto Natura.

FEVEREIRO 2010

Eduardo Costa tornou-se diretor superintendente da Gráfica, em substituição a Claudio Baronni, que deixou a empresa.

Claudio Baronni atuaria, até se aposentar, como assessor da presidência do Grupo Abril em projetos ligados à área gráfica.

ABRIL 2010

A Abril lançou a revista *Minha Casa*.

MAIO 2010

Victor Civita Neto assumiu como vice-presidente de Internet e Iniciativas Digitais, se reportando diretamente ao presidente do Grupo Abril, Giancarlo Civita.

Titti assumiu o cargo com as seguintes missões: "estabelecer diretrizes, parâmetros e políticas de Internet para as empresas do Grupo; fornecer infraestrutura e suporte tecnológico às Unidades de Negócio; definir e desenvolver plataformas digitais; presidir o Comitê de Internet; arbitrar a relação entre as Unidades de Negócio e as decisões de novos negócios na frente digital; e identificar tendências relativas à área".

Manoel Lemos, até então diretor de Desenvolvimento de Tecnologia da Abril Digital, deixou o cargo para integrar a estrutura comandada por Victor Civita Neto, assumindo a direção-geral de Tecnologia Digital do Grupo Abril.

Aby McMillan, diretor superintendente da Abril Digital, passou a se reportar diretamente a Giancarlo Civita, presidente do Grupo Abril.

Fernando Cirne, diretor de Internet e Assinaturas, deixou a área para assumir a direção de E-commerce da Abril Digital, respondendo a Aby McMillan.

JUNHO 2010

Manoel Amorim foi contratado para presidir a Abril Educação. As editoras Ática e Scipione e o Sistema de Ensino SER – que compunham os negócios da Abril em Educação – continuaram sob responsabilidade de Mauro Calliari, presidente executivo da Abril Educação, que passou a se reportar a Manoel Amorim.

A Abril relançou *Máxima*, que havia estreado originalmente em agosto de 1989 e sido descontinuada em março de 1994.

AGOSTO 2010

A Abril passou a se organizar em quatro pilares – Mídia, Distribuição, Gráfica e Educação.

Mídia ficou sob o comando do presidente executivo da Editora Abril, Jairo Mendes Leal, que teve o cargo renomeado para presidente executivo de Mídia, área que abarcava a Editora Abril, a MTV (incluindo *MTV Brasil*, o portal e jornal MTV *na Rua*) e Internet.

Distribuição – ou a DGB, a holding de logística e distribuição que então reunia Dinap, Treelog e Fernando Chinaglia – permaneceu sob o comando de Fernando Mathias.

Gráfica continuou sob a direção de Eduardo Costa.

Educação, dirigida por Manoel Amorim, e que incluía as editoras Ática, Scipione, o sistema de ensino SER e o recém-adquirido Grupo Anglo.

Essas quatro áreas ficaram ligadas a Giancarlo Civita, presidente do Grupo Abril.

A vice-presidência de Internet e de Iniciativas Digitais, criada três meses antes, foi extinta. Victor Civita Neto, que ocupava o cargo, deixou as funções executivas e passou a integrar o Conselho Editorial da Editora Abril.

A Abril Digital, criada em agosto de 2006, passou a se dedicar às atividades de e-commerce, desinvestindo dos projetos de conteúdo.

André Mantovani, diretor-geral do Grupo TV, Unidade de Negócios protagonizada pela MTV *Brasil*, deixou a empresa.

Helena Bagnoli assumiu o comando da MTV, no lugar de André Mantovani. Brenda Fucuta assumiu como diretora superintendente da UN "Segmentada I", no lugar de Helena. Alda Palma assumiu a direção do Núcleo "Jovem", no lugar de Brenda. E Marcia Neder assumiu o Núcleo "Bem-Estar", no lugar de Alda.

Manoel Lemos, diretor-geral de Tecnologia Digital do Grupo Abril, assumiu como diretor digital da editora, passando a responder diretamente ao presidente executivo da Abril Mídia, Jairo Mendes Leal. A Manoel se reportavam: Operações, Desenvolvimento de Plataformas, Desenvolvimento de Produtos, Mobile e Mídias Digitais.

Educação recebeu um aporte de capital de 226 milhões de reais, da BR Investimentos. A Abril Educação S.A. passou a ser gerida por um Conselho de Administração, presidido por Roberto Civita. O presidente da Abril Educação, Manoel Amorim, passou a se reportar a esse Conselho.

A Abril Educação dividiu-se em duas Unidades de Negócio: a Abril Educação Editoras, constituída pelas editoras Ática e Scipione, e a Abril Educação Sistemas de Ensino, que incluía o Sistema de Ensino SER e o Anglo, recém-adquirido.

Mauro Calliari, presidente executivo da Abril Educação, deixou a empresa.

Com a saída de Mauro Calliari, Vera Balhestero, até então diretora de Operações e de Administração, foi promovida a diretora-geral da Abril Educação Editoras, acumulando interinamente as duas funções.

Já a direção-geral da Abril Educação Sistemas de Ensino foi acumulada pelo presidente da Abril Educação, Manoel Amorim.

André Mantovani passou pela XYZ Live, pela TV Cultura e virou um empreendedor em empresas de biotecnologia.

Mauro Calliari tornou-se consultor organizacional e estudioso da questão urbana e da vida nas metrópoles.

Fernando Mathias deixaria a empresa em maio de 2015, como diretor-geral da Treelog, e se tornaria sócio da consultoria de Logística Capolivere.

Vera Balhestero deixaria a Abril Educação em agosto de 2013. Ainda teria uma passagem pela Editora Abril, como vice-presidente de Operações e Serviços Integrados. Atuou como *Chief Operation Officer* (COO) da Editora Santillana.

SETEMBRO 2010
A Abril lançou a revista *Alfa* e o portal *Club Alfa*.

OUTUBRO
A Abril lançou a revista *Lola*.

DEZEMBRO 2010
As funções da Abril Digital foram absorvidas pela Abril Mídia, sob o comando do presidente executivo Jairo Mendes Leal. Aby McMillan deixou a posição de diretor superintendente da Abril Digital. Continuou na organização, se reportando diretamente a Giancarlo Civita.

Aby McMillan deixou a empresa em maio de 2011. Trabalhou na indústria de tecnologia para o setor médico e atuou como CFO do Hospital Vera Cruz, em Campinas.

2011

EDITORA
Em janeiro de 2011, na Editora Abril, Victor Civita Neto aparece no Conselho Editorial. Manoel Lemos aparece como diretor digital. Fábio D'Ávila Carvalho aparece como diretor financeiro e administrativo, em substituição a Auro Luís de Iasi, que assumiu outras funções na Abril. Paula Traldi aparece como diretora de Recursos Humanos, em substituição a Dimas Mietto, que assumira o Núcleo "Infantil", em substituição a René Agostinho, que por sua vez assumira Abril Coleções.

GRUPO
Na Abril, não houve alterações no estafe em relação ao ano anterior.

Auro Luís de Iasi passou a atuar como diretor de Operações Financeiras na Abril, e depois como diretor de Serviços Compartilhados, na Abril S.A., até deixar a empresa, em junho de 2013. Foi CFO da Agência Almap/BBDO.

JANEIRO 2011

Elda Müller, até então diretora superintendente da UN "Segmentada II", passou a integrar o Conselho Editorial, deixando as funções executivas e assumindo parte das atividades realizadas pelo vice-presidente do Conselho Editorial, Thomaz Souto Corrêa.

Claudia Giudice, até então Diretora do Núcleo "Celebridades", assumiu como diretora superintendente da UN "Segmentada II", no lugar de Elda. Felix Fassone, até então diretor de redação de *Contigo!*, assumiu no lugar de Claudia.

Kaíke Nanne, até então diretor do Núcleo "Casa e Construção", assumiu a direção do Núcleo "Comportamento", na UN "Segmentada I", liderada por Brenda Fucuta. Lívia Pedreira, até então diretora de Redação de Arquitetura & Construção, assumiu no lugar de Kaíke.

FEVEREIRO 2011

Sandra Sampaio assumiu a Diretoria de Integração Comercial, com a missão de montar projetos comerciais multiplataforma com as marcas da Abril, o que incluía as revistas da Editora, Elemídia e MTV. Sandra deixava a Publicidade Centralizada – que continuava operando com Mariane Ortiz, Robson Monte, Marcia Soter e André Almeida –, mas continuava se reportando à Thais Chede Soares.

MARÇO 2011

Morria Sidnei Basile, aos 64 anos.

ABRIL 2011

Morria Celso Marche, aos 55 anos.

MAIO 2011

A Abril lançou a Alphabase, absorvendo DataListas, criada em abril de 1996. Com a Alphabase, a Abril começou a trilhar o caminho que leva do Marketing Direto, do DBM (Database Marketing) e do CRM (Consumer Relationship Management) ao que viria se tornar o mundo do Marketing Analítico e do Big Data.

AGOSTO 2011

Fábio Colletti Barbosa assumiu como presidente executivo do Grupo Abril, tendo sob sua responsabilidade as operações da empresa, que reunia os negócios de Mídia, Gráfica e Distribuição.

Giancarlo Civita, que durante os seis últimos anos havia acumulado o comando da Abrilpar, a holding da família Civita, com a presidência do Grupo Abril, passou a atuar como vice-chairman da Abrilpar, controladora da Abril (Mídia, Gráfica e Distribuição) e da Abril Educação, além de outros empreendimentos.

As empresas Elemídia, Casa Cor e Editora Caras continuaram ligadas diretamente à Gianca, na Abrilpar. Já os negócios de Mídia, Gráfica, Distribuição, mais as áreas de Serviços Compartilhados, que até então se reportavam a Douglas Duran, passaram a se reportar diretamente a Fábio Barbosa. Douglas seguiu como vice-presidente de Finanças e Controle da Abril.

A Abril Educação, que havia sido separada societariamente da Abril no início de 2010, e que há pouco abrira seu capital, permaneceu sob o comando de Manoel Amorim.

OUTUBRO 2011

A Abril adquiriu o controle da Total Express e a incorporou à DGB, sua holding de Logística e Distribuição.

NOVEMBRO 2011

Morria José Augusto Pinto Moreira.

A Abril lançou o iba, plataforma de venda de conteúdo digital, sob a responsabilidade de Ricardo Garrido, até então diretor de Operações da Treelog, empresa da DGB.

Ricardo Garrido deixaria a empresa em setembro de 2014. Dirigiu uma unidade de negócios na Tegma e se tornou Head de Aquisição de Conteúdo para a plataforma Kindle, na Amazon Brasil.

DEZEMBRO 2011

A Abril, que já detinha 50% da Casa Cor desde abril de 2008, comprou os demais 50% do negócio, do empresário João Doria Jr. Lançada em 1987, a Casa Cor havia se tornado o segundo maior evento de arquitetura e decoração do mundo.

2012

EDITORA

Em janeiro de 2012, na Editora Abril, Elda Müller e Fábio Colletti Barbosa apareciam no Conselho Editorial.

GRUPO

"Abril", termo que havia substituído "Grupo Abril" de 1999 até 2011, passou a se chamar "Abril S.A."

Na Abril S.A., o Conselho de Administração apontava Roberto Civita como presidente, Giancarlo Civita como vice-presidente, e listava também, além de Victor Civita Neto, Esmaré Weideman e Hein Brand, do Grupo Naspers. Fábio Colletti Barbosa aparecia como presidente executivo. Os vice-presidentes – Douglas Duran, Arnaldo Tibyriçá e Marcio Ogliara – deixaram de ser citados no estafe.

Marcio Ogliara deixaria a Abril S.A. em setembro de 2012. Atuou como consultor de gestão e treinamento e como professor de gerenciamento de RH.

JANEIRO 2012

Foi formado o Núcleo "Infantojuvenil" (Dimas Mietto), na combinação do Núcleo "Infantil", dirigido pelo próprio Dimas desde fevereiro de 2010, na UN "Segmentada II" (Claudia Giudice), e do Núcleo "Jovem" (até então dirigido por Alda Palma), da UN "Segmentada I" (Brenda Fucuta).

O Núcleo "Infantojuvenil" abarcava *Superinteressante*, *Mundo Estranho*, *Aventuras na História*, a marca *Bizz*, *Almanaque Abril*, *Guia do Estudante*, *Recreio*, *Quadrinhos* e *Especiais* (além da *Vida Simples*, antes alocada no Núcleo "Bem-Estar", até ali dirigido por Marcia Neder) e ficou na estrutura da UN "Segmentada II" (Claudia Giudice).

Foi formado o Núcleo "Moda e Beleza" (Marcia Neder), na combinação do Núcleo "Moda" (até ali dirigido por Dulce Pickersgill) e do Núcleo "Bem--Estar", ambos da UN "Segmentada I", reunindo os títulos *Elle*, *Estilo*, *Boa Forma*, *Women's Health* e *Saúde*. Marcia já dirigia o Núcleo "Bem-Estar" e continuaria se reportando à Brenda Fucuta, na UN "Segmentada I".

Manequim, antes alocada no Núcleo "Moda", passou a integrar o Núcleo "Femininas Populares" (Kaíke Nanne), também no âmbito da UN "Segmentada I" (Brenda Fucuta). E a *Bons Fluidos*, até então alocada no Núcleo "Bem-Estar" (até ali dirigido por Marcia Neder), passou à gestão do Núcleo "Casa e Construção" (Lívia Pedreira) na UN "Segmentada II" (Claudia Giudice).

Foi formado, na UN "Segmentada I", o Núcleo "Motor, Esporte e Turismo" (Sérgio Xavier Filho), na combinação do Núcleo "Motor Esporte", já sob o comando de Serginho, e do Núcleo "Turismo" (até ali dirigido por Caco de Paula), reunindo os títulos *Quatro Rodas*, *Placar*, *Runner's World*, *Guias Quatro Rodas* e *Viagem e Turismo*, além do portal *Viaje Aqui*.

Caco de Paula, até então diretor do Núcleo "Turismo", ficou à frente do Núcleo "Sustentabilidade", cuidando de *National Geographic*, liderada pelo redator-chefe Matthew Shirts, e das iniciativas multiplataforma do *Planeta Sustentável*. Caco se reportaria à Claudia Giudice, na UN "Segmentada II".

Dulce Pickersgill, até então diretora do Núcleo "Moda", na UN "Segmentada I", assumiu a direção do Núcleo "Homem", na UN "Segmentada II", ficando responsável por *Playboy*, *VIP*, *Men's Health*, além de *Alfa* e do portal *Club Alfa*.

Na UN "Segmentada I" (Brenda Fucuta), Paula Mageste, vinda da Editora Globo, assumiu a direção de redação de *Claudia* e suas extensões de marca. Tatiana Schibuola assumiu a direção de redação da *Gloss*, depois de mais de quatro anos à frente de *Capricho*. Giuliana Tatini, até então diretora de Redação do portal *M de Mulher*, assumiu *Capricho*. E Sandra Soares, redatora-chefe de *Gloss*, deixou o título para assumir o portal *M de Mulher*.

Cynthia Greiner, diretora de Redação de *Claudia*, e Ana Célia Aschenbach, Diretora de Redação de *Women's Health*, deixaram a empresa.

Alda Palma, diretora do Núcleo "Jovem", e Felipe Zobaran, diretor do Núcleo "Homem", também deixaram a empresa.

Rogério Gabriel Comprido, diretor-geral de Publicidade adjunto, e Mariane Ortiz, diretora de Publicidade, também deixaram a editora.

Manoel Lemos, até então diretor digital da editora, teve seu cargo redesenhado para *Chief Digital Officer*, CDO, com a missão de liderar todos os negócios digitais da empresa – inclusive a área de e-commerce, dirigida por Fernando Cirne.

Com esses movimentos, o número de Núcleos nas UNs "Segmentada I" e "Segmentada II" caiu de doze para nove.

Cynthia Greiner seria diretora de Conteúdo do *Beleza na Web* e empreenderia com a The Content Shop.

Ana Célia Aschenbach empreendeu com a Shift Conteúdo, empresa de Brand Content.

Alda Palma atuou como editora de livros.

Felipe Zobaran foi diretor da GR1 Editora, do Grupo Náutica, e CEO da operação brasileira da Out Front, empresa de mídia Out-of-Home (OOH).

Rogério Gabriel Comprido foi diretor de Mídia da empresa de Shopping Centers Iguatemi e diretor de Publicidade do jornal *O Estado de S.Paulo*, até voltar à Abril, em julho de 2013. Gabi deixaria novamente a empresa em janeiro de 2017. Atuou como diretor-geral da Total Repel.

Mariane Ortiz passou pela XYZ Live e se tornou coach.

Fernando Cirne deixaria a Abril em abril de 2012. Atuou como diretor de Marketing e, depois, CEO da Locaweb.

Matthew Shirts, depois de trabalhar com *National Geographic* e com *Planeta Sustentável*, integraria o time da Abril Branded Content (Estúdio ABC), até deixar a empresa, em fevereiro de 2016. Atuou como colunista da *BandNews FM* e na TW Content.

FEVEREIRO 2012

A revista *Loveteen*, lançada em dezembro de 2006, foi descontinuada.

ABRIL 2012

Claudia Vassallo, até então diretora de Redação da *Exame*, assumiu como diretora superintendente da UN "Negócios e Tecnologia", formada pelos títulos *Exame*, *Exame PME* (lançada em dezembro de 2005), *Você S.A.*, *Info* e pela *Exame.com*, em substituição a Alexandre Caldini, que deixou a empresa para assumir a Presidência do jornal *Valor Econômico*.

André Lahoz assumiu como diretor de Redação da *Exame*.

JUNHO 2012

A Abril, que em setembro de 2010 já havia comprado 70% da Elemídia, empresa de mídia Out-of-Home (OOH) criada em 2003, comprou os 30% restantes da companhia.

AGOSTO 2012

Marcos Grodetzky assumiu como CEO da DGB, o braço de Logística e Distribuição da Abril, em substituição a Fernando Mathias, que desempenhou outras funções na holding.

SETEMBRO 2012

Morria Paulo Cesar de Araújo, o PC, aos 60 anos.

DEZEMBRO 2012

Denis Russo Burgierman, de volta à Abril, assumiu a direção de Redação da *Superinteressante*, no lugar de Sergio Gwercman, que o substituíra no cargo, em 2007. Sergio tornou-se diretor de Redação da *Alfa*, em substituição a Kiko Nogueira, que deixara a empresa em julho.

O Núcleo "Celebridades", na UN "Segmentada II" (Claudia Giudice), deixou de existir. Felix Fassone, que dirigia o Núcleo, deixou a empresa, e as Redações de *Contigo!* e *Bravo!* passaram a se reportar diretamente à Claudia.

Kiko Nogueira se tornaria diretor adjunto do site *Diário do Centro do Mundo*, criado por Paulo Nogueira, seu irmão.

Felix Fassone dedicou-se às artes plásticas.

2013

EDITORA

Em janeiro de 2013, na Editora Abril, Jairo Mendes Leal aparecia assinando como Presidente Executivo da Abril Mídia. Fabio Petrossi Gallo aparecia como diretor financeiro e administrativo, em substituição a Fábio D'Ávila Carvalho. Daniel de Andrade Gomes aparecia como diretor de Planejamento Estratégico e Novos Negócios.

O Conselho Editorial era formado por Roberto Civita (presidente), Thomaz Souto Corrêa (vice-presidente), Elda Müller, Fábio Colletti Barbosa, Jairo Mendes Leal, Giancarlo Civita, José Roberto Guzzo e Victor Civita Neto.

GRUPO

Na Abril S.A., não houve mudança no estafe em relação ao ano anterior.

Fábio D'Ávila Carvalho assumiu, em abril de 2012, a posição de CFO na Abril Educação, até deixar a empresa em agosto de 2013. Atuou como CFO na Tegma e no SBT.

FEVEREIRO 2013

Thales Guaracy assumiu como diretor de Redação de *Playboy*, em substituição a Edson Aran, que deixou a empresa.

Marcos Peregrina Gomez reassumiu como diretor na Publicidade Centralizada, depois de dois anos liderando a Publicidade Regional, ao lado de Marcia Soter, Robson Monte e Ana Paula Teixeira.

Sandra Sampaio, diretora de Integração Comercial, assumiu como diretora Comercial de "Femininas", cargo antes ocupado por Alberto Simões de Faria, o Beto Simões, que deixou a empresa.

Paulo Renato Simões, diretor Comercial do escritório da Abril no Rio de Janeiro, deixou a empresa.

Sérgio Amaral, diretor Comercial da MTV, assumiu como diretor de Projetos Regionais da editora, em substituição a Marcos Peregrina Gomez.

Edson Aran atuaria como roteirista de humor da TV Globo, e na TW Content.

Beto Simões atuaria como diretor Comercial das revistas *Vogue* e *Harper's Bazaar* e se tornaria sócio da agência Mônica Simões Comunicação.

Paulo Renato Simões atuou como diretor Comercial dos jornais *O Dia* e *Meia Hora*.

MAIO 2013

Morria Roberto Civita, aos 76 anos.

Jairo Mendes Leal, presidente executivo da Abril Mídia, deixou o cargo para integrar o estafe da Abrilpar, holding que controlava a Abril S.A. (Mídia, Gráfica e Distribuição), e a Abril Educação S.A., além de outros empreendimentos. A presidência executiva da Abril Mídia passou ao comando direto de Fábio Colletti Barbosa, presidente executivo da Abril S.A.

Jairo ficou no cargo quatro anos e cinco meses – curiosamente, exatamente o mesmo tempo que seu antecessor, Maurizio Mauro.

JUNHO 2013

Victor Civita Neto foi nomeado presidente do Conselho Editorial, lugar antes ocupado por seu pai, Roberto Civita. O Conselho Editorial era composto por Thomaz Souto Corrêa (vice-presidente), Elda Müller, Fábio Colletti Barbosa, Jairo Mendes Leal e José Roberto Guzzo.

A Abril Mídia deixava de existir e todas as áreas que estavam debaixo desse guarda-chuva – ou seja, a editora – passaram a se reportar diretamente ao presidente executivo da Abril S.A., Fábio Colletti Barbosa.

A UN "Veja" permanecia sob o comando editorial de Eurípedes Alcântara – e Thais Chede Soares, diretora-geral de Publicidade, assumia interinamente a liderança comercial da UN.

A UN "Exame" reuniu as operações da extinta UN "Negócios e Tecnologia" e permaneceu sob o comando de Claudia Vassallo.

A UN "Segmentadas" reuniu todas as operações comerciais e editoriais dos Núcleos da UN "Segmentada I", da UN "Segmentada II" e da MTV. Helena Bagnoli, até então diretora-geral da MTV, assumiu como diretora-geral da UN "Segmentadas".

Helena Bagnoli tinha dois diretores superintendentes: Dimas Mietto, até então Diretor do Núcleo "Infantojuvenil", ficou responsável pelos títulos organizados no Núcleos "Infantojuvenil", "Motor, Esporte e Turismo", "Homem" e "Sustentabilidade", pertencentes à extinta UN "Segmentada II". E Claudia Giudice, até ali diretora superintendente da UN "Segmentada II", ficou responsável pelos títulos organizados nos Núcleos "Casa e Construção", e "Celebridades", pertencentes à UN "Segmentada II," bem como as publicações organizadas nos Núcleos de "Moda e Beleza", "Femininas Populares", "Comportamento", e "Saúde", mais o portal *M de Mulher*, que antes compunham a UN "Segmentada I".

A UN "Novos Negócios Digitais" reuniu Alphabase, iba, Elemídia e as operações de e-commerce, sob o comando de Manoel Lemos, até ali *Chief Digital Officer* (CDO).

A UN "Assinaturas", liderada por Fernando Costa, a Casa Cor, presidida por Angelo Derenze, e a DGB, holding comandada por Marcos Grodetzky, continuaram se reportando diretamente ao presidente executivo, Fábio Colletti Barbosa.

Elda Müller, membro do Conselho Editorial da editora, se tornou diretora de Planejamento Editorial da Editora, assessorando diretamente o presidente executivo.

Brenda Fucuta, diretora superintendente da extinta UN "Segmentada I", e Claudio Ferreira, diretor superintendente da "UN Veja", deixaram a empresa – Thais Chede Soares, diretora-geral de Publicidade, passou a acumular a função de Claudinho.

Alfredo Ogawa, diretor de Serviços Editoriais, e Paula Traldi, diretora de Recursos Humanos, também deixaram a empresa.

Kaíke Nanne, diretor do Núcleo "Femininas Populares", e Marcia Neder, diretora do Núcleo "Moda e Beleza", também deixaram a empresa.

Serviços como Infografia, Apoio Editorial e Carta do Editor, ligados à Secretaria Editorial, foram extintos. Áreas como Abril Press, Dedoc (Departamento de Documentação), Pesquisa de Mercado, Memória Abril e CTI (Centro de Tratamento de Imagens) foram enxugadas. Por volta de setenta cargos, a maioria de executivos, foram cortados.

Marcelo Bonini assumiu a recém-criada vice-presidência de Operações e Gestão. Passaram a responder a ele Eduardo Costa (Gráfica), Fábio Petrossi

Gallo (Financeiro e Administrativo), Claudio Prado (Tecnologia da Informação), além de Jurídico, Tesouraria Corporativa, Planejamento e Controle Corporativo e Planejamento Societário e Tributário.

Brenda Fucuta empreendeu com a empresa de consultoria Design de Causas e com o blog *Mulheres Incríveis*.

Claudio Ferreira saiu da Abril pela primeira vez em julho de 1999, quando deixou o Grupo Exame para assumir a Direção Comercial da Gráfica Burti – e foi substituído por Paulo Cesar de Araújo. Claudinho passou pela Double Click e foi diretor Comercial da Globo.com até voltar à Abril, em março de 2003, como diretor de Publicidade da UN "Exame", substituindo Mauricio Arbex.

Em 2007, já como diretor do Núcleo "Consumo", Claudinho lançou a *Revista A*, direcionada ao mercado de luxo. O título, bimestral, dirigido por Dulce Pickersgill, seria descontinuado em 2008. Claudinho se tornaria em junho de 2015 o diretor Nacional de Comercialização da Elemídia, função que exerceu até novembro de 2017.

Alfredo Ogawa atuou como diretor da Kreab e conselheiro da Llorente & Cuenca, empresas de comunicação corporativa, e na TW Content.

Marcia Neder se aposentou. Em 2015, lançou o livro *A revolução das 7 mulheres – Os sete perfis que representam a geração dos 50+, 60+ que está reinventando a maturidade*.

Kaíke Nanne foi publisher da Ediouro Publicações e da Harper Collins Brasil.

Paula Traldi foi diretora de Gente da Pátria Investimentos e abriu sua própria consultoria em gestão de pessoas, a Blossom Consulting.

JULHO 2013

A Abril devolveu a marca MTV à Viacom, que transformaria a MTV, já sem o "Brasil" no nome, num canal exclusivo de TV paga.

AGOSTO 2013

Alfa, Bravo!, Lola e *Gloss* deixaram de circular e o portal *Club Alfa* foi fechado.

Na UN "Segmentadas", algumas publicações passaram a ter um único diretor de Redação:

Elle, Estilo de Vida e *Manequim* passaram a ser dirigidas por Dulce Pickersgill.

Men's Health, Women's Health, Runner's World e *Placar* passaram a ser dirigidas por Sérgio Xavier Filho.

Mônica Kato seguiu à frente das "Femininas Populares" e assumiu também *Máxima*.

A *Bons Fluidos* passou a se reportar a Denis Russo Burgierman, diretor de Redação da *Superinteressante* e da *Vida Simples*.

Sergio Gwercman, diretor de Redação da *Alfa*, assumiu a Direção de Redação da *Quatro Rodas*.

Angélica Santa Cruz, diretora de Redação da *Lola*, assumiu a Direção de Redação de *Viagem e Turismo*.

Armando Antenore, até então redator-chefe da *Bravo!*, se tornou repórter especial da UN "Segmentadas".

Tatiana Schibuola, diretora de Redação da *Gloss*, voltou à direção de Redação da *Capricho*. E Giuliana Tatini, diretora de Redação da *Capricho*, voltou a comandar o portal *M de Mulher*. Ambas fizeram o movimento contrário ao que haviam feito um ano e meio antes, em janeiro de 2012.

Caco de Paula, diretor do Núcleo "Sustentabilidade", bem como toda a estrutura da *Planeta Sustentável*, passou a se reportar diretamente ao presidente da Abril S.A., Fabio Colletti Barbosa.

Na Publicidade, a grande mudança foi a descentralização – as funções da Direção de Publicidade Centralizada foram distribuídas entre as UNs.

Na UN "Veja", sob o comando da diretora superintendente Comercial e Administrativa Thais Chede Soares, Sérgio Amaral assumiu como diretor de Publicidade, tendo como diretos Marcia Soter, Robson Monte, Alex Foronda e André Almeida.

Na UN "Exame", sob o comando da diretora superintendente Claudia Vassallo, Marcos Peregrina Gomes assumiu como diretor de Publicidade, tendo Ana Paula Teixeira e Eliani Prado como suas diretas.

Na UN "Segmentadas", Rogério Gabriel Comprido voltou à empresa como diretor de Publicidade, tendo Willian Hagopian e Roberto Severo como seus diretos.

Era o fim do conceito de Publicidade Centralizada, em curso desde janeiro de 2005, um desenho organizacional do time de vendas que ao longo de mais de oito anos trouxe alguns dos melhores resultados comerciais da história da Abril.

Jacques Ricardo assumiu a Direção de Publicidades Regionais, que passou a incorporar também Classificados, Publicidade Internacional e Estúdio, atendendo a todas as UNs.

Na UN "Negócios Digitais", comandada por Manoel Lemos, René Agostinho, que desde outubro de 2010 estava à frente de Abril Coleções, assumiu o comando do Alphabase, área que concentrava o database da editora.

Airton Seligman, diretor de Redação da *Men's Health*, Claudia Garcia, diretora de Redação da *Manequim*, Demetrius Paparounis, diretor de Redação do Núcleo "Femininas Populares", Gabriela Aguerre, diretor de Redação da *Viagem e Turismo*, Lucia Barros, diretora de Redação da *Máxima*, Maria Rita Alonso, diretora de Redação da *Estilo*, Sandra Soares, diretora de Redação do portal *M de Mulher* e Sérgio Berezovsky, diretor de Redação da *Quatro Rodas*, deixaram a empresa.

Sandra Sampaio, diretora Comercial de Femininas, também deixou a editora.

Com essas mudanças, estimou-se que 150 profissionais tenham deixado a Abril.

Manoel Lemos deixaria a empresa em outubro de 2014 e se tornaria sócio do fundo de venture capital Redpoint eVentures.

Claudia Garcia empreendeu com o *Youtopia*, site e loja virtual de moda feminina.

Demetrius Paparounis atuou no mercado de conteúdo para marcas como diretor da Tag Content.

Gabriela Aguerre atuou no mercado editorial, associando-se à Editora Alpendre, de publicações digitais.

Lucia Barros se tornou diretora de Redação da *Quem Acontece*, na Editora Globo.

Giuliana Tatini deixaria a empresa em janeiro de 2015. Passou pela Editora Globo, atuou como diretora de Núcleo na Trip Editora e trabalhou na Mesa & Cadeira.

Maria Rita Alonso atuou como diretora de Redação de *L'Officiel Brasil* e editora de Moda do jornal *O Estado de S.Paulo*.

Sandra Soares se tornou diretora do Núcleo Comportamento e Tendências no Studio Ideias.

Sérgio Berezovsky se aposentou.

Caco de Paula deixaria a Abril em junho de 2015. Atuou em projetos editoriais ligados ao Terceiro Setor.

Armando Antenore deixaria a empresa em dezembro de 2014 e se tornaria editor na revista *Piauí* e consultor da Bella Editora.

Mônica Kato deixaria a empresa em maio de 2015, e se tornaria diretora de Conteúdo da *Ouibelle*, plataforma digital de beleza feminina empreendida por Jairo Mendes Leal, e na TW Content.

Sandra Sampaio tornou-se consultora de vendas e de treinamento de equipes comerciais.

Roberto Severo, vindo da *MTV*, deixaria a empresa em junho de 2014. Atuou como diretor comercial no jornal *O Estado de S.Paulo*, na *Vevo* e na *Vice*.

Willian Hagopian deixaria a empresa em abril de 2018. Atuou como executivo de vendas da Rádio Mix.

Jacques Ricardo deixaria a empresa em outubro de 2015. Atuou como diretor da Target Business Consulting.

Eliani Prado deixaria a empresa em junho de 2014 e empreenderia com a consultoria de vendas Vendedoria.

André Almeida deixaria a empresa em outubro de 2013 e se tornaria diretor Comercial da Flix Media, que comercializa a veiculação de anúncios na rede de cinemas Cinemark.

Alex Foronda deixaria a empresa em maio de 2015 e se tornaria diretor de Novos Negócios da agência Átomo.

A *Bravo!*, lançada em outubro de 1997 pela editora d'Avila, e incorporada à Abril em janeiro de 2004, seria relançada em 2016 por Helena Bagnoli e um grupo de jornalistas independentes.

SETEMBRO 2013

Douglas Duran, vice-presidente de Finanças e Controle da Abril S.A., assumiu o controle da DGB, holding de logística e distribuição da companhia, no lugar de Marcos Grodetzky.

A Abril S.A. lançou o *Brasil Post*, a versão brasileira do *The Huffington Post*, um dos maiores jornais digitais do mundo, sob a direção de Ricardo Anderáos. Em novembro de 2015, o *Brasil Post* passaria a se chamar *HuffPost*.

Marcos Grodetzky foi vice-presidente de Finanças da Cielo e membro do Conselho de Administração da Oi.

Ricardo Anderáos, que havia sido diretor de Mídias Digitais na MTV e diretor de Social Media na Abril, deixou a empresa em junho de 2015. Continuou empreendendo com a produtora digital Latitude 0º e com o negócio social Viva Floresta, e atuou como vice-presidente da ONG Ashoka.

OUTUBRO 2013

Jairo Mendes Leal deixou o conselho da Abrilpar.

A Abril lançou a Abril Plug and Play, uma aceleradora de *startups*, em parceria com a americana Plug and Play Tech Center.

DEZEMBRO 2013

A Abril vendeu a operação da Abril Radiodifusão para o Grupo Spring, que publicava no Brasil a revista *Rolling Stone*.

A transação incluiu uma concessão em TV aberta, na qual a Abril mantinha a transmissão de conteúdos da MTV *Brasil* e a *Ideal TV*. A frequência perdeu o sentido depois que a Abril devolveu a MTV para a Viacom, em julho de 2013.

Thales Guaracy, diretor de Redação de *Playboy*, deixou a empresa. Sua função foi acumulada pelo diretor de Núcleo Sérgio Xavier Filho.

Thales Guaracy, encerrada, depois de dez meses, sua terceira passagem pela Abril, voltou a se dedicar à carreira literária.

Sérgio Xavier Filho deixaria a Abril em junho de 2016. Já atuava como colunista da *BandNews FM* e se tornou comentarista dos canais *SporTV*.

2014

EDITORA

Em janeiro de 2014, com a morte de Roberto Civita, o Conselho Editorial aparecia presidido por Victor Civita Neto, com Thomaz Souto Corrêa na vice--presidência, e formado ainda por Elda Müller, Fábio Colletti Barbosa e José Roberto Guzzo. Giancarlo Civita deixou de fazer parte do Conselho Editorial. Jairo Mendes Leal já não estava na empresa.

Fábio Colletti Barbosa aparecia como presidente.

Marcelo Vaz Bonini era o vice-presidente de Operações e Gestão. Fernando Costa foi promovido a diretor superintendente de Assinaturas. Cibele Castro era a nova diretora de Recursos Humanos, em substituição a Paula Traldi.

Daniel de Andrade Gomes, diretor de Planejamento Estratégico e Novos Negócios, havia deixado a empresa.

Jairo Mendes Leal empreendeu na área editorial, com a revista *Gosto*, com a *Ouibelle*, plataforma digital de beleza feminina, e com a TW Content.

Cibele Castro deixaria a empresa em outubro de 2014 e se tornaria vice--presidente de Pessoas e Gestão na Latam.

Daniel de Andrade Gomes atuou como tesoureiro e diretor de Relações com Investidores da Contax Participações.

GRUPO

Na Abril S.A., não houve mudança no estafe em relação ao ano anterior.

JANEIRO 2014

Carlos Maranhão deixou a empresa e se tornou um colaborador, com o projeto de escrever a biografia de Roberto Civita, publicada em setembro de 2016.

As funções executivas de Maranhão foram repartidas entre a diretora de Redação de *Veja São Paulo,* Alecsandra Zapparoli, e o diretor de Redação de *Veja Rio,* Mauricio Lima.

Alecsandra também ficou responsável pelas "Vejinhas" regionais – edições especiais em nove cidades brasileiras – e pela estratégia digital das revistas. Mauricio, além de *Veja Rio,* ficou responsável por *Veja Brasília* e *Veja BH.*

Mauricio Lima deixaria a empresa em julho de 2014, para se tornar publisher na Infoglobo – e voltaria à Abril em julho de 2016 como redator-chefe de *Veja.*

FEVEREIRO 2014

A Abril extinguiu as revistas *Veja BH* (lançada em abril de 2012) e *Veja Brasília* (abril de 2013).

MARÇO 2014

A Abril lançou a empresa YouFind Solutions, de Marketing Analítico, em substituição à Alphabase, criada em maio de 2011. Martin Greenblat assumiu o comando da empresa, em substituição a René Agostinho, que liderava a Alphabase e que deixou a empresa. Em outubro de 2015, a YouFind Solutions se transformaria em Abril Big Data (ABD), passando a ser liderada por Diego Macedo.

René Agostinho passaria pela Somos Educação e atuaria como CEO do Grupo Pini, que produz conteúdo voltado ao mercado de construção civil.

Martin Greenblat deixaria a empresa em janeiro de 2015. Teria rápida passagem pelo Yahoo e empreenderia com a MSG, consultoria de estratégia e gestão de negócios.

JUNHO 2014

A Abril S.A. vendeu 40% do controle da Abril Educação para o grupo Tarpon, num negócio avaliado em 607 milhões de reais. Criada em 2007, a Abril Educação passara a atuar separadamente da Abril S.A. no início de 2010, quando teve o capital aberto na Bovespa.

Faziam parte da companhia as editoras Ática e Scipione, os sistemas de ensino Anglo, Ser, Maxi e GEO, o Sigma, o Curso e o Colégio pH, o Grupo ETB (Escolas Técnicas do Brasil), a Escola Satélite, a rede de escolas de inglês Red Balloon e a Livemocha, rede social de ensino de idiomas.

O presidente da Abril Educação, Manoel Amorim, foi substituído interinamente pelo vice-presidente de Produtos e Serviços Pedagógicos da empresa, Mário Ghio. Em janeiro do ano seguinte, o CEO da Tarpon, Eduardo Mufarej, assumiria como CEO da Abril Educação.

Manoel Amorim atuou como consultor no mercado de Telecomunicações e se tornou sócio da Peak Capital, empresa de investimentos no mercado imobiliário, e da Aubergine, uma rede de restaurantes, em Utah, nos Estados Unidos.

JULHO 2014

Alexandre Caldini assumiu a presidência da Editora Abril.

Com reporte direto a Fábio Colletti Barbosa, presidente da Abril S.A., Alexandre Caldini retornou à empresa para liderar as Unidades de Negócios "Veja" (Thais Chede), "Exame" (Claudia Vassallo), "Segmentadas" (Helena Bagnoli), "Assinaturas" (Fernando Costa) e "Casa Cor" (Angelo Derenze).

A Abril transferiu dez títulos para a Editora Caras: *Aventuras na História, Bons Fluidos, Manequim, Máxima, Minha Casa, Minha Novela, Recreio, Sou+Eu, Vida Simples* e *Viva Mais*.

Aventuras na História foi lançada em julho de 2003, como edição especial de Superinteressante.

Bons Fluidos foi lançada como especial em 1997 e mensalizada em maio de 2000. Em março de 2018, a *Bons Fluidos* foi repassada pela Editora Caras à Editora Escala.

Manequim, lançada em julho de 1959, e dirigida nos primeiros anos pela própria Sylvana Civita, mulher de Victor Civita, mãe de Roberto e de Richard, foi uma das marcas da Abril mais dinâmicas da história da Abril na geração de *spin-offs* e na ocupação de espaços nas bancas e no mercado.

Da órbita de *Manequim* nasceram *Faça e Venda* (lançada em setembro de 1998 como especial de *Manequim*, foi descontinuada em fevereiro de 2002. Em agosto de 2003 o título foi relançado, sem o selo *Manequim*. Em dezembro de 2006, foi descontinuado em definitivo), *Costure com Moldes* e *Mania de Fazer* (ambas lançadas em abril de 2000 e descontinuadas em novembro do mesmo ano) e *Fácil Fácil* (lançada como um especial de *Manequim* em junho de 1989, tornou-se uma revista independente em maio de 1991. Em junho de 1994 passou a ser chamar *Fácil Fácil Ponto Cruz*. Em agosto de 1996 passou a se chamar *Manequim Fácil Fácil Ponto Cruz*. Em junho de 1997 perdeu o *Fácil Fácil* e passou a se chamar *Manequim Ponto Cruz*. Em abril de 2000 simplificou seu título para *Ponto Cruz*. Em outubro de 2001 teve seu título alterado para *Nina*, com subtítulo *Ponto Cruz e Outras Ideias* – até ser descontinuada em fevereiro de 2002).

Manequim também gerou *Manequim Noiva* (lançada em março de 1961, como *Noiva Moderna*, passou em dezembro de 1962 a ser um especial da *Manequim*, ainda com o nome *Noiva Moderna*. Em março de 1979 passou a se chamar apenas *Noiva*, ainda como especial de *Manequim*. Em setembro de 1981 passou a usar o título *Manequim Noiva* na capa), *Manequim Cozinha* (1997 a 1999) e *Manequim Festa* (lançada em outubro de 1978). *Manequim* se tornaria bimestral a partir de janeiro de 2018.

Em março de 2018, *Manequim* foi repassada pela Editora Caras à Editora Escala.

Máxima foi lançada em agosto de 1989, descontinuada em março de 1994, e relançada em junho de 2010. O título seria cancelado pela Editora Caras em março de 2018.

Minha Casa, lançada em 2010, seria descontinuada em agosto de 2018.

Minha Novela foi lançada em setembro de 1999. Em março de 2018, *Minha Novela* foi repassada pela Editora Caras à Editora Escala, que descontinuou o título em agosto do mesmo ano.

Recreio foi lançada em maio de 1969, descontinuada em 1982 e relançada em março de 2000.

Sou+Eu, lançada em novembro de 2006, foi descontinuada em maio de 2016 pela Editora Caras.

Vida Simples foi lançada em agosto de 2002, como edição especial de *Superinteressante*, e mensalizada em abril de 2003. Em abril de 2018, a *Vida Simples* seria comprada à Editora Caras pelos consultores Luciana e Eugenio Mussak – este, colunista da revista desde o seu primeiro número.

Viva Mais foi lançada em outubro de 1999 e descontinuada pela Editora Caras em outubro de 2016.

AGOSTO 2014

Claudia Vassallo, superintendente da UN "Exame", Helena Bagnoli, diretora-geral da UN "Segmentadas", Claudia Giudice, diretora superintendente que atuava nessa Diretoria-Geral, e Guilherme Werneck, diretor de Estratégia Digital que viera com Helena da *MTV*, deixaram a empresa.

Thais Chede Soares, diretora-geral de Publicidade, e os diretores de Publicidade Ana Paula Teixeira, Marcia Soter, Marcos Peregrina Gomez, Robson Monte e Sérgio Amaral, também deixaram a empresa. No Marketing, saíram Claudia Furini, Louise Faleiros, Paulo Camossa Jr., Viviane Palladino e Renato Cagno.

Angelo Derenze, presidente da Casa Cor, e Fernando Costa, diretor de Assinaturas, também saíram.

A Editora Abril foi dividida em quatro Unidades de Negócios, cada uma delas estruturadas em três pilares: Editorial, Marketing e Publicidade.

Na UN "Notícias e Negócios", tendo Rogério Gabriel Comprido como diretor-superintendente, ficaram *Veja* (com as "Vejinhas"), *Exame, Você S.A., Info* e *Brasil Post*. O editorial de *Veja* (e *Veja.com*) continuava a cargo de Eurípedes Alcântara e o da *Exame* (mais *Exame.com*) seguia dirigido por André Lahoz – ambos se reportando diretamente ao presidente da Abril S.A., Fábio Colletti Barbosa.

A UN "Mulher e Celebridades", tendo Paula Mageste como diretora-superintendente, era composta por duas editorias: "Mulher" (*Claudia, Capricho, Elle, Estilo, M de Mulher* e *Nova*) e "Celebridades" (*Ana Maria, Contigo!* e *Tititi*).

A UN "Homem & Fitness", tendo Dulce Pickersgill como diretora-superintendente, foi composta pelas seguintes editorias: "Disney", "Jovem" (*Superinteressante, Mundo Estranho, Guia do Estudante* e *Almanaque Abril*), "Homem" (*Quatro Rodas, VIP, Playboy, Viagem e Turismo, Guia Quatro Rodas* e *National Geographic*) e "Fitness" (*Saúde, Boa Forma, Placar, Men's Health, Women's Health* e *Runner's World*).

A UN "Arquitetura e Design", tendo Lívia Pedreira como diretora-superintendente, era composta por *Arquitetura & Construção, Casa Claudia* e Casa Cor.

Cinco áreas de suporte foram criadas: a Diretoria de Marketing Corporativo (Ricardo Packness), a Diretoria de Publicidade Corporativa (Ivanilda Gadioli) – Packness e Ivanilda tinham ido com Alexandre Caldini para o *Valor Econômico* e agora regressavam de lá com ele –, a Diretoria de Assinaturas (Dimas Mietto, até então Diretor Superintendente na Diretoria-Geral da UN "Segmentadas"), e a Diretoria de Mobilidade (Sandra Carvalho, até então diretora da *Exame.com*). A Diretoria de Apoio Editorial ficou a cargo de Edward Pimenta, que já trabalhava na área.

Claudia Vassallo se tornou CEO da CDI, empresa de relações públicas e comunicação corporativa.

Helena Bagnoli licenciou a marca *Bravo!* da Abril e relançou a revista, nos formatos impresso e digital, com um grupo de jornalistas independentes, em agosto de 2016.

Claudia Giudice se dedicou a sua pousada A Capela, na Bahia, e criou a plataforma literária *A Vida Sem Crachá*.

Thais Chede Soares foi contratada pela TV Globo para liderar os Projetos Especiais de Negócios da emissora e se tornaria diretora da Central Globo de Afiliadas.

Angelo Derenze atuou como diretor-geral do Shopping D&D.

Marcia Soter seguiu sua carreira como executiva de vendas na Editora Globo e na New Sell. E empreenderia com a Cia. de Vendas e Associados.

Marcos Peregrina Gomez tornou-se diretor comercial do Canal Rural.

Robson Monte continuou sua carreira como executivo de vendas na Editora Globo, na WebSpetactor e na ShopBack. E empreenderia com a Cia. de Vendas e Associados.

Sérgio Amaral deixara a Abril pela primeira vez em março de 2006 para assumir a Direção Comercial da Editora Globo e, depois, do Grupo Meio & Mensagem. Voltou à Abril em janeiro de 2011 como diretor de Publicidade da *MTV*. Serginho atuou como vice-presidente Comercial da Rádio Jovem Pan.

Renato Cagno tornou-se diretor Comercial do portal de cursos online eduK.

Ana Paula Teixeira seguiu sua carreira como executiva de vendas no ClearChannel, na Sony e na Turner.

Claudia Furini tornou-se gerente de Marketing do Banco Votorantim.

Louise Faleiros tornou-se gerente Sênior de Marketing da Walt Disney World.

Paulo Camossa Jr. empreendeu com a Piraporanó, consultoria de Negócios no mercado de mídia.

Viviane Palladino empreendeu com a Setup Brasil, consultoria de Marketing, e atuou na Mind Lab.

Fernando Costa empreendeu com a ProResults, consultoria de Vendas.

Guilherme Werneck empreendeu com a produtora digital Latitude 0º e participou do relançamento da *Bravo!*.

Dulce Pickersgill deixaria a empresa em junho de 2015 e empreenderia com o *Youtopia*, site e loja virtual de moda feminina.

SETEMBRO 2014

A Abril Mídia vendeu a Elemídia para a empresa de investimentos Victoria Capital Partners.

DEZEMBRO 2014
A Abril deixou de publicar a *Runner's World*.
A Runner's World, título da editora americana Rodale Press, havia sido lançada no Brasil em novembro de 2008. A editora Rocky Mountain, de Carlos Azulgaray, que editava os títulos Go Outside e Hardcore no Brasil, assumiu a edição brasileira da Runner's World a partir de janeiro de 2015.

2015

EDITORA
Em janeiro de 2015, Alexandre Caldini aparecia como presidente da Editora Abril.

O Conselho Editorial era composto por Victor Civita Neto (presidente), Thomaz Souto Corrêa (vice-presidente), Fábio Colletti Barbosa, Elda Müller e José Roberto Guzzo.

Dimas Mietto era diretor-superintendente de Assinaturas. Ricardo Packness era diretor de Marketing Corporativo. Sandra Carvalho era diretora de Mobilidade. Ivanilda Gadioli era diretora de Publicidade Corporativa. E Edward Pimenta era diretor de Apoio Editorial.

Marcelo Vaz Bonini deixou o cargo de vice-presidente de Operações e Gestão da Editora e assumiu a posição de diretor financeiro da Abrilpar – onde Arnaldo Tibyriçá era diretor Jurídico.

GRUPO
"Abril Mídia S.A." substituiu a denominação "Abril S.A.", que vigorou entre 2012 e 2014, para referir o Grupo Abril. E Fábio Colletti Barbosa aparecia como presidente da Abril Mídia S.A.

O Grupo Abril reorganizou sua governança corporativa. A Abrilpar, holding da família Civita, controlava a Abril Mídia S.A., que, por sua vez, controlava a editora Abril. A Abrilpar tinha um Conselho de Administração formado pelos membros da família Civita. O presidente da Abril Mídia S.A. reportava-se a esse conselho e dirigia os negócios de Mídia e Gráfica do Grupo.

O Conselho de Administração da Abril Mídia S.A. era presidido por Giancarlo Civita e formado por Roberta Anamaria Civita, Victor Civita Neto, além de André Coetzee e Hein Brand, do Grupo Naspers.

Fábio Petrossi Gallo era o diretor de Finanças e Gestão. Eduardo Costa era o diretor superintendente de Gráfica. Claudia Ribeiro era a diretora Corporativa de RH. Claudio Prado era o diretor Corporativo de TI.

JANEIRO 2015

A Editora Abril devolveu parte de seu prédio-sede, conhecido como Novo Edifício Abril (NEA), na Marginal Pinheiros, em São Paulo, para a Previ, fundo de pensão dos funcionários do Banco do Brasil. O busto de Victor Civita, fundador da empresa, foi retirado da recepção.

Todas as áreas de apoio e back-office, mais o Departamento de Documentação (Redoc), foram para o antigo prédio da Abril, na Marginal do Tietê, inaugurado em 1964 para receber a Gráfica Abril – que está na ativa desde 1950.

A Abril concentrou suas atividades na Torre Alta, do 16º ao 26º andares e manteve o terraço. Devolveu os demais andares – a Torre Baixa, mais os andares 13º e 14º da Torre Alta. E passou a compartilhar com os demais condôminos do prédio áreas como o auditório e o restaurante.

O NEA perdeu seu nome – passou a se chamar Birmann 21. (O edifício, o vigésimo mais alto do Brasil, inaugurado em 1996, fora ocupado pela Abril em 1997.) A arvorezinha da Abril foi retirada da fachada e da portaria – a identidade visual do prédio já não fazia mais referência à empresa.

FEVEREIRO 2015

A Abrilpar vendeu o restante da sua participação na Abril Educação para fundos de investimento sob gestão da Tarpon, em um negócio de 1,31 bilhão de reais. Em junho de 2015, o nome Abril Educação seria trocado por Somos Educação. Em abril de 2018, a Kroton Educacional compraria o controle da Somos Educação, por 4,6 bilhões de reais.

A revista *Info* deixou de circular em papel, e se tornou o primeiro título 100% digital da Abril: *Info.com*.

MARÇO 2015

O executivo Fábio Colletti Barbosa deixou a presidência da Abril Mídia S.A. – Giancarlo Civita reassumiu o cargo.

Fábio Colletti Barbosa presidiu o Grupo por três anos e sete meses e acumulou a presidência da editora por quatorze meses.

A Abril encerrou a Abril Plug and Play, aceleradora de *startups* que havia criado em outubro de 2013, em parceria com a americana Plug and Play Tech Center.

Fábio Colletti Barbosa se tornou conselheiro de empresas como Itaú Unibanco e Natura.

ABRIL 2015

Victor Civita Neto assumiu a presidência da Fundação Victor Civita, em substituição a Angela Dannemann, diretora executiva.

A Fundação Victor Civita, que atuava no mercado de Educação desde 1985, transferiria as revistas *Nova Escola* e *Gestão Escolar* para a Fundação Lemann em dezembro de 2015. A Fundação Victor Civita continuou realizando o *Prêmio Educador Nota 10*, criado em 1998, em parceria com a Fundação Roberto Marinho.

Nova, nome com o qual a *Cosmopolitan* havia sido lançada no país, em 1973, saiu de cena, abrindo espaço para a marca global.

Angela Dannemann tornou-se superintendente da Fundação Itaú Social.

JUNHO 2015

A Abril transferiu mais sete títulos para a Editora Caras: *Ana Maria, Arquitetura & Construção, Contigo!, Placar, Tititi, Você RH* e *Você S.A.*

A *Capricho*, lançada em junho de 1952, deixou de circular na versão impressa.

O *Guia Quatro Rodas*, lançado em setembro de 1965, também deixou de ser publicado na versão impressa.

A *Exame PME*, lançada em dezembro de 2005, deixou de existir de forma independente e foi reincorporada à *Exame*.

A editora anunciou uma nova estrutura organizacional. A empresa passou a atuar em três frentes: "Conteúdo", "Marketing" e "Receitas".

A Unidade de Conteúdo, liderada interinamente por Victor Civita Neto, foi organizada em quatro Núcleos: "Veja" (Eurípedes Alcântara), "Exame" (André Lahoz), "Femininas" (Paula Mageste), formado pelas marcas *Boa Forma, Claudia, Capricho.com, Casa Claudia, Claudia, Cosmopolitan, Elle, Estilo* e pela plataforma digital *M de Mulher*, e "Lifestyle" (Alecsandra Zapparoli), formado pelas marcas *Brasil Post, Elástica, Guia do Estudante, Info.com, Men's Health, Mundo Estranho, National Geographic, Playboy, Quadrinhos, Quatro Rodas, Saúde, Superinteressante, Veja SP, Veja Rio, Viagem e Turismo, VIP* e *Women's Health*.

Ainda na Unidade de Conteúdo, foi criado o Estúdio ABC (Abril Branded Content), dirigido por Edward Pimenta, que acumulou essa função com seu cargo de Diretor de Apoio Editorial. A missão do Estúdio ABC era coordenar o atendimento e a produção de conteúdos customizados para clientes, em todos os formatos.

A Unidade de Marketing, dirigida por Tiago Afonso, nomeado Diretor de Marketing, ficou com a missão de gerenciar o portfólio de marcas e produtos e identificar tendências de mercado. Respondiam a ele os gestores das marcas e as áreas de Informações para o Mercado, Abril Big Data (ABD) e Serviços de Marketing e Eventos.

A Unidade de Receitas, dirigida por Rogério Gabriel Comprido, nomeado diretor Comercial, ficou responsável por todo o faturamento da editora (Publicidade, Assinaturas, Vendas Avulsas, E-Commerce, Digital e Eventos). Gabi tinha dois diretos: Virginia Any, que assumiu como diretora de Vendas de Publicidade, ficando responsável pelas receitas advindas dos anunciantes, e Dimas Mietto, que era diretor superintendente de Assinaturas e assumiu como diretor de vendas para Audiência, ficando responsável pelas receitas advindas dos consumidores finais. Ficaram com ele as áreas de Assinaturas, Vendas Avulsas, Venda de Acervo e E-Commerce.

Sandra Carvalho, diretora da área Digital e Mobile, permaneceu respondendo diretamente ao presidente da editora, Alexandre Caldini, bem como Lívia Pedreira, diretora da Casa Cor.

Estimou-se que 120 profissionais tenham sido demitidos.

Ana Maria foi criada em outubro de 1996.

Arquitetura & Construção, lançada em agosto de 1987, seria descontinuada em agosto de 2018.

Contigo! foi lançada em outubro de 1963.

Placar foi lançada em março de 1970.

Tititi, lançada em 1998 pela Editora Símbolo, foi comprada pela Abril em 2004. Em março de 2018, *Tititi* foi repassada pela Editora Caras à Editora Escala, que descontinuou o título em agosto do mesmo ano.

Você RH foi lançada em 2008.

Você S.A. foi lançada em abril de 1998.

Elástica foi uma publicação exclusivamente digital criada na penúltima edição do Curso Abril de Jornalismo, em fevereiro de 2015. "Feita por jovens e para jovens", *Elástica* foi a coisa mais próxima de um conteúdo nativo digital, com o olhar e o espírito da Geração Z, produzida pela Abril. Tinha como seções Atitude, Moda, Proibidão, Cultura, NDA e Blogs – e durou até março de 2016.

Fred Di Giacomo, então redator-chefe digital da UN "Lifestyle" (Alecsandra Zapparoli), conduziu o projeto. Fred já tinha inovado com os Newsgames, para *Super* e para *Mundo Estranho*, no Núcleo 'Jovem' Digital. Nas palavras de Fred: "O conceito da *Elástica* foi criado pelo Edward Pimenta, que era diretor de Apoio Editorial da editora e coordenador do Curso Abril. A ideia era criar uma marca 100% digital e que falasse com os Millenials. O site ficou pronto em março de 2015. Entre as pautas, uma matéria com os funkeiros MC Bin Laden e MC Brinquedo. A Abril resolveu investir na marca e montou uma pequena Redação com cinco egressos do Curso Abril, mais dois estagiários.

"Quando o Núcleo Digital da UN 'Lifestyle' foi descontinuado, em junho de 2015, fui transferido para a *Elástica*, como redator-chefe. Fizemos uma reportagem em quadrinhos sobre a ditadura militar e um dossiê cheio de gráficos sobre violência no Brasil. Essas reportagens se revezavam com listas pop, coberturas de shows, memes e muitas pautas GBTLS (*Elástica* foi a primeira publicação da Abril a produzir conteúdo exclusivo para o público gay)".

AGOSTO 2015

O portal *Info.com* foi fechado. A marca *Info* era definitivamente aposentada.

A *Info* começou a circular em março de 1986, como um encarte na *Exame*. Em agosto de 1993, passou a ser uma publicação independente, com o nome de *Exame Informática*. O nome foi, depois, mudado para *Informática Exame*, e em 1997, ganhou seu nome definitivo: *Info Exame*, ou, simplesmente *Info*.

Info, extinta poucos meses antes de completar trinta anos, foi também uma das marcas mais dinâmicas da Abril na produção de novos negócios e na construção de extensões. Do Prêmio Info (1999 a 2013) à *Info Corporate* (2002 a 2008), passando pelos eventos Info CIO Meeting (2002 a 2008), Jornada Info SMB (2005 a 2008), Info One Day Meeting (2005 a 2008) e Info Trends (2010 e 2014), e por edições especiais que viraram revistas de linhas, com destaque para Coleção Info, lançada em 2003, que depois se chamou *Dicas Info*, e, por fim, *InfoDicas*, até ser descontinuada em 2014.

NOVEMBRO 2015

Claudio Prado, então diretor de Tecnologia da Informação e Serviços Compartilhados da Abril Mídia S.A., assumiu como presidente executivo da DGB, holding de distribuição e logística do Grupo, em substituição a Douglas Duran.

Douglas Duran atuaria como assessor da Abrilpar até se aposentar, em 2016.

DEZEMBRO 2015

A Abril deixou de publicar as revistas *Playboy*, *Men's Health* e *Women's Health*.

A *Playboy* era uma das pedras fundamentais da Abril visionada por Roberto Civita – uma grande editora de títulos segmentados, com relevância nacional. Roberto voltara dos Estados Unidos em 1958 com a ideia de fazer no Brasil uma revista semanal de informação, a *Time* brasileira, que viria a ser a *Veja* (1968), uma revista de negócios, a *Fortune* brasileira, que viria a ser a *Exame* (1971) e uma revista masculina, a *Playboy* brasileira.

Fundada em 1953, nos Estados Unidos, por Hugh Hefner, a edição brasileira da *Playboy* foi lançada em agosto de 1975 com o título *Revista do Homem*, devido ao veto do governo militar ao nome *Playboy*, que só seria liberado em julho de 1978.

Em março de 2016, a editora PBB Entertainment (a sigla significa "Playboy Brasil"), formada por André Sanseverino, Marcos de Abreu e Edson Oliveira, assumiu a publicação da edição brasileira de *Playboy*. Em 2017, último ano em que a revista circulou, *Playboy* teve edições trimestrais.

Men's Health, lançada nos Estados Unidos em 1987, pela editora americana Rodale Press, passou a ser publicada no Brasil em maio de 2006.

Women's Health, lançada nos Estados Unidos em 2005, pela editora americana Rodale Press, passou a ser publicada no Brasil em outubro de 2008. E seria relançada no país pela Editora Rocky Mountain em outubro de 2016.

A Abril Mídia S.A. anunciou um aporte de capital da família Civita, no valor de 450 milhões de reais, na Editora Abril.

2016

EDITORA

Em janeiro de 2016, Alexandre Caldini aparecia como presidente da Editora Abril.

O Conselho Editorial era composto por Victor Civita Neto (presidente), Thomaz Souto Corrêa (vice-presidente), Alecsandra Zapparoli, Eurípedes Alcântara, Giancarlo Civita (que voltava a integrar o Conselho) e José Roberto Guzzo. Fábio Colletti Barbosa e Elda Müller não figuravam mais no estafe.

Rogério Gabriel Comprido era diretor comercial. Virgínia Any era diretora de Vendas de Publicidade, em substituição a Ivanilda Gadioli, que assinava como diretora de Publicidade Corporativa. Dimas Mietto, antes diretor superintendente de Assinaturas, era diretor de vendas para a Audiência. Tiago Afonso era o diretor de Marketing, em substituição a Ricardo Packness, que atuava como diretor de Marketing Corporativo. Sandra Carvalho, antes diretora de Mobilidade, teve seu cargo transformado em diretora Digital e Mobile. Edward Pimenta era o Diretor de Apoio Editorial.

GRUPO

Giancarlo Civita acumulava o cargo de presidente da Abril Mídia S.A. com o de presidente da Abrilpar.

Na Abril Mídia S.A., Fábio Petrossi Gallo, antes diretor de Finanças e Gestão, era diretor de Finanças. Claudia Ribeiro, antes diretora Corporativa de RH, era diretora de Recursos Humanos. Mariana Macia assumiu com diretora jurídica. Claudio Prado, diretor corporativo de TI, assumiu como presidente executivo da DGB, a holding de Logística e Distribuição do Grupo. E Eduardo Costa era o diretor Superintendente de Gráfica.

O Conselho de Administração da Abril Mídia S.A., formado por membros da família Civita, deixou de ser divulgado.

Elda Müller se aposentou em julho de 2015.

Sandra Carvalho deixaria a empresa em agosto de 2016. Empreenderia com o *Circuito D*, um site de notícias, com ênfase em Ciência, Tecnologia e Vida Digital.

Ricardo Packness deixaria a empresa em maio de 2016. Empreendeu na comercialização de eventos com a Ripac Comunicações.

Ivanilda Gadioli deixou a empresa em dezembro de 2015. Atuou como conselheira do programa *Winning Women*, da Ernst Young.

MARÇO 2016

Walter Longo assumiu a presidência do Grupo Abril, tendo sob sua responsabilidade as operações de Mídia, Gráfica e Distribuição.

Giancarlo Civita deixou a Presidência do Grupo Abril (nomenclatura que voltou e substituiu o termo "Abril Mídia S.A."), após doze meses à frente dessa posição, e voltou a se dedicar exclusivamente à holding Abrilpar.

O Grupo Abril operava com três pilares: a Abril Mídia, que concentrava os negócios da editora Abril e da Casa Cor, presidida por Alexandre Caldini, a Abril Gráfica, dirigida por Eduardo Costa, e a DGB, holding de logística e distribuição, presidida por Claudio Prado.

Walter Longo, presidente do Grupo Abril, reestruturou a Editora Abril em duas Diretorias: Alecsandra Zapparoli, como diretora editorial, cuidava de todas as atividades editoriais, e Fabio Gallo, como diretor de Operações, cuidava de todas as operações não editoriais.

Passaram a se reportar à Alecsandra: André Lahoz, diretor de Redação da *Exame*, Paula Mageste, diretora do Núcleo "Femininas"; Edward Pimenta, responsável pelo Estúdio ABC, Sergio Gwercman, promovido a diretor do Núcleo "Estilo de Vida", em substituição à própria Alecsandra, e Luiz Petry, promovido a diretor editorial de *Veja*, em substituição a Eurípedes Alcântara.

Victor Civita Neto deixou de acumular a posição de diretor editorial da Editora Abril, voltando a atuar exclusivamente como Presidente do Conselho Editorial.

Alexandre Caldini, presidente da Editora Abril, deixou a empresa depois de vinte meses no cargo.

Eurípedes Alcântara deixou a Direção de Redação da *Veja*, e a Abril, sendo substituído por Luiz Petry.

Virgínia Any, diretora de Vendas de Publicidade, deixou a empresa.

Alexandre Caldini deixou a vida executiva para se dedicar à carreira de escritor e palestrante.

Eurípedes Alcântara empreendeu com a Inner Voice Comunicação.

Virgínia Any atuou como diretora de Mercado Anunciante e Novos Negócios da Editora Globo.

MAIO 2016

O Grupo Abril lançou o GoBox, um clube de assinaturas de produtos, sob a direção de Dimas Mietto, até então diretor de Vendas para Audiência.

JUNHO 2016

O Grupo Abril reestruturou seu braço logístico. Dinap, Treelog e Total Express passaram a ser somente uma empresa, sob a marca Total Express – com escopo equivalente ao que era a holding DGB, que deixou de existir.

Bruno Tortorello, até então diretor de Operações da Total Express, assumiria como diretor superintendente da nova empresa em setembro de 2016.

Claudio Prado, presidente executivo da DGB, deixaria a empresa em setembro de 2016. Atuaria como diretor de Tecnologia e Operações do Grupo Fleury.

JULHO 2016

Isabel Amorim assumiu como diretora de Estratégia e Produto, ficando responsável por expandir os projetos de conteúdo das marcas da Abril em diversas plataformas, e cuidando também das parcerias com outras empresas.

André Vaisman assumiu a área de vídeos da editora.

AGOSTO 2016

O Grupo Abril apresentou a sua nova visão estratégica. Estava organizado em: Mídia, Assinaturas, Print, Total Express, Licensing, Casa Cor, Abril Branded Content (ABC) e Abril Big Data (ABD).

SETEMBRO 2016

Airton Seligman, que havia sido recontratado em abril de 2014 para dirigir a *VIP*, e Denis Russo, que havia voltado à empresa em dezembro de 2012 para dirigir a *Superinteressante*, deixaram a empresa.

Alexandre Versignassi, redator-chefe da *Superinteressante*, assumiu a direção de redação da *Super* e de *Mundo Estranho*.

Sergio Gwercman, diretor da Unidade "Estilo de Vida", passou a acumular a direção de Redação da *VIP*.

Airton Seligman empreendeu um mestrado e atuou na TW Content.

Denis Russo Burgierman se tornou colunista do site de notícias *Nexo* e roteirista do programa *Greg News*.

OUTUBRO 2016

A Abril reassumiu *Placar*, *Você S.A.*, *Arquitetura & Construção*, *Você RH* e *Minha Casa*, títulos que haviam sido transferidos para a Editora Caras.

Placar ficou sob o comando de Sergio Gwercman, na UN "Estilo de Vida". *Arquitetura & Construção* e *Minha Casa* passaram a integrar a UN "Femininas", dirigida por Paula Mageste. *Você S.A.* e *Você RH* voltaram a operar junto à *Exame*, dirigida por André Lahoz.

A Abril lançou a GoToShop, loja online de produtos selecionados pelas marcas Abril, e a Go Read, em substituição ao iba, plataforma de venda de conteúdo digital lançada em novembro de 2011.

Paula Mageste deixaria a Abril em agosto de 2018.

NOVEMBRO 2016

National Geographic, lançada no Brasil em maio de 2000, migrou para a Fox – que havia comprado a marca globalmente em setembro de 2015.

2017

EDITORA

Em janeiro de 2017, Walter Longo aparecia como presidente do Grupo Abril, liderando a partir desse cargo tanto a editora quanto o Grupo.

O Conselho Editorial era composto por Victor Civita Neto (presidente), Thomaz Souto Corrêa (vice-presidente), Alecsandra Zapparoli, Giancarlo Civita e José Roberto Guzzo. Eurípedes Alcântara não figurava mais no Conselho. Fábio Petrossi Gallo, antes diretor de Finanças da Abril Mídia S.A., era diretor de Operações. Rogério Gabriel Comprido, antes diretor Comercial, era diretor-Geral de Publicidade. Ricardo Perez era diretor de Assinaturas. Andrea Abelleira era diretora de Serviços de Marketing. Lívia Pedreira era diretora da Casa Cor. Dimas Mietto, antes diretor de Vendas para Audiência, era diretor da GoBox. Edilson Soares era diretor de Planejamento, Controle e Operações. Carlos Sangiorgio era diretor de Tecnologia. E Alecsandra Zapparoli era diretora editorial.

Virgínia Any, que era diretora de Vendas de Publicidade, Tiago Afonso, que era diretor de Marketing, Sandra Carvalho, que era diretora Digital e Mobile, e Edward Pimenta, que era diretor de Apoio Editorial, não figuravam mais no estafe da editora.

GRUPO

O termo "Grupo Abril", que figurava em 1998, quando ingressei na empresa, e que foi substituído entre 1999 e 2011 simplesmente por "Abril", e, depois, entre 2012 e 2014, por "Abril S.A," e ainda, em 2015 e 2016, por "Abril Mídia S.A.", voltou a nominar a empresa que congregava os negócios editoriais da família Civita, sob o controle da Abrilpar, e que controlava diretamente a Editora Abril.

O estafe do Grupo Abril era:

Giancarlo Civita, presidente da Abrilpar. Walter Longo, presidente do Grupo Abril. Thomaz Roberto Scott, diretor de Auditoria. Osmar Lara, diretor Comercial da Total Publicações. Alecsandra Zapparoli, aparecendo tanto no estafe da editora quanto no do Grupo, era diretora de Conteúdo. Tiago Afonso, diretor Corporativo de Marketing. Claudia Ribeiro, antes diretora de Recursos Humanos, era diretora Corporativa de Recursos Humanos. Mariana Macia, diretora Jurídica. Fábio Petrossi Gallo, aparecendo tanto no estafe da editora quanto no do Grupo, antes diretor de Finanças, era diretor de Operações. Meire Fidelis, diretora de Relações Corporativas. Eduardo Costa, diretor superintendente da Gráfica. E Bruno Tortorello, diretor superintendente da Total Express.

Claudio Prado, antes presidente executivo da DGB, não figurava mais no estafe do Grupo.

JANEIRO 2017

A redação do portal *HuffPost Brasil* passou para a gestão da AOL, como já havia sido feito com a Publicidade do site. Com isso, a Abril encerrava o contrato de sociedade com o HuffPost, iniciado em setembro de 2013.

Alecsandra Zapparoli, diretora editorial, assumiu a posição de diretora editorial e publisher da Editora Abril, acumulando às suas responsabilidades editoriais o comando das áreas de Publicidade e Marketing das marcas. Com isso, Alecsandra se tornou possivelmente a jornalista mais poderosa da história da Abril. A primeira publisher a responder pelos aspectos editoriais e comerciais da Editora, vinda da área editorial e se reportando diretamente ao Presidente.

Andrea Abelleira, diretora de Serviços de Marketing, passou a se reportar à Alecsandra.

Rogério Gabriel Comprido, diretor-geral de Publicidade, deixou a empresa, sendo substituído por Isabel Amorim, na posição de diretora de Mercado.

MARÇO 2017

Tiago Afonso, diretor corporativo de Marketing, deixou a empresa, sendo substituído por Melina Konstadinidis Porcel.

Tiago Afonso assumiu como diretor de Desenvolvimento Comercial e Digital da operação que uniu a Editora Globo, o Infoglobo e o jornal *Valor Econômico* em junho de 2017.

JUNHO 2017

Meire Fidelis, até então diretora de Relações Corporativas do Grupo Abril, assumiu como diretora Executiva da Fundação Victor Civita, ficando também responsável pelas Relações Institucionais da AbrilPar. A área de Relações Corporativas ficou a cargo de Douglas Cantu.

Morria Paulo Nogueira, aos 61 anos.

JULHO 2017

Edward Pimenta, diretor do Estúdio ABC e diretor de Apoio Editorial, deixou a empresa. Na diretoria do Estúdio ABC, foi substituído por Patrícia Weiss. A diretoria de Apoio Editorial deixou de existir.

Tatiana Schibuola, diretora de Redação de *Claudia*, deixou a empresa, sendo substituída por Ana Paula Padrão.

Edward Pimenta atuou como diretor de Content Marketing na Infoglobo.

NOVEMBRO 2017

Walter Longo, presidente do Grupo Abril, deixou a empresa depois de vinte meses no cargo – noutra coincidência, o mesmo termo de seu predecessor, Alexandre Caldini. Walter foi substituído por Arnaldo Figueiredo Tibyriçá, até então Diretor Jurídico da Abrilpar.

Walter Longo, havia sido presidente da TVA entre 1991 e 1996. Voltou ao Grupo Abril, em março de 2016, como seu presidente. Dedicou-se à carreira de consultor e palestrante, com a Unimark Comunicação.

DEZEMBRO 2017

Arnaldo Tibyriçá, o novo presidente do Grupo Abril, anunciou um novo pacote de demissões, que envolveu aproximadamente uma centena de profissionais.

Dimas Mietto, diretor da GoBox, deixou a empresa.

Patrícia Weiss, que havia assumido a direção do Estúdio ABC há apenas cinco meses, deixou a empresa. O Estúdio ABC passou a ser dirigido por Sergio Gwercman, que teve suas funções de Diretor da Unidade "Estilo de Vida" acumuladas pela diretora Editorial e publisher, Alecsandra Zapparoli.

Thomaz Roberto Scott, diretor de Auditoria, deixou a empresa.

Claudia Ribeiro, Diretora Corporativa de Recursos Humanos, deixou a empresa.

Dimas Mietto empreendeu como coach e psicanalista.

Patrícia Weiss continuou empreendendo com o coletivo Asas.

2018

EDITORA

Em janeiro de 2018, Arnaldo Figueiredo Tibyriçá aparecia como presidente do Grupo Abril, liderando a partir desse cargo também a editora.

O Conselho Editorial era formado por Victor Civita Neto (presidente), Thomaz Souto Corrêa (vice-presidente), Alecsandra Zapparoli e Giancarlo Civita. José Roberto Guzzo não figurava mais no Conselho. (Guzzo manteve suas colunas em *Veja* e na *Exame*.)

Alecsandra Zapparoli, antes diretora Editorial, era diretora Editorial e publisher da Abril. Fábio Petrossi Gallo era diretor de Operações. Ricardo Perez era diretor de Assinaturas. Lívia Pedreira era diretora da Casa Cor. Isabel Amorim era diretora de Mercado. Edilson Soares era diretor de Planejamento, Controle e Operações. Andrea Abelleira era diretora de Serviços de Marketing. Carlos Sangiorgio era diretor de Tecnologia.

Dimas Mietto, que era diretor da GoBox, e Rogério Gabriel Comprido, que era diretor-geral de Publicidade, não figuravam mais no estafe da editora.

GRUPO

No Grupo Abril, Giancarlo Civita era presidente da AbrilPar. Arnaldo Figueiredo Tibyriçá aparecia como presidente do Grupo Abril. Alecsandra Zapparoli, antes diretora de Conteúdo, era diretora Editorial e publisher da Abril, e Fábio Petrossi Gallo era diretor de Operações – ambos aparecendo tanto no estafe da editora quanto no do Grupo. Eduardo Costa era diretor superintendente da Gráfica. Bruno Tortorello era diretor superintendente da Total Express. Osmar Lara era diretor Comercial da Total Publicações. Mariana Macia era diretora Jurídica. Renata Valente era diretora Corporativa de Recursos Humanos, em substituição a Claudia Ribeiro.

Walter Longo, que era presidente do Grupo Abril, Thomaz Roberto Scott, que era diretor de Auditoria, Tiago Afonso, que era diretor Corporativo de Marketing, e Meire Fidelis, que era diretora de Relações Corporativas e se tornou diretora Executiva da Fundação Victor Civita, não figuravam mais no estafe do Grupo.

JANEIRO 2018

Bruno Tortorello, diretor superintendente da Total Express, deixou o Grupo em janeiro de 2018, sendo substituído por Ariel Herszenhorn.

Carlos Sangiorgio, diretor de Tecnologia, deixou a empresa. Em seu lugar, assumiria Ricardo Schultz.

A revista *Estilo* deixou de circular. *Estilo* fora lançada em outubro de 2002, como a versão brasileira da revista *In Style*, da Editora americana Time Inc.

Bruno Tortorello atuou como CEO da Jaglog.

Carlos Sangiorgio atuou com diretor de Transformação Digital do Banco Fibra.

FEVEREIRO 2018

Edilson Soares, diretor de Planejamento, Controle e Operações, deixou a empresa. Suas funções foram absorvidas por Marcelo Bonini, como diretor de Finanças e Administração do Grupo Abril.

MARÇO 2018

Arnaldo Tibyriçá deixou a presidência do Grupo Abril após quatro meses no cargo. Giancarlo Civita, presidência do Conselho de Administração do Grupo Abril, assumiu a presidência executiva.

ABRIL 2018

Sergio Gwercman, diretor do Estúdio ABC, deixou a empresa, sendo substituído por Sergio Ruiz.

Sergio Gwercman atuou como publisher do Infonews.

MAIO 2018

No quinto aniversário da morte de Roberto Civita, a Abril começou a deixar em definitivo o ex-NEA, Novo Edifício Abril, prédio na Marginal Pinheiros, em São Paulo, para onde movera as suas operações editoriais, em 1997, reunindo gente que trabalhava espalhada em vários endereços da empresa em São Paulo – como no Panambi, na Marginal Tietê e na Lapa. O NEA elevou muito a autoestima da editora e de seus colaboradores, marcou a paisagem paulistana (tanto quanto o prédio da Gráfica, na Marginal Tietê) e abrigou a empresa em seus melhores anos.

Em janeiro de 2015, o prédio deixara de se chamar NEA, e de carregar elementos de marca da Abril, quando a Editora devolveu mais da metade dos andares que alugava. O imponente endereço à "Av. das Nações Unidas, 7221" abrigou a Abril por 21 anos.

Ao longo de dois meses, a Abril se mudou para um conjunto de prédios comerciais, alguns quilômetros ao sul, na própria Marginal Pinheiros, próximos à ponte de Morumbi.

JUNHO 2018

A Abril deixou de publicar os gibis da Disney – incluindo *Pato Donald*, a primeira publicação da editora, 2.481 edições depois do seu lançamento, há exatos 58 anos, em julho de 1950.

Fábio Petrossi Gallo, então diretor de Operações, deixou a empresa. Suas funções foram acumuladas por Ricardo Perez, diretor de Assinaturas.

JULHO 2018

Giancarlo Civita deixou as funções de primeiro executivo da Abril, quatro meses depois de tê-las assumido, com a saída de Arnaldo Tybiriçá da Presidência Executiva. Gianca passou a atuar apenas no Conselho Editorial, junto a Victor Civita Neto. Marcos Haaland, diretor-executivo da consultoria Alvarez & Marsal, assumiu a gestão do Grupo.

Isabel Amorim, diretora de Mercado, deixou a empresa.

AGOSTO 2018

A Abril descontinuou dez publicações: *Arquitetura & Construção, Bebe.com, Boa Forma, Casa Claudia, Cosmopolitan, Elle, Guia do Estudante, Minha Casa, Mundo Estranho* e *Veja Rio*, decretando, simbolicamente, o fim da indústria de revistas no Brasil.

O Grupo Abril, com dívidas na casa de 1,6 bilhão de reais, entrou com pedido de recuperação judicial, medida legal que prevê a reorganização econômica, administrativa e financeira de uma empresa, feita com a intermediação da Justiça, de modo a evitar a sua falência.

Quase oitocentos profissionais foram desligados. Entre eles, Alecsandra Zapparoli, diretora Editorial e publisher. Os demitidos tiveram dificuldade para receber seus direitos rescisórios – as dívidas trabalhistas passaram a ser geridas pelo regime de recuperação judicial.

Essa "Cronologia" narra uma história – factual, baseada em nomes, cargos, datas e movimentações – que ainda não havia sido contada dessa forma em lugar algum. Todas essas informações reunidas numa mesma linha do tempo, repassando os vários enredos e personagens e negócios da Abril, que aparecem aqui como linhas evolutivas que foram avançando em paralelo, mas de modo absolutamente embricado, ao longo dos últimos vinte anos, entre janeiro de 1998 e agosto de 2018, compõem um material inédito. Estão aqui mapeados, praticamente mês a mês, os movimentos no comando do Grupo Abril, na alta direção da Editora Abril, e as principais circunvoluções nas frentes editorial, comercial, digital, de operações, de Internet, de distribuição, de Educação etc.

Gosto de imaginar que dei minha contribuição, entre 1998 e 2006, à sanha realizadora que sempre marcou a Abril e ao ímpeto empreendedor que sempre movimentou o mercado de revistas. Gosto de imaginar também que estou dando aqui outra contribuição, com esse registro histórico.

Por uma questão de concisão, optei por atualizar anualmente os estafes da Editora Abril, a empresa, e do Grupo Abril, a corporação, tomando sempre os expedientes informados no mês de janeiro de cada ano. (As denominações "Editora Abril" e "Grupo Abril" foram alteradas ao longo dos anos e essas mudanças estão refletidas no texto.)

Muita gente boa passou pela Abril. Dezenas de milhares de talentos, de vários naipes e tamanhos, com diferentes estilos e contribuições, labutaram à sombra da arvorezinha em flor, ao longo de setenta anos de história que a editora, a rigor, completou em 2017 – mas que oficialmente comemorará em 2020.

Alguns desses profissionais ficaram menos tempo do que deveriam ou tiveram menos espaço do que poderiam para desempenhar seu trabalho. Em igual medida, gente pouco talentosa ocupou espaço e consumiu recursos além da conta, ao longo da história da empresa.

(A apuração deste livro me permitiu construir uma lista – divertida, mas impublicável, naturalmente – dos maiores perdedores de dinheiro da história da Abril. Vários desses dilapidadores de valor não apenas se eternizaram na empresa como alcançaram altos postos dentro da organização.)

Há talentos que bateram recordes de brevidade, ficando poucos meses na empresa – o que em alguns casos indica inabilidade da empresa em contratar e em demitir. E há heróis da sobrevivência, gente que contra tudo e contra todos garantiu a renovação da sua presença, mesmo depois de avalanches que soterraram populações inteiras. (Alguns desses profissionais, com grande habilidade para sairem ilesos das catástrofes, eram de fato bons e mereciam ficar. Outros, nem tanto.)

Percebe-se que a Abril sempre empreendeu muito. Vários foram os negócios nos quais a empresa entrava e saía, às vezes concomitantemente. Muitas vezes entrando para sair logo em seguida, ou saindo para voltar logo adiante. O apetite intelectual que Roberto Civita tinha, e que alimentava a sua curiosidade, não era menor que seu apetite por expandir o negócio, por abrir iniciativas e investir em novas frentes. Pode-se dizer que a Abril, em determinados momentos, não se moveu para o lado certo nem na hora em que deveria. Ou que, em outras ocasiões, não se moveu com planejamento e consistência. Mas não se pode dizer, de modo algum, que a Abril tenha ficado parada.

Também é de se notar que a vida no negócio de revistas nunca foi fácil, mesmo nos momentos mais prósperos – ou estáveis – para a indústria da mídia. Em praticamente todos os anos condensados nessa "Cronologia" há títulos sendo lançados e títulos sendo descontinuados. E muitas foram as publicações que, mesmo debaixo de céu azul, conviveram com uma nuvem preta (quando não com um machado) pairando sobre a cabeça. Para empreender com conteúdo e audiência, sempre foi preciso ter esperança e sangue-frio.

Ao longo dos pouco mais de 854 mil caracteres deste livro, escrevi 92 vezes o verbo "descontinuar", em suas várias conjugações, e registrei 63 publicações que deixaram de circular no Brasil. Em contrapartida, o verbo "lançar", em suas várias formas, numa evidência do dinamismo do mercado revisteiro, e da Abril em específico, foi grafado 327 vezes.

Esse apetite realizador está expresso nas premiações, uma extensão de marca intuitiva para uma revista: "As Melhores & Maiores", da *Exame* (desde em 1974) e "As Melhores Empresas para Trabalhar", da *Você S.A.* (desde 1997, tendo sido apresentada até 2000 pela *Exame*), "Prêmio Claudia" (desde 1996), "Prêmio Casa Claudia" (desde 2011), "Prêmio O Melhor de Viagem e Turismo" (desde 2001), "Prêmio Saúde" (desde 2006), para citar apenas algumas iniciativas.

A linha de eventos nos fornece outro bom exemplo dessa vivacidade. A Abril manteve o "Espaço Cultural Veja São Paulo", em Campos do Jordão (de 2003 a 2014), a "Casa da Beleza" (de 2000 a 2005), o "Camarote Placar", no Estádio do Morumbi (de 2004 a 2013), Quatro Rodas Experience (2006 a 2015), entre vários outros negócios.

A editora mexeu muito – talvez *demais* – na sua organização. Foram dezesseis grandes reestruturações em vinte anos. Mais precisamente: janeiro de 2000 (Thomaz Souto Corrêa e Gabriel Rico), maio de 2001 (Ophir Toledo), fevereiro de 2002 (Maurizio Mauro), março de 2004, janeiro de 2005 e fevereiro de 2006 (Jairo Mendes Leal), março de 2007 (Jairo Mendes Leal e Mauro Calliari), abril de 2008 (Jairo Mendes Leal), agosto de 2010 (Giancarlo Civita), janeiro de 2012 (Jairo Mendes Leal), junho de 2013 e agosto de 2013 (Fábio Colletti Barbosa), julho de 2014 e junho de 2015 (Alexandre Caldini), agosto de 2016 (Walter Longo) e agosto 2018 (Marcos Haaland). Um executivo chegou a ocupar onze cargos em dezessete anos de empresa.

Houve ordens e contraordens diametralmente opostas, que distaram poucas semanas umas das outras. Às vezes a mudança significava um sincero desejo de transformação, uma vontade real da empresa de fazer diferente e de fazer melhor. Às vezes ela vinha para deixar tudo mais ou menos como estava antes. Algumas mudanças foram circulares – depois de anos, voltou-se ao ponto de partida. Algumas mudanças deram certo e levaram a empresa adiante. Outras conduziram a empresa a becos sem saída.

Algumas empreitadas – como a Abril Sem Fio, a *Usina do Som*, a *Ideal TV*, a Abril Plug and Play e o Estúdio ABC – parecem ter sido a coisa certa a fazer: investidas visionárias, negócios promissores, produtos e serviços bem-feitos, iniciativas com grande potencial. Mesmo que não tenham vindo à luz no melhor momento, nem com o melhor modelo de negócios, hoje, com o benefício do olhar em retrospectiva, parece que mereciam um pouco mais de paciência – e de resiliência – da empresa.

Outras empreitadas se mostraram ralos inesgotáveis de dinheiro – buracos que demoraram tempo demais a serem abandonados.

Olhar para a Abril é perceber como podemos nos tornar vulneráveis – de modo assustadoramente veloz. Se você comparar a fotografia da empresa, no eufórico exercício de 2011, com sua foto pouco mais de meia década depois, o contraste é marcante. E isso não se refere somente aos números, aos aspectos econômicos e financeiros da análise – mas, sobretudo, ao impacto disso na *cultura* da organização e na *anima* de seus colaboradores.

O Grupo Abril, que tinha 13 mil funcionários em 2001, chegou em janeiro de 2018 com 3.800 colaboradores – sendo 1.800 na Editora. Em agosto de 2018, já no novo endereço, e sob os auspícios da consultoria Alvarez Marsal, a Abril ficou com pouco menos de três mil colaboradores – metade no Grupo e metade na editora.

Em abril de 1998, na véspera da minha entrada na Abril, a editora tinha vinte títulos – *Arte & Decoração, Almanaque Abril, Arquitetura & Construção, Capricho, Casa Claudia, Claudia, Elle, Exame, Guia Abril do Estudante, Guia Quatro Rodas, Info Exame, Manequim, Nova, Placar, Playboy, Ponto Cruz, Quatro Rodas, Superinteressante, Veja* e *VIP Exame*.

Em 2011, no melhor ano de sua história, a editora chegou a ter 55 títulos regulares.

Em janeiro de 2018, havia 25 marcas no portfólio da editora – *Arquitetura & Construção, Bebê.com, Boa Forma, Capricho, Casa Claudia, Claudia, Cosmopolitan Nova, Elle, Exame, Guia do Estudante, M de Mulher, Minha Casa, Mundo Estranho, Placar, Quadrinhos Disney, Quatro Rodas, Saúde, Superinteressante, Veja, Veja São Paulo, Veja Rio, Viagem e Turismo, VIP, Você RH* e *Você S.A.*.

Em agosto de 2018, como primeiro ato da gestão da consultoria Alvarez & Marsal à frente da empresa, dez títulos foram cancelados:

Arquitetura & Construção, Bebê.com, Boa Forma, Casa Claudia, Cosmopolitan, Elle, Guia do Estudante, Minha Casa, Mundo Estranho e *Veja Rio*. A editora permaneceu com quatorze marcas: *Capricho, Claudia, Exame, M de Mulher, Placar, Quatro Rodas, Saúde, Superinteressante, Veja, Veja São Paulo, Viagem e Turismo, VIP, Você S/A* e *Você RH*.

De um lado, a Abril ainda era uma empresa *enorme*: faturamento na casa de um bilhão de reais, três mil funcionários e quatorze marcas fortes a gerir na Editora. De outro, o clima, no mercado, era de velório. Talvez porque ainda não estivesse claro se, além do relativo encolhimento, haveria algum avanço da empresa em direção a novos jeitos de fazer e vender conteúdo.

À Abril não bastará a poda de galhos – será preciso reinventar a própria árvore, de modo a adaptá-la às novas condições do clima e do terreno. Ou seja: não adianta cortar marcas (e custos) sem rever o modelo de negócios (e de receitas).

Há pelo menos meia década, não era mais obrigatório manter o centro gravitacional de uma publicação em sua edição impressa – um tabu para a Abril. Da mesma forma, em 2018, talvez não fosse necessário matar uma marca – e todos os ativos atrelados a ela – em nome de descontinuar uma operação industrial deficitária. Talvez houvesse formas de manter a pujança de várias marcas – a comunidade de consumidores reunida ao seu redor, o poder da editora de influenciá-los com a excelência do seu conteúdo –, em vez de simplesmente riscá-las do mapa.

Mas também é possível que em 2018 essa já fosse uma discussão bizantina. Em situação pré-falimentar, a conversa já não era o que fazer com as marcas, mas como salvar a empresa. Os problemas já não eram gerenciais, mas financeiros – e de curtíssimo prazo. Os negócios, lá na ponta, bem como os profissionais ao redor deles, viraram perdas colaterais inevitáveis diante do estrangulamento da empresa.

Resta torcer para que toda essa dor represente, para a Abril, um esforço de transmutação e renascimento para um novo ciclo. Que tudo isso não seja apenas uma sequência de automutilações táticas, desconectadas de uma visão estratégica, e, por isso mesmo, destinadas a se repetir *ad mortem*.

O trabalho de um escritor é pavimentar com palavras o caminho até uma determinada ideia ou conceito. Quanto mais claro, macio, encantador, envolvente, divertido, desconcertante, leve, surpreendente e provocativo for esse caminho para quem lê, melhor terá sido o trabalho de quem arquitetou, investigou e escreveu. Espero ter lhe oferecido uma experiência agradável e instrutiva com estas páginas.

Agradeço àqueles personagens citados aqui, no corpo do livro ou na "Cronologia", a quem importunei com a checagem de informações, e que gentilmente me cederam seu tempo – bem como a outros jornalistas e executivos não citados aqui que se dispuseram a colaborar com a apuração. Muitos dos personagens com quem conversei já não lembravam mais de todos os detalhes de suas próprias histórias. (Espero que eles se revejam de modo prazeroso nestas páginas.)

Agradeço também aqueles que me enviaram depoimentos, em texto e em áudio, que eu reproduzi aqui, ao longo do texto, entre aspas. São testemunhos de viva-voz, que trazem um outro ponto de vista sobre eventos importantes e que enriqueceram esse *memoir* com informações que eu não tinha dentro de mim.

(Aproveito para me desculpar com algum companheiro que eu tenha falhado em citar aqui. Por favor, me ajudem a corrigir qualquer esquecimento – bem como qualquer outra imprecisão – que eu tenha porventura cometido.)

Alguns personagens não quiseram falar. Alguns deles sequer citam a Abril em seus históricos profissionais. Sinal de que, infelizmente, nem todos guardam da arvorezinha verde o mesmo tipo de lembrança que eu.

Há personagens, com quem cruzei entre 1998 e 2006, que ajudaram a construir a história da Abril e que acabaram não sendo citados nominalmente no livro. Como Célia Pardi (que dirigiu *Claudia* por quatorze anos, além da *Capricho* – ela é mencionada rapidamente no relato de Brenda). Ou Nina Iughetti (que dirigiu a *Manequim* por três décadas). Ambas deixaram a empresa em 2002, com 28 e 35 anos de casa, respectivamente. Ou ainda Bettina Orrico, que criou a Cozinha Experimental de *Claudia*, em 1973 – e que até hoje desenvolve receitas para *Claudia*. (A Cozinha Experimental chegou a ocupar um espaço de destaque no Shopping Morumbi, em São Paulo, entre julho de 2003 e novembro de 2011.) É justo que esses profissionais tenham seus nomes registrados num livro sobre aqueles anos. Segue uma lista provisória.

Roseli Strothmeier, Jaqueline Arruda Rodrigues, Alice Cruz, Carlos Grassetti, Bia Mendes, Grace de Souza, Dino Soares, Grace Suzuki, Suzana Camargo, Rosi Pereira, Bizuka Correa, Nely Caixeta, Cris Correa, Cynthia Rosenburg, Ana Luiza Herzog Drummond, Cristiane Mano, Alexandre Alfredo, Mikhail Lopes, Gladinston Silvestrini, Adriana Garcia, Eduardo Ferraz, Dalen Jacomino, Leticia Colombini, Tania Menai, Cássio Utiyama, Rodrigo Vieira da Cunha, José Maria Furtado, Suzana Naiditch, Mauro Silveira, Thaís Aiello, Inês Godinho, Fabio Steinberg, Marta Leone, Margarida Gouvêa de Santana, Lucy Guello dos Santos, Edson Rossi, Carolina Tarrio, Jorge Tarquini, Sérgio Figueiredo, Paulo Maffia, Paulo Vieira, Débora Fortes, Aline Sordili, Marcelo Bauer, Maurício Grego, Fábio Altman, Eduardo Kalnaitis, Sílvia Balieiro, Marco Chiaretti, Sílvia

Faria, Juliana de Mari, Monica Gailewitch, Lenita Assef, Wanda Nestlehner, Patricia Zaidan, Gisela Tognella, Cris Teixeira, Lúcia Gurovitz, Roberta Ristow, Márcia Piovesan, Eliana Sanches, Virgínia Lamarco, Edna Dantas, Ana Lúcia Neiva, Jussara Romão, Fernanda Santos, Vera Barreto, Joyce Moisés, Karina Hollo, Laura Müller, Giuliana Cury, Angelica Banhara, Claudia Visoni, Marcia Carini, Marília Campos Mello, Carlos Amoedo, Veridiana Pomarico, Ricardo Godeguez, Carol Godefroid, Marjorie Umeda, Luana Pavani, Fábio Bosquê Ruy, André Fontenelle, André Rizek, Celso Unzelte, Rodrigo Garofallo, André Kogut, Antonio Campos, Desely Dellai, Roberto Sakai, Paulo Bianchi, Paulo Campo Grande, Zeca Chaves, Márcio Ishikawa, Claudinei Montes, Humberto Werneck, Leonel Kaz, Carlos Graieb, Rosana Zakabi, Celso Masson, Luis Antonio Giron, Daniel Hessel Teich, Raul Juste Lores, Eduardo Salgado, Ricardo Villela, João Gabriel de Lima, Walter Nunes, Zé Edu, Ricardo Lombardi, Thales Menezes, Clarice Fukunari, Thiago Lotufo, Luiz Rivoiro, Ivonete Lucirio, Lia Hama, Tiago Jokura, Felipe van Deursen, Vinicius Romanini, Carlos Primati, Meire Cavalcante, Rodrigo Rezende, Bruno Vieira Feijó, Tatiana Bonumá, Marina Motomura, Xavier Bartaburu, Alexandre Matias, Camilo Rocha, Erika Kobayashi, Júlia Faria, Mariana Mello, Beto Shibata, Henrique Andrade Camargo, André Muggiati, Monique dos Anjos, Alessandra Mennel, Adriana Meneghello, Renato Bacci, Eduardo Toaldo, Bruno Campos, Carlos Santos, Roseli de Almeida, Edison Diniz, Luiz Salomão, Germano Lüders, Carminha Benicchio, Amilton Neves, Christiano Cinquini, Marina Petti, Johnson Veiga, Eliane Stephan, Décio Navarro, Cristiane Lacerda, Ale Ferreira, Fernanda Martinelli, Michel Spitale, Cacau Tyla, Antonio Werneck, Rachel Verano, Jarbas Oliveira, Márcio Penna, Bebel Abreu, Claudia Inoue, Fernando Morra, Paulo Nilson, Tarcisio Alves, Cristina Veit, Elaine Ianicelli, Mayu Tanaka, Dushka Tanaka, Tadeu Cerqueira Pereira, Jonas Oliveira, Suzana Coroneos, Glauco Diógenes, Daniel Scarpin, Ana Basso,

Vanina Batista, Alexandre Battibugli, Marco de Bari *(in memoriam)*, Ricardo Corrêa, Renato Pizzutto, Omar Paixão, Ariani Carneiro, José Eugênio Grillo, Eduardo Fontinhas, Jefferson Barbato, Wagner Rodrigues, Álvaro Zeni, Eduardo Jordão, Fabio Silveira, Heitor Shimizu, Bel Moherdaui, Beto Gerosa, Goretti Tenório, Ricardo Daumas, Dalton Yamaguishi, Marcelo Lobianco, Sandra Jimenez, Márcio Martinelli, Marcelo Jucá, Yuri Trafane, Andréa Costa, Fabian Magalhães, Murillo Boccia, Gilson Del Carlo, Katia Benchimol, Ana Dávalos, Paul Lesbaupin, Zenilton de Mello, Lourival dos Santos, Fábio Mendia, Dorival Dourado, Ana Rita Dutra (*in memoriam*), Angela Rehem, Guiomar Namo de Mello, Valter Pascotto, Luiz Angelo Fellet, Alexandre Campos, Bete Saraiva, Diva Velasco, Ana Travaglia, Márcia Pádua, Roseli Parrella, Rutilio Rachelle, Carlos Alfredo Rizzo (*in memoriam*), Helio Melhem, José Eud Antunes, Darcio Bellini, Maurício Ajzemberg, Nelson Romanini, William Pereira, Osmar Lara, Carla Zucas, Renato Rosante, Minoru Suga, Fatima Torres, Monica Stefanelli, Paula Oliveira, Shirley Nakasone, Sergio Tamassia, Clélio Antonio, Dreves Lemos, Douglas Costa, Aguinaldo Gama, Márcio Azevedo, Cristiane Carvalho, Almir Fantin, Paulo Iervolino, Monica Romano, Rogério Marques, Simone Sousa, Georgia Barcellos, Fabiola Menezes da Paula, Luciana Sato, Elaine Komatsu, Maria Colella, Patrícia Joly, Francisco Anselmo, Ana Paula Soderi, Lu Nittinger, Cris Ventura, Sandra Galli, Cristina Moraes, Fabio Lahr, Érica Lemos, Marina Decânio, Cristiane Cardoso, Cris Catusatto, Helpy Delly, Silvana Ribeiro, Renato Dantas, Irla Ferneda, Paulo Magalhães, Tiago Scaff, Marcelo Moraes, Joaquim Carqueijo, Renata Verdasca, Fred Carbonare, Anna Christina Franco, Denise Zuanazzi, Ana Vieira, Ronaldo Raphael, Barbara Miklasevicious, Gabriela Nunes, Vanessa Weitmann, Gisele Gentil, Simone Carreira, Fabiano Valim, André D'Amato, Geraldo Campos, Pedro Codognotto, Rodolfo Garcia, Edson Melo, Leda Costa, Ivan Rizental, Fernando Sabadin, Adriano Chrisóstomo, Cristiano

Rygaard, Emiliano Hansenn, Derek Oedenkoven, Renato Resston, Heraldo Neto, Samuel Zambrano, Marco Bulara, Nilo Bastos (*in memoriam*), André Vinicius, Cláudia Prado, Selma Souto, André Chaves, Salvador Santini, Carlos Eduardo Burst, Rodrigo Toledo, Luiz Fernando Martin, Liliane Graciotti, Mara Beatriz Marques, Luiz Roschel, Edgar Rosa, Iolanda Puglisi, Luciano de Almeida, Marcello Almeida, Renata Miolli, Vlamir Aderaldo, Marcelo Pezzato, Carla Alves, Letícia de Lallo, Pedro Bonaldi, Sueli Cozza, Luiz Carlos Rossi, Johnny Dias (*in memoriam*), Cris Tassoulas, Eliane Pinho, Maria Luiza Marot, Marcelo Dória, Wlamir Lino, Tatiana Mendes, Claudia Lopes, Helio Faggiani, Stephanie Stern, André Vasconcellos, Cheng Ge Chuan, Ricardo Fernandes.

Por fim, deixo um beijo a Marilia França, e, em seu nome, a todos os que ajudaram a construir, cada um a seu modo, a força e o espírito da Abril ao longo dos anos. Muitos de nós tiveram, à sombra da árvore verde, alguns dos melhores anos de suas vidas – e de suas carreiras. Marilia, por exemplo, entrou na Abril em 1971, como pesquisadora do Dedoc, o Departamento de Documentação da Editora, e só deixou a empresa no fim de 2011, quarenta anos depois, tendo implantado o Conselho de Ética, como sua última missão.

No início de 2015, quando da retirada do busto de Victor Civita da recepção do Novo Edifício Abril (NEA), Marilia publicou um post, em seu perfil no Facebook, expressando sua incredulidade e sua indignação diante daquele duro simbolismo. Marilia traduzia ali o sentimento de tristeza e de impotência – e, mais do que isso, de amor, de reconhecimento e de torcida – de (quase) todos nós em relação à Abril.

Em mim, o sentimento que fica é de alegria, de agradecimento e de orgulho por ter tido a chance de fazer parte dessa história que agora – ao menos no que tange a este livro – chega ao fim.

Anexo – Sobre Esquerda e Direita

Este pequeno ensaio (uma "adrianossilvada" clássica) busca mapear o que significam hoje os conceitos de "esquerda" e "direita", que têm fendido o país sem que ninguém saiba direito o que está dizendo – nem o que está ouvindo. Ao longo do livro, fiz referência a guinadas "progressistas" e "conservadoras" de alguns profissionais e instituições. Mas não dá para falar disso sem repactuar o sentido desses conceitos. Esse é talvez o grande acordo – semântico – que precisamos (re)construir no país. Para nos entendermos minimamente no meio desse entrevero. Enfim: palavras têm poder. É preciso entender o que representam, em todas as nuanças possíveis, de modo a utilizá-las – e compreendê-las – corretamente.

O que é esquerda?

Esquerda costumava significar comunismo ou socialismo. Se você não era a favor do capitalismo, você era de esquerda.

Se você achava que o dinheiro não era o santo gral da humanidade, nem um semideus a ser adorado, nem que merecia ser a medida de todas as coisas ou a referência para regular as relações em sociedade, você era de esquerda.

Dinheiro é riqueza circulante. Um mecanismo que regula as trocas de bens e serviços entre os indivíduos. Que conduz à competição entre eles pela conquista e estoque desse poder de compra. E que resulta em desigualdade social – uns ficam com muito mais do que precisam (e passam a não ter mais que trabalhar para ganhar dinheiro), outros ficam com muito menos do que necessitam – mesmo investindo no trabalho todo o seu tempo de vida. Então, se você era contra a ascendência do capital sobre o ser humano, e contra as desigualdades que provêm do acúmulo de poder aquisitivo, você era de esquerda.

Ser de esquerda era buscar uma sociedade igualitária, sem privilégios de uns sobre outros, com condições mínimas de dignidade econômica garantidas a todos, sem o fosso social entre os muito ricos e os miseráveis que define tão bem, e racha tanto, um país como o Brasil.

A esquerda apostava na geração de bem-estar mais pela via da política do que pela via da economia. O bem-estar viria muito mais do senso de justiça em dividir o pão existente do que dos ganhos de produtividade de produzir mais pães a preços menores.

O termo "esquerda" surgiu na Revolução Francesa, no final do século XVIII. Os jacobinos, liderados por Robespierre, que se sentavam à esquerda na Assembleia Nacional Francesa e que eram mais radicais na implantação do novo regime, se opunham aos integrantes do clero e da aristocracia, que se sentavam à direita e representavam os interesses remanescentes do *Ancien Régime*.

De modo geral, foi assim, no mundo todo, ao longo de muitos anos – ser favorável aos interesses dos poderosos, da chamada classe dominante, dos detentores do capital e dos meios de produção era ser de direita; ser favorável aos interesses dos destituídos, dos descamisados, dos que nada tinham além da sua força de trabalho era ser de esquerda.

Ascetismo moral e visão ingênua do ser humano

Aqui no Brasil, havia também, na esquerda, uma bandeira de honestidade inquestionável, de correção inflexível, de ética inegociável, quase como um ascetismo moral, uma profissão de fé – afinal, se você era contra a opressão do homem pelo homem – e essa era uma posição de *esquerda* – era óbvio que você tinha o coração puro.

Assim como era óbvio que quem estivesse do outro lado do espectro político, numa posição de *direita*, defendendo os privilégios estabelecidos para uns, e, por conseguinte, as injustiças impostas a outros, não tinha essa retidão, nem essa bondade, nem podia ser boa gente.

A crença era que os trabalhadores, explorados, quando tomassem o poder, não se pareceriam em nada com os verdugos exploradores do sistema capitalista. Afinal, atuar de modo espúrio era a práxis das elites que governavam o país, e o mundo, há séculos. A exploração dos mais frágeis pelos mais poderosos era coisa de ricos – então esse não era um pecado no qual os pobres, bons selvagens, o povo escolhido, fossem incorrer. O poder, na mão da esquerda, jamais corromperia essa mão, que tinha o destino manifesto de ser redentora e de se manter imaculada.

O projeto da esquerda, que visava à extinção do capitalismo e das injustiças que dele decorrem, promoveria também, automaticamente, a sanitização das más intenções e das ações torpes em todos os homens. Ex-escravos jamais se tornariam os novos feitores – desde que sua liberdade fosse conquistada de forma autônoma e não concedida por um senhor feudal, em troca da sua alma. Seríamos todos incorruptíveis. Estaríamos livres da ganância e da insensibilidade burguesas.

Num primeiro momento, todos seríamos recompensados proporcionalmente por aquilo que produzíssemos para a coletividade – o socialismo. Num segundo momento, cada um produziria de acordo com a sua capacidade e ganharia de acordo com a sua necessidade – o comunismo. Uma linda utopia de justiça e solidariedade. A espécie humana como uma grande fraternidade – tanto na base da sociedade, quanto entre os novos líderes, legítimos representantes do povo. (Essa representação, no novo sistema, não correria jamais o risco de começar considerando todos iguais e descambar logo em seguida para que uns se tornassem mais iguais do que outros, com acesso a privilégios exclusivos, e se eternizassem no poder...)

Então é possível que a utopia de esquerda embuta uma visão ingênua, ou excessivamente otimista, do ser humano. Boa parte do mau funcionamento das engrenagens de esquerda, como se viu nas várias experiências do chamado "socialismo real", talvez se deva ao fato de que elas contavam com uma peça central que jamais existiu nesse quebra-cabeça – um ser humano justo, fraterno, solidário e consciencioso.

O liberalismo e o ser humano como ele é – e não como gostaríamos que ele fosse

Segundo esse mesmo raciocínio, é possível que o capitalismo tenha tido o mérito de levar mais em conta, na sua teoria, quem você e eu somos de verdade, lá no fundo. Ferramentas como competição, meritocracia, liberdade para empreender contra o consenso e contra o *status quo*, e ambição para buscar ganhos pessoais desproporcionais em relação aos ganhos dos outros, a partir da assunção de riscos desproporcionais em relação aos riscos assumidos pelos outros, e da realização de esforços desproporcionais em relação aos esforços empenhados pelos outros, talvez tenham garantido à utopia liberal uma taxa maior de realismo e exequibilidade, considerando a peça-chave em questão – o ser humano como ele é, e não como gostaríamos que ele fosse.

Admitindo a ganância e o egoísmo humanos como pressupostos, talvez o liberalismo tenha proposto uma engrenagem de funcionamento mais eficaz, inclusive no desenho de elementos que regulem e punam os excessos e os desvios nessa corrida cuja proposta é: "cada um fazer o melhor por si é o melhor caminho para construirmos o que é melhor para todos."

O projeto coletivista de esquerda e o egoísmo intrínseco dos brasileiros

No caso brasileiro, a proposta de esquerda esbarra num paradoxo adicional: como construir um projeto coletivista numa sociedade que ignora o conceito de coletividade? O individualismo à brasileira é do tipo que não dá a mínima para o outro. É um traço formativo da nossa sociedade: eu jogo lixo na rua porque isso resolve o meu problema – e os outros que se lixem. Idem para estacionar em fila dupla, furar a fila, andar pelo acostamento, bloquear a passagem num corredor ou numa escada rolante etc. Somos, a rigor, 200 milhões de folgados que têm certeza de que seu tempo, seus interesses, suas prioridades, seus desejos, suas urgências e suas demandas são mais importantes do que os do vizinho. As nossas dores são as únicas que importam.

O egoísmo do brasileiro nos leva a não conseguir negociar com o próximo um território mínimo de convivência, nem, muito menos, de interesses em comum, o que não nos permite construir nada conjuntamente. Trata-se de uma postura (auto)destrutiva, porque nos coloca num permanente estado de guerra entre iguais.

Por isso, a vida social no Brasil é um ambiente de grande tensão – quem não leva vantagem é subtraído, se você não for malandro, vira otário. Nem mesmo a Lei, a zona neutra, as regras básicas que todos deveriam seguir e que servem para regular a beligerância entre os indivíduos num país movido a competição, como os Estados Unidos, é respeitada no Brasil. Aqui a Lei vale de modo diferente para uns e para outros, dependendo do poder da pessoa envolvida diante dos demais.

No limite, o individualismo delinquente praticado no Brasil é um empecilho à própria utopia liberal. Com essa cepa de egoísmo, é impossível gerar o bem comum – seja num modelo de esquerda, seja numa engrenagem capitalista desenhada para levar isso em consideração.

Heróis são de esquerda, vilões são de direita

A conotação da esquerda sempre foi a do herói, do mártir, do cara que briga por justiça e por um mundo melhor. Eis o arquétipo de esquerda – Robin Hood, que tira dos ricos para dar aos pobres. Já a conotação da direita sempre foi a do vilão, do cara que briga para manter no mundo as injustiças que lhe favorecem. Eis o arquétipo da direita – Príncipe John, o usurpador.

(Note-se, entretanto, que Príncipe John era um feroz arrecadador de impostos, que retirava os cobres das algibeiras das pessoas comuns para abarrotar seu erário, servindo-se da violência do Xerife de Nottingham para isso. E note-se que Robin Hood se insurgiu contra essa ganância e essa coerção, que nada retornavam aos cidadãos que trabalhavam para gerar as riquezas de que pouco gozavam, porque tinham que sustentar o trono. Ou seja, também é possível ver Príncipe John como o Estado que custa bilhões à sociedade e como o governo perdulário – que, com frequência, como aqui no Brasil, é ineficiente, além de corrupto. Assim como é possível ver Robin Hood como um liberal, talvez um anarcocapitalista, que se insurge contra isso – inclusive contra o braço policial do Estado, representado pelo Xerife – e que sonha com que a riqueza gerada pelas pessoas possa permanecer em seus bolsos, em vez de ser achacada por um poder central que existe, acima de tudo, para sustentar a si mesmo.)

Ao longo do século XX, ser de esquerda era também ser um pouco maldito, consequência de confrontar os poderosos – uma contrapropaganda da qual, aliás, Robin Hood também se ressentia. Um dos efeitos da ditadura militar no Brasil é que, ao longo de duas décadas, ser de esquerda também passou a representar a coragem de resistir. Diante do tacão da direita totalitarista, era quase óbvio, por oposição simples, para qualquer pessoa decente, ou minimamente pensante, ser um pouco de esquerda. (Era *fácil* posicionar-se à esquerda.) Debaixo dos coturnos, ser contra o regime dos generais, contra a tortura, ser democrata, defender a liberdade para o povo e os direitos dos trabalhadores era quase uma questão de caráter – e tudo isso implicava se posicionar à esquerda. A ditadura, apoiada pelos Estados Unidos, fez muito mal para a reputação do capitalismo no Brasil.

A truculência dos militares gerou vítimas e mártires do outro lado. E, em consequência disso, um senso de heroísmo atrelado à esquerda. Essa visão da esquerda como o espírito encarnado de Zorro foi crescendo no Brasil até ela assumir o poder central do país, em 2002. Aí, pela primeira vez em nível federal, a esquerda virou situação por aqui. O auge do orgulho abriu espaço para grandes expectativas, envoltas numa sensação de sonho virando realidade.

E, a partir daí, aquela imagem começou a mudar. Não se tratava mais do agente subterrâneo, disposto a pegar em armas contra a tirania dos poderosos. Nem do velho comunista boêmio e boa--praça. Nem do intelectual marxista, estudioso das teorias filosóficas que sustentam o pensamento de esquerda. Nem do herói popular aguerrido, oriundo da massa oprimida. A esquerda, no país, deixou de ser avaliada pelo que *diz*, e passou a ser cobrada pelo que *faz*.

Como resultado, a esquerda entrou na berlinda. Perdeu seu maior ativo – o seu discurso histórico. Como um pregador que não pudesse mais lançar mão de seu evangelho. A crise ética deflagrada no seio da esquerda, epitomizada pelo impeachment de Dilma Rousseff, em 2016, e pela prisão de Lula, em 2018, não apenas expôs os atos da esquerda no poder, invertendo o sentimento de grande parte das pessoas em relação àquelas promessas, como gerou uma reação conservadora de grandes proporções – pela primeira vez, em mais de meio século, desde o golpe militar, se tornou possível no Brasil alguém se assumir de direita, e até de ultradireita, à luz do dia, sem ser considerado apenas um lunático ou um facínora.

De todo modo, é por conta daqueles arquétipos clássicos que o malfeito nos soa menos ofensivo num cara de *direita* – em relação ao qual jamais nutrimos grandes expectativas – do que num cara de *esquerda* – que trai a fala puritana e no qual depositamos nossa Fé. Nos agride muito mais sermos avassalados por alguém que acreditávamos ser um anjo do que por alguém que já sabíamos ser um demônio.

Sermos enganados por enganadores históricos e profissionais, que já estavam de algum modo contabilizados na coluna das perdas e danos, tudo bem. Do ladrão confesso, do bandido óbvio, do meliante autoevidente, não esperamos nada. Ou melhor: já esperamos dele o pior. (E às vezes até nos surpreendemos positivamente, quando ele deixa uma fatia de pão sobre a mesa, depois de afanar o café da manhã.)

Mas quando quem se revela bandido tinha a nossa confiança, embalava o nosso sonho e empunhava a nossa bandeira, nos sentimos profundamente ofendidos. Sermos enganados por quem nos enganava justamente fingindo não ser um enganador, ah, isso não. Aí é pessoal. É acinte. Nosso monge simplesmente não tem o direito de fazer igual ou pior do que os bandoleiros que ele excomungava em seu discurso beatífico.

Esoterismo e messianismo

Como lidar com o guru que prevarica? O que fazer com a visão de mundo vendida por ele, que nós introjetamos e que balizou nossas vidas e ideias por tantos anos? Há dois caminhos. Ou você perde a Fé – e o estômago para qualquer outra ladainha que venha de lá. Ou você *intensifica* a Fé – e passa a buscar justificativas que lhe permitam continuar acreditando.

O herói de esquerda, imortalizado nos levantes sociais e nas revoluções culturais do século XX, é um mito poderoso. Ele, ou ela, ganhou status de ídolo de rock, de líder religioso, uma criatura *larger than life*, refratária a qualquer crítica e imune a evidências espúrias. O herói de esquerda é uma *lovebrand*, que tem seguidores conectados a ela num nível emocional, que não depende da razão para existir.

Para muitos, a ideia do revolucionário, do herói dos oprimidos, ou do oprimido-herói, virou uma coisa sagrada. Diante dessa relação esotérica com a ideia de "ser de esquerda", em situações em que as ações da esquerda, na prática, não condizem com as intenções contidas em seu discurso, ou em que a esquerda rasga as promessas e os compromissos que assumiu com o povo, ou em que os ídolos da esquerda traem nossas esperanças, vários de nós preferem ignorar a realidade e preservar o sonho, optam por negar os fatos de modo a proteger a ilusão. Talvez porque se sintam num ponto de não retorno no que se refere à revisão de suas crenças – já acreditam não poder viver sem elas, nem retroceder do arcabouço conceitual e romântico sobre o qual montaram sua visão de mundo. (Nada tem mais poder para aprisionar a mente humana do que uma *ideia*. Somos escravos dos *memes* que nos arrebatam.)

Para essas pessoas, o herói de esquerda continua sendo um herói, mesmo quando ele se revela um vilão. O axioma está posto: "O pensamento de esquerda não gera vilões. A vilania é uma característica da direita. Ponto. Revoguem-se todas as evidências em contrário." Dá-se então um jeito de defender as falhas éticas do herói de esquerda e de culpar a direita por tudo, inclusive pelos malfeitos da própria esquerda. (O que, convenientemente, torna o herói de esquerda, pego em contravenção, ainda mais heroico, ao ganhar as cores não de um gatuno, ou de um oportunista, mas de um perseguido pelos poderosos, de um injustiçado pelo sistema, de um mártir da causa.)

Outra saída, para preservar a inaderência das críticas ao herói de esquerda, é inocentá-lo alegando que seus eventuais escorregões não são mais do que os mesmíssimos pecados praticados desde sempre pela direita, com os quais convivemos há décadas. O argumento é que não podemos punir *nenhum* malfeito perpetrado pela esquerda enquanto *todos* os malfeitos perpetrados pela direita não forem punidos.

E aí passamos a acreditar que o verdadeiro crime está no modo como estamos julgando os crimes – e não nos crimes em si. É como se disséssemos que temos a obrigação de aceitar e conviver com as barbaridades eventualmente operadas pela esquerda, uma vez que sempre aceitamos e convivemos com as barbaridades praticadas pela direita.

O preconceito de classe em uma sociedade rachada

E de fato há, no Brasil, um escândalo seletivo. Há dois pesos e duas medidas para julgar a esquerda e a direita. Trata-se de uma questão de classe. Os ricos têm direitos exclusivos, e você os trata de um jeito. Os pobres, que não têm direito a nada, são tratados de outra forma.

Numa sociedade historicamente fendida, mercê do fosso social entre proprietários e despossuídos, a regra é "nós contra eles". Então o poder tem que ser "nosso". Trata-se de defender os próprios interesses, as prerrogativas estabelecidas. O jogo no Brasil é entre quem tem contra quem não tem. Não nos vemos como uma Nação, como um só povo. Somos um país construído na cisão entre senhores, destinados a acumular tudo, e vassalos, destinados a não contar com nada.

United We Stand, algo como "Juntos nós somos fortes", uma das ideias fundantes dos Estados Unidos (e que nem sempre funciona por lá), nunca teve vez por aqui. Muito menos a Igualdade, a Fraternidade e a Solidariedade bradadas na Revolução Francesa. Na maior parte dos demais países, quando alguém diz "nós", está se referindo a toda a sociedade, ao conjunto do povo que habita aquele território. No Brasil, quando alguém diz "nós", está se referindo, quase sempre, à casta à qual pertence. De um lado, entre os "vencedores", indiferença e *vergonha* de pertencer. De outro, entre os "excluídos", ressentimento e *fome* de pertencimento.

Desconfiança, superioridade moral e antipatia

A esquerda queria reinventar o mundo. Desafiar o *status quo*. Esse discurso de ruptura, que funcionava como uma força de sedução para uns, gerava um beiço em outros – independentemente da sua condição social. Como, na média, as pessoas são conservadoras e temem a mudança, eram três as reações mais comuns às bandeiras vermelhas.

A primeira, a reação *cética*: "esse cara está tentando me engambelar." O raciocínio era: "santinhos não existem, ninguém presta, esse bom-mocismo todo deve estar escondendo alguma intenção escusa, aí tem, o que esse cara quer com essa cara de bonzinho é subir ao poder e pegar tudo para ele, mas a mim ele não engana."

A segunda, a reação *ofendida*: "na hipótese desse cara estar sendo sincero em suas intenções, quem ele pensa que é para me *ensinar* a olhar o mundo?" A visão de esquerda subentendia uma certa superioridade intelectual – e moral – em relação aos ignaros. Como alguém que alcançou a iluminação falando com quem ainda estivesse nas trevas. Como alguém que enxergou a verdade tentando convencer aqueles que ainda vivem no equívoco. E ninguém gosta de se sentir inferior ou menos inteligente.

Para esses, a esquerda agia como aquele chato que critica tudo e quer impor novas regras ao funcionamento do ambiente, insensível ao fato de que ninguém gosta do esforço – e do desconforto – de ter que rever seus axiomas.

O cidadão médio – que o pessoal de esquerda considerava "alienado", "despolitizado" – desgostava também de que a esquerda criticasse as coisas que ele mais curtia na vida e anunciasse um fim para seus sonhos de consumo, suas aspirações materiais, para o mundo que ele conhecia, em nome de um suposto bem maior, distante da sua realidade, e que lhe punha mais medo do que esperança.

A proposta de esquerda exigia um tanto de ascetismo, de desapego em relação aos bens materiais – a crítica à égide do dinheiro embutia uma visão estoica de mundo. Só que nem todo mundo esperava conquistar na vida apenas uma camiseta, um jeans surrado e um chinelo de couro. Enquanto isso, o imaginário proposto pela direita era composto de conforto e fartura. Mesmo que essas benesses não fossem para todos, era impossível não se deixar seduzir pelas aspirações burguesas. Especialmente quando se percebia que a vida do cidadão médio era melhor em Seul do que em Pyongyang, ou em Nova York do que em Moscou, por exemplo.

A terceira reação ao discurso de esquerda era a *receosa*: "até pode ser que esse cara tenha razão, e que ele esteja sendo sincero, mas *eu* não vou mudar." A visão de esquerda exigia uma transformação radical dos jeitos de viver e compreender o mundo. E muitos consideram mais confortável o desconforto de uma situação *ruim*, mas conhecida, do que o desconforto de enfrentar uma situação desconhecida, ainda que *melhor*.

Somos uma espécie gregária cujos indivíduos competem violentamente pelos recursos disponíveis

A proposta de esquerda sempre soou alienígena, vinda de fora do *establishment*. O que impunha riscos e exigia um destemor que a maioria das pessoas não tinha. Não gostamos da ideia de compartilhar nossos recursos. A nossa tendência é sempre a autopreservação. É atávico – tribos humanas nunca dividiram facilmente territórios ou posses entre si. Mesmo dentro dos clãs, a competição por espaço e poder – muitas vezes expressa pelo patrimônio pessoal amealhado por cada um dos membros – também sempre foi ferrenha.

Apesar de sermos uma espécie gregária, a trajetória humana sempre foi marcada pela concorrência. Vivemos em sociedade, mas somos seres individualistas. *Ter* recursos sempre foi uma vantagem competitiva na luta pela sobrevivência, inclusive no que se refere à passagem adiante de nossa carga genética, em contraposição a quem tinha menos ou simplesmente não tinha nada.

Então é sempre mais fácil falar em transformação quando isso significa que nós ganharemos e outros perderão. E é muito indigesto falar disso quando somos nós que temos de abrir mão de alguma coisa em nome da *egalité* ou do bem comum.

Mesmo entre os pobres, sempre houve mais gente desejando para si o padrão de vida "burguês", e buscando para isso ascender socialmente pela via capitalista, do que gente desejando acabar com o padrão de vida "burguês", em nome de uma suposta divisão mais equilibrada dos recursos entre todos. Na média, as pessoas, mesmo as despossuídas, preferem ter posses a obter justiça social. A maioria das pessoas não sonha com o dia em que todos tenham o suficiente – elas aspiram a ter suas necessidades e seus desejos atendidos, ainda que para isso tenham que acumular recursos que talvez venham a fazer falta a outros indivíduos. O ser humano sempre se coloca à frente dos demais. Primeiro eu, a minha família, os meus – depois os outros.

Além disso, o conservadorismo médio do brasileiro pode ser explicado por um certo comportamento, comum entre "oprimidos", de assumir valores que enxergam em seus "opressores", como a dizer: "sou pobre, mas penso como os ricos. Estou momentaneamente aqui, mas pertenço animicamente ao lado de lá." Como se com isso pudessem se tornar menos pobres, antes de efetivamente deixarem de sê-lo. Assim reproduzem, por vezes de modo até exacerbado, o discurso da elite – e se tornam, eles, peões, mais realistas que os reis.

O pensamento de esquerda como reduto do sentimento de culpa de ter alguma coisa num lugar onde tantos não têm nada

O indivíduo de esquerda muitas vezes se sente culpado por ter alguma coisa, num ambiente em que muitos não têm nada. Há, com frequência, mal-estar por o sujeito ter nascido numa família que tinha uma geladeira com comida dentro, ou por ter podido estudar num colégio particular, ou por ter conseguido ir à praia em alguns verões.

No limite, a visão de esquerda é aquela que diz que ninguém pode ter nada que um outro cidadão não possa ter também. Ou que ninguém pode ter nada enquanto todos não puderem ter tudo. Ou que não se pode desfrutar de bens e benesses, acima de um determinado *teto*, enquanto houver gente vivendo abaixo de um determinado *piso*.

Essa visão deplora a desigualdade, bem como qualquer coisa que pareça um luxo, um extra, diante de um mundo em que tantos vivem em condições subumanas. Um discurso que se baseia no exercício da empatia, de se colocar no lugar do outro – e de não admitir para os demais condições que você não admitiria para si mesmo ou para os seus.

Hoje parece claro, num país como o Brasil, que a desigualdade é um fator que atrapalha inclusive o usufruto daqueles que conseguiram acumular alguma coisa. A insensibilidade dos vencedores diante dos perdedores, no jogo capitalista, ou na concorrência individual humana por melhores condições de vida, no limite, leva a um beco sem saída em que a vida fica insuportável para todos.

Não é preciso comungar da visão de esquerda para enxergar o óbvio: a redução das desigualdades e a melhor distribuição dos recursos no Brasil, gerando mais justiça social, não são benemerência e nem uma questão ideológica – trata-se de uma estratégia óbvia, e de uma medida urgente, para a preservação dos interesses da própria classe dominante.

Repulsa ao discurso de esquerda

Com o tempo, no Brasil, tornou-se impossível permanecer neutro diante do discurso de esquerda. Ou ele inspirava paixão ou urticária. As propostas fundantes do projeto de esquerda, as conversas que a esquerda entabulava com a sociedade, muitas vezes de modo agressivo, ressentido, ou então num tom evangelizador, professoral, se conseguiam catequizar alguns, em outros geravam impaciência e desconfiança.

Com um agravante: para muitos, era insuportável que essa proposta moralmente superior viesse de baixo. (Ainda que apoiada por intelectuais ou por bolsões da classe média e até da elite.) O discurso condoreiro não poderia vir de gente que habitava estratos inferiores da sociedade. (Mesmo quando o discurso não vinha de lá, aqueles eram os *protagonistas* da fábula esquerdista – os deserdados, os sem dentes, os analfabetos.)

Era ofensivo que aquela casta subterrânea tivesse uma voz. Quanto mais uma narrativa inteira que propunha o fim da história e a redenção da humanidade pelas mãos do proletariado. Era inadmissível que os pobres almejassem o poder – ainda mais com aquela ideia duplamente subversiva: eles não queriam apenas se tornar vencedores também, mas buscavam mudar as próprias regras do jogo que dividia o mundo entre vencedores e perdedores.

O que é direita?

Já direita costumava significar capitalismo. O direito do indivíduo de construir seu próprio enriquecimento. De ganhar e acumular poder aquisitivo. E a liberdade para fazer o que bem entender com a própria vida, sem um planejamento externo, com a menor ingerência possível de uma autoridade superior.

Se você acreditava que cada um tem que cuidar de si, e fazer por onde, do seu jeito, a partir de suas próprias escolhas, desafiando a ordem vigente e as condições dadas, e se você achava que o esforço individual é a melhor forma de gerar e distribuir riqueza em sociedade, e que esse esforço deve ser estimulado e bem recompensado, então você era capitalista.

À direita estava o liberalismo. Um conjunto de preceitos que apostava na geração de bem-estar mais pela via da aceleração econômica do que pela via da organização política. E que estava baseado em ideias como: Estado pequeno, provendo os serviços públicos essenciais, como uma espécie de zelador do condomínio. Governo agindo mais como juiz da partida do que como um dos jogadores. Economia aberta, mercado livre, regulado pela competição entre empresas privadas. Justiça ágil e independente, solucionando rapidamente os conflitos entre os jogadores. E, principalmente, foco no indivíduo, com mais liberdades e mais responsabilidades transferidas do âmbito público para o privado, e da esfera institucional para o dia a dia das pessoas físicas e jurídicas.

Direita brasileira, coronelismo e tradição patrimonialista

Aqui no Brasil, direita também significava coronelismo, descaso dos mais abastados com a coletividade que os circundava e sustentava. Ser de direita, por aqui, era apostar na desigualdade social como meio de eternizar privilégios. E pertencer ou apoiar uma elite que jamais soube, ou quis, entender o que é a *noblesse obligue* – a "nobre obrigação" da classe dirigente em relação a seus dirigidos.

A direita no Brasil nunca acreditou na meritocracia, no mercado aberto e na livre competição. Assim como nunca desejou uma Justiça independente. Na mão inversa, a direita brasileira sempre buscou minimizar a concorrência no mercado interno e sempre procurou contar com uma Justiça devotada à conservação de suas prerrogativas de classe.

Nossa direita nunca acreditou no enriquecimento por meio do trabalho duro, do talento individual, do desenvolvimento de diferenciais competitivos. Ao contrário: ela sempre operou pela manutenção de vantagens imorais, muitas vezes ilegais, obtidas por meio da concentração oligárquica da renda e do poder – e da apropriação injusta, quando não indébita, pela classe dominante, da riqueza que deveria ser de todos.

Eis a nossa tradição patrimonialista – que vem dos primórdios, ainda nas primeiras décadas da história do Brasil, com o loteamento do país em capitanias hereditárias entregues a nobres portugueses. Essa tradição cartorial, feudalista, de distribuição dos meios de produção, para usufruto vitalício, entre os amigos do rei – que depois passam de pai para filho a posse de terras, indústrias e gentes –, ainda subsiste entre nós.

No Brasil, a direita nunca operou pela redução do Estado. Ao contrário, nossos capitalistas sempre dependeram do Estado grande. Para nossa classe dirigente, quanto maior for o erário, mais ganhos ela pode obter ao operar seu fisiologismo, mais vantagens privadas ela terá a partir da espoliação que lograr fazer dos bens públicos.

A relação da nossa direita com o país sempre foi extrativista, bulionista, de rapinagem. O Estado no Brasil é uma engrenagem que suga, com poder de autoridade, a riqueza da sociedade, em especial às custas dos mais pobres – mas nossa direita não vê isso como um problema, e sim como uma oportunidade, porque dessa enorme algibeira compulsória e confusa é mais fácil drenar para seus próprios bolsos os recursos que deveriam beneficiar a todos. O projeto da direita por aqui não é reformar o Estado – mas ocupá-lo, controlá-lo e obter por meio dele o máximo de ganhos pessoais, econômicos e políticos.

Estado vs Mercado

Para a direita clássica, governo é custo, na medida em que ele não gera riqueza – quem gera riqueza é a sociedade. O governo é um síndico que o edifício precisa ter – para cuidar das áreas comuns, para impor as decisões apuradas em assembleia, para zelar pelos interesses de *todos* os condôminos.

Essa é a visão liberal do Estado – um administrador que cuida das instalações do clube com eficiência e transparência, e que executa as tarefas que não possam ser melhor realizadas pelos próprios sócios, arbitrando também eventuais conflitos entre eles – custando, para fazê-lo bem-feito, o mínimo possível. Esse administrador tem que trabalhar *para* os sócios (que somos você e eu), e *por* eles, e não o contrário. Os sócios não devem deixar de comprar comida ou roupa para poder pagar a mensalidade. Quanto mais suas riquezas puderem ficar dentro das suas contas, para uso direto em suas vidas privadas, melhor.

Na teoria liberal, é importante reduzir os gastos públicos, para termos menos impostos. A ideia é que é melhor ter o dinheiro da sociedade circulando na própria sociedade, entre os indivíduos, no mercado, gerando bem-estar direto às pessoas, do que nos cofres do governo. Os impostos, que sustentam o Estado, são um peso para o cidadão – uma espécie de tarifa pelo uso das instalações do país. Enfim: um mal necessário.

O liberalismo prega que a sociedade dependa o menos possível do Estado, para que o poder central não obstaculize nem sobrecarregue a atuação das pessoas – que são, no fim do dia, os agentes produtivos que definem o sucesso da economia, dos negócios, das empresas e das carreiras em um país. Para a direita, quanto menos estivermos reféns dos governantes e de suas canetadas, e das contas que eles nos apresentam, melhor.

Setor público e sociedade no Brasil

No Brasil, temos, de um lado, uma máquina administrativa ineficiente, carregada de privilégios e de desvios, e, de outro, milhões de cidadãos desprovidos dos direitos mais básicos – sendo que a razão de existir da máquina é precisamente garantir direitos básicos aos cidadãos. A fotografia parece revelar que vivemos num condomínio milionário e roto sustentado por condôminos quebrados.

Na visão de esquerda, faz sentido termos um Estado grande, que regule a vida e os fluxos da sociedade sob a bandeira da distribuição de renda e da promoção da igualdade social – sempre mais como uma obra política do que econômica; sempre mais por meio de políticos messiânicos e de governos redentores do que por mérito dos próprios indivíduos e de suas atividades e iniciativas, na microeconomia, no dia a dia do trabalho e do empreendimento.

É um projeto de esquerda, por exemplo, elevar os gastos públicos, cobrando mais impostos da sociedade, para que o governo regule, por meio da sua máquina, o *que* deve ser feito – e *quando* deve ser feito e *como* deve ser feito – com a riqueza da nação.

Para a esquerda, no limite, só um Estado grande e intervencionista, com presença em todos os campos da vida, tutor de uma economia planejada, é capaz de gerar equilíbrio e bem-estar. É como se disséssemos que é melhor para a sociedade que o dinheiro esteja no erário público, e não nos bolsos dos cidadãos – porque o governo sabe investir o dinheiro das pessoas melhor do que elas. É como se disséssemos que o poder central precisa nos dizer o que fazer e para onde ir – porque ele sabe das nossas vidas melhor do que nós mesmos.

Em países como o Brasil, há um problema adicional: o dinheiro público não é visto como o dinheiro de todos – mas, sim, como o dinheiro de *ninguém*, um recurso sem dono que está ali para ser amealhado por quem for mais esperto ou mais rápido. Essa tem sido, ao longo de nossa história, a tônica da nossa relação com o Estado – uma esfera em que você entra para se locupletar. Um lugar a que poucos têm acesso, porque ele jamais foi pensado para servir a todos.

O Estado brasileiro não apenas *não* é um agente de distribuição de renda como tem sido um garantidor de privilégios e de privilegiados, um causador de concentração de renda e injustiça social, ao drenar os recursos da coletividade e colocá-los na mão de poucos.

Na lógica perversa da corrupção nacional, há uma verdade cristalina, aceita por todos: políticos estão ali para garantir o seu. É o que a maioria dos brasileiros faria, se tivesse a chance: usar de todos os expedientes para enriquecer rápido, do emprego de parentes à participação em maracutaias, e para se eternizar no poder, transformando a própria família em uma quadrilha.

Outro aspecto interessante nessa discussão: a fé no Estado grande reproduz a ideia da necessidade de uma superestrutura colocada sobre a sociedade – como uma monarquia ou uma ditadura. Para essa ideia de organização social, política e econômica, não basta um síndico; precisamos de um *patrão*. Não basta um administrador eficiente; precisamos de um *líder* supremo que nos guie e resolva tudo por nós, e para nós, para que possamos caminhar vendados, em marcha unida, sem precisarmos assumir o risco de escolher nossos próprios caminhos nem de tomar nossas próprias decisões.

Ainda um ponto digno de nota: havia um tempo, no Brasil, em que se dizia que o lugar da esquerda era na oposição. Como se a situação fosse o espaço por excelência da direita. Como se a "classe dominante", nem sempre correta e justa em suas intenções, mas de algum modo melhor gestora na prática, precisasse da esquerda, da sua honestidade radical, da ingenuidade santa e da estridência denuncista dos "oprimidos", para impor limites éticos à sua política de "rouba, mas faz". Um pensamento tortuoso, por vários aspectos.

Isso equivaleria a considerar, por exemplo, que não há competência técnica, nem capacidade de realização (e nem a premeditação de malfeitos) à esquerda. E que não há boas intenções, nem um projeto honesto (e nem maus gestores) à direita. Um bocado de equívocos tem sido cometido, para um lado e para o outro, a partir dessa mitologia.

Corrupção, corruptos e corruptores

O Estado brasileiro aglutina plutocratas ao redor do cofre, numa redoma de impunidade. Com isso, produzimos déficits orçamentários gigantescos (que sobrarão para a sociedade pagar – o fiador do governo somos você e eu; bem como nossos filhos e netos), as maiores taxas de juros do mundo (mercê de um Estado que é um devedor inveterado, um tomador de empréstimo que suga todo o dinheiro do mercado e torna altíssimo o custo do capital no país), e que entrega pouco ou nada aos cidadãos em troca do dinheiro que tunga.

Os governos, no Brasil, historicamente, oscilam entre a inépcia e a roubalheira. E, na maior parte das vezes, desenvolvem um combinado devastador desses dois fatores. Nossos dirigentes vivem à parte do dia a dia real do país, encastelados em torres de poder onde cultivam um descaso absoluto com os cidadãos que os elegeram e que pagam seus salários.

Não esqueçamos, evidentemente, que não existem corruptos sem corruptores. Vale sempre lembrar que, para cada corrupto operando nas frinchas pouco iluminadas do setor público, há, do outro lado, na iniciativa privada, um corruptor. (Um presidente de empresa me disse um dia: "Não existe corrupção entre ministérios – um burocrata não oferece propina para o outro. Cem por cento da corrupção é financiada pelas empresas e pelos empresários".)

Então, para quem demoniza o Estado e imagina que a redenção nos espera automaticamente entre os homens e mulheres que tocam nossas empresas, os luminares do nosso capitalismo, é sempre bom lembrar que, se esses capitães de indústria fossem retos e corretos, não haveria corrupção no Brasil, por mais candidatos a corruptos que houvesse na esfera pública.

Mais: para cada dirigente corrupto, há um cidadão corrupto – ou conivente com a corrupção – que o elegeu. O buraco no Brasil, o País dos Ladrões, é bem mais embaixo do que reza a nossa vã teoria econômica – seja ela qual for. Nem liberalismo nem socialismo funcionarão no Brasil enquanto não curarmos a cleptomania crônica que nos define. Nem esquerda nem direita terão condição de produzir um projeto honesto num lugar em que não há gente honesta. A corrupção da classe política brasileira apenas espelha o que somos e o que fazemos em todos os demais níveis da nossa sociedade.

O tamanho do Estado e a nossa dependência de um poder central

Na visão liberal clássica, além de aumentar a transparência da máquina administrativa e a efetividade das punições, tornar o Estado menor (e, portanto, mais controlável) é uma medida prática de combate à corrupção. Afinal, quanto menos bens públicos estiverem à disposição dos bandidos, melhor.

Um outro aspecto é que a redução do Estado também contribuiria para mitigar a nossa cultura de dependência de um poder central. Numa sociedade em que o Estado ocupa papel central na economia, todos precisam prestar reverência (e, muitas vezes, pagar propina) a quem manda. O objetivo de vida de muita gente por aqui, por muito tempo, foi estar próximo a uma teta.

Além disso, vários de nós desenvolveram uma dependência emocional em relação ao poder central. Como se os grandes movimentos da sociedade, e também em nossas vidas, tivessem de partir dos governos, e não de nós mesmos. O que gera uma cultura de subserviência acomodada, de castração da própria iniciativa diante de uma instância superior que resolve tudo.

No Brasil, essa é uma questão fundamental. Porque há quinhentos anos tudo precisa advir do poder central – uma relação de paternalismo e dependência que está presente em toda a sociedade, e que nos paralisa. Boa parte das pessoas prefere permanecer à sombra dos mandos (ou desmandos) governamentais, ainda que na condição de vítima (o que, a partir de determinado momento, oferece também um álibi para as nossas frustrações, vira uma posição confortável) do que romper com essa relação modorrenta e ir à luta, com as próprias forças, em busca de melhores condições. Depender menos do governo permitiria à sociedade sofrer menos em momentos de crise – política ou mesmo econômica. Os cidadãos estariam melhor blindados na eventualidade de uma administração ruim – coisa frequente por aqui.

Quando todas as coisas precisam passar pelo Estado, a briga ideológica entre as várias propostas conceituais para a gestão do mamute cego ocupa lugar central em nossas mentes – e pontos cruciais para a melhoria real e sustentável do bem-estar em nossas vidas, como produtividade, eficiência e inovação, acabam esquecidos.

Se a vida brasileira acontecesse mais próxima à atividade econômica, estaríamos mais ocupados em abrir novas empresas, lançar novos produtos, aprender novas competências que pudessem ser vendidas com maior valor ao mercado – e não daríamos tanta atenção àquilo que acontece nos palácios. Quanto menor, menos pesada e menos importante for Brasília, e suas congêneres, para a vida nacional, melhor para o Brasil.

Na teoria liberal, a ideia central de um governo é existir apenas na medida em que ajuda os cidadãos a melhorar de vida. E, acima de tudo, em que não atrapalhe a jornada individual das pessoas em direção ao bem-estar e à prosperidade.

Em tempo: o empreendimento também produz muita ineficiência. Especialmente num país periférico como o Brasil, em que o compromisso com sistemas eficazes e com a racionalidade econômica nunca foram pontos fortes, mesmo entre as empresas. Ainda assim, os desperdícios, as decisões equivocadas e os jeitos toscos de fazer as coisas são muito menos prejudiciais quando acontecem na iniciativa privada do que quando ocorrem no setor público. Por um motivo bastante simples – são erros que não acontecem com o *seu* dinheiro.

A exploração do homem pelo capital – e a exploração do homem pelo Estado

Para a esquerda, a iniciativa privada é um ato de má-fé. Empresariar significa espoliar. Abrir um negócio e ganhar dinheiro são gestos imorais – porque pressupõem a exploração do homem pelo homem. Empresários são vistos como gente ruim, digna de desconfiança e não de admiração. Porque ganham sobre o trabalho alheio, com a mais-valia. E porque costumam devastar os recursos naturais do planeta, que também deveriam ser bens coletivos.

A esquerda deseja defender as pessoas do capital, que é visto como um instrumento que existe para escravizar e corromper. E entende que só o Estado pode salvar os trabalhadores de serem vilipendiados pelas empresas, regulando ao máximo essa relação por meio da intervenção governamental.

Para a direita, ao contrário, não há nada como o poder transformador do empreendedorismo. Nem nada mais eficiente do que o capitalismo para a geração de prosperidade. A direita acredita na iniciativa privada como o caminho mais eficiente para um indivíduo mudar a sua própria condição.

Se para a esquerda o capital escraviza, para a direita o capital liberta e produz felicidade, por meio da criação de novos bens e serviços (além de empregos) que geram melhores condições de vida, dos ganhos de produtividade que baixam preços e levam bem-estar a um número maior de pessoas (tornadas cidadãs por meio da inclusão no mercado de consumo) e de novas tecnologias que engendram novas carreiras e novas possibilidades, ampliando o espectro da realização humana.

A esquerda, no fundo, desconfia do indivíduo e dos seus instintos. E deseja salvar a todos – o que significa proteger uns da ação dos outros – por meio do controle dos movimentos num jogo planejado. Mesmo que para isso seja necessário restringir as liberdades individuais e a pujança das iniciativas.

Já a direita desconfia do controle. E deseja salvar a sociedade da ação do poder central, entregando mais liberdades, responsabilidades e alçadas de autogestão para os indivíduos, em detrimento da sanha reguladora das instituições. Em outras palavras: *laissez-faire*.

O sentimento de esquerda, baseado em valores altaneiros como solidariedade, bem comum e combate às desigualdades e injustiças, esbarra no modo como ela imagina chegar lá: restringindo o espaço de ação do indivíduo.

O raciocínio humanista e libertário da esquerda, correto em suas intenções, deveria ser apontado também para os efeitos do poder discricionário que as instituições exercem sobre a vida das pessoas. O quanto a dependência de um poder central pode tolher os indivíduos em termos de pensamento independente, de construção criativa, de iniciativas pessoais que produzam mais e melhores ofertas para suprir as demandas existentes em sociedade?

Para a direita, o setor público, que deveria existir para servir, com frequência se torna uma máquina autômata, com inesgotável sede de poder, que vive para perpetuar a si mesma, e que se dedica a taxar a produção alheia. Ou seja: ninguém exploraria mais o trabalhador, ninguém se apropriaria mais do resultado do trabalho alheio, do que o Estado – e com peso de lei.

De um emprego tóxico, numa empresa horrível, é possível desistir. Já a autoridade do Estado não é possível recusar. Perto disso, em termos de grilhões impostos aos indivíduos, os capitalistas ponderam que até que são bem inofensivos.

Para os liberais, não importa se o populismo que utiliza o Estado em benefício próprio é de esquerda ou de direita. Não importa se o projeto de Estado grande for levado a cabo por senhores feudais ou por sindicalistas. Importa não deixar que o setor público seja tomado por aproveitadores – e nem que ele escravize a sociedade, fazendo-a trabalhar para sustentá-lo.

Nem todas as pessoas, no entanto, querem ter mais liberdade diante do poder central. Em todo mundo, um bocado de gente nutre a estranha mania de duvidar dos políticos, de desprezá-los, sem jamais, no entanto, deixar de acreditar que só eles podem nos salvar, que só deles virá a nossa redenção como sociedade.

O populismo é um dos apelos mais irresistíveis aos sentidos humanos. É o que a história tem nos mostrado. Boa parte de nós adora um ditador. De qualquer matiz. Quanto mais nos sentimos desesperançados e despotencializados, mais desejamos um governante forte, que resolva tudo por nós; um síndico que fale grosso e imponha medo, e com isso nos dê a sensação de que há ordem no caos, de que há um caminho curto e reto debaixo da crescente complexidade do mundo. O populismo é a nostalgia de um pai prepotente. Alguém que, no fundo, amamos odiar. E que nos ofereça um contraponto firme a uma realidade que nos parece cada vez mais provisória e volátil.

O fisiologismo brasileiro e a reforma do Estado

Ao mesmo tempo que divinizava o Estado, a esquerda criticava o histórico uso clientelista da máquina administrativa, aqui no Brasil, pelas oligarquias. Ao assumir o poder no país, no entanto, a esquerda aparelhou o setor público. Se a direita brasileira nunca buscou reduzir ou recusar o Estado, a esquerda também não buscou reformá-lo nem sanitizar seus vícios históricos. Ao contrário, ela agudizou as suas mazelas ao colocá-lo a serviço dos seus interesses. "O poder é de direita", desabafou Henfil, um esquerdista, quando seu partido, o PT, começou a lidar mais proximamente com as estruturas de poder, ainda na década de 1980.

Se a direita no país nunca se bateu por mais liberdades – e responsabilidades – para os indivíduos, a esquerda continuou explorando o modelo de governo como um grande operador nacional de negociatas, como as elites sempre fizeram por aqui, só que agora sob a direção de uma nova classe dirigente, operária e sindical.

Então, no Brasil, tanto a esquerda quanto a direita são estatistas. O que torna a oposição esquerda versus direita por aqui bastante falsa – ou, ao menos, muito mais complexa do que se pode enxergar num primeiro olhar. A grande questão para o Brasil é separar o público do privado. Desestatizar a sociedade – um pleito liberal. E, ao mesmo tempo, desprivatizar o Estado – uma premissa básica para qualquer projeto honesto de país.

A esquerda e a direita têm muitos interesses em comum, como classe política, no Brasil. Por isso elas têm se unido para manter os privilégios de quem vive às custas do erário. Um setor público mais magro e mais eficiente não interessa a quem se dedica a traficar influência e a obter todo tipo de locupletação pessoal e partidária.

O Estado brasileiro precisa se tornar mais eficaz e mais transparente. O que fazer com o dinheiro público – emprestar a juro zero para os grandes conglomerados exportarem mais ou investir na educação das crianças nos bolsões mais pobres do país – é um debate posterior. Simplesmente porque a discussão sobre onde investir o dinheiro depende de que haja dinheiro para ser investido. O primeiro passo é instituir o respeito à matemática financeira e à lógica econômica – com clareza na atribuição de responsabilidades e na prestação de contas.

A grande discussão sobre o projeto de país que queremos para o Brasil não se dá entre o capitalismo fisiológico da direita feudal brasileira e a economia centralizada e clientelista do projeto de poder da esquerda sindical. Afinal, essas propostas têm mais coisas em comum do que diferenças. A grande divisão de águas se dá entre quem quer reformar de verdade o Estado brasileiro e quem deseja continuar se locupletando com ele do jeito em que está.

A proposta da direita honesta, no Brasil, é aliviar o tremendo fardo do Estado das costas dos cidadãos. (Como se os enormes problemas sociais que temos pudessem ser resolvidos com *menos* governo.) E a proposta da esquerda honesta é investir mais no Estado, tornando-o ainda maior. (Como se o que lhe faltasse para ser mais eficiente fosse ter *mais* recursos à sua disposição.)

Ambas as propostas expressam utopias que, sozinhas, talvez sejam insuficientes para solucionar nossa enorme dificuldade de construir uma nação sobre o território brasileiro.

Nacionalismo e globalismo

Outra falsa oposição entre esquerda e direita é a que estabelece que a globalização, com a criação de empresas multinacionais que faturam num ano mais do que a soma das riquezas produzidas em muitos países no mesmo período, e com o consequente enfraquecimento dos Estados nacionais, é um projeto de direita, com o objetivo de transformar o mundo num imenso shopping center. E que a defesa das culturas locais, da diversidade, das minorias divergentes, do pensamento rebelde, e, de modo geral, do espaço para quem não se encaixa nessa nova ordem mundial marcada pela produtividade e pelo consumismo, é um projeto de esquerda.

Existe nacionalismo de esquerda – marcado pelo discurso anti-imperialismo e antiglobalização. E nacionalismo de direita – marcado pelo apego às tradições, pelo desejo de manter intocadas as prerrogativas das elites regionais, por meio do protecionismo ao mercado interno e pelo patriotismo militarista. (No limite, caminhando por essa seara, chegaremos ao "nacional-socialismo" – também conhecido como "nazismo".)

Perceba, por exemplo, como a restrição do óbvio direito humano de ir e vir, nos regimes socialistas, que sempre tiveram suas fronteiras muito fechadas, sob a chamada "cortina de ferro", e que era fortemente criticada pelos países do Ocidente capitalista, paladinos da "liberdade", hoje se transformou numa bandeira da direita, que militariza fronteiras para evitar a entrada de novos imigrantes, tolhendo o sagrado direito dos seres humanos de caminhar sobre a Terra em busca de melhores condições de vida, movimento que o *Homo sapiens* empreende desde que desceu das árvores e do qual *todos* os países já se beneficiaram muito.

Por outro lado, há o globalismo de direita, que deseja integrar mercados e moedas, culturas e línguas, tornando o planeta uma grande rede de produtores e consumidores de bens cada vez mais "globais". Assim como há o globalismo de esquerda, a ideia fundante da "internacional comunista", que vislumbra a integração mundial de todos os trabalhadores numa comunidade fraterna marcada pela igualdade e pela justiça social.

Segundo o historiador israelense Yuval Noah Harari, autor de *Sapiens*, best-seller mundial publicado originalmente em hebraico em 2011, essa é a principal disputa político-eleitoral em curso no mundo atual: a oposição entre planeta e quintal, entre diversidade e dirigismo, entre transparência e clausura, entre poder para as pessoas e poder para as instituições, entre abrir e distribuir e colaborar ou então fechar e controlar e ditar. E há forças de esquerda e de direita nos dois lados dessa mesa.

A utopia liberal e a insensibilidade social da direita

O pensamento de direita, apoiado na lógica da competição, acaba gerando no indivíduo uma postura de "eu *contra* o mundo, eu versus os outros, eu *sozinho*". Esse jeito de ver, de pensar e de agir conduziria facilmente o sujeito a buscar garantir o seu e a não dar a mínima para os demais. É a cultura do cada um por si, do cada qual cuidando do que é seu, com liberdade para tomar suas decisões na vida, com o direito de gozar seus êxitos e conquistas, e com o dever de arcar com seus erros e derrotas – e sem muita solidariedade com o que acontece do outro lado da cerca.

Essa visão tende à indiferença diante das desigualdades e das injustiças. Os recursos são vistos como escassos e finitos, como metas em disputa em jogos de soma zero: para eu ganhar, alguém tem de perder. No limite, o pensamento de direita é a insensibilidade social, a despreocupação com a coletividade – o que leva à fissão social. (Nós, brasileiros, sabemos bem como isso funciona. E o quanto esse tiro sai pela culatra.)

Para a direita, é justo que seja assim: se alguém fez por merecer, é correto que desfrute das prerrogativas que conquistou para si, em detrimento de outro que fez menos ou que simplesmente não fez por merecer. Em adição, a utopia liberal acredita que a melhor contribuição que você pode dar ao todo é fazer as coisas bem-feitas no seu quintal.

Essa ode ao individualismo radical faz com que nossas casas, no Brasil, por exemplo, sejam enclaves privados totalmente desconectados das cidades ao redor. Moramos em oásis sufocados pelo faroeste desértico que se espalha em volta. O conforto que buscamos montar no ambiente particular destoa muito das condições do ambiente – temos coberturas em frente a praias podres e inutilizáveis, mansões desconectadas da rede de esgoto, terraços gourmet que vivem sob o risco constante de serem atingidos por uma bala perdida.

O pensamento de esquerda embute outra postura – "eu como parte do mundo, eu *com* os outros, *junto* com os demais", numa lógica de colaboração. Esse jeito de ver e de pensar, embora nem sempre refletido no modo como a pessoa age de verdade no seu dia a dia, induziria o sujeito, ao menos no nível do discurso ou das intenções, a olhar para o lado, a se preocupar com os demais. A lógica é que não basta garantir o meu – se o todo não for minimamente harmônico e equilibrado, não conseguirei desfrutar das minhas próprias conquistas.

Um projeto de direita para a sociedade
Essa oposição levaria a crer que a solidariedade e a preocupação com o todo são valores intrínsecos da esquerda; e que o egoísmo e

a preocupação apenas consigo mesmo são características exclusivas da direita.

Existe, no entanto, um pensamento de direita que busca apresentar um projeto para a sociedade. Uma direita honesta, que pensa sistemicamente. Essa direita ilustrada, que tem um plano para o país e para o mundo, tem sido bem representada pela voz e pela postura da revista inglesa *The Economist*.

O projeto liberal mira na liberdade para realizar, para gerar riqueza, para se diferenciar dos demais por meio do trabalho duro, da ambição, do talento pessoal e do apetite pelo risco. A utopia capitalista é que, pela soma dessas iniciativas individuais, a economia de mercado seja capaz de promover o bem comum, do modo mais rápido e sustentável do que qualquer outra maneira já testada pela humanidade.

De quebra, o foco do pensamento liberal, centrado no indivíduo, poderia conduzir a um projeto mais humanista de mundo, com o enfraquecimento da ação dos governos sobre os cidadãos, bem como da supremacia das corporações sobre os consumidores, ou dos políticos sobre os eleitores. No limite, países e mercados estariam submetidos aos interesses dos indivíduos, como se o planeta de fato pertencesse às pessoas que nele habitam. O mundo seria uma grande arena feita de pessoas atuando livremente, com seus talentos e iniciativas, para resolver os problemas umas das outras, em relações econômicas autônomas, sendo remuneradas por isso.

Por outro lado, o projeto de esquerda, de planejamento centralizado da economia, de controle das iniciativas individuais e de fortalecimento das ações institucionais, com o tolhimento das liberdades e responsabilidades das pessoas, poderia tranquilamente conduzir a regimes fortes, com uma classe dirigente cristalizada no poder, disposta a controlar a sociedade com mão de ferro e sugando dos cidadãos aquilo que eles têm de melhor – não só os seus recursos materiais, mas principalmente a potência de reinventar a si mesmos e ao mundo à sua volta.

Além da esquerda e da direita

Tendo navegado até aqui pelos cortes secos e pelas zonas cinzentas entre os conceitos de esquerda e de direita, vale avançar pelas gradações que há nesses territórios. Tudo fica mais interessante – e complicado – quando percebemos que, dentro da direita, há os liberais e os conservadores, por exemplo. E que os liberais, capitalistas, têm muito em comum com os sociais-democratas, que estão no terreno da centro-esquerda.

A Teoria da Ferradura, registrada em livro pelo filósofo francês Jean-Pierre Faye, em 2002, é interessante porque quebra com a ideia de que o caminho que leva da esquerda à direita é uma linha reta. A extrema-direita e a extrema-esquerda, portanto, não seriam polos opostos de uma régua linear. A *Horseshoe Theory* verga essa régua até ela assumir a forma de uma ferradura. Ou seja, as duas extremidades ficam bastante próximas.

Imagine uma ferradura com as pontas abertas viradas para cima. No arco da direita, que pode ser definido como a coluna do "individualismo", você tem, na extremidade superior, o nazismo e o fascismo. Mais abaixo, num ponto médio do arco, você tem o reacionarismo das elites, o conservadorismo das grandes corporações, o monarquismo, o fundamentalismo religioso.

Já no arco da esquerda, que pode ser definido como a coluna do "coletivismo", você tem, na extremidade superior, o comunismo. Mais abaixo, num ponto médio do arco, você tem o socialismo, o populismo de esquerda.

Nas duas extremidades superiores da ferradura, tanto à esquerda quanto à direita, estão localizados os projetos que envolvem o controle dos indivíduos e a supressão das liberdades individuais. O terreno do totalitarismo, das ditaduras, da intolerância ao diverso, da perseguição política e da eliminação dos opositores. (Também é o território do fundamentalismo religioso – bem como das demais doutrinas ou ideologias que não admitem uma multiplicidade de visões e que trabalham pelo enquadramento e pela padronização do indivíduo, e não pelo seu direito às singularidades e às idiossincrasias.)

Na parte de baixo, onde a ferradura faz a curva, no trecho mais distante das duas extremidades superiores, está o terreno das ideias libertárias, democráticas, do convívio com as diferenças e de respeito ao contraditório, com o poder distribuído entre as pessoas, na *infraestrutura* social, em vez de concentrado em instituições, na *superestrutura* da sociedade.

Próxima a essa curva de baixo, no arco da esquerda da ferradura, está a social-democracia. No arco da direita, está o liberalismo. E mais abaixo, no extremo da curva, estão as utopias mais afastadas da ideia da necessidade ou da legitimidade de um poder central: o anarcocapitalismo, o anarcossindicalismo, o mutualismo e o voluntarismo.

Então, você poderia recusar a dicotomia entre esquerda e direita e remapear as propostas de organização política e econômica da sociedade em dois eixos: um vertical, tendo na ponta de cima o "controle" e na ponta de baixo a "liberdade", e outro, horizontal, tendo num flanco o "coletivismo" (arco da esquerda) e no outro o "individualismo" (arco da direita).

Ultradireita, centro-direita, ultraesquerda e centro-esquerda

A ultradireita, no resto do mundo, era fascista, nazista. A ala dos supremacistas brancos, da Ku Klux Kan, dos *skinheads*. E havia, entre essa turma, tanto quanto no seu oposto à esquerda, uma visão religiosa do mundo. Para a ultradireita, o progresso passaria por coisas como racismo, eugenia e totalitarismo. (Enquanto, para a ultraesquerda, por coisas como a ditadura do proletariado, a revolução total e o fim da história.) A ultradireita é o que fica à direita, depois que o espectro democrático acaba.

No Brasil, a ultradireita sempre foi representada pelo pensamento feudal mais profundo, o ultraconservadorismo mais arraigado, baseado na cassação dos direitos individuais e na supressão das diferenças, com o apoio de um Estado policial e do uso da violência, em nome do controle dos indivíduos pelas instituições, e dos mais vulneráveis pelos mais poderosos. A nossa ultradireita, oligarca, positivista, integralista, sempre foi carola, cafona, passadista, sempre se debateu por censurar o futuro em nome da eternização do passado.

A ultraesquerda é uma proposta de destruição da propriedade privada, de reação violenta ao poder econômico – que também embute a supressão dos direitos individuais pelo Estado. A ultraesquerda, de um lado, é o desejo juvenil de ir contra "tudo que está aí", de quebrar o que está estabelecido, sem saber direito o que colocar no lugar. Algo próximo do niilismo. (Onde, talvez, se possam espetar os punks.) De outro lado, é o projeto totalitário dos anticapitalistas, com o mesmo tutano de irracionalidade e de virulência ditatorial da ultradireita. A ultraesquerda é o que fica à esquerda, depois que o espectro democrático acaba.

Já a centro-esquerda era o pessoal que queria uma sociedade menos desigual, também por meio de um papel maior para o Estado, mas dentro do âmbito do capitalismo e de alguns princípios liberais – como direitos individuais e liberdade econômica. Era o pessoal da social-democracia e do *welfare state* – o Estado de bem-estar social –, duas concepções europeias.

E a centro-direita talvez tenha seu melhor exemplo no Partido Democrata americano – os "liberais", como eles são chamados por lá. Um capitalista que não é radical na sua crença na mão invisível do mercado e que acha que é preciso regular a ambição humana, além de oferecer um colchão mínimo àqueles que não puderem sair "vencedores" no modelo de livre competição.

Em resumo: a ultradireita quer um Estado policial a serviço da tradição e da velha classe dominante, a direita (os conservadores) quer um Estado democrático a serviço dos mais ricos, a centro--direita (o liberalismo) reconhece o papel do Estado, mas acredita que o desenvolvimento vem do mercado, a centro-esquerda (a social-democracia) reconhece o papel do mercado, mas acredita que o desenvolvimento requer a ação do Estado, a esquerda (os socialistas) quer um Estado democrático a serviço dos mais pobres, *contra* o mercado, e a ultraesquerda quer um Estado policial a serviço de uma nova classe dominante revolucionária e anticapitalista.

Revolucionário vs Reacionário, Progressista vs Conservador

Há outros conceitos usados à larga sobre os quais vale a pena consensar. "Revolucionário", por exemplo. Como quem esteve na situação, na maior parte do tempo e na maioria dos lugares, foram as elites econômicas, cujo poder advinha de um modelo de acumulação de riquezas, "revolucionário" era um termo que se usava para definir o indivíduo – de esquerda – que queria a revolução anticapitalista.

E "reacionário" era o indivíduo que "reagia" às forças da revolução, o sujeito conservador que queria manter os privilégios da classe dominante. O reacionário operava pela manutenção do *status quo* – que era, em grande medida, o capitalismo. Tratava-se, portanto, de alguém de direita.

Quando o reacionário não pertencia exatamente à elite, mas simpatizava com aquelas prerrogativas de classe, ele era chamado de "pequeno-burguês" – o sujeito que gostava dos valores do capitalismo e da ideia de ganhar dinheiro e de adquirir as coisas que sonhava para si e para sua família, mesmo quando essa possibilidade, para ele, jamais sairia do campo do sonho.

É interessante notar que quando o regime opressivo é de esquerda, como em Cuba ou na Coreia do Norte, países geridos há mais de meio século pela mesma *família*, quem se opõe a ele não é considerado "revolucionário", mesmo que se debata contra a elite do lugar, mas, sim, "reacionário" – porque "revolucionários" são aqueles que estão no poder.

É uma contradição em termos – você não pode ser o cara que se eternizou no poder e o "revolucionário" ao mesmo tempo. (Assim como você não pode estar na oposição, bradando por mudanças, e ser chamado de "reacionário".) Falar em "governo revolucionário" é mais ou menos como falar em "visão cega" ou "movimento estático". Se você está na situação, em uma ditadura, você está na posição de reagir a qualquer voz dissidente, a qualquer desejo de transformação – então você é o "reacionário".

Diante de "reacionários" de esquerda, os "revolucionários" são os caras que sonham com a livre-iniciativa. (Será que num regime assim, ao sujeito médio que deseja manter os privilégios do politburo, mesmo quando ele mesmo não é membro do partido, uma vez que não podemos evidentemente chamá-lo de "pequeno-burguês", seria possível nomeá-lo "pequeno-camarada"?)

Da mesma forma, "progressista", no Brasil, sempre foi um conceito associado à esquerda – uma vez que previa mudanças e reformas num cenário historicamente dominado pelas oligarquias. Na mão contrária, "conservadores" eram todos aqueles que não queriam mudar nada – uma ideia associada à direita.

O que parece é que há "progressistas" tanto à esquerda quanto à direita, buscando reformar o país, cada qual pela sua via. E que também, ao menos desde que a esquerda chegou ao poder central no Brasil, dos dois lados da mesa, "conservadores" que dependem do atual estado de coisas para continuar existindo.

Liberal na economia, conservador nos costumes – e vice-versa

As definições clássicas de esquerda e direita, e suas derivações, foram concebidas num mundo dicotômico e polarizado. O século XX foi marcado por uma disputa aberta entre capitalismo e comunismo – da Revolução Russa, em 1917, à Queda do Muro de Berlim, em 1989. Esse dualismo nos ajudava a compreender com mais clareza o espectro político. O mundo era mais simples. Havia menos áreas cinzentas. No século XXI, as coisas se tornaram um pouco mais complexas. Novas questões surgiram. Temos outros desafios a resolver. E os velhos conceitos têm se mostrado insuficientes para compreendermos e respondermos a todas as nuances que colocam à nossa frente.

Uma das novas contradições: há gente liberal nos costumes que não é liberal em termos econômicos. Pessoas que se batem pelas liberdades individuais, no plano do comportamento, mas que ao mesmo tempo querem economia controlada e governo regulando com mão pesada as relações entre os indivíduos.

O contrário também existe: gente liberal na economia e totalitária nos costumes. Pessoas que pregam total liberdade para o indivíduo empreender e gerar riquezas, mas que ao mesmo tempo desejam regular severamente o que cada um faz com seu corpo e com a sua vida, ou o que as pessoas podem dizer ou expressar artisticamente, por exemplo.

Chuck Lorre, no seu *vanity card* de número 375, que piscou ao fim de um episódio de *The Big Bang Theory*, tem algo a dizer: "Me perdoe uma pequena reflexão política, mas eu gostaria de discutir algo que venho pensando há muito tempo. Sempre entendi que o Partido Republicano tem, como sua plataforma central, a ideia de que os seres humanos não devem jamais ser dominados por um governo monolítico que lhes diga como viver suas vidas. Eu gosto disso. Trata-se de uma verdade fundamental, e eu não consigo imaginar nenhuma mente de direita discordando disso. Mas tenho notado também que há muita gente no Partido Republicano que insiste em dizer às pessoas exatamente como elas têm que viver. Por exemplo: álcool, sim. Maconha, não. Casamento heterossexual, sim. Casamento gay, não. Jesus, sim. Outros profetas, não. Pena de morte, sim. Aborto, não. Capitalismo, sim (à força, se for necessário). Coletivismo, de jeito nenhum!"

Ou você garante liberdades ao indivíduo, tanto no campo econômico quanto comportamental, e defende esse espaço para decisões e movimentações pessoais (que no fim do dia representam o direito que cada um tem de buscar a própria felicidade do jeito que melhor lhe aprouver), ou você estará caminhando em direção ao dirigismo, ao controle externo, ao totalitarismo da instituições sobre as pessoas. E isso tem a ver com ditadura – seja ela de esquerda ou de direita – e não com democracia.

Impressão e Acabamento:
LIS GRÁFICA E EDITORA LTDA.